해외투자론

김용석 · 정윤세

도서출판 두남

머리말

기업은 창업을 국내에서 활동하다가 수출과 직접투자로 해외에 진출하면서 점진적으로 성장해 나간다. 기업의 해외시장 진출 배경은 한정된 내수시장에서 탈피하여 시장을 확대하는 데 있다. 그리고 해외 진출을 수출에서 투자로 단계적으로 진행하는 이유는 낯선 외국시장 경영을 위해서는 학습을 통해 해외경영 기법을 습득해야 하기 때문이다.

해외직접투자는 최고로 고도화된 기업 경영의 종합예술이다. 왜냐하면, 해외직접투자는 자본, 기술, 인력 등 총체적인 경영자산을 해외에 이전시켜 익숙하지 않은 곳에서 생산과 판매 활동을 하기 때문이다. 이러한 직접투자는 자본만 해외에 이전시키는 증권투자와 구분되고, 자국에서 생산된 제품을 해외에 공급하는 수출, 그리고 기술과 특허권의 사용료만 획득하는 라이센싱과는 차별화된 경영기법이다.

한편, 해외직접투자는 기업 성장의 원동력이 될 뿐 아니라 국가 경제 차원에서도 매우 긍정적인 효과를 제공한다. 먼저, 기업은 해외직접투자를 통해 넓은 시장에서 이윤을 확보하여 지속경영을 할 수 있다. 투자국은 자국 기업의 해외경영에서 확보한 이윤으로 국부를 늘려갈 수 있다. 또한, 해외에서 활동하는 자국 기업에 원부자재를 공급하여 수출증대 효과도 거둘 수 있다. 투자유치국은 더욱 다양한 경제적 효과를 누릴 수 있다. 예를 들어 한 나라가 외국기업을 유치하면, 일자리 창출로 사회적인 문제를 해결할 수 있고, 도입된 선진기술과 경영기법을 산업발전에 이용할 수 있다. 이러한 배경에서 각국은 법과 제도를 정비하고 많은 인센티브를 제공하면서 외국인직접투자 유치에 발 벗고 나서고 있다.

세계 경제에서 해외직접투자가 차지하는 비중과 중요성은 1990년대부터 급격히 증가하고 있어 그 흐름은 국제경제에서 관심분야가 되었다. 또한, 투자유형도 단독투자나 합작투자 등 전통적 방식에서 벗어나 공동 R&D, 공동 마케팅, 전략적 제휴 등 비전통적 방식으로 발전하고 있다. 이러한 배경에서 학계는 해외직접투자에 관한 연구를 활발하게 진행하고 있지만, 대부분 다국적기업 세계경영전략의 한 분야로만 취급하고 있다. 이에 따라 다국적기업뿐만 아니라 중소기업의 투자 현상도 설명할 수 있고, 직접투자만을 대상으로 하는 연구 필요성이 대두되었다.

특히 경영학계는 기업의 해외경영을 위한 인사, 생산, 재무 등과 함께 해외직접투자를 경영의 한 분야로만 다루고 있다. 그리고 일부 해외직접투자 교재는 이론을 중점적으로 다루다 보니 현장 실상이 포함되지 않은 아쉬움이 있다. 학계의 이러한 접근방법은 국제적으로 큰 관심의 대상으로 부상한 해외직접투자를 체계적으로 이해하는 데 어려움이 있다 하겠다.

위와 같은 배경에서 투자 현상을 다양한 각도에서 전후좌우로 살펴보고, 체계적으로 이해하기 위해 이번에 '해외투자론'을 기술하게 되었다.

본서는 해외직접투자를 전체적인 시각에서 쉽게 이해할 수 있도록 기업의 투자 과정, 현지 경영에 영향을 미치는 요인, 그리고 기업 내부와 외부환경 변화에 따른 위험관리와 전략적 철수까지 기승전결 흐름으로 구성하였다. 독자의 이해를 높이기 위해 교재 내용에 분야별 이론뿐만 아니라 관련된 사례를 포함시켰다. 마지막으로 관련 내용 확인에 도움이 되도록 인용 자료를 최대한 참고문헌으로 정리하였다.

본서가 미약하나마 학업 중에 있는 학생, 국제경영 현장에서 뛰고 있는 직장인 그리고 연구자들에게 조그마한 빛이라도 되었으면 하는 바람입니다. 기술과정에서 누락된 선행연구 출처, 자료원을 기재하지 못한 실수가 있다면 학술 목적의 교재임을 참작하시어 너그러이 이해해 주시기 바랍니다.

마지막으로 이 책이 출판되기까지 격려와 배려를 해주신 도서출판 두남 경영진과 편집부에 마음 깊이 감사의 마음을 전합니다.

2024년 8월

김용석 · 정윤세

차 례

Chapter 3 해외직접투자 생성과 발전의 역사 / 67

Chapter 4 해외직접투자의 경제적 효과 / 87

Chapter 5 해외직접투자 이론 / 123

Chapter 6 기업 국제화와 국제기업 유형 / 167

CHAPTER

1

해외직접투자의 본질

1 해외직접투자의 본질

제1절 해외직접투자의 개념과 판단기준

1. 해외직접투자의 개념

해외직접투자(Overseas Direct Investment)란? 기업이 자본, 기술, 경영기법 등 생산요소를 해외에 이전하여 현지에서 직접 경영하는 것을 의미한다. 이러한 해외직접투자는 투자자가 자본과 설비, 경영 노하우 등 경영자산을 다른 국가에 이전하여 새로운 사업체를 설립하거나, 현지 기업의 지분 인수를 통해 경영에 직접 참여하는 투자 형태를 모두 포함한다. 따라서 투자자가 현지 기업 경영에 직접 참여하지 않고 이자, 배당금, 시세차익 등 투자수익을 목적으로 자본을 국제적으로 이동시키는 간접투자(Foreign Portfolio investment)와는 구분되어야 한다.

해외직접투자는 보는 관점에 따라 두 가지 개념이 있는데, 투자국 입장에서 해외직접투자, 투자유치국 입장의 외국인직접투자(Foreign direct investment)이다. 어느 쪽의 시각에서 정의하느냐에 차이가 있을 뿐 동전의 양면과 같이 본질은 같다.[1] World Bank, IMF 등 국제기구에서는 외국인직접투자(FDI)로 통일하고 자본의 유출입을 구분하기 위해 OFDI(Outward Foreign Direct Investment)

1) 본서에서는 투자국 입장에서 해외직접투자로 기술하되 분야별 특성에 따라 직접투자 또는 투자, 그리고 투자유치국 입장의 외국인직접투자로 기술하였다.

그리고 IFDI(Inward Foreign Direct Investment)로 표기하고 있다.

학계의 해외직접투자 개념은 분야에 따라 조금씩 관점을 달리하고 있다. 국제경제학계는 자본의 국제적인 장기이동의 한 형태로 다루고 있다. 경제학 영향으로 일국의 국제수지(Balance of payment)에서는 단기 자본이동을 간접투자, 장기 자본이동을 직접투자로 분류하고 있다. 경영학계에서는 해외직접투자를 기업의 총체적인 경영자원의 해외이전을 통한 직접경영 행위로 접근하고 있다. 즉, 직접투자를 자본이라는 단일 생산요소의 국경 넘는 이전으로 보지 않고, '투자자가 보유한 자본, 시설, 기술, 지식재산 그리고 인력 등의 생산요소를 해외에 이전하여 현지에서 직접 수행하는 경영활동이다.'는 현대적 개념을 정립하였다. 결론적으로 해외직접투자 개념에 관한 학계의 주장을 종합하면 세 가지 핵심내용을 도출할 수 있다.

첫째, 투자자의 총체적인 경영자산 이전이다. 직접투자를 위해서는 자본, 시설, 기술, 경영기법 등 경영자산의 해외이전이 있어야 한다.

둘째, 직접적인 현지 기업의 경영 참여이다. 투자자는 경영자산 국외이전뿐만 아니라 해당 기업의 경영에 직접 관여해야 한다. 이 부분이 수익 확보에만 투자 목적이 있는 간접투자와 구분되는 특징이다.

셋째, 직접투자는 두 가지 방법으로 이루어질 수 있다. 투자자가 현지에 신설 기업을 단독 또는 합작으로 설립하거나, 기존 기업의 지분을 인수하여 그 기업의 경영권을 장악해야 한다.

한편, 하이머(Hymer, 1960)는 해외직접투자 이론을 경제학이나 경영학과는 다른 독자영역으로 출발시켰다. 즉, 해외직접투자 이론은 경제학의 경영권 확보를 위한 자본이동, 경영학의 총체적인 경영자산 이전이라는 현상에 머무르지 않고, 기업이 왜, 이러한 자본이나 경영자산을 해외에 이전하는가? 라는 근본적인 현상을 설명한다. 하이머는 그 원인으로 기업은 소유한 독점적 우위를 활용하여 이윤을 극대화하기 위해 해외직접투자를 하게 된다고 하였다. 이후, Knickerbocker(1973)의 과점적 경쟁이론, Buckley & Casson(1976)의 내부화 이론, 그리고 Dunning의 절충이론 등으로 발전되었다. 이러한 연구는 해외직접투자 이론 편에 상세히 기술하였다.

한편, 해외직접투자는 수출과 라이센싱과는 다른 영역이다. 수출(export)은 기업이 자국에서 상품을 제조하여 타국으로 이전시키는 경영활동이다. 그리고 라이센싱(licensing)은 기업이 보유하고 있는 기술이나 경영기법 등을 계약조건에 따라 기술수용 기업에 이전시키고 대가로 로열티(royalty)를 획득하는 경영활동이다. 이에 반해 해외직접투자는 자본, 시설과 기술 등 경영자원의 총체적인 해외이전으로 단순 수출과 라이센싱과는 차원이 다른 고도의 국제경영 기법이다(김철, 2001; 최백렬, 2009; 김희철, 2021).

그렇다면, 왜, 어려운 해외직접투자인가? 라는 질문이 뒤따른다. 기업은 지속성장을 위해 한정된 국내시장을 탈피하여 국제경영을 해야 하기 때문이다. 국가입장에서도 해외직접투자에 관심을 기울일 수밖에 없다. 투자국[2]은 자국 기업의 해외경영을 통해 국부를 늘려나갈 수 있다. 투자유치국은 외국기업의 자본, 기술, 인력 등 총체적인 경영자산 유입으로 일자리 창출과 산업발전을 꾀할 수 있게 된다. 이러한 배경에서 각국은 제도를 정비하여 외국인직접투자 유치 전쟁을 벌이고 있다. 그리고 세계 경제 차원에서 해외직접투자는 자원의 효율적 배분을 통한 후생증진이라는 긍정적인 효과가 있어서 국제기구들도 공정한 투자가 이루어지도록 관리하고 있다.

2. 국제기구의 해외직접투자 판단

해외직접투자에 대한 이해를 높이기 위해서는 학술적인 개념뿐만 아니라 전 세계 해외직접투자 규범을 관리하는 국제기구의 해외직접투자에 대한 정의와 인정 범위 파악이 필요하다. 국제기구는 대체로 외국인직접투자(FDI)로 용어를 통일하고 있으며 자본이동 방향에 따라 투자유입(IFDI: Inward Foreign Direct Investment)과 자본유출(OFDI: Outward Foreign Direct Investment)로 구분한다. 경제협력개발기구(OECD)는 해외직접투자를 정의하고 세부적인 판단기준을 제시하고 있다. 그리고 해외직접투자 개념과 구성내용을 전 세계적으로 일치시켜서 국가 간 상호 비교가 가능하도록 「해외직접투자 정의 기준(Benchmark Definition of Foreign Direct Investment: BD4)」[3]을 발간하였다.

2) 투자국은 투자기업의 본국(home country)이 되며, 피투자국은 투자유치국(host country)을 의미한다. 본서에서는 상황 전개에 따라 이러한 용어를 투자국 또는 본국 등과 같이 선택적으로 기술하였다.

3) OECD BD4(Benchmark definition of foreign direct investment), p.17, p.48. OECD는 통계작성 지침서(BD)를 1983년 처음 발간하였고 2008년 4판으로 개정하였다.

OECD의 정의는 '해외직접투자는 한 국가의 투자자가 다른 국가의 기업과 지속적인 이해관계 설립을 목적으로 피투자기업의 경영에 실질적인 영향력을 행사할 수 있는 투자이다.'라고 정의하고 있다. 그리고 해외직접투자 여부를 결정하는 실질적인 영향력 판단기준은 10% 비율 규칙(10 percent rule)을 적용하고 있다. 즉, 개인투자자 또는 기업이 현지 기업 의결권 지분의 10% 이상을 보유(at least 10% of the voting power)해야 직접투자로 인정된다.

▷ OCED의 해외직접투자 정의(BD4) An overview of foreign direct investment concepts

Direct investment is a category of cross-border investment made by a resident in one economy (the direct investor) with the objective of establishing a lasting interest in an enterprise (the direct investment enterprise) that is resident in an economy other than that of the direct investor. The motivation of the direct investor is a strategic long-term relationship with the direct investment enterprise to ensure a significant degree of influence by the direct investor in the management of the direct investment enterprise.

Source: OECD, BD4(Benchmark definition of foreign direct investment)

OECD에서 인정하는 직접투자는 기업의 해외기업 지분투자(Equity instruments)와 채무증권(Debt instruments) 확보 방법이다. 여기서 지분투자는 10% 규칙을 충족하는 최초 지분투자와 후속 지분투자, 수익금의 재투자도 포함된다. 그리고 지분투자로 투자기업과 해외기업 간에 직접투자 관계가 형성된 이후 투자기업의 자회사에 자금을 대부해 주고 증서를 확보하는 채무증권 방식도 직접투자가 된다. OECD에서 대부방식을 직접투자로 인정하는 것은 다국적기업의 조세회피를 방지하여 투명경영을 유도하는 한편, 투자기업 이중과세 방지 등에 목적이 있다. 이러한 대부방식의 직접투자는 대부분 국가에서 적용하고 있는데 한국도 장기차관(long-term loans)을 직접투자로 인정하고 있다.

한편, OECD는 해외직접투자 정의 기준(BD4)에서 투자기업과 해외 계열기업 간의 복잡한 관계를 「직접투자 판정모형(FDIR: Framework for direct investment relationships)」으로 설명하고 있다. 해외 계열기업이란? 다른 경제적 영토에 거주하는 투자자가 직간접적으로 지분을 보유한 피투자기업을 의미한다. 피투자기업은 법적 형태에 따라 법인과 비법인이 있으며, 보유 지분율에 따라 〈표 1-1〉과 같이 자회사, 관계회사, 동료기업 유형이 있다.

〈표 1-1〉 **OECD의 투자기업 해외 계열사 유형**

구 분	투자기업과의 관계
자회사(subsidiaries)	- 직접투자자가 의결권의 50%를 초과하여 보유
관계회사(associates)	- 투자자가 의결권 주식 10~50% 보유
동료기업(fellow enterprises)	- 10% 규칙을 충족하지 못한 기업이지만 - 투자자의 영향을 직간접적으로 받는 기업

자료원: OECD(2008) Benchmark Definition of Foreign Direct Investment

국제통화기금(IMF)은 「국제수지표 및 국제투자대조표 매뉴얼(BPM6)(이하 국제수지 매뉴얼)」[4]에서 OECD와 유사하게 해외직접투자를 정의하고 있다. IMF에서 규정하는 기업의 해외직접투자는 본국 이외의 국가에서 소유권이나 경영에 상당한 영향력을 가질 수 있는 경영활동이다. 상당한 영향력 판단기준은 OECD와 같이 지배구조에서 완전지배 유형은 피투자기업의 의결권 주식 50% 초과 취득, 상당한 지배력이 있는 투자유형은 지분 10% 이상에서 50% 미만 소유이다.

▷ IMF의 해외직접투자 정의(IMF BPM6, Direct Investment)

Paragraph 6.8. Direct investment is a category of cross-border investment associated with a resident in one economy having control or significant degree of influence on the management of an enterprise that is resident in another economy.
Paragraph 6.12. (a) Immediate direct investment

- ▶ Control : more than 50 percent of the voting power
- ▶ A significant degree of influence : from 10 to 50 percent

Source: IMF, Balance of payments and international investment position manual – BPM6

4) IMF 국제수지 및 국제투자대조표 매뉴얼(Balance of Payments and International Investment Position Manual-BPM6)은 1948년 Balance of Payment로 제정되었고, 2010.1월부터는 6번째 개정판이 적용되고 있다.

3. 한국의 해외직접투자 기준

1) 외국인직접투자(IFDI) 유치

외국인직접투자는 외국인의 우리나라 투자로 국제수지에서 자본 유입(inflow)에 해당하는 대외거래이다. 외국인투자촉진법(약칭 외국인투자법)에서 직접투자를 정의하고 산업자원부(실무 Invest Korea)에서 법 집행을 관장하면서 투자를 유치하고 있다. 동 법은 1997년 발발한 IMF 위기극복을 위해 1998년 제정되었고 환경변화에 따라 개정되고 있다. 법 취지는 외국인직접투자 유치를 촉진하여 국민경제의 건전한 발전에 기여하는 데 목적이 있다.

한국에서 외국인직접투자로 인정되면, 각종 혜택을 받을 수 있는 민감한 사안이다. 법에서 인정하는 직접투자는 외국인이 대한민국 법인 또는 기업(설립 중인 법인 포함)의 경영활동에 참여하는 등 그 법인 또는 기업과 지속적인 경제 관계를 수립할 목적으로 신주 및 기존주식의 취득, 그리고 장기대부를 포함한다(법 2조). 이러한 외국인직접투자 판단기준은 IMF, OECD 규정을 적용하였는데 큰 특징은 〈그림 1-1〉과 같이 10% 규칙 외에도 최소한 1억원 이상 금액조건이 충족되어야 하며 세 가지 투자유형이 있다.

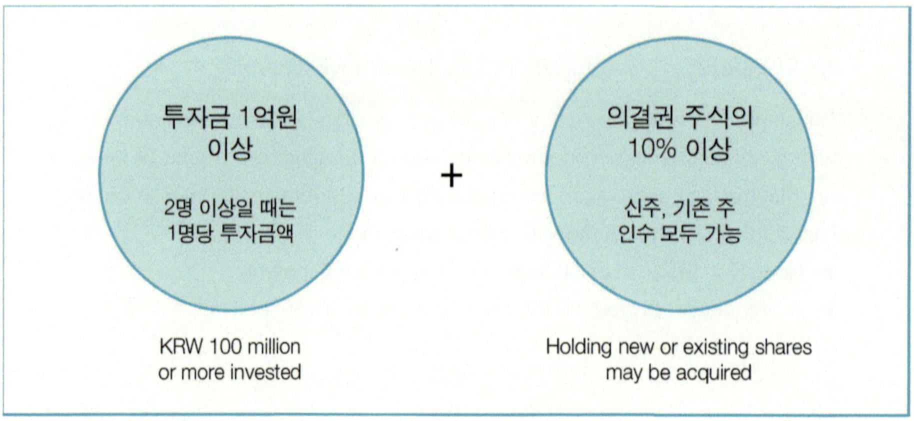

자료원: Invest Korea(www.investkorea.org/ik-kr/cntnts/i-138/web.do)

〈그림 1-1〉 **외국인투자촉진법에서 인정하는 외국인직접투자 유형**

첫째, 기업 소유 또는 경영에 상당한 영향력 정도를 행사할 수 있는 10% 규칙에서 더하기(+)로 투자금 1억원 이상 투자이다.

둘째, 10% 규칙의 예외 규정으로 의결권 주식 10% 미만이더라도 1억원 이상 투자하고, 해외 모기업이 경영 참여를 위해 임원 파견 시에도 직접투자로 인정된다.

셋째, 해외 모기업이나 외국인이 한국의 피투자기업에 대해 5년 이상의 대부도 외국인직접투자가 된다.

▷ 한국의 외국인직접투자 판단기준

a. 지분취득(Acquisition of equity shares)
[금액] 1억원 이상+의결권 지분 10% 이상 소유
[예외] 1억원 이상 투자하면서 지분 취득비율이 10% 미만
- 임원(이사, 대표이사, 무한책임사원, 감사 등) 파견계약의 체결
- 1년 이상의 장기간 제품이나 부품 공급계약 체결

b. 장기차관(Long-term loans): 투자자의 자회사에 대한 5년 이상 대부

c. 비영리법인 등에 대한 투자(Contribution to a non-profit org)

d. 미처분 이익잉여금 재투자(Reinvestment of unappropriated earned surplus)

2) 해외직접투자(OFDI) 관리

우리 기업의 해외 진출은 외국환거래법에서 관장하고 있는데, 1961년 외국환관리법으로 제정된 후, 외환 자유화에 따라 1999년 외국환거래법으로 대체되었다. 외국환거래법의 투자 정의는 OECD 기준을 적용하고 있는데, 법에서 규정하는 해외직접투자 정의(법 3조)는 10% 규칙을 적용하여 두 가지 경우로 하고 있다. 첫 번째는 외국 법령에 따라 설립된 법인이 발행한 증권 취득이나 금전의 대여 등으로 그 법인과 지속적인 경제 관계를 맺는 거래이다. 두 번째는 외국에서 영업소를 설치, 확장, 운영하거나 해외사업 활동을 하기 위해 대금을 지급하는 행위이다.

- **10% 규칙 투자**: 외국 법령에 따라 설립된 법인(설립 중 법인 포함)의 경영에 참여하기 위해 법인 주식 또는 출자 총액 비율이 100분의 10 이상의 투자

- **10% 미충족 투자:** 투자비율이 100분의 10 미만인 경우에도 외국 법인에 임원 파견, 계약기간이 1년 이상인 원자재 또는 제품 매매계약 체결

외국환거래법에서 규정하고 있는 해외직접투자 인정 기준은 〈그림 1-2〉와 같이 설명할 수 있다. 한국의 거주자(모기업)가 해외 현지법인 10% 투자, 그리고 공동투자자와 함께 해외 현지법인에 대한 10%씩의 투자는 모두 일차적인 직접투자가 된다. 그리고 현지법인이 자회사와 손자회사에 투자하면 이들 자회사와 손자회사는 모두 한국기업과 직접투자 관계가 형성된다.

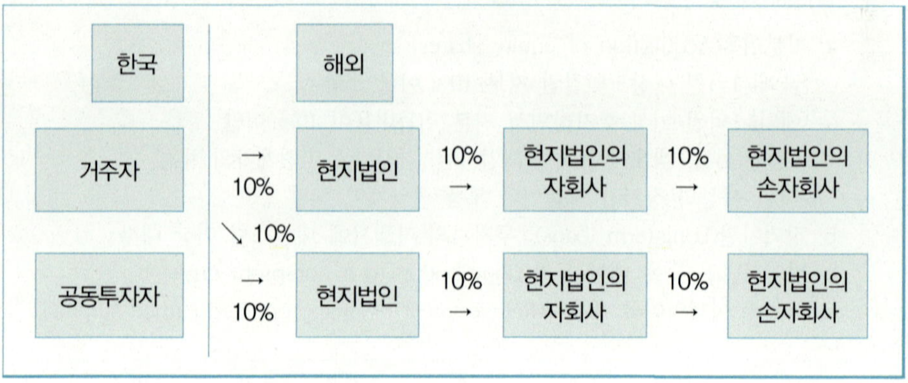

자료원: 서문식(2015), 해외직접투자 정의와 관련한 제 문제

〈그림 1-2〉 외국환거래법상의 해외직접투자 관계

한국뿐만 아니라 대부분 국가에서도 해외직접투자를 OECD의 '해외직접투자 정의 기준(BD4)' 그리고 IMF의 '국제수지표 및 국제투자대조표 매뉴얼(BPM6)'에서 규정하는 10% 규칙을 적용한다. 다만, 자국 경제 상황과 투자유치 정책에 따라 최소 금액과 해외 계열기업 판단기준을 약간씩 달리하고 있다.

제2절 국제수지표에 대한 이해

1. 국제수지표의 의미

국제수지표(BOP statement)란? 경제활동의 소재지가 국민경제 영역 내에 있는 거주자와 영역 밖에 있는 비거주자 사이의 모든 경제적 거래를 기록한 명세서이다(KDI 경제정보 센터). 여기서 거주자와 비거주자의 구분은 국적이 아니라 경제활동에 있어 이익의 중심이 어디에 있는가로 판단한다. 보통 해외 경제주체라도 1년 이상 우리나라에서 경제활동을 하거나 할 의향이 있다면 거주자로 간주한다. 한국의 국제수지표는 앞서 기술된 IMF의 「국제수지 매뉴얼」에 따라 한국은행에서 작성하고 있다. 이러한 국제수지표는 일국의 경제동향 분석은 물론, 무역과 투자 등 대외거래의 국제적인 비교, 외환의 국제적 흐름 파악에 중요한 자료이다.

IMF의 국제수지 매뉴얼은 각국 국제수지 분류 및 정책 결정 자료로 활용되고 있어서 좀 더 자세하게 살펴볼 필요가 있다. IMF는 국제수지표를 일정 기간, 거주자와 비거주자 간에 이루어진, 모든 경제적 거래를, 체계적으로 분류, 정리한 통계이며 이를 표로 작성한 명세서로 규정하고 있다. 이를 세분화하여 해석해 보면 그 의미를 아래와 같이 정리해 볼 수 있다(한국은행, 2011).

첫째, 경제거래의 일정한 기간이다. 거래기간은 국가마다 다르게 운영하고 있는데 한국, 일본, 독일, 프랑스 등은 월 단위로 작성하며 미국, 영국, 캐나다, 중국, 싱가포르 등은 분기별로 작성하여 발표한다.

둘째, 거주자와 비거주자 간의 거래이다. 국적이나 영토적 개념이 아니라, 경제적 이익(Center of predominant interest)의 중심이 어디에 있는지에 따른 구분이다. 한국인 사례로 영국에 장기간 체류하는 프리미엄 리그 손흥민 선수는 한국 비거주자가 되며, 1주일간 해외 연수를 떠나는 학생은 거주자가 된다.

셋째, 경제적인 거래이다. 거주자와 비거주자 간의 모든 교환거래는 물론 대가 없이 이루어지는 이전거래도 포함된다. 여기서 교환거래는 환율변동 등 비거래 요인을 제외한 거래변동 내용이며 시장가격으로 평가한다. 그리고 발생주의 원칙에 따라 경제적 가치의 생성, 교환, 이전 또는 소멸 시점에 하나의 기준통화로 작성된다.

넷째, 체계적으로 분류, 정리한 표이다. IMF의 국제수지 매뉴얼(BPM6)에 의해 복식부기(double entry system)[5]로 작성되어야 한다.

한편, '국제투자대조표(International Investment Position)'는 국제수지표(BOP statement)와 구분되어야 한다. 국제투자대조표는 연말이나 분기 등 특정시점에서 일국의 대외투자 잔액 및 외국인의 국내투자 잔액을 파악하여 대외금융자산과 대외금융부채 잔액, 그리고 변동내용을 체계적으로 보여주는 통계이다. 국제수지표가 일정 기간 거래내역 즉, 순 유출입(flow)인 데 반해, 국제투자대조표는 일정 시점에서의 거주자와 비거주자 간의 금융자산과 부채의 잔액(stock)을 나타낸다.

▷ IMF BPM6의 국제수지 및 국제투자대조 정의

The Balance of Payments (BOP) - a statement that summarizes economic transactions between residents and nonresidents during a specific time period. The International Investment Position (IIP) - a statement that shows at a point in time the value of financial assets of: financial assets of residents of an economy that are residents of an economy that are claims on nonresidents or are gold bullion held as reserve assets; and the liabilities of residents of an economy to nonresidents.

Source: IMF, Balance of Payments and International Investment Position Manual, 6th Ed. (BPM6), p.7

2. 국제수지표 구성과 기재항목

1) 국제수지표 구성

IMF 국제수지 매뉴얼(BPM6)에서 국제 거래는 〈그림 1-3〉과 같이 경상계정, 자본계정, 금융계정(직접투자, 증권투자), 그리고 오차 및 누락 등 4개로 구성되

5) 복식부기는 동일 경제활동을 장부 좌측의 차변(−)과 우측의 대변(+)에 기록되는데 수입(income)은 대변(credit), 지급(payment)은 차변(debit)에 기재한다.

며, 계정마다 하부항목으로 편성되어 있다. 이에 반해 변경 전 매뉴얼(BPM5)에서는 경상계정, 자본계정(금융자산과 실물자산), 그리고 오차 및 누락 등 3개이며, 직접투자는 자본계정의 실물자산에 편성되어 있었다. 즉, IMF는 변경 전 자본계정을 자본과 금융부문으로 양분하여 총 4개 계정으로 하였고, 직접투자 중요성을 부상시켜서 금융계정 하부에 직접투자 용어를 직접 사용하는 항목을 두었다.

- **변경 전**(BPM5): 경상, 자본계정(금융자산, 실물자산)
- **변경 후**(BPM6): 경상, 자본, 금융계정(직접투자, 증권투자)

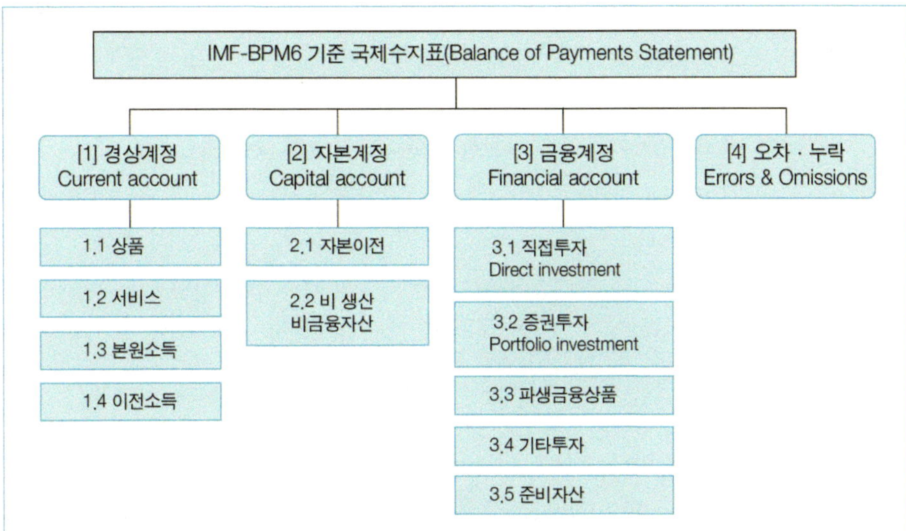

자료원: IMF, Balance of Payments and International Investment Position Manual

〈그림 1-3〉 IMF의 새로운 국제수지표 구성항목

2) 국제수지표 기재항목

(1) 경상계정(Current account)

경상계정은 상품(Goods)과 서비스(Service), 본원소득(Primary income), 그리고 이차소득(Secondary income)으로 구성된다. 먼저 상품계정은 수출과 수입의 대외거래 명세를 기입한다. 한국은행은 새로운 국제수지 매뉴얼에 따라 가공무역과 중계무역 등 해외생산을 반영한 국제수지를 작성하고 있다.

상품계정의 수출과 수입의 차이는 상품수지(Commodity balance)가 되며, 관세청에서 집계하여 발표하는 무역수지(Balance of trade)와 구분되어야 한다. 국제수지표 상의 상품수지는 소유권 변동 기준으로 수출입 모두 인코텀즈 규칙(Incoterms®)의 본선인도가격(FOB: Free on board)으로 작성된다. 그러나 관세청의 무역수지는 관세선 통과기준으로 수출은 본선인도가격(FOB), 수입은 운임보험료포함가격(CIF: Cost, Insurance and Freight) 금액이다. 이러한 상품수지와 무역수지의 차이점은 〈표 1-2〉와 같다.

〈표 1-2〉 **한국은행 상품수지와 관세청 무역수지 비교**

구분	상품수지	무역수지	비고
포괄범위	- 소유권 변동이 발생한 재화	- 관세선을 통과한 재화	- 견본 물품: BOP에 미포함 - 통관 통계에는 포함
가격평가	- 수출: FOB - 수입: FOB	- 수출: FOB - 수입: CIF	- 운임 및 보험료: 통관 통계 - BOP 서비스수지로 분류
계상시점	- 소유권 변동 시점	- 수출입신고 수리 시점	- 선박 수출: 통관 신고시점 - BOP는 수출대금 영수시점

자료원: 한국은행(2021), 국제수지통계의 이해

서비스 계정(Service account)은 외국과 서비스 거래로 발생한 수입(receivable)과 지급금액(payable amounts)이 기재된다. 하부 12가지 항목은 가공서비스, 운송, 유학과 연수비용을 포함한 여행, 건설, 지식재산권 사용료, 그리고 기타사업 서비스로 연구개발, 경영 컨설팅, 기술 서비스 등이다.

본원소득 계정(Primary income) 구성은 거주자와 비거주자 사이의 급료, 임금과 투자소득 등이다. 급료 및 임금은 거주자(내국인)가 1년 미만 외국에서 일하면서 비거주자(외국인)로부터 받는 보수, 거주자가 국내에 1년 미만 고용된 비거주자에게 지급하는 보수를 포함한다.

마지막으로 이차소득 계정(Secondary income)은 이전소득(Current transfer)이 대표적으로 거주자와 비거주자 간에 발생하는 대가 없는 거래를 기재한다. 무상원조, 증여 성격의 소득으로 외국에 1년 이상 거주하는 자국 근로자의 본국 송금도 포함된다.

일국의 경상수지, 특히 상품수지는 한 나라 국제수지에서 가장 큰 비중을 차지한다. 따라서 상품계정은 그 나라의 국제수지 건전성을 파악할 수 있는 중요한 계정이며, 외국기업이 현지 시장규모를 가늠해 볼 수 있는 중요한 항목이다. 왜냐하면, 수출이 수입을 초과하여 흑자를 보이면, 그만큼 국민 후생을 높일 수 있게 되기 때문에 수요가 커지는 요인이 된다. 반대로 적자가 지속되면 정부의 외환 운용의 폭이 좁아져서 국민 후생을 살필 여력이 적게 된다. 이러한 배경에서 각국은 자국 수출을 증대하기 위한 각종 지원정책을 펼치고 있다.

(2) 자본계정(Capital account)

자본계정은 비생산과 비금융자산(Nonproduced and nonfinancial assets), 그리고 거주자와 비거주자 간의 자본 송금을 기입한다. 이 계정에는 자산 소유권의 무상이전, 채권자에 의한 채무면제, 그리고 브랜드, 상표 등 마케팅 자산과 기타 양도 가능한 무형 자산의 취득과 처분 등이 기재된다.

변경 전 국제수지 매뉴얼에서는 자본계정 하부의 실물자산 항목에 직접투자가 기재되었다. 그러나 새로운 매뉴얼(BPM6)에서 직접투자는 금융계정의 직접투자 항목에 바로 기재된다. 신구 국제수지표를 비교할 때 주의해야 할 부분이다.

(3) 금융계정(Financial account)

금융계정은 정부, 중앙은행, 금융기관, 민간기업 등 모든 거주자의 대외금융자산과 부채의 거래 명세로 거주자 관점에서 자산 또는 부채가 된다. 이러한 금융계정은 직접투자, 증권투자(간접투자), 파생금융상품, 기타투자, 그리고 준비자산으로 구성된다.

- **직접투자**(Direct investment): 일국의 거주자가 해외기업 직접경영 목적의 비거주자 주식취득, 수익 재투자, 투자를 위한 대출과 차입 거래 등이다. IMF는 기업의 복잡해진 투자유형을 고려하여 직접투자 판정모형(FDIR: Framework for Direct Investment Relationships)을 제시했다. 판정모형에서 인정하는 직접투자는 투자자가 피투자기업의 의결권 주식 10% 이상 보유하는 일차적 직접투자, 피투자기업의 연쇄출자를 통한 간접적 직접투자, 그리고 동료기업 간의 투자가 있다.

이러한 포괄적 투자 관계는 〈그림 1-4〉에서 살펴볼 수 있다. 좌측(a) 그림은 직접투자와 간접적 직접투자를 설명하고 있다. A기업이 B기업의 지분 100%를 소유하면 일차적인 직접투자가 된다. 그리고 B기업이 C기업에 지분 10% 이상 투자는 A기업의 이차적인 직접투자가 된다. 여기서 점선 화살표와 같이 A기업과 C기업은 서로 경영상의 연관성이 없더라도 간접적 직접투자 관계를 형성하게 된다.

우측(b) 그림은 동료기업 간의 직접투자 관계를 보여주고 있다. A기업이 B와 C기업에 대한 투자는 당연히 직접투자가 된다. 만약, B기업이 C기업에 경영목적의 대부를 제공하면 동료기업 간 직접투자가 된다.

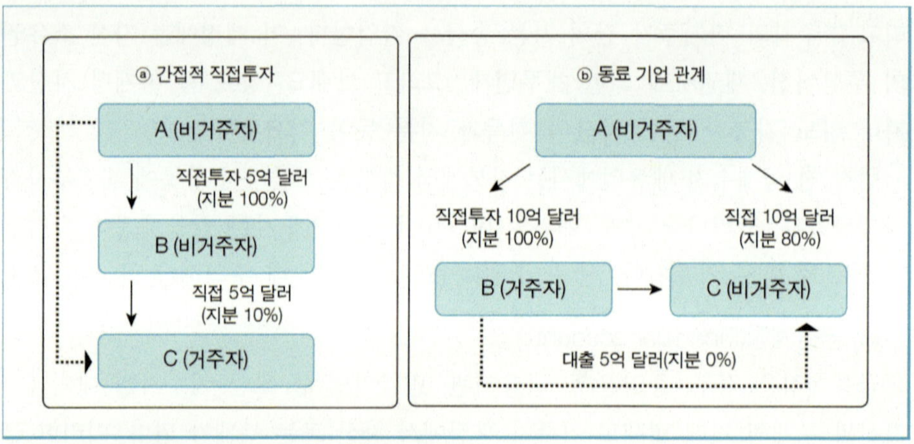

자료원: 한국은행(2021), 국제수지통계의 이해(2021)

〈그림 1-4〉 **IMF 판정모형의 포괄적 직접투자 관계**

- **증권투자**(Portfolio investment): 통상적으로 간접투자로 불리는 증권투자 항목은 거주자와 비거주자 간의 주식 및 부채성 증권거래이다.
  - 국내 거주자의 해외증권투자는 비거주자로부터 주식, 채권 등을 매입하거나 매도하는 거래가 된다.
  - 국내 비거주자의 국내증권투자는 비거주자가 거주자로부터 주식이나 채권을 매입하거나 매도하는 거래이다.
- **파생금융상품**(Financial derivatives): 통화, 채권, 주식 등 기초금융자산의

가치변동으로 실현된 손익을 기재한다. 즉, 장 내외에서 거래되는 통화, 금리, 주식의 옵션, 선물[6] 등의 거래로 이익이 실현되면 자산의 증가, 손실은 부채로 나타난다.

- 기타투자(Other investment): 직접투자, 증권투자, 파생금융상품과 준비자산에 포함되지 않는 모든 금융거래 결과를 나타낸다. 여기에는 대출 및 차입, 무역 신용, 현금 및 예금, 기타자산 및 부채, 특별인출권 등이 포함된다.
- 준비자산(Reserve assets): 통화 당국이 외환시장 안정 등을 위해 언제든 사용과 통제를 할 수 있는 외화표시 대외자산이다. 외화보유액의 증감액 중에서 거래적 요인에 의한 변동분만 기록되며 환율변동, 평가손익 등은 제외된다.

(4) 오차 및 누락(Errors and omissions)

국제수지는 복식부기 방식(Double entry system)에 의해 국제수지표 상의 경상계정, 자본계정 그리고 금융계정의 합이 0으로 균형을 이루게 된다. 모든 대외거래를 차변과 대변에 같은 금액을 기록하기 때문에 이론상으로 불일치가 발생할 수 없다. 그러나 국제수지 통계작성 시 통관 통계, 외환 수급통계 등 기초 통계 간의 계상 시점과 평가 방법상의 차이, 보고 오류 등으로 통계 불일치가 발생한다. 오차 및 누락 계정은 이러한 문제 해결을 위한 항목이다.

3. 국제수지표상의 자본이동 의미

1) 자본이동 개념과 효과

국제 자본이동은 국가 간 화폐자본의 이전으로 유입과 유출 양방향으로 나타난다. 국제수지표상에서 자본 유입은 금융계정 흑자, 유출은 적자 요인이 된다. 경제학계는 자본이동 원인을 이자율, 배당 등 수익률 차이로 설명하고 있다. 수익률 격차이론에 의하면, 거시경제 차원에서 자본이동은 국내저축과 투자의 차이에서 발생한다. 예를 들어 한 나라의 국내저축이 투자 수요를 충족하지 못하

6) 통화선물의 경우 선물환(Forward exchange)은 외화를 장래에 매매하는 계약이며, 만기일에 당일의 환율과 관계없이 미리 약정된 환율로 결제한다. 통화선물(Currency futures)은 선물환과 같이 미래의 어느 일자에 외화를 사고파는 계약이지만 선물거래소에서 거래된다는 점이 다르다(대외정책연구원, 2012).

면 외화 수요 증가로 이자율이 높아져서 해외 투자자본이 유입된다. 여기서 국내저축의 원천은 수출이 수입을 초과하는 경상수지 흑자가 되는데, 화폐자본과 실물경제가 상호 작용한다는 것을 알 수 있다. 이러한 국제자본 이동은 자본 대출국과 자본 차입국 양측 모두에게 긍정과 부정적인 효과를 제공한다.

첫째, 유동성의 실물경제 파급효과이다. 자본 차입국은 국내투자를 확대하여 실물경제를 활성화할 수 있고, 국민소득을 늘릴 수 있게 된다. 종국적으로 차입국의 수입(income) 증가는 대출국을 포함한 다른 국가로부터의 수입(import)을 확대하여 이들 국가의 소득수준까지 높이게 된다.

둘째, 자원의 효율적인 배분이다. 대출국의 자본이 차입국의 노동, 자원 등의 생산요소와 결합하게 되면 양측의 생산요소 한계 생산력을 높이게 된다.

셋째, 자본이동의 역효과이다. 자본 대출국은 해외 이자 및 배당수익 등을 취득할 수 있지만, 자본 유치국은 차입자본 이자 부담을 안게 된다. 극단적으로 대출국이 자본을 회수하게 되면, 역 이전 과정에서 극도의 혼란을 우려해야 한다. 따라서 자본 차입국은 단기자본보다 직접투자를 수반하는 장기자본 유입을 선호하게 된다.

2) 단기자본 거래(Short-term transaction)

국가 간의 자본이동에서 상환 기간 1년 미만의 채권취득이나 금융대출을 위한 자본이동이다. 따라서 1년 이상의 채권 또는 기간이 정해져 있지 않은 외국의 실물자산이나 주식 등 유가증권의 취득은 장기자본 투자가 된다. 단기자본 이동은 크게 조정적 이동과 자율적 이동으로 양분된다. 조정적 이동의 가장 중요한 기능은 국제결제수단이다. 즉 일국의 국제수지가 흑자이면 그 나라의 해외 단기자산의 증가 또는 단기채무의 감소를 의미하여, 반대이면 자산의 감소 또는 단기 채무증가를 의미한다(이원형, 2004).

자율적 이동은 투자적 단기자본과 투기적 단기자본, 그리고 도피적 자본이동이 있다. 투자적 단기자본 이동은 환율변동을 고려하지 않는다면, 국내외 금리차가 발생할 때 이루어진다. 즉, 투자자는 상대적으로 금리가 높은 국가로 자본을 이동하여 그 나라 은행에 예금하거나, 외국환 어음이나 단기증권을 매입한다. 무역에서 수출자(exporter)가 외국 수입업자(importer)에 일정 기간 지급을 늦춰주는 유전스(usance)[7]도 단기자본 유출이다.

투기적 단기자본 이동은 환율변동에 따른 환차익 등을 목적으로 이루어진다. 환 투기 목적의 거래는 위험을 수반하기 때문에 다양한 헤징(hedging)의 기회를 활용할 수 있는 외환거래 방식을 이용하게 된다.

마지막으로 도피적 단기자본은 이익추구 목적 없이 자산가치 보전목적의 자산 도피(Capital flight)이다. 자산 도피는 사회불안 등으로 인한 자산가치 하락 방지, 강력한 외환 정책이 감지되면 자산손실 회피목적으로 이루어지는데 국제수지 균형을 파괴하는 역기능이 있다. 사례로 1990년대 후반의 한국과 동남아시아의 외환위기 시기에 도피적 단기자본 이동이 있었던 것으로 알려졌다.

3) 장기자본 거래(Long-term transaction)

장기적인 자본이동은 크게 직접투자와 간접투자 목적으로 이루어진다. 먼저 장기자본 거래를 통한 직접투자는 앞서 살펴본 바와 같이 두 가지 방법으로 이루어지는데, 자본 유치국(피투자국)에 신규법인을 설립하거나, 현지 기업의 기존주식이나 증권 취득이다.

간접투자를 위한 자본이동 목적은 기업의 경영활동에 참여 없이 금융자산에 투자하여 이자나 배당수익 확보에 있다. 즉, 일국에서 비거주자가 그 나라의 국채나 사채 등 신규채권, 또는 기존채권을 매입하되 그 기업의 경영에는 참여하지 않고, 수익만 챙기는 투자이다.

장기자본 거래에 있어 쟁점은 기업의 해외 투자목적이 공개되지 않기 때문에 지분 소유만으로 직접투자인지, 간접투자인지를 판단할 수 없다는 데 있다. 이에 대해 앞서 기술한 직접투자 판정모형(FDIR)을 활용하여 판단할 수 있다. 만약 투자자가 피투자기업의 의결권 주식(voting stock) 10% 이상을 취득하면 직접투자, 10% 미만을 취득하면 간접투자가 된다. 그리고 중장기 대출은 통상적으로 간접투자로 분류되지만, 모기업의 자회사에 대한 경영 간섭 목적의 대출은 직접투자가 된다.

7) 유전스(usance)는 수출입 거래에서 일람출금 거래가 아닌 기한부 거래에 사용되는 용어로 선적 후 또는 서류 열람 후 일정 기간 경과 후 지급하는 약정방식이다. 유전스 방식은 신용장(usance L/C), 기한부 어음(usance bill) 등으로 이용되며, 기간은 30일, 60일, 90일, 180일 등이 일반적이다.

CHAPTER

2

해외직접투자 동기 및 유형

2 해외직접투자 동기 및 유형

제1절 해외직접투자 동기

해외직접투자 동기에 관한 이론은 거시경제적 관점에서 국제자본의 이동으로 보는 시각과 기업의 이윤 극대화를 위한 경영전략으로 보는 시각이 있다. 거시경제학적 입장은 자본의 한계효율이 낮은 국가에서 높은 국가로의 투자 방향을 설명하고 있는데 투자이론에서 전통적 국제자본 이동론을 뒷받침하고 있다. 여기서 자본의 한계효율(MEC: Marginal Efficiency of Capital)은 어떤 자본을 새로 한 단위 추가함으로써 얻어지는 예상 수익률을 의미한다.

미시적 접근방식은 기업이 이윤 극대화를 위해 소유하고 있는 경영자원을 최대한 활용하여 수익을 창출하는 경영활동을 설명한다. 따라서 기업은 자사의 내부적인 경영전략과 본국과 피투자국의 정치, 경제적인 외부 환경을 복합적으로 고려하여 투자를 결정한다. 학계에서는 이러한 개별기업 차원의 투자 동기를 전략적 동기, 경제적 동기, 재무적 동기, 그리고 형태적 동기 등 4가지 유형으로 설명하고 있다(Brooke & Buckley, 1988; Eiteman & Stonehuill, 1986).

1. 전략적 동기(Strategic motives)

기업이 어떤 경영전략을 달성하기 위해 해외에 진출하는지를 설명하는 투자 동기 유형이다. 전략적 투자동기 유형에는 진출 국가에서 생산하여 판매하기 위한 시장지향형, 그곳에서 생산한 제품을 제삼국으로 수출하기 위한 무역지향형이 있다. 그리고 부족한 자원이나 지식을 확보하기 위한 투자, 그리고 효율적 경영을 위한 글로벌 네트워크 구축형 등이 있다.

1) 시장지향형 투자(Market-oriented investment)

투자기업이 시장확보 목적으로 목표시장에 투자하여 그 나라에서 생산과 판매에 집중하는 유형이다. 이러한 유형의 투자는 기존 시장을 유지하거나 새로운 시장개척 동기가 작용한다.

시장유지 목적의 투자는 그동안 수출을 통해 그곳 시장을 확보하고 있었지만, 어떤 상황 변화로 현지 생산체제를 구축하는 것이다. 그러한 상황 변화는 그 나라 정부의 관세 및 비관세 장벽 강화, 운반비 절감을 통한 가격경쟁력 강화 등을 들 수 있으며 주로 선진국 간 투자에서 나타난다.

시장개척 목적의 투자는 그동안 수출시장으로 매력이 없던 국가이지만 어떤 상황변화로 그 나라 시장확보가 필요하게 됐을 때 나타난다. 예를 들어 어떤 국가가 경제성장으로 시장이 확대되거나 폐쇄경제에서 시장을 개방하게 되면 외국기업들은 그 나라 시장확보 목적으로 투자를 하게 된다.

이러한 시장지향형 투자는 현지에 생산과 판매 기반을 구축해야 할 정도로 시장규모가 큰 국가일 때 효과를 발휘할 수 있다. 사례로 미국 자동차 기업들이 1차 세계대전(1914~1918) 후 유럽의 높은 관세장벽을 회피하기 위해 직접투자로 진출했다. GM(General Motors Corporation)은 1922년까지 수출물량의 절반을 유럽으로 공급하였는데, 높아지는 현지 무역장벽 회피를 위해 1923년에서 1928년까지 유럽에 18개 조립공장을 설립하였다. 우리나라의 경우 기아자동차는 유럽연합(EU)이 1993년 단일시장으로 출범하자 2004년 10억 유로를 투자하여 슬로바키아 질리나(Zilina)에 공장을 설립하였다. 그리고 2024.1월에는 2028년까지 전기차 생산 라인을 구축하는데 1,400억 원을 투자한다고 발표했다.

2) 무역지향형 투자(Trade-oriented investment)

무역지향형 투자는 시장지향형 투자와 구분되어야 한다. 시장지향형이 현지 시장확보에 목적이 있다면, 무역지향형은 현지 생산제품을 그 나라 내수시장 공급보다 본국이나 제삼국에 수출하는 데 목적이 있다. 주로 선진국의 개도국으로의 투자 방향성을 보인다. 이러한 투자를 위해서는 현지 생산제품을 수출할 수 있는 인근 시장이 확보되어 있어야 한다. 그리고 현지 시장이 협소하더라도 저렴하고 숙련된 노동력 등 생산요소 조달이 가능해야 한다. 물론, 기업의 투자 결정요인에는 현지 정부의 외국인직접투자 인센티브도 작용한다. 무역지향형 투자는 관점과 분야에 따라 수출지향형, 생산요소지향형 투자 등으로 지칭된다.

한편, 무역지향형 투자의 대표적인 분야는 노동집약산업이다. 노동집약산업 기업의 해외투자는 제품 라이프 사이클과 노동력의 이동 제약성 때문에 발생한다. 제품 표준화에 도달한 산업은 제품수명주기 연장을 위해 노동력이 풍부하고 인건비가 저렴한 지역으로 이전하기 때문이다. 이러한 노동지향형 투자(Labor-oriented investment)는 대부분 선진국에서 노동력이 저렴한 개도국으로 투자 방향성을 갖는다. 그리고 투자의 이동성이 매우 높은 특징이 있다. 왜냐하면, 제품 생산요소가 노동력이기 때문에 투자기업은 상황변화에 따라 언제든지 저 인건비 국가로 생산설비를 쉽게 이전시킬 수 있기 때문이다. 사례로 우리나라 섬유업체들이 1970년대부터 인건비가 저렴한 중국과 동남아에 진출했다. 이후 미국의 아프리카 성장기회법[1]을 활용하기 위해 동아프리카로 다시 이전시킨 역사가 있다.

자본집약산업에 있는 기업도 무역장벽이 높은 목표시장 공략을 위해 입지적으로 유리한 인근 국가에 투자 진출한다. 예를 들어 한국기업들은 서유럽 진출 기지로 활용하기 위해 헝가리, 폴란드, 체코 등 동유럽으로 투자 진출하고 있다. 삼성전자는 헝가리가 1989년 사회주의를 포기하고 체제를 전환하자 부다페스트 동쪽으로 75km에 떨어져 있는 야스페니사루(Jaszfenyszaru)에 TV 생산공장을 설립했다. 한국타이어는 2008년 부다페스트 남쪽 75km 지점에 있는 라칼마스(Racalmas)에 타이어 생산공장으로 진출했다. 두 기업 모두 헝가리에서 생산된 제품을 서유럽에 수출한다.

---

1) 아프리카성장기회법(AGOA: African Growth and Opportunity Act)은 아프리카 경제발전과 빈곤퇴치 목적으로 사하라 이남 아프리카 국가 수출품에 대해 무관세 미국시장 접근을 허용하는 특혜무역 조치다.

3) 자원지향형 투자(Natural resource-oriented investment)

자원지향형 투자는 천연자원 부존도가 높은 국가를 찾아 투자하는 유형으로 원유 및 광물 채굴 등 자원개발과 연관이 깊은데, 네 가지 목적으로 이루어진다. 첫째, 투자기업 본사 및 해외 자회사의 제조 활동에 필요한 원자재의 안정적 확보, 둘째, 본국에 수입하여 내수시장에 공급하기 위한 투자, 셋째, 현지 생산 및 제3국으로의 판매, 마지막으로 다국적기업이 자사의 글로벌 네트워크에 공급할 목적이다.

이러한 투자는 대규모 자본과 고도의 채굴기술이 수반되기 때문에 신규참여가 어려워서 자본과 기술을 갖춘 선진국 기업이 주도하고 있다. 대표적으로 엑손모빌, 브리티시페트롤리엄, 로열 더치 셸, 토탈 등 석유 메이저들의 해외 원유개발사업 들 수 있다. 이들 기업은 석유개발에서 수송, 정제 및 판매에 이르기까지 석유사업의 전 단계에 관여하고 있는데, 전 세계 유전지역에 진출하고 있다.

우리나라는 1970년대 두 차례 석유파동 여파로 1978년 해외자원개발촉진법을 제정하여 해외 광물자원 개발 근거를 마련하였다. 이에 따라 석유공사, 가스공사 그리고 광물자원공사 등 에너지 3사는 해외자원 개발에 투자하고 있다.

4) 지식지향형 투자(Knowledge-oriented investment)

기업이 선진기술을 갖춘 국가에 연구소를 설립하거나, 기술 보유기업을 인수하여 얻고자 하는 지식을 취득하는 투자이다. 기술개발 속도가 빨라지고 경쟁이 격화되고 있어 기술우위를 확보하기 위해 지식지향형 투자가 증가하고 있다.

대표적인 지식지향형 투자지역은 미국의 실리콘 밸리(Silicon Valley)를 들 수 있다. 많은 외국기업이 실리콘 밸리에 자리 잡은 반도체, IT, 인공지능 집적단지에 진출하고 있다. 한편, 세계 곳곳에 경쟁력 있는 기술을 보유한 국가들이 있기 때문에 지식지향형 투자는 개도국에서 선진국뿐만 아니라 선진국에서 개도국으로의 투자도 이루어지고 있다. 사례로 현대중공업은 1988년 헝가리[2] 에 기술연구소(Hyundai Electric Hungary Kft.)로 진출했는데, 현지 전기분야 인력이 개발한 기술을 한국과 중국 등지의 공장에서 이용하고 있다.

2) 헝가리는 기초과학이 발달한 국가로 노벨 수상자가 14명에 달한다. 헝가리인 발명품은 현미경(1925), 홀로 그래프(1947), 콘택트렌즈(1959), Excel(1974), 큐빅(1974) 등이 있다 (헝가리 과학원).

5) 기타 전략적 투자 동기

글로벌 네트워크 추구형(Global Network-oriented investment)은 다국적기업이 경영전략 차원에서 계열기업 간에 생산과 마케팅을 분산 배치하는 유형이다. 기업이 글로벌 네트워크 구축을 통한 시너지 효과 달성을 위해 타 기업과의 합작투자, 전략적 제휴 등도 이러한 유형에 해당된다.

선도기업 추구형(Follow-the-leader investment)은 과점적 구도에서 다른 기업이 특정 국가에 진출하면 경쟁 관계에 있는 기업이 동반 진출하는 유형이다. 현대전자가 1994년 미국의 HDD 업체인 맥스터(Maxter)를 인수하자, 삼성전자가 1995년 미국 AST리서치(AST Research)를 인수했다. 같은 해 LG전자는 미국 제니스(Zenith)를 인수하여 미국에 진출했다.

고객 추종형(Follow-the-customer)은 제조업계 공급망 관계에서 나타난다. 메이커가 해외에 투자하면, 협력사들이 동반 진출하는 유형이다. 주로 자동차, 가전, 반도체 등 메이커와 벤더의 협력관계가 구축된 업종에서 나타난다.

2. 경제적 동기(Economic motives)

기업의 해외투자 동기를 불완전시장에 진출하여 이윤을 극대화하는 데 두고 있다. 즉, 기업은 완전경쟁 시장에 진입할 유인을 갖지 못하지만, 불완전시장이 있다면 투자를 결정하게 된다. 왜냐하면, 기업은 불완전시장이어야만 자사의 경쟁우위 요소를 활용하여 수익을 창출할 수 있기 때문이다. 시장 불완전 현상은 실물시장과 자본시장의 왜곡, 그리고 불충분한 생산요소 때문에 나타난다. 특히 실물자산 부문은 정부의 국내산업 보호 정책이나 독과점기업들의 시장장악으로 불완전하게 된다. 경제활동 영역에 제한이 없는 국제기업은 불완전시장에 자사 제품 수요만 있다면 예외 없이 진출하여 시장을 확보한다.

기업이 이러한 시장에서 투자 성공을 위해서는 두 가지 전제조건이 선결되어야 한다. 첫 번째, 그 시장이 불완전한 상태이더라도 성장잠재력이나 시장규모 등 수요가 보장되어야 한다. 두 번째, 시장이 안정적인 국가에서의 경영보다 더 많은 외국비용(Liability of foreignness)을 지불하고도 이윤을 창출할 수 있는 경쟁 우위 요소를 보유하고 있어야 한다. 경쟁 우위 요소는 내부거래 능력, 규모의 경제, 첨단기술, 자금 동원능력 등을 들 수 있다. 또한, 그 나라 정부에서 산업 균형발전을 위해 외국투자기업에 대한 특혜 제공도 우위 요소가 된다.

불완전시장 진출사례로 맥도널드(McDonald's)는 냉전 시대에 적성국 소련의 수도 모스크에 매장을 개장했는데 첫날에만 3만여 명이 인산인해를 이뤘다(한국일보, 2022). 당시 사회주의 국가에서 패스트 푸드 무주공산 시장을 선점하려는 전략이다. 국가의 정책적인 투자유치 사례는 대만 TSMC의 일본 투자를 들 수 있다. TSMC는 2024.2.24일 구마모토현에 공장 준공식을 치렀다. 이는 TSMC 파운드리 반도체 생산설비의 해외 분산배치 경영방침과 반도체 강국 부활을 노리는 일본 정부의 보조금 지원이 합치된 결과이다.

▷ 기업의 경제적 동기에 의한 투자 사례(과거와 현재)

- 맥도널드, 1990.1.31일 매장 전경
- 2022.5월 예측 불가능한 사업환경 (러-우크라이나 전쟁)으로 철수

- TSMC, 일본 구마모토현 1공장
- 투자액 70억 달러(9조 4천억 원) (일본 보조금 4조 2천억 원 포함)

출처: 한겨레(2022.5.16.), 경향(2024.2.25.)

3. 재무적 동기(Financial motives)

해외직접투자는 기업 주주(Stockholders)의 이익 극대화를 위해서도 이루어진다. 즉, 기업이 주주의 재무적 위험을 감소시키기 위해 해외에 투자한다는 내용이다. 재무적 동기에 의한 직접투자는 증권투자의 포트폴리오 이론에 기초하고 있다. 먼저 포트폴리오 이론을 직접투자에 접목하기 위해 아래와 같이 계산된 최소 요구수익률(Required rate of return)을 이용하여 기대수익률(Expected rate of return)을 산출하여야 한다.[3)]

최소 요구수익률 : Rj = r + risk premium

Rj : 자산 j에 대한 최저 필수수익률

r : 위험이 없는 증권의 명목 이자율

risk premium : 위험자산의 기대수익이 무위험 자산의 수익을 초과해야 하는 최소한의 금액

재무적 동기에 의한 직접투자는 최소 요구수익률로 파악된 기대수익률과 위험의 함수관계에 의한 분산투자로 투자국가 선택과정을 설명할 수 있다. 분산투자의 지배원리는 같은 위험 수준에서 기대수익률이 높은 것을, 반대로 같은 기대수익률에서는 위험수위가 낮은 것을 선택한다. 지배원리에 근거하여 투자기회 집합(opportunity set)이 형성된다. 투자기회 집합은 마코위츠(Markowitz)의 효율적 투자선(efficient frontier) 상에 있는 대안들을 의미한다. 투자자는 효용 극대화를 위해 무차별 곡선상의 대안 중에서 투자대상을 선택한다.

투자자는 〈그림 2-1〉과 같이 마코위츠 효율적 투자선(AB)과 그 아래 사선 영역에 있는 투자기회 집합 내의 대안 선택이 가능하다. 최적의 투자안은 지배원리에 의해 같은 위험 수준이 r_1에서는 E_1을 선택하고, 위험이 r_2이면 효율적 투자선 상에 위치한 E_2를 투자대상으로 결정한다.

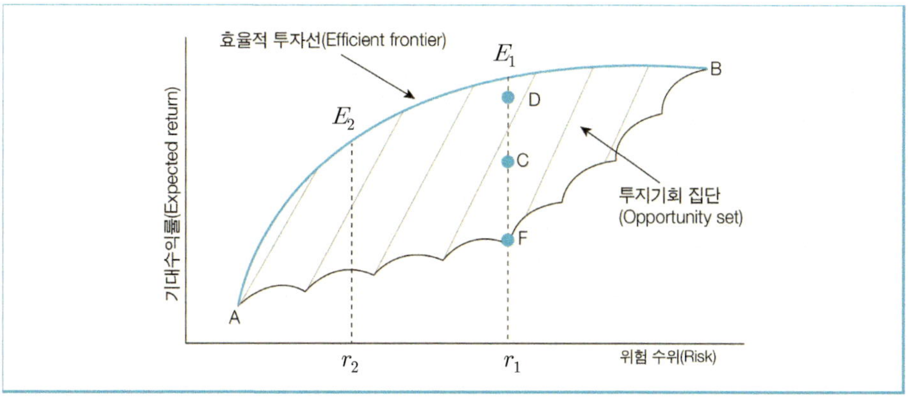

자료원: Harry Markowitz(1952), Portfolio Selection 활용 작성

〈그림 2-1〉 효율적 투자선 상의 투자기회 집합

3) 최소 요구수익률(Required rate of return)은 투자의 기회비용으로 보장되어야 할 최소한의 수익률이다. 그리고 기대수익률(Expected rate of return)은 투자로 인해 기대되는 예상수익률을 의미한다.

> ▷ 투자 대안 선택과정
>
> - 효율적 투자선 AB 상의 대안들과 선 아래 빗금 영역은 투자가 가능한 투자기회 집합(opportunity set)이다. 투자기회 집합 내의 대안중에서 효율적인 포트폴리오 선택은 지배원리로 결정할 수 있다. 같은 위험 수준의 대안 가운에 기대수익률이 가장 높은 투자안을 선택한다.
> - 그림에서 위험 수준이 r_1에서 투자대상은 C, D를 포함하여 F 그리고 E_1을 잇는 직선상에 대안들이 모두 포함된다. 가장 효율적인 투자안은 지배원리에 의해 위험 수준이 r_1이면서 기대수익률이 가장 높은 E_1이 된다. 같은 논리로 일정한 위험 수준에서 AB선 상의 기대수익률이 가장 높은 투자안을 선택할 수 있다.

기업의 해외직접투자를 설명하는 재무적 동기는 경영자의 관심 사항인 위험 회피를 반영하고 있다. 그러나 현실적으로 효율적 투자선을 도출해 내기 어려운 점이 있다. 왜냐하면, 직접투자는 재무적인 기대수익률뿐 아니라 정치, 경제적 여건 등 많은 요소를 고려해야 하기 때문이다. 또한, 기업이 굳이 해외투자로 위험을 분산해야 하는 이유에 관해 설명이 어려운 점이 있다.

4. 행태적 동기(Behavioral motives)

해외직접투자는 외부 환경으로부터 강한 자극이나 최고 경영자의 개인적인 편견 그리고 기업의 특이한 조직 행동에 의해서도 이루어진다. 외부 자극의 예로 해외 거래처나 현지 정부의 강한 투자 요청이 있으면 기업은 이를 무시할 수 없다. 이러한 행태적 동기에 의한 투자 결정은 주요 요인과 부차적 요인이 작용한다(Aharoni, 1966). 주요 요인은 현지 정부나 거래처의 무시할 수 없는 요청, 시장상실 우려, 국내시장 경쟁 심화, 선도적인 시장개척 의욕 등이다. 그리고 부차적 요인은 시장확대 욕구, 노동집약적 산업에서 표준화된 생산설비 재활용, 현지 무역장벽 극복을 위한 제삼국 우회수출 목적 등이다.

현실적으로 주요 요인과 부차적 요인을 구분할 필요는 없을 것이다. 즉, 상황에 따라 주요 요인이 부차적 요인이 될 수 있고, 부차적 요인이 결정적 요인이 될 수 있기 때문이다. 결론적으로 형태적 투자 동기에 관한 접근방법은 과학적 근거는 없지만, 현실적으로 많이 목격되고 있다. 형태적 동기는 투자이론으로 발전되었는데, 별도의 장에서 상세히 기술하였다.

제2절 해외직접투자 유형

1. 통합형태(모기업 · 자회사)에 의한 분류

1) 수직적 통합 투자(Vertical integration investment)

기업이 하나의 제품을 생산하는 데 있어 모회사와 자회사 간에 생산공정을 수직적으로 배치하는 유형이다. 수직적 통합 투자가 이루어지는 이유는 첫째, 생산공정의 국제분업(International decomposition of production process)을 통해 원가상의 우위 확보 또는 경영 효율을 높이는 데 있다. 따라서 기업은 투자지역별로 풍부한 생산요소를 찾아 생산공정을 배치한다. 둘째, 내부거래 이점을 활용하기 위해 생산공정을 수직적으로 배치한다. 기업은 생산요소가 풍부한 국가에 주문생산을 할 수 있지만, 여러 가지 이유로 공장을 설립하여 본사와 원부자재 내부거래를 하게 된다.

투자기업이 본사와 자회사 간의 내부거래를 선호하는 이유는 세 가지로 정리할 수 있다. 첫째, 기업이 보유하고 있는 선진기술의 외부유출 없이 경쟁우위를 유지할 수 있다. 둘째, 제품생산을 위한 원부자재의 내부거래로 공정을 통제할 수 있다. 셋째, 전 세계적으로 대규모 생산능력을 확보하여 규모의 경제(Economics of scale) 이점을 확보할 수 있다. 대체로 본사에서 생산기술을 제공하고 해외 자회사는 주어진 부품이나 완성품 생산에 전념한다. 이러한 수직적 통합 투자가 성공하기 위해서는 본사에서 해외에 분산된 전체 자회사 공정을 강력하게 통제할 수 있어야 한다.

수직적 통합 투자는 제품생산 전후를 기준으로 두 가지 통합 유형으로 나눈다. 먼저 후방통합 투자(Backward vertical investment)는 본사에서 활용할 자원개발, 원부자재 생산을 위한 투자이다. 반대로 본사에서 제품과 원부자재를 공급하고 현지에서 완성품을 조립하거나 판매하면 전방통합 투자(Forward vertical investment)가 된다. 후방통합 투자는 2008년 석유공사의 이라크 북부 쿠르드 지역 하울러(Hawler) 광구 투자를 사례로 들 수 있다. 전방통합 투자는 현대 모비스의 2008년 이집트 카이로에 자동차 부품 판매법인 설립이 사례가 된다.

2) 수평적 통합 투자(Horizontal integration investment)

수평적 통합 투자는 본사의 생산공정을 해외 자회사에 분산 배치하는 유형이다. 본사와 해외 자회사들은 같은 제품을 세계 이곳저곳에서 동시에 생산하여 판매하게 된다. 수평적 통합 투자 계기는 세 가지 상황에서 나타난다.

첫째, 현지화를 통한 시장점유율 확대이다. 생산설비를 현지에 갖추게 되면 그곳의 수요변화에 빠르게 적응할 수 있다.

둘째, 수송비 절감이다. 원거리 시장의 경우 많이 팔수록 그만큼 운반비 부담이 증가할 수밖에 없다.

셋째 무역장벽 회피이다. 현지 정부가 관세 및 비관세 장벽을 높이게 되면 수출을 중단하고 현지 생산체제로 전환한다.

수평적 통합 투자의 장점은 본사가 보유하고 있는 전문적인 기술이나 경영기법을 동시에 이용할 수 있다. 그리고 자회사들이 일정 수준의 의사결정을 할 수 있어 현지 시장변화에 탄력적으로 대응할 수 있다. 그러나 현지 자회사가 모든 공정을 책임지기 때문에 본사와의 내부화 거래 장점은 잃게 된다. 그리고 현지 기업들과의 협력 과정에서 기술누출의 위험은 어느 정도 감수해야 한다. 수평적 통합 투자사례로 현대자동차는 울산과 전주 공장에서 생산하는 완성차를 미국 앨라배마(Alabama), 러시아 상트페테르부르크(Saint-Petersburg), 인도네시아 브카시(Bekasi) 공장에서 동시에 생산하여 현지 시장에 공급하고 있다.

위와 같은 수직적, 그리고 수평적 통합 투자는 〈그림 2-2〉에서 그 개념을 쉽게 정리해 볼 수 있다. 좌측 그림은 수직적 통합 모형으로 최하위에 있는 공장 1에서는 노동집약적인 원부자재를 생산하고, 공장 2에서는 이를 가공하여 부가가치가 높은 중간재를 생산하며, 마지막으로 본사 공장 3에서는 완제품을 조립, 생산하게 된다. 우측 수평적 통합구조에서는 모기업 공장 1 그리고 해외 2개 자회사 공장들이 같은 제품을 동시에 생산하여 판매하는 구조이다.

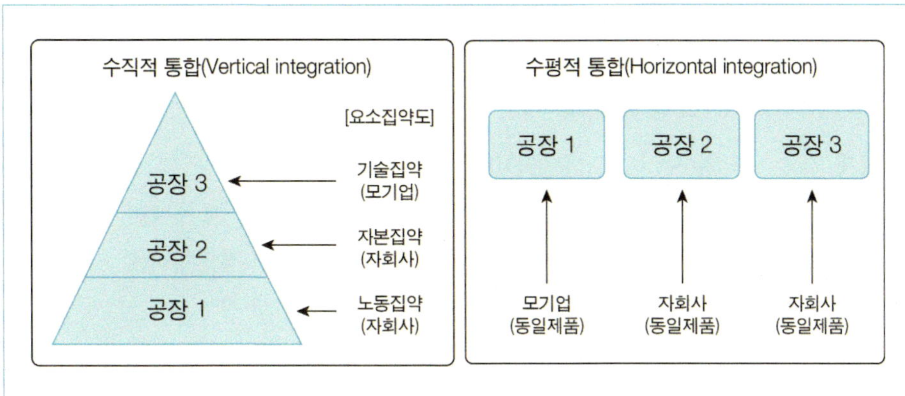

자료원: Caves, R. E.(1996), Multinational Enterprise and Economic Analysis

〈그림 2-2〉 **수직적 통합 및 수평적 통합 투자**

3) 다각적 통합 투자(Conglomerate integration investment)

투자기업이 전문분야와 밀접한 관련이 없는 다른 분야에 투자하는 유형이다. 투자목적은 기업이 수익확대를 위한 사업 다각화, 그리고 위험관리를 위한 자원의 분산배치에 있다. 다각적 투자 방법은 신설투자(Greenfield investment) 그리고 인수합병(M&A) 방식이 이용된다. 1980년대 한국 재벌들은 사업 다각화를 통해 급성장하였는데, 현대그룹은 신설투자 유형, 대우그룹은 주로 M&A 경영전략을 선호했다.

사업 다각화 분야는 관련 산업 내에서 사업 다각화를 꾀하는 산업내 투자와 전혀 다른 분야에 투자하는 산업간 투자로 분화된다. 산업내 투자(Intra-industry investment)는 기업이 불안정한 외부시장을 내부화하는 전략적 동기가 강한 투자이다. 사례로 현대자동차는 2019년 미래 차 기술과 관련된 중국의 얼굴인식 인공지능(AI) 스타트 업 딥글린트(Deep Glint), 미국의 무충돌 자율 모션 플래닝 기업 리얼타임 로보틱스(Realtime Robotics)에 투자하였다. 산업간 투자(Inter-industry investment)는 투자기업과 분야가 전혀 다른 영역의 투자를 의미한다. 사례를 들면, 구글(Google)은 2013년 당시 재정적으로 어려웠던 테슬라(Tesla)를 60억 달러에 인수하려다가 실패하고 자동차 기술을 자체적으로 개발하고 있다.

2. 투자지분 정도에 따른 분류

1) 단독투자(Sole investment)

일개 기업이 피투자기업 지분을 100% 소유하여 경영권을 장악하는 유형이다. 학자에 따라 투자자가 의결권(voting share) 지분 95% 이상 보유하는 것을 단독투자로 보고한다(김철, 2001; 최백렬, 2009). 이러한 견해는 경영학에서 지분 보유 비율에 따라 단독투자(95% 이상), 다수지분 투자(51% 이상~95% 미만), 동일지분 합작(50:50), 소수지분 합작(49% 이하)으로 구분하기 때문이다. 지분 보유정도에 관계없이 경영권을 장악하는 단독투자는 해외사업을 독단적으로 운영하기 때문에 전형적인 고위험 고수익(High risk, high return) 투자유형이 된다.

단독투자는 신설투자(New establishment)와 기존주식 인수(Stock acquisition) 방식이 있다. 신설투자 중에서 그린필드 투자(greenfield investment)는 기업이 직접 공장을 설립하는 형태로 일자리 창출과 기술이전 효과가 크기 때문에 각국이 선호하는 유형이다. 기존주식 인수 방법은 브라운필드 투자(brownfield investment)로 불리며 인수합병(M&A)으로 이루어진다.

단독투자는 여러 가지 장점이 있는데, 외부 간섭없이 독자적인 경영, 기술이나 경영 노하우 누출 차단, 신속한 의사결정, 투자수익의 완전 소유, 그리고 사업 실패 시 신속한 철수가 가능하다. 그러나 단독투자는 장점의 이면에 사전준비와 경영상의 주의사항이 있게 마련이다. 투자기업은 인력, 기술 등 경영자원을 충분히 보유해야 하며, 현지 시장진입에 많은 시간을 투자해야 하고, 현지의 특이한 경영환경에 자체적으로 대처해야 한다. 특히, 외국기업이 완전 소유형태로 진입하기 때문에 현지에서 외국기업이라는 이미지 탈피에 노력해야 한다.

한편, 투자기업이 현지 기업과 합작투자가 가능함에도 단독투자를 결정하는 현실적인 이유는 아래와 같다.

첫째, 현지 잠재 파트너의 경영능력이나 네트워크 미비, 생산능력의 부족 또는 경영 집중도가 낮아서 합작투자 실익이 없는 경우이다.

둘째, 합작투자 후 현지 파트너가 보유지분을 경쟁사에 양도할 가능성이 있다고 판단될 때이다.

셋째, 투자기업과 잠재 파트너와 이해가 상충하는 경우이다. 예를 들어 투자

기업은 이익 극대화를 위해 생산설비 자동화에 관심이 있는 데 반해, 현지 파트너는 정부와 사회관계에서 근로자 채용형 공장에 관심을 보일 수 있다.

2) 합작투자(Joint venture)

합작투자는 서로 다른 국적의 2개 이상 기업이 새로운 기업체를 설립하여 공동으로 경영에 참여하는 방식이다. 투자자본(capital)은 현금뿐만 아니라 토지, 기계설비 등 유형자산, 그리고 특허권, 상표권, 의장권 등 무형 자산의 화폐 환산액도 포함된다. 합작투자 참가기업의 국적 구성은 외국기업과 현지 기업, 외국기업과 외국기업, 그리고 국적이 각자 다른 3개 이상 기업의 결합으로도 이루어진다.

합작투자가 되기 위해서는 전제조건으로 참여기업들의 목적과 동기가 합치되어야 가능하다. 그러나 합작투자 참여기업들의 동기는 조금씩 다를 수밖에 없으므로 협의를 통해 조정해야 하는데 이들의 기본적인 입장을 파악하고 있어야 한다. 외국기업 입장에서 단순투자를 통한 자회사 통제보다 합작투자를 통한 파트너 공헌이 유리해야 한다. 이런 시각에서 외국기업의 합작 결정 동기는 현지 법률이나 단독투자 불가, 현지 파트너의 생산요소와 네트워크 활용, 낯선 경영 관행이나 외국기업 이미지 탈피 등을 들 수 있다. 한편, 현지 기업은 합작으로 자사가 보유하지 못한 경쟁 우위 요소를 확보할 수 있어야 한다. 예를 들어 외국기업이 보유한 자본, 기술, 지식재산권 등의 활용이다. 또한, 외국기업과의 합작을 통해 자사의 신용을 증가시켜 다른 사업에 이용할 수 있는 동기도 합작을 결정하는 요인으로 작용한다.

합작투자 참여기업 지분구조는 협상력(Barging power)에 의해 결정된다. 여기서 협상력은 투자자들이 프로젝트를 수행할 신설기업에 출자하는 자본비율로 결정된다. 투자기업들의 피투자기업 지분소유 정도는 의사결정 수준을 결정하는데 아래와 같이 네 가지 유형으로 구분된다.

- **다수지분형**(Majority foreign ownership): 지분 51% 이상 95% 미만의 소유형태로 주도기업(Majority party)이 된다. 단독투자에서 살펴본 바와 같이 학계에서는 특정 투자자가 95% 이상 의결권 지분을 소유하면 단독투자로 분류하고 있다.
- **동등 지배형**(Equal share): 투자기업과 파트너가 피투자기업 지분을 50%씩 동등하게 보유하는 형태로 양자는 공동경영기업(Co-leader)이 된다. 투자자

간에 이견이 발생하면 자회사 경영방향 설정이 어려운 지분구조이다.

- **소수지배형(Minority foreign ownership)**: 49% 이하 지분을 소유하며 추종 기업(Minority party)이 된다. 외국기업이 49%를 소유한 경우 추후 경영권 배제 문제가 발생할 수 있는 지분구조이다.
- **특수형태**: 출자자들이 지분을 각각 49%씩 소유하고, 잔여 지분 2%를 투자자들이 아닌 제삼자가 보유하는 특이한 형태이다. 주요 참여기업들이 동등지분을 소유하고 있기 때문에 의견 불일치 시 잔여 지분 2% 보유자가 결정권을 갖게 되는 구조이다.

합작투자는 기업 경영문화가 다른 기업들이 참여하기 때문에 이점과 문제점이 있을 수밖에 없다. 이러한 합작의 장단점은 사업지역과 분야에 따라 달리 나타난다. 따라서 기업이 합작투자를 결정하기 위해서는 해당 프로젝트 추진 시 가능한 상황을 철저하게 점검한 후에 결정해야 한다.

▷ 합작투자 장점

- 비용 절감과 위험분산이다. 투자기업이 합작으로 현지에 진출하면 적은 고정비용만으로 투자할 수 있어 비용과 재무적인 부담을 줄일 수 있다.
- 규모의 경제를 실현할 수 있다. 투자기업과 현지 파트너의 자본과 기술, 네트워크 등 경영자원이 결합하면, 투입자원보다 많은 이익을 창출할 수 있다.
- 파트너의 경영자산을 활용할 수 있다. 사업장 소재 현지 파트너의 판매망과 인적 네트워크를 활용하여 낯선 환경에 신속히 적응할 수 있다.
- 합작투자에 참여하는 기업은 시장 점유율 경쟁을 피할 수 있다. 역으로 그렇지 않은 기업은 시장 유지를 위해 현지 기업과 경쟁을 해야 한다.
- 현지 소비자들의 외국기업에 대한 반감을 줄일 수 있다. 또한, 현지 정부의 부당한 대우나 규제를 피하는 수단이 된다.

▷ 합작투자 단점

- 경영 통제권 문제이다. 현지 자회사에 대한 완전한 경영통제권 행사가 불가능하여 범세계적인 경영 탄력성을 상실하게 된다. 또한, 투자기업과 현지 파트너에서 파견된 경영진의 의견대립 시 이를 해결하는 데 에너지를 낭비해야 한다.
- 낮은 수익성이다. 합작투자는 참여기업들이 경영성과를 공유하기 때문에 단독 투자보다는 수익이 낮을 수밖에 없다.
- 투자기업의 핵심기술 유출 위험이 있다. 기술이나 경영 노하우 유출 시 현재의 합작 파트너가 미래의 경쟁상대로 부상할 수도 있다.

한편, 합작투자는 전략적 제휴(Strategic alliance)와는 구분되어야 한다. 양자는 서로 다른 두 기업이 이익확보라는 목적으로 자본과 인력 등 경영자원을 투자한다는 점에서 같다. 또한, 협력 파트너는 현재의 동반관계가 미래의 경쟁 관계로 발전할 수 있다는 점에서 유사하다. 그러나 합작투자는 법인 설립을 전제로 하지만 전략적 제휴는 법인 설립 없이도 가능하다는 점이 다르다. 다만 전략적 제휴도 법인 설립 형태로도 나타나고 있어 양자의 영역은 분명하지 않게 되어가고 있다.

제3절 전략적 제휴와 인수합병(M&A)

1. 전략적 제휴(Strategic alliance)

1) 전략적 제휴 개념과 이론적 배경

(1) 전략적 제휴 개념과 범주

전략적 제휴(Strategic alliance)란? 두 개 이상의 기업이 각자의 이익을 위해 일부 사업이나 기능부문에 일시적으로 협조 관계를 맺는 것이다. 즉, 기업들이 상호 자원 공유, 교환 또는 통합 등 협력으로 시너지 효과를 달성하기 위해 단기간 협력관계를 맺은 것을 의미한다. 전략적 제휴는 1980년대 저금리, 저유가, 저달러 등 3저 현상으로 세계 경제가 요동치던 시기에 크게 확산하였다(대외경제정책연구원, 1994).

전략적 제휴의 개념은 광의, 그리고 협의 개념으로 구분할 수 있다. 광의 개념은 기업의 전략적 의도만 있으면 결합 형태와 관계없이 기업 간의 모든 협력을 의미한다. 따라서 전략적 제휴에 프랜차이징이나 라이센싱 등 전통적 계약 거래는 물론 인수합병(M&A)까지 포함한다. 협의의 전략적 제휴는 공동 R&D, 표준 설정 등 비전통적 계약과 합작투자를 의미하며, 전통적 계약과 파트너가 소멸하는 M&A는 제외된다. 다만, 합작투자를 전략적 제휴로 볼지에 대해서는 논란이 있다. 양자는 기업들이 상호협력으로 서로의 경쟁력을 강화한다는 점에서 목적이 같다. 그러나 제휴는 자본참여 없이 계약만으로도 가능하지만, 합작은 프로젝트 추진 계약은 물론 참여기업들이 분담 자본금을 납입해야 한다.

대한무역투자진흥공사(2013)는 〈그림 2-3〉과 같이 전략적 제휴를 합작투자를 포함한 협의 개념으로 보고 있는데 점선 내 비전통적 계약, 법인 비설립 그리고 법인 설립이 전략적 제휴 범주가 된다.

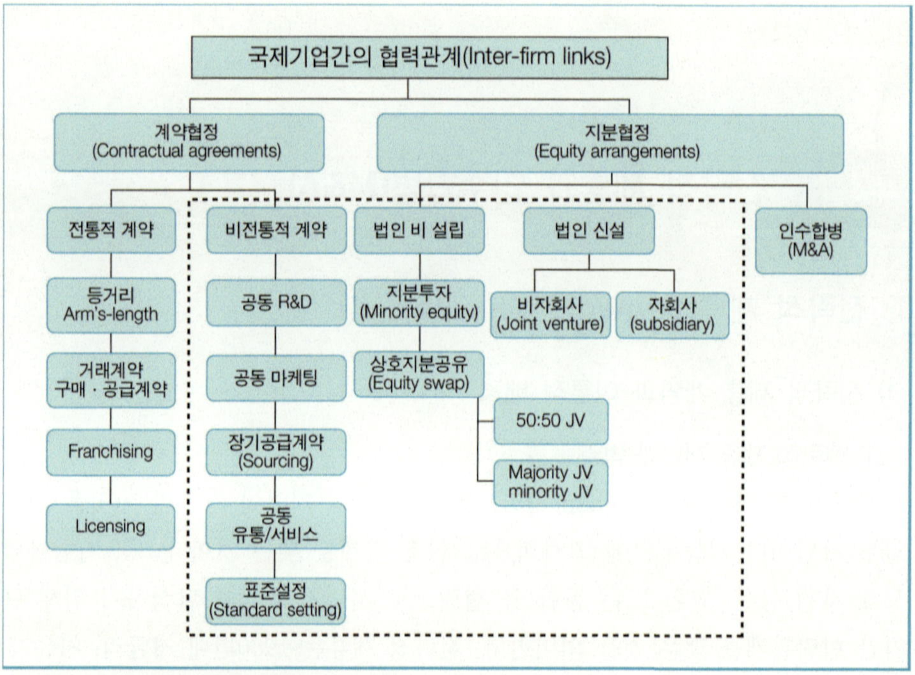

자료원: KOTRA(2013), 글로벌경쟁력 강화를 위한 전략적 제휴 안내서

〈그림 2-3〉 국제적인 전략적 제휴 개념

보스턴 컨설팅 그룹(BCG)은 기업 성장단계에서 전략적 제휴를 상대기업과의 동반관계로 해석하고 있다. 〈그림 2-4〉와 같이 보스턴 컨설팅 그룹은 전략적 제휴에 좌측 내부성장(build)과 우측 인수합병(buy)을 제외한 점은 KOTRA와 같은 견해이지만, 합작투자를 느슨한 단계의 전략적 제휴로 분류한 게 차이가 있다. 즉, 전략적 제휴 범위는 관점에 따라서 달리 해석될 수 있다는 점을 의미한다.

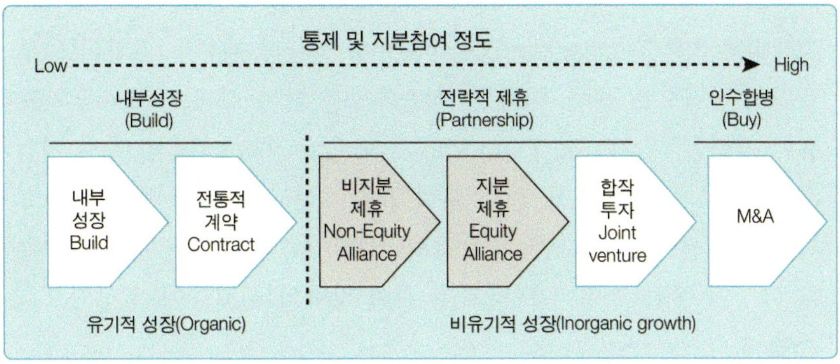

위험통제	높음	비대칭	공유			낮음
지속기간	영속적	단기	중기/장기			영속적
법인	선택	신규법인 없음			신규법인	법인

자료원: BCG(2005), The Role of Alliance in Corporate Strategy

〈그림 2-4〉 **보스턴 컨설팅 그룹(BCG)의 기업 성장단계**

내부성장(build)은 타 기업과 제휴 없이 독자적으로 성장하는 초기 국제화 단계이다. 전통적 계약 형태인 수출, 라이센싱 등은 전략적 제휴에서 제외된다. 이 단계 기업은 제품 통제, 지식재산권 등 핵심 역량을 유지할 수 있지만, 시장진입에 많은 시간을 투입해야 한다. 또한, 제품개발을 위한 비용부담과 전환비용[4] 발생에 따른 소비자 이탈 우려도 감수해야 한다.

전략적 제휴(partnership)는 비지분 제휴, 지분제휴 그리고 합작투자 순으로 발전한다. 제휴전략은 M&A에 비해 비용부담을 낮추고 상대방과 위험을 공유하면서 최단시기에 시장에 진입할 수 있는 경영전략이다. 그러나 합작 파트너와 수익을 공유해야 하며, 무형의 지식재산 유출을 감수해야 한다.

인수합병(M&A)은 자본, 기술, 인력 등 상대기업의 핵심 역량을 획득하여 시장 진입시간을 단축할 수 있다. 다만, 통합 비용부담, 복잡한 합의 절차 그리고 상대편 계약 불이행 위험도 감수해야 하는 경영전략이다.

4) 전환비용(Switching cost)은 생산자나 소비자가 현재의 기술, 제품 그리고 서비스를 다른 유형으로 전환할 때 발생하는 소비자 비용을 의미한다. 이러한 전환비용은 단순 거래비용은 물론 심리적 저항도 비용으로 간주한다.

(2) 이론적 배경

① **거래비용 이론(Transaction cost theory)**: 전략적 제휴는 기업이 외부 파트너와의 협력으로 생산, 마케팅, 기술개발을 하는 데 있어 단독투자보다 비용이 저렴할 때 가능하다. Bucklin & Sengupta(1993)에 따르면, 기업은 제휴 파트너 선정에 있어 같은 편익에서 가장 적은 비용만 지불해도 되는 파트너를 선택한다. 다만, 파트너의 기회주의 행동이나 합리성 부족에 따른 예상치 못한 추가비용 방지를 위해 쌍방의 신뢰감이 형성되고 유지되어야 한다.

② **자원기반 이론(Resource based theory)**: 기업이 보유하고 있는 한정된 자원을 타 기업 자산과 결합해서 효용을 극대화하는 데 있다. 독특한 경영자산을 보유한 기업은 다른 기업과 쉽게 전략적 제휴 관계를 형성할 수 있다. 여기서 독특한 자산은 기술 등 무형 자산, 조직원 경험 등을 의미한다. 이러한 배경에서 Barnir & Smith(2002)는 한정된 자원과 제한된 시장 접근성을 가진 중소기업은 상대편의 불필요한 자원까지 입수해야 하는 M&A보다 전략적 제휴를 권고했다.

③ **네트워크 이론(Network theory)**: 기업이 경쟁 우위를 창출하고 유지하기 위해 다른 기업과 네트워크를 구축한다는 것이다. 즉 기업이 특정 전략을 수행하는 데 있어 내부화로 해결하지 않고, 외부시장에 존재하는 경쟁자와의 협력관계를 구축하여 해결한다는 내용이다.

④ **조직학습 이론(Learning acquiring theory)**: 상대기업이 다년간 경영으로 체화된 지식(Embedded knowledge)을 습득하는 데 있다. Inkpen(1998)은 기업이 성장을 위해 부족한 지식을 가진 다른 기업과 협력으로 해결하는 게 전략적 제휴라고 하였다. 학습기반 이론에 의한 전략적 제휴가 이루어지기 위해서는 참여기업들이 자사와 상대방이 보유한 지식을 정확히 파악하고 있어야 가능하다.

▷ 국제 항공사의 전략적 제휴 사례

- 전략적 제휴의 대표 사례는 항공사 연합을 들 수 있다. 항공업계 제휴 유형은 글로벌 동맹(Global alliance), 좌석 공유(Code share), 합작투자(Joint venture) 그리고 인수합병(M&A) 등으로 이루어진다. 항공업계 동맹으로는 아시아나 항공이 가입한 Star alliance, 대한항공이 속한 SkyTeam 그리고 Oneworld 등이 있다.
- 가장 먼저 출범한 스타 얼라이언스(Star alliance)는 1997년 미주, 유럽, 아시아 지역 5개 항공사가 글로벌 항공 동맹으로 출범하여 26개 항공사로 확대되었다. Oneworld 그리고 SkyTeam은 각각 1998년, 2000년 출범하여 회원사 고객정보를 공유하고 부대시설을 공동으로 이용하고 있다.

2) 전략적 제휴 동기와 유형

(1) 전략적 제휴 동기

기업의 전략적 제휴 동기는 기업 자체 비교우위만으로 경쟁력 강화에 한계가 있어 파트너와의 팀업(Team-up)을 통해 보강하는 데 있다. 전략적 제휴의 특징은 적과의 동침(Sleep with the energy)으로 참가기업들이 목적을 달성하면 다시 경쟁 관계로 되돌아간다는 데 있다. 그렇다면 왜, 기업들이 적과의 동침을 하는가? 라는 근본인 질문이 있을 수밖에 없다.

첫째, 위험분산이다. 일개 기업 단독으로 특정 제품이나 기술개발 시 많은 예산을 투입해야 하며, 실패할 경우 모두 투자기업의 부담이 된다.

둘째, 규모의 경제효과이다. 두 개 이상의 기업이 제휴에 합류하게 되면 그만큼 프로젝트 규모를 확대할 수 있게 된다.

셋째, 기술확보에 있다. 제휴에 참여하는 기업들이 보유하고 있는 특허 등 지식재산권에 접근할 수 있다. 그리고 제휴 내용이 R&D 분야이면 참여사들이 보유하고 있는 기술 역량으로 새로운 기술을 비교적 쉽게 개발할 수 있다.

넷째, 손쉬운 시장확보이다. 시장확보를 위한 제휴인 경우, 서로 마케팅 경쟁을 감소시킬 수 있고, 목표시장 진입 속도를 단축할 수 있다.

다섯째, 산업표준[5)]을 확보하여 시장을 선도할 수 있다. 시장에서 제휴를 통해 개발한 제품이나 기술이 인정받게 되면, 산업표준을 취득하여 시장을 지배할 수 있다. 이러한 전략적 제휴는 기술개발 속도가 빠른 산업에서 주로 나타난다.

▷ 사실상 표준(de facto standard) 사례

- 소니(Sony)와 마쓰시타(Matsushita)의 VCR 비디오 녹화방식 경쟁 -
  비디오테이프 녹화(VCR: Video Tape Recorder)는 구시대 유물이다. 그런데도 현대까지 사실상 표준 경쟁 사례로 인용되고 있다. 내용은 1970년대 전자업계를 선도했던 일본의 소니(Sony)와 마쓰시타(Matsushita) 사의 VCR 비디오 녹화 시장 선점 경쟁에서 마쓰시타의 승리로 종료되었다.

▶ 소니의 베타 맥스-Betamax

- 1975년 VTR(Video Tape Recorder) 출시
- 우수한 기술과 비디오 품질
- 영화 한 편 담을 수 없는 녹화분량
- 협력사에 특허, 기술이전 거부
- 기술적 우위만 주장하고, 소비자 수요를 외면한 실수

출처: outsidethebeltway

▶ 마쓰시타의 VHS 포맷 방식

- 1976년 VHS 포맷 제품 시장 출시
- 자회사 빅터(JVC)의 VHS(Vertical Helical Scan) 방식
- 긴 녹화시간과 간단한 녹화 기술
- 협력사에 적극적인 기술이전과 전 세계 보급으로 사실상 표준 확보

출처: 좌동

(2) 전략적 제휴 유형

학자에 따라 제휴 유형을 다르게 제시하고 있는데, 그만큼 제휴 참여기업의 목적에 따라 다양한 형태의 제휴가 가능하기 때문이다. 학계에서 제시된 제휴

5) 산업표준(Industrial Standards)은 두 가지 유형이 있다. 공식적 표준(de jure standard)은 국제표준화기구(ISO), 국제전기기술위원회(IEC) 등 공기관이 인정한 표준이다. 사실상의 표준(de facto standard)은 기업 간의 치열한 경쟁을 통해 시장에서 인정되면 비공식적 표준이 된다.

유형은 크게 기능별 제휴, 업종 간 제휴, 그리고 지분참여 방식이 있다.

① 기능별 제휴에 의한 분류

기능별 제휴는 대체로 지분참여 없이 기업이 경영에 필요한 일부 부문만 외국기업과 협력관계를 구축하는 것이다. 기능별 제휴는 합작투자와 같이 새로운 법인이 설립되지 않고, 제휴 영역도 제한적인 특징이 있다.

- **기술제휴**: 기업이 부족한 기술을 타 기업으로부터 도입하거나, 쌍방이 서로 필요한 기술을 공유하는 방법이다. 또한, 신규기술이나 제품을 개발하기 위한 연구개발 컨소시엄 구축방법도 이용된다.
- **조달제휴**: 기업 간의 계약이나 합의로 서로 부족한 부품 등을 교환하는 형식이다. 조달제휴 배경은 필요한 부품을 자체개발하지 않고 안정적으로 공급원을 확보하는 데 있다. 선발기업과 후발기업 간의 부품공급이 대표적인 사례이지만, 최근에는 선발기업 간에도 상호 보완적, 쌍방적 협력으로 이루어지고 있다.
- **생산제휴**: 기업들이 서로의 기술을 투입하여 공동으로 특정 품목을 생산하는 방식이다. 생산 라이센스(Production license) 협약을 통해 참여기업들이 상대방 보유 기술을 교환할 수도 있다.
- **판매제휴**: 2개 이상 기업이 제품 판매 확대를 위한 협력이다. 방법은 공동브랜드 사용 또는 교차 유통협약 등이 있다. 공동브랜드는 참여사들이 자사에서 생산하는 제품에 같은 브랜드를 부착하여 방법이며, 교차 유통협약은 양측이 보유한 시장 유통망을 서로 활용하는 방식이다.

② 업종 간 결합 형태에 따른 구분

- **수직적 제휴**: 보유기술 수준이 다른 기업들이 결합하여 제품을 생산하는 유형이다. 기술 선도기업은 생산시설 투자 부담을 줄일 수 있고 후발 업체는 생산성 향상을 꾀할 수 있다.
- **수평적 제휴**: 기업들이 대등한 입장에서 기술, 제품, 생산, 판매력 등 취약한 부문을 선택하여 보완하는 결합방법이다. 주로 기술 선발기업 간에 이루어지는데 참여기업들이 투입비용을 최소화할 수 있고, 실패 시 비용을 분담한다.

〈표 2-1〉 기능별 전략적 제휴

유형	내용 및 종류
기술제휴	- 부족한 기술을 타 기업으로부터 도입, 공유, 또는 공동 개발 - 기술도입, 기술교환, 특허 공유, 공동 연구개발(R&D) - 공동 연구개발형은 생산과 판매제휴로 발전하기 쉬운 유형
조달제휴	- 필요 부품을 자체 생산하지 않고 서로 교환하거나 조달 - 부품조달, 단순 외주가공, 생산위탁과 수탁
생산제휴	- 각사의 자원을 투자하여 특정 제품을 공동으로 생산 - 공동생산, OEM 생산 등
판매제후	- 공동브랜드, 공동규격 사용, 상호 판매망 활용 - 서로 보유제품의 판매지역이나 제품 분할

자료원: 김문관·김숙(1999) 한국 반도체산업의 국제 전략적 제휴에 관한 연구

- **산업 다각화**: 해당 산업의 전후방 관련 산업 간 제휴 또는 이 업종 간 협력 형태이다. 예를 들어 삼성전자와 현대자동차가 수소차에 장착될 새로운 반도체 기능을 개발하는 연구개발에 제휴할 수 있다.
- **컨소시엄**: 독립된 2개 이상의 기업이 특정 프로젝트 추진을 위한 임시조직 결성방법이다. 통상 1개의 선도기업을 중심으로 다수 업체가 참가하는데 동종업계나 전문영역이 다른 기업들이 참여한다. 예를 들어 대규모 국책 발전소 건설 프로젝트에 건설사, 은행, 보험사 등이 컨소시엄을 구성할 수 있다.

③ 지분참여 여부에 따른 구분

지분참여형 전략적 제휴(Equity alliance)는 결합 관계를 공고히 하여 프로젝트 성공률을 높이기 위해 서로 출자하는 방식이다. 지분방식은 상호출자를 통해 법인을 신설하거나, 법인 설립 없이 쌍방이 자사의 보유지분 일부를 교환할 수 있다. 법인 신설의 경우 해당 프로젝트가 장기간 진행되면 합작투자로 발전할 수 있다.

비지분 참여형 제휴(Non-equty alliance)는 참여기업들이 특정 프로젝트에 신규법인 설립 없이 일시적으로 협력하는 방법이다. 주로 신제품 개발,

마케팅, 제조 등 기업 경영 한 분야에서 이루어진다. 보잉사가 Boeing 787을 생산하기 위해 일본의 항공기 부품 생산업체 Fuji, Kawasaki, Mitsubishi 등과의 협력이 사례가 된다.

▷ 이업종 산업 다각화 제휴 사례

인터넷 검색 포털 구글(Google)은 레고(Lego)를 크롬 브라우저에서 즐길 수 있는 애플리케이션을 2012년 출시하였다. 그리고 소비자가 실제 지도에서 원하는 캐릭터, 건물 그리고 이동수단 등을 레고로 만들 수 있는 빌드 위드 크롬(Build with chrome) 서비스도 2014년 개시했다.

3) 전략적 제휴조건과 성공 요인

(1) 전략적 제휴조건

전략적 제휴의 성공 공식은 철저한 '주고받기(Give and take)'에 있다. 제휴가 성공하기 위해 최적의 파트너를 선정하고 협력 성과를 달성하기 위해서는 양립성, 능력 그리고 몰입성 등 3C가 갖춰져야 한다(BCG, 2005).

① **양립성(Compatibility)**: 제휴 참여목적이 상반되거나 충돌하지 않아야 한다. 이해관계가 부합되어야 함을 의미하는데, 참여기업 간의 경영전략이 충돌하지 않고, 기술과 제품 중복이 없을수록 성공 확률이 높다.

② **능력(Capability)**: 예상 파트너가 기술, 생산, 유통 등 제휴 부문에서 강점을 보유하고 있어야 한다. 왜냐하면, 제휴 동기가 자신의 약점을 보완하고 강점을 증가시키는 데 목적이 있기 때문이다. 학계는 비슷한 규모와 핵심 역량을 보유한 기업들의 수평적 제휴가 성공 확률이 높다는 연구결과를 제시하고 있다.

③ **몰입성(Commitment)**: 경영 협력 목적 달성을 위해 당사자들이 해당 프로젝트 수행에 집중할 수 있어야 한다. 대체로 협력 프로젝트가 핵심사업인 경우, 그리고 동등지분 제휴일 경우 몰입도가 높은 편이다.

(2) 성공 요인

참여기업들이 전략적 제휴조건을 갖췄다고 하더라도 운영에 서로 신중을 기울이지 않으면 낭패를 볼 수 있다. 그동안 산학계에 보고된 사례를 중심으로 기업의 전략적 제휴 성공을 위한 핵심요소는 아래와 같이 정리할 수 있다.

첫째, 문화적 이질성을 인정하고 조율해야 한다. 예를 들어 미국의 연봉제도와 일본의 연공서열식 인사제도는 추구하는 바가 다를 수밖에 없다. 사례로 2008.9월 삼성 SDI와 독일 Robert Bosch는 이차전지 배터리 생산 제휴에 합의하고 2010.11월 울산공장을 개소했다. 그러나 2012.9월 삼성 SDI에서 Bosch 지분 50%를 인수하여 제휴 관계가 종료되었다. 일 처리 방식에서 SDI는 속도를 중시하는 데 반해 Bosch는 신중한 방식으로 서로 문화 차이를 극복하지 못했다.

둘째, 파트너를 너무 믿지 말고 핵심 역량을 보호해야 한다. 왜냐하면, 전략적 제휴가 종료되면 대부분 다시 경쟁 관계로 전환되기 때문이다. 삼성전자와 일본의 Sony는 TV용 LCD 패널 생산을 위한 합작으로 2004.4월 S-LCD 사를 설립했다. 그러나 양사의 제휴 관계는 지속하지 못했는데, 삼성이 2011년 소니의 소유 지분 전량을 인수하면서 양사의 협력관계는 종료되었다. 이후 삼성전자는 2007년부터 글로벌 톱으로 부상한 데 반해 소니는 끝없이 추락하였다.

셋째, 제휴 파트너를 신뢰해야 한다. 전제조건 3C를 고려하여 파트너를 선정하였다면, 서로 프로젝트에 몰입할 수 있도록 믿고 신뢰해야 한다.

넷째. 파트너의 장점을 최대한 배워야 한다. 기업결합은 상대편 장점에 접근할 수 있고 학습할 기회를 제공한다. 따라서 상대기업이 보유한 기술, 지식, 경영기법 등을 익혀서 경쟁력을 강화하는 기회로 활용해야 한다.

다섯째, 변화하는 환경에 유연한 대응이다. 프로젝트 진행 과정에서 기술, 수요 그리고 법률 등 환경변화에 따라 제휴를 계속할지, 중단할지를 결정하여 비용과 시간 낭비를 줄여야 한다.

▷ 컨소시엄(Consortium) 사례, LGCNS 헝가리 대중교통 시스템(2012-2014)

트램(Tram) 불법 탑승자 단속

LGCNS 수주 활동을 위한 CSR 활동
미스꼴츠(Miskolc) 유치원 보수공사[6)]

출처: 저자 촬영(2013년)

헝가리 부다페스트(Budapest) 교통국은 2014년 EU 펀드 1억 달러 규모의 국제입찰을 발주했다. 프로젝트 내용은 시내버스와 트램(Tram) 정류장에 Smart point를 설치하여 실시간으로 교통수단 운행정보를 관리하고 운임을 결제하는 교통시스템 구축이었다.

LG CNS는 서울 대중교통 통제 시스템 구축 후 유럽 진출을 위해 헝가리 부다페스트 대중교통 통제 시스템 입찰에 장기간 준비했다. 예시로 부다페스트 교통국에 회사를 소개하였고 기술정보를 제공하는 등 사전 마케팅 활동으로 교통국과 관계를 구축해 나갔다. LG CNC는 입찰이 발주되자 헝가리 IT 기업, 은행 등과 컨소시엄을 구축하여 입찰에 참여했다. 그러나 아시아 기업의 유럽 진출을 꺼리는 독일 Siemens 주도 컨소시엄의 저가 공세 벽을 넘지 못하고 수주에 실패했다.

2. 인수합병(M&A)

1) 인수합병의 개념과 다른 투자와의 관계

(1) 인수합병의 개념

인수합병(M&A)은 기업이 규모 확대, 시장확보, 기술획득 또는 경쟁자 제거 목적으로 인수 또는 합병하는 것이다. 인수(acquisitions)는 하나의 기업이 다른 기업의 주식을 취득하여 경영권을 확보하는 것이고, 합병(mergers)은 둘 이상 기업이 하나의 기업으로 합쳐지는 것이다. 인수합병에 주도적인 기업이 목표기

6) KOTRA 무역관에서 LGCNS의 헝가리 대중교통 관리 시스템 입찰 수주 분위기 조성을 위해 미스콜츠(Miscolc) 시립 유치원 보수공사를 시청직원들과 공동으로 시행하였는데 지역 언론에서 호의적으로 보도하였다.

업의 경영권을 획득한다는 의미에서 인수와 합병이 혼동되어 쓰이고 있다.

기업이 신설투자 대신에 M&A를 선택하는 근본적인 이유는 내적 성장의 한계를 극복하기 위해 외적 성장을 선택하기 때문이다. 여기서 내적 성장은 기업이 독자적으로 신시장 개척, 신상품과 신기술 개발 등을 통한 자체성장이며, 외적 성장은 인수합병, 합작투자 등 외부자산을 활용한 성장을 의미한다.

국제 인수합병(Cross-border M&A)은 국적이 다른 기업 간의 인수합병이다. 해외직접투자에서 M&A 방식이 급부상하게 된 계기는 두 가지 요인이 작용한다. 첫 번째, 불확실한 세계 경제 환경이다. 1970년대 두 차례 석유파동과 1980년대 3저 현상은 세계 경제를 급등락시켰다. 국제기업들은 불안정한 경영환경에서 경쟁우위 확보를 위해 기업재편 방법으로 M&A를 적극적으로 활용하였다. 두 번째 미국과 유럽 등 선진국의 금융시장 발달이다. 국제 증권시장에서 공개매수와 부채조달을 통한 타겟기업 인수(LBO: Leveraged buyout)[7]를 할 수 있는 환경이 조성되었다.

▷ 국제 인수합병(M&A) 폭풍의 역사

- 1980년대 3저 시대의 M&A 열풍
  [미국] 달러 강세 → 고금리 → 주가 하락 → 구조조정 과정의 M&A
  - 1987.10월 블랙 먼데이(Black Monday), 뉴욕 증시 급락으로 M&A 열풍
  [일본] 엔화 강세 → 일본 자본이 국제 M&A 시장의 거대 손으로 등장
  - 엔고로 인한 엔화 구매력을 활용하여 해외기업과 부동산 인수 열풍 주도
- 1997년 동아시아 외환위기 M&A 열기
  - 미국, 유럽기업들이 저평가된 아시아 기업들을 적극적으로 인수
  - 아시아 국가들도 외환확보를 위해 자국 기업의 구조조정 정책 수행
- 2008년 미국발 글로벌 금융위기는 다시 한번 기업들의 합종연횡을 촉발함
  - BOA(Bank of America), 메릴린치(Merrill Lynch) $440억에 인수(2008년)
  - JP모건체이스(JP Morgan Chase), 베어 스턴스(Bear Sterns) 인수(2008년)
  - 인도 타타 자동차(Tata Motors), 영국의 고급차 재규어(Jaguar)-랜드로바(Land rover)를 17억 달러에 인수(2008년)
  - 중국 지리(Geely), 스웨덴 볼보(Volvo)를 15억 달러에 인수(2010년)

자료원: Investopedia(https://www.investopedia.com/terms/h/hollowing-out.asp)

7) 차입매수(LBO: Leveraged buy-out)는 인수기업이 피인수기업의 자산을 담보로 자금을 조달하여 그 기업을 매입하는 기법이다.

(2) 다른 투자유형과의 관계

인수합병(M&A)은 증권투자와 구분되어야 한다. 증권투자는 이자 또는 주가 차이로 이익 실현을 위한 간접투자이다. 반면에 M&A는 외국인 투자자의 주식 매수 목적이 실질적인 경영권 행사에 있다. 한편, 신설투자는 전통적 투자이론에 의하면 기업이 경쟁우위를 활용한 생산활동으로 이윤을 창출하는 방법이다. 이에 반해 M&A형 직접투자는 기업이 현재 보유하고 있는 기술 열위를 만회하고 보강하기 위한 전략으로 이루어진다. 즉, 어떤 두드러진 기술적 경쟁우위가 없는 기업도 M&A를 통해 경쟁력을 확보할 수 있는 기법이다.

대한무역투자진흥공사(KOTRA)는 〈표 2-2〉와 같이 해외직접투자를 투자시간과 지분율의 함수로 단독투자, 합작투자, 그리고 신설투자와 인수합병으로 구분하고 있다. 단독투자는 투자기업의 보유 지분율이 높은 수준이기 때문에 모기업의 완전한 자회사 통제가 가능하지만 그만큼 비용과 위험을 감수해야 한다. 반면에 합작투자는 파트너와 지분을 공유하기 때문에 투자기업의 자회사에 대한 지배력이 약하지만, 비용부과 경영손실 위험을 분산시킬 수 있다.

〈표 2-2〉 해외직접투자 유형별 성격

높음	신설투자(Green field)	단독투자(Sole investment)	높음
투자시간	- 유연한 자회사 인력 운영 - 초기 투자자금 부담 - 기업설립까지 시간 소요	- 자회사 경영 완전 통제 - 고위험 고수익 투자 - 기업설립까지 시간 소요	지분율(%)
	인수합병(M&A)	합작투자(Joint venture)	
낮음	- 신속한 시장진입, 성과 창출 - 합병 협상 시간과 비용부담 - 인력 구조조정 어려움	- 비용분담, 위험분산 - 현지 파트너 경영자산 활용 - 의견 충돌 시 경영문제	낮음

자료원: KOTRA(https://dream.kotra.or.kr/dream/cms/com/index.do?MENU_ID=4420)

투자시간 면에서 신설투자와 인수합병은 공장설립에서 생산활동까지 소요시간에 차이가 있다. 신설투자는 현지 사회에서 환영받는 투자로 각종 혜택을 받을 수 있지만, 통상적으로 투자에서 생산까지 많은 시간을 투입해야 한다. 반면에 M&A는 신속하게 현지 시장에 진출하여 단기간에 수익을 창출할 수 있다.

다만, 인수기업은 현지 사회의 불편한 여론, 인력 구조조정 과정에서 노조의 반발을 감수해야 한다.

(3) 자산부채 이전과 인수합병 관계

자본력을 갖춘 기업은 자산부채 이전(P&A: Purchase & Assumption) 시장에서 기업을 인수할 수 있다. 자산부채 이전이란? 채권자가 부실기업의 우량자산과 채무를 다른 기업에 일괄 인계하는 기법이다. P&A는 본래 부실기업을 정리하는 방법이었는데 금융기관 정리까지 이용되고 있다. 이러한 P&A는 M&A와 유사하지만, 양자는 구분되어야 한다. M&A는 인수기업이 피인수기업의 자산뿐만 아니라 모든 부채를 떠안지만, P&A는 우량자산과 부담 없는 채무를 선별하여 인수할 수 있다. 그리고 M&A는 어려운 고용 승계문제를 안게 되지만, P&A는 원칙적으로 고용 승계의무를 지지 않으며 채권자와의 계약에 따라 결정된다.

P&A 방법은 본연의 특성에서 특이한 장단점을 포함하고 있다. 장점으로는 첫째, 매각자인 채권자가 피인수기업의 주주 또는 임직원의 부실책임을 물을 수 있어 도덕적 해이를 방지할 수 있다. 둘째, P&A는 대체로 정책적으로 결정되기 때문에 소주주를 보호하여 시장충격을 완화할 수 있다. 셋째, 인수자의 자금부담을 줄여서 신속하게 진행할 수 있다. 단점으로는 채권단이 부실기업 정리과정에서 발생하는 재정지출 부담이다. 그리고 강제적인 P&A 추진으로 피인수기업 구성원 반발도 피할 수 없어 사회적 혼란이 발생할 수 있다.

P&A 사례로 미국 퍼스트 시티즌스 은행(FCB: First Citizens Bank)이 2023.3월 파산한 실리콘 밸리 은행(SVB: Silicon Valley Bank)의 자산 1,100억 달러, 예금 560억 달러, 그리고 대출 720억 달러 등 우량자산만 인수 한 바 있다(BBC News Korea, 2023.3.27.). 한국에서도 1997년 외환위기, 2011년 저축은행 사태 당시 기업과 금융기관이 P&A로 국내외에 팔리는 아픈 역사가 있다.

2) 인수합병(M&A)의 유형

세계 경제에서 인수합병에 의한 직접투자는 매우 활발하게 진행되고 있고 새로운 M&A 기법이 계속 출현하고 있다. M&A 유형에 대해 학계에서 다양하게 구분하고 있는데 〈그림 2-5〉와 같이 단순화해서 정리해 볼 수 있다.

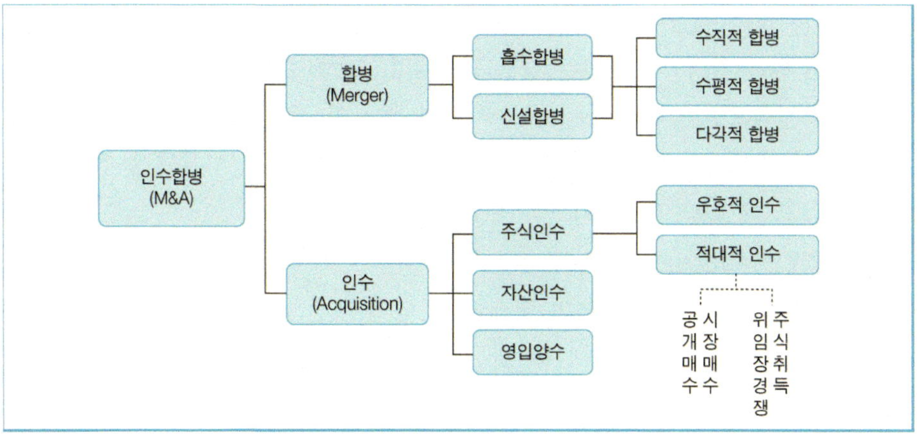

자료원: 경영학 교재, 학술지 논문에서 발췌

〈그림 2-5〉 **인수합병(M&A)의 유형**

(1) 합병방식

- **흡수합병과 신설합병**: 흡수합병(Statutory merger)은 참여기업 중에 주된 하나의 기업만 법률적으로 존속하고 나머지 기업은 소멸한다. 신설합병(Consolidated merger)은 참여기업들이 모두 해산되고 새로운 기업이 설립되는 방식이다.
- **수직적, 수평적 그리고 다각적 합병**: 수직적 결합은 동일산업 내 생산공정이 다른 기업들의 결합을 의미한다. 예를 들어 원료, 반제품을 생산하는 기업과 최종 완성품을 생산하는 기업이 결합하면 수직적 합병이 된다. 수평적 결합은 같은 산업에서 동일제품을 생산하는 기업 간 결합이다. 시장 점유율이나 판매망 확대 또는 과당경쟁 회피 수단으로 이용된다. 다각적 합병은 성격이 서로 다른 영업내용을 보유한 기업 간 결합 형태로, 기업이 새로운 분야로 진출하거나 위험분산 목적으로 이루어진다.

(2) 인수방식

- **주식인수(Stock acquisition)**: 투자자가 피인수기업의 주식 전부나 일부를 취득하거나 신주를 취득하는 방식이다. 주식거래 방식은 인수와 피인수 기업이 법률적으로 독립되어 있으므로 총회 절차가 필요 없다. 투자자가 표적 기업의 지배주주 세력과 원만한 협상을 통해 적정한 가격에 경영권을

넘겨받는 것을 우호적 M&A(Friendly Takeover)라고 하고, 지배주주 의사에 반해 경영권을 빼앗는 경우를 적대적 M&A(Hostile Takeover)라고 한다.

- **자산취득(Asset acquisition)**: 자산과 부채의 전부 또는 일부 거래방식이다. 자산취득 방식은 주식취득과 달리 원하는 사업 부문만을 취득할 수 있고 채무를 인수하지 않아도 된다.
- **영업양수(Business transfer)**: 물건, 권리, 사실관계를 포함하는 조직적, 기능적 영업재산 일체의 거래이다. 영업의 동일성을 유지하면서 이전되는 거래로 단순한 영업용 재산의 이전은 제외된다.

(3) 적대적 M&A 및 방어전략

① 적대적 M&A를 통한 경영권 확보전략

투자자의 목표기업 인수는 목표기업의 경영권을 행사할 수 있는 주식을 취득하거나 다른 주주의 의결권 확보 방법이 있다. 한편, 악의적인 기업 매수자를 기업 사냥꾼[8]이라고 하는데 M&A 시장을 주도하는 전문가 집단이다. 이들은 장내 주식시장과 장외에서 주식을 매입하여 대상기업의 경영권을 빼앗거나 시세차익을 챙긴다. 이들 중에서 시세차익만 노리는 기업 사냥꾼을 그린 메일러(Green mailer)[9]라고 한다.

▷ 기업 사냥꾼 정의

A corporate raider is an investor who buys a large number of shares in a corporation whose assets appear to be undervalued. The large share purchase would give the corporate raider significant voting rights, which could then be used to push changes in the company's leadership and management. This would increase share value and thus generate a massive return for the raider.

Source: Investopedia(https://www.investopedia.com/terms/c/corporate-raider.asp)

8) 기업 사냥꾼(Corporate raider)은 필요에 따라 우호적이거나 적대적 M&A 방식을 모두 구사하는데, 대체로 적대적 주식 매수자를 기업사냥꾼이라고 한다.

9) 그린 메일(Green mail)은 기업 사냥꾼이 확보 주식을 고가로 되팔기 위해 기업주에게 보내는 편지이다. 초록색(Green) 달러 지폐와 협박을 의미하는 블랙 메일(Black mail)의 합성어로 '달러를 요구하는 편지'라는 의미이다.

- 주식취득 방법
  - **공개매수**(takeover bid): 장외에서 대상기업의 주식을 확보하는 전략이다. 경영권을 쟁탈하기 위해 주식의 매입을 희망하는 자가 매입 기간, 수량, 가격을 공표해서 증권시장 밖에서 공개적으로 매수하는 방법이다. 통상적으로 특정 기업을 인수하기 위해 시가보다 높은 가격으로 주식을 공개적으로 매입한다는 의사표시를 하는 방식으로 진행된다. 즉, 언론매체에 해당 기업 주주들을 상대로 일정한 매수가액을 제시하고 그에 응하는 의사를 표시한 주주들의 주식을 단기간에 매입한다.

    이러한 공개매수 방식은 해당 기업이 경영권 방어를 위해 그 기업에 우호적인 백기사 동원을 차단하는 강력한 수단이다. 다만, 투자자는 상대적으로 고가로 주식을 매입해야 하므로 자금부담을 감수해야 한다.
  - **시장매입**(open market purchase): 장내 주식시장에서 해당 기업의 의결권이 있는 주식을 매수하는 기법이다. 공개매수가 단기간에 특정 주식을 장외에서 매수하는 데 반해, 시장매입은 주식시장을 통해 비공개적으로 주식을 매수해 나간다. 즉, 대상기업의 지배주주가 눈치채지 못하게 은밀하게 지분을 늘려나가는 방법으로 비교적 장기간에 걸쳐 진행된다.
- 위임장 경쟁(proxy fight)

  대립 관계에 있는 투자자와 기업 주주 간에 다른 의결권 주주의 위임장을 더 많이 확보하기 위해 벌이는 경쟁이다. 위임장 경쟁은 국가마다 법으로 상장주식의 의결권 행사에 제한을 가하고 있어 법률 변호사들의 활동 영역이 된다.

② 피인수기업의 경영권 방어전략

기업주는 경영권 보호를 위해 사전적 방어전략으로 대비하고, 적대적 M&A 감지 후 사후적 방어전략을 펼치게 된다. 예방적 방어전략은 평소 경영성과로 주식 저평가 방지, 우호적인 주주 확보, 정관개정을 통한 적대적 M&A 대비 등이 있다. 사후적 방어전략은 적대적 M&A에 대한 비판적 여론형성,

인수비용 인상, 시간 지연, 소송 등이 있다.

- **예방적 방어전략(Preventive anti takeover defenses)**
  - 상어퇴치제(shark repellents)[10]는 매수자의 의결권을 어렵게 하도록 정관을 변경하는 전략이다.
  - 독약조항(poison pill)은 경영권 싸움과 무관한 제삼자에게 회사에 비싼 값에 주식을 되팔 수 있는 우선주를 발행하여 매수자의 경영권 확보 비용을 대폭 올려 경영권 싸움을 유리하게 하는 기법이다.
  - **황금낙하산(golden parachute)**: 기업 임원이 경영권 변동으로 퇴사하는 경우 거액의 퇴직위로금을 받도록 고용계약을 변경하여 인수비용을 높이는 방법이다. 유사하게 일반 직원에게 많은 퇴직금을 지급하도록 하는 방법은 주석낙하산(tin parachute)이라고 한다.
- **적극적 방어전략(Active anti takeover defenses)**
  - **백기사(white knight) 전략**: 경영진이 사냥꾼의 공세를 막기 어려운 경우, 평소 우호적인 제3의 주주에게 경영권을 넘겨서 적대적 M&A를 방어하는 전략이다. 역으로 기업 사냥꾼에게 호의적인 제3자를 흑기사(black knight)라고 한다.
  - **백기주(white squires) 전략**: 경영진에 우호적인 주주에게 양호한 조건으로 주식을 대량 발행해 우호적인 지분을 늘리고 사냥꾼 보유 지분비율을 상대적으로 희석하는 전략이다. 백기사는 경영권에 관심이 있는 주주인 데 반해 백기주는 경영권에 관심이 없는 주주이다.
  - **역공개 매수(pack man defense)**: 사냥꾼의 공개매수 오퍼에 대항하여 자사를 매수하려는 사냥꾼 기업의 주식을 역으로 매수하는 전략이다.
  - **왕관의 보석(crown jewel)**: 회사 분할설립이나 분리매각[11] 등을 통해 기업의 핵심자산을 매각하여 기업사냥꾼의 인수 의지를 꺾는 방법이다.

10) M&A 방어전략 용어는 미국 월가에서 기업 인수를 담당한 젊은 20대 직원들이 어릴 적 놀던 기억으로 작명한 신조어로 전문용어가 되었다.

11) 기업 재편성에서 분할설립(spin-offs)은 모기업의 자산이나 영업 일부를 떼어내서 별도의 회사를 설립하는 방법이며, 분리매각(sell-offs)은 제삼자에게 회사 일부를 매각하는 기법이다.

(4) 대금 지급방식에 따른 구분

- **현금합병과 주식합병**: 합병(mergers)에서 인수기업이 피인수기업의 주식을 취득하면서 매도인에게 어떻게 대금을 지급하느냐에 따른 구분이다. 현금합병(cash merger)은 인수기업이 피인수기업의 주식을 현금으로 인수하는 방식이다. 주식교환을 통한 합병보다 절차나 방식이 간단한 대신에 일시에 많은 현금준비 부담을 안게 된다. 주식합병(stock merger)은 양측이 일정 비율로 주식을 교환하는 방식으로 양도차액에 대한 과세가 없다는 장점이 있다.
- **채무증서와 차입매수**: 채무증서(debt instrument)는 매도자 금융방식으로 향후 인수한 기업을 운영하여 발생하게 될 현금흐름으로 대금을 상환하는 방식이다. 주로 인수기업의 자금 사정이 부족하거나 거래 규모가 커서 전액 현금지급이 어려운 경우 이용된다. 차입매수(LBO: Leveraged Buy-Out)는 인수하게 될 자산을 담보로 부채를 조달하여 인수하는 방식이다.

3) 인수합병(M&A) 효과 및 장단점

한 나라의 거시경제적 차원에서 기업 간 M&A는 그 나라 경제의 효율성 증대라는 긍정적인 측면이 있다. 그러나 M&A에 의한 경제력 집중은 거대기업군의 출현으로 인한 공정경쟁 훼손 문제도 제기되고 있다.

기업이 M&A를 추진하는 동기와 효과는 이해당사자별로 다르게 나타난다. 인수기업 주주는 M&A를 통해 기업평판과 경영수익이 확대되어 배당과 주가 수익을 올릴 수 있다. 그리고 경영자는 소속 기업의 경영성과를 단기간 내에 높여서 연봉과 업계 평판을 높게 받을 수 있다. 기업 차원에서는 경영관리와 재무적인 효과를 누릴 수 있다.

- **경영관리 시너지 효과**: 기업의 R&D, 생산, 마케팅뿐만 아니라 기획, 인사 등 경영 전 분야에서 규모의 경제와 범위의 경제효과를 달성할 수 있다.
- **재무적 시너지 효과**: 투자수익률이 낮은 사업 부문에서 높은 부문으로 자금이 배분되는 내부 자본시장 기능을 수행한다. 그리고 몸집이 커져서 자금 차입능력을 높일 수 있고, 주식가격 상승으로 유동성을 확보할 수 있다.

▷ 국제 M&A의 장점

- 목표시장에 신속하게 진입할 수 있다. 만약 제품과 시장을 보유한 현지 기업을 인수하면 시장진입 시간을 단축하고 즉시 수익 확보가 가능하다.
- 새로운 제품라인을 추가할 수 있다. 제조업체의 경우 인수합병을 통해 그동안 보유하지 못했던 생산공정을 확보할 수 있다.
- 육성된 전문인력을 확보할 수 있다. 피인수 기업의 인력을 즉시 생산이나 판매에 투입할 수 있다.

▷ 단점

- 상대방의 정확한 경영자산 산출이 어렵다. 피인수 기업의 기술, 경영실적 등 기업 내부자산을 정확하게 측정하기 곤란하여 과다하게 평가할 수 있다.
- M&A 기업들의 이질적인 기업문화로 내부갈등이 발생한다. 인수합병 기업들은 당연히 조직문화, 임금체계, 관리 시스템 등이 다를 수밖에 없다.
- 피인수기업의 중요한 경영자, 기술자의 이탈 현상이 나타난다.
- 불필요한 피인수기업의 경영자산 처분 문제가 발생할 수 있다.

▷ 독일 벤츠와 미국 크라이슬러의 M&A 실패 사례

[독일, 다임러] 벤츠(Mercedes-Bez Group)
- 1926년, 다임러 - 벤츠 합병(Daimler + Benz)
- 1998년, 다임러, 미국 크라이슬러 인수
- 2007년, 벤츠, 크라이슬러 사모 펀드에 매각

[미국, 크라이슬러] 크라이슬러(Chrysler)
- 1925년 설립, 닷지 브라더스(Dodge Brothers) 인수
- 1998년, 다임러 벤츠에 흡수합병

BI: 기업 홈페이지

왜, 실패했을까? 첫째, 기업문화 차이이다. 독일의 수직적이고 관료적인 기업문화와 미국의 수평적이고 성과 중심의 경영방식 차이를 극복하지 못했다. 둘째, M&A 효과를 발휘하지 못했다. 양 사의 합병 동기는 벤츠의 정교한 기술과 품질, 크라이슬러의 대량생산 효율성을 결합하여 시너지 효과를 달성하는 데 있었다. 그러나 독일과 미국 공장은 서로의 역량을 묶지 않고 경영에 간섭도 하지 않은 등 단순한 병존 전략으로 M&A 효과를 발휘하지 못했다.

CHAPTER

3

해외직접투자 생성과 발전의 역사

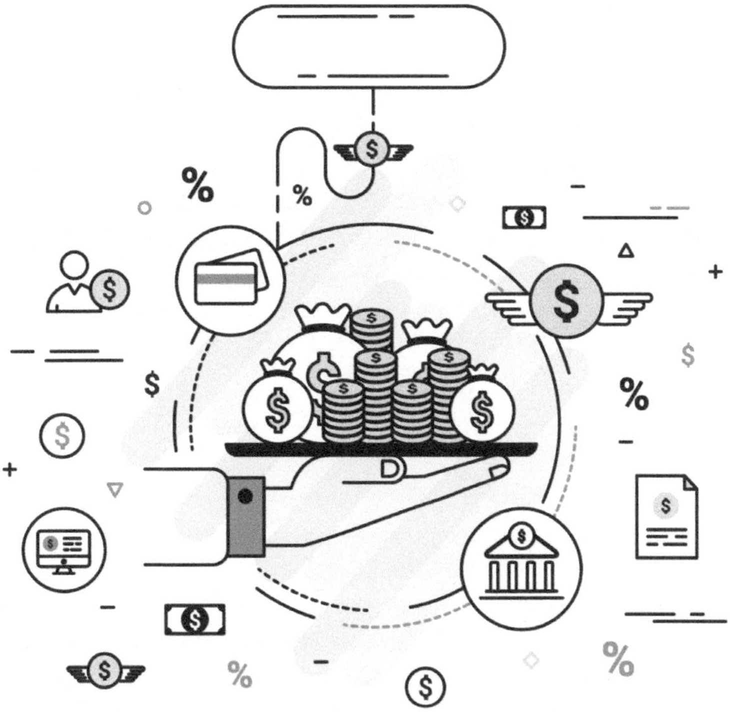

3 해외직접투자 생성과 발전의 역사

해외직접투자 발전과정은 기업의 해외시장 개척의 살아있는 역사이며, 다국적기업뿐만 아니라 중소기업의 성장전략에 중요한 시사점을 제공한다. 해외직접투자 역사에서 기업이 시대별로 어떻게 발전하였는지를 파악할 수 있고, 미래를 예측해 볼 수 있기 때문이다. 해외직접투자의 연대기는 목적과 시각에 따라 달리 구분할 수 있다. 본서에서는 중요한 정치, 경제적 변혁을 기준으로 시대를 구분하고, 시대별로 투자와 관련된 주요 내용과 특징을 기술하였다.

제1절 산업혁명 이전 상업자본주의 시대(13~17C)

1. 중세부터 근세 상업자본주의 활동(13~15C)

중세시대 기업의 국제경영 역사는 18세기 산업혁명 이전부터 유럽기업들의 대외 경제활동에서 시작되었다. 이 당시 본격적인 해외직접투자는 활성화되지 않았지만, 아래와 같이 유럽 자본가들과 상인들에 의해 무역과 투자가 이루어졌다.

첫 번째는 10세기 이탈리아를 중심으로 지중해 연안의 코멘다(Commenda) 계약이다. 코멘다는 투자자가 자본을 상인 출신 대리인에게 맡기면 이들이 그 자본을 이용한 교역에서 확보한 수익금으로 원금과 합의된 이자를 돌려주는 약정이다. 상인들은 이러한 계약관계를 이용하여 중세 유럽의 대상 무역(Caravan)과 해상무역을 지배하였는데 국경을 초월하여 자원을 이전시키는 역할을 담당했다.

두 번째는 독일의 한자동맹(The Hanseatic league) 활동이다. 한자동맹은 독일의 루벡, 함부르크, 브레멘 등 북부도시의 상인조합이다. 이들은 스칸디나비아 무역상들과 경쟁하기 위해 13세기에 결성되었으며 17세기까지 서유럽과 지중해 동부 레반트(Levant)[1] 상업을 번성시켰다. 한자동맹은 무역뿐만 아니라 유럽 전역에 자본투자를 통해 산업발전에 기여했다. 사례로 폴란드의 농업, 영국의 양 목축업, 스웨덴의 제철 생산 투자를 들 수 있다.

세 번째는 영국의 모험상인(British adventurer)의 국제경영이다. 모험상인은 15세기 초부터 영국 상인들이 모직물 제품을 네덜란드 그리고 독일 북서지역과 교역하면서 16세기까지 전성기를 누린 컨소시엄이다.

네 번째는, 14세기 후반 지중해 해상을 통해 동서무역을 주도한 이탈리아 금융과 상인들이다. 특히 150여 개에 달하는 크고 작은 은행들은 해외 투자를 통해 유럽 무역을 주도했다. 대표적으로 바르디(Bardi), 페루찌(Peruzzi), 메디치(Medici) 은행 등은 런던, 파리 등 유럽 주요 도시에 지사를 두고 무역과 투자 활동을 전개했다. 이탈리아 자본가들은 해외 광물추출사업에도 진출했는데, 사례로 제노바 상인들의 폴란드 광물개발 투자를 들 수 있다(Coram, 1967).

위와 같은 중세 및 근세 상업자본주의 특징은 은행이나 상인들이 국가 보호 없이 위험을 감수하면서 무역과 투자 활동을 했다는 점이다. 이는 추후 산업혁명 전후의 상인들이 자국 정부의 적극적인 보호 아래 국제경영을 했던 것과 차이가 있다.

2. 식민지 시대 동인도회사의 국제경영(16~17C)

산업혁명 이전 16세기와 17세기는 국가가 대외거래에 개입하는 상업자본주의(Merchant capitalism) 시대이다. 유럽기업들이 아시아와 미 대륙 식민지를 경영하면서 무역과 투자 활동을 하던 시기로 두 가지 국제경영 형태가 나타났다.

1) 레반트(Levant)는 '해가 떠오르는 곳' 의미로 팔레스티나, 요르단, 시리아, 레바논 등 근동지역을 지칭한다.

첫 번째 유형은 유럽 동인도회사(East India Company)들의 아시아 독점 경영이다. 이들은 국가권력을 등에 업고 교역을 주도하면서 자국의 해외 식민지 지배의 첨병 역할을 수행했다.[2] 대표적으로 아시아 향신료 교역을 장악한 포르투갈에 맞선 영국의 동인도회사(1600)와 네덜란드 동인도회사(1602)를 들 수 있다.

네덜란드의 연합동인도회사(VOC: Vereenighde Oost Indische Company-United East India Company)는 대표적인 동인도회사이다. 동사는 정부 위임으로 무역 독점, 식민지 입법과 징세, 그곳의 통화 발행권까지 행사했다. 네덜란드 동인도회사는 주식회사 제도의 기원이 되었으며, 최초의 다국적기업으로까지 평가받고 있다. 왜냐하면, 1641년 인도 벵갈(Bengal)에서 초염을 생산했고, 1717년 카임바자르(Kaimbazar) 비단 방직염 공장은 4천여 명의 현지 근로자를 채용했기 때문이다(Karstern, 2013).

▷ 네덜란드 동인도회사의 국제경영 사례

These internationally operating trading companies have sometimes been perceived as the first multinational corporations operating from one-state. The VOC only become a multinational when it combined trade and manufacturing and opened a plant in 1641 in Bengal to refine saltpeter and engaged itself in other manufacturing activities outside of the Netherlands. By 1717, it employed 4,000 silk spinners inKaimbazar (Bengal).

Source: L. Karsten(2013), Globalization

영국의 동인도회사는 네덜란드 연합 동인도회사보다 2년 전인 1600년에 동인도회사(EIC: East India Company)로 설립되었다. 동사 역시 아시아경영에 주력하였는데, 네덜란드보다 늦은 1657년 주식회사로 전환되었다(이덕훈, 2022).

두 번째 유형은 유럽 출신 기업의 미대륙 식민지 경영이다. 이들은 16세기

2) 동인도회사의 지배구조는 국가권력과 민간자본이 결합한 독특한 형태로 식민지 총독이 기업 수장이며 해당 식민지 무역과 투자를 독점했다. 유럽에서 동인도회사를 둔 국가는 7개국인데 설립 순서로 영국(1600), 네덜란드(1602), 덴마크(1616), 포르투갈(1628), 프랑스(1664), 스웨덴(1731), 오스트리아(1775) 등이다.

부터 영국, 네덜란드, 베네룩스 등에서 건너온 기업들로 본국 정부로부터 교역 면허를 확보하여 미대륙 개척을 담당했는데, 주로 무역이 가능한 동부 항구를 끼고 경영활동을 수행했다. 사례로 미국 The Virgina Company(1628), 캐나다 Hudson's Bay Company(1670)는 농산물과 모피 무역을 했고, Massachusetts Bay Colony(1629)는 뉴잉글랜드에서 식민지 개척에 주력했다.

다른 유럽 출신 기업들도 유럽의 선진 경영기법을 기반으로 무역뿐만 아니라 어업, 농업, 광업과 제조 등 많은 분야에서 빠르게 성장해 나갔다. 예를 들어 영국 자본에 의한 면화와 담배 등 플랜테이션 농업, The Massachusetts Bay Company의 어업, 조선업 그리고 제조업 장악이다. 산업혁명 이전의 미대륙 산업은 유럽에서 건너온 기업들의 자본과 기술, 그리고 현지 노동력 결합으로 빠르게 발전해 성장해 나갔다.

제2절 산업혁명 이후 산업자본주의 시대(18~20C)

1. 해외직접투자와 다국적기업의 출현

산업혁명(Industrial revolution)은 18세기 후반 영국에서 시작되어 유럽대륙과 북미 등으로 번져 나갔다. 산업혁명은 가내수공업을 공업화를 통해 대량생산체제로 전환했고, 기업의 국제경영을 구조적으로 변모시켰다. 그동안 세계 경제는 국가 개입으로 낙후된 식민지 시장을 관리하던 상업자본주의였다. 그러나 산업혁명 이후에는 대량생산체제를 갖춘 기업들 간에 판매시장 경쟁을 벌이는 산업자본주의(Industrial capitalism)로 전환되었다. 이때부터 국적이 다른 기업들의 시장쟁탈전으로 인해 각국의 보호무역이 나타나기 시작했다. 이 당시 등장한 보호무역주의는 점차 극성을 부리다가 20세기 세계대전의 빌미를 제공하게 된다.

국적이 다른 기업들은 그동안 개척해 놓은 상대국 소비시장을 놓치지 않기 위해 수출과 라이센싱 거래에만 머무를 수 없었다. 이에 따라 기업들은 경쟁우위 생산요소를 국경 너머로 이전하여 현지 소비시장에서 생산활동을 하게 된다.

기업의 해외생산은 산업혁명으로 운송과 통신수단이 발달했기 때문에 손쉽게 되었다. 왜냐하면, 본국에서 해외공장까지 원부자재 장거리 수송이 가능하고, 본사와 해외 자회사 간에 통신이 쉬워졌기 때문이다. 이때부터 현대적 의미의 해외직접투자, 그리고 국제경영을 주도하는 다국적기업이 출현하게 되었다(Chandler, 1980).

▷ 현대적 다국적기업 전신의 출현

In neither case(U.S. and U.K.) did large multi-unit industrial firms appear before the 1880s. They came only after new forms of transportation and communication – the railroads steamship telegraph and cable-had been improved enough to make possible high-volume production and distribution, the basic characteristic of the modern industrial firm.

Source: Chandler(1980), The growth of the Transnational Industrial Firm in the United States and the United Kingdom: A Comparative Analysis, p.398

산업혁명 이후 해외직접투자는 유럽과 미국기업들이 주도했는데, 초기 해외직접투자는 몇 가지 거시적인 특징을 가지고 있다(Wilkins, 1989).

① **제조시설의 해외시장 전진 배치**: 각국의 경제성장으로 소비 수요가 확대되었지만, 관세장벽이 높아지고 있어 이를 회피하는 수단으로 생산설비를 현지 소비시장에 배치하게 되었다.

② **수직적 통합 투자(A strategy of vertical integration) 등장**: 생산공장 현지 배치와 함께 마케팅을 위한 판매 지사와 창고투자도 병행되었다.

③ **석유 메이커의 에너지 자원 투자 출현**: 산업혁명은 화석연료를 대량생산과 운송의 에너지원으로 부상시켰다. 이에 따라 석유회사들이 해외 원유자원 확보 및 채굴을 위해 적극적으로 해외에 진출하기 시작했다. 이때 부상한 기업은 Standard oil, British Petroleum, Royal Dutch Shell 등이다.

산업혁명 이후 세계 경제를 주도한 미국과 영국의 해외직접투자는 그 방식에서 공통점과 차이점이 있다. 공통점에서 양국 기업은 미지의 세계에 도전하는 기업가 정신으로 해외에 진출하였다. 이들의 투자 동기는 목표시장의 관세장벽 회피, 장거리 해상운송 문제를 해결하기 위한 시장지향형 투자가 주류를 이루었다. 차이점으로 미국기업들은 단독투자를 통해 기계, 중화학 등 자본 집약제품을 대량으로 생산하였다. 이에 반해 영국기업들은 비용과 위험부담을 줄이기 위해 현지 기업과의 합작을 선호하였지만, 선진기술 누출을 방지하기 위해 제품수명 주기상 표준화 단계에 이른 범용기술로 목표시장에 진출하였다(김철, 2001).

유럽기업의 미국 투자사례는 18세기 초에 프랑스 명품 브랜드 기업 Dupont Company(1801)의 미국 진출을 들 수 있다. 그리고 미국기업들의 유럽 투자 진출은 매우 적극적이었는데, 아이러니하게도 영국이 자국 산업 홍보를 위해 1851년 개최한 런던 수정궁 박람회(EXPO: Exposition)[3]가 기폭제가 되었다. 왜냐하면, 미국기업들은 EXPO 참가로 기술우위를 확인한 후 장거리 운송이 필요한 수출보다 라이센싱과 직접투자로 전략을 변경했기 때문이다. 사례로 미국 Cyrus McCormick은 1851년 영국 Burgess, Key와 농작물 수확기계 라이센싱 계약을 체결했다. 그리고 화기생산업체 Samuel Colt는 1852년 영국에 생산공장으로 진출했다.

▷ 영국과 프랑스 만국박람회

런던 크리스탈 박람회(1851)
출처: 위키백과(좌우)

파리 만국박람회(1889)
출처: EXPO 공식 포스터

3) 영국의 수정궁 박람회(Crystal Palace Exhibition)는 1851년 런던에서 개최된 최초 만국박람회(EXPO)로 각국 물품이 전시되었다. 프랑스는 1889년 혁명 100주년을 기념하고 경제 활성화를 위해 파리 만국박람회(Exposition universelle de 1889)를 개최했는데 에펠탑(Eiffel tower)이 이때 건축되었다.

2. 양대 세계대전 전후(20C) 투자 동향

1) 제1차 세계대전부터 대공황(1914~1929)까지 미국의 부상

제1차 세계대전(1914~1918)은 '유럽 몰락과 미국 번영'의 서막을 여는 역사적인 계기가 되었다. 전쟁 당시 미국은 실물경제에서 국내생산이 연간 64%씩 폭발적으로 증가했는데. 1929년 대공황까지 경기 호황을 누렸다. 금융 분야는 전쟁 이전에 37억 달러 채무국에서 전후 126억 달러 채권국이 되었고, 투자에서도 미국과 유럽이 역전되었다. 전쟁 전 미국의 해외투자는 35억 달러, 유럽의 대미투자는 72억 달러였다. 그러나 전후 유럽 등의 외국인이 보유한 미국 주식은 33억 달러로 줄어든 데 반해 미국의 해외투자는 70억 달러로 역전되었다(고영건, 2014).

미국이 유럽 전쟁물자 생산기지 역할을 하는 동인 미국기업들은 거대기업으로 성장할 수 있었고, 전후 더 많은 이익 창출을 위해 해외에 활발하게 진출하였다. 이에 반해 유럽기업들은 전쟁 기간 폐허 된 산업복구에 전념하였기 때문에 해외투자가 저조하고 성장이 부진할 수밖에 없었다.

한편, 유럽이 전후복구와 함께 전쟁 기간에 생필품 유입을 위해 잠시 풀었던 무역장벽 빗장을 다시 치기 시작했다. 유럽국가들은 피폐화된 자국 산업을 외국산 수입품으로부터 보호해야 했기 때문이다. 이에 따라 미국기업들은 유럽의 무역장벽을 회피하기 위해 현지에 생산공장을 설립하여 시장을 계속 유지해 나갔다. 미국기업 중에 세계대전 기간 전쟁물자 공급으로 급성장하고, 이를 바탕으로 유럽에 투자 진출한 사례는 제너럴 모터스(GMC)를 들 수 있다.

이 시기에 세계 경제를 주도한 미국기업의 국제경영 특징은 몇 가지로 정리해 볼 수 있다. 첫째, 투자지역 확장이다. 기존의 주요교역 상대국이었던 유럽뿐만 아니라 카나다, 남아메리카, 아시아 등 세계전역으로 경제영역을 넓혀 나갔다. 둘째, 투자 분야 확대이다. 제1차 세계대전 발발 전에는 기계산업을 앞세운 공장설비 이전에 치중하였지만, 전후에는 전기·전자, 자동차, 중공업 등으로 확대하였다. 셋째, M&A형 투자 부상이다. 미국기업들이 전쟁으로 재무구조가 악화된 유럽지역 기업들은 저가로 인수하여 현지 시장을 확보하였다.

▷ GMC(General Motors Truck Company)의 유럽 투자
(미국의 군수 및 민수용 트럭 제조업체)

- 1911 : GM 창업자 듀란트(William Durant), 트럭 제조사 GM과 상용차 릴라이언스 (Reliance Motor Car Co.) 합병으로 GMC 설립
- 1911-1922 : GMC 수출물량의 50%를 유럽에 수출
- 1923-1928 : 제1차 세계대전 이후 유럽의 무역장벽 강화를 계기로 유럽의 18개 자동차 공장을 매입하여 마케팅의 현지화 추진
- 1925-1929 : 영국 복스홀(Vauxhall), 독일 오펠 아담(Adem Opel) 인수

* 1차 세계대전 : 생산 트럭의 90% 미군에 납품
* 2차 세계대전, 약 60만대의 군용트럭 납품으로 미군 공로상 수상

출처: Brunchstory(brunch.co.kr)

Life Plaza(vietnamlife.uriweb.kr)

2) 세계 대공황부터 제2차 세계대전(1929~1945)까지 투자 침체기

미국의 대공황(1929~1939)은 전 세계 투자를 크게 위축시켰다. 세계 대공황 여파로 미국과 유럽, 그리고 일본 등 선진국의 소비시장 위축은 국제기업 경영 활동을 위축시켰기 때문이다. 그리고 각국은 자국 산업 보호를 통한 경기회복 목적으로 수입품에 관세를 높이기 시작했는데 교역 상대국들(주로 미국과 유럽)은 서로 관세 폭탄 전쟁을 벌였다. 또한, 자국 상품 수출확대를 통한 무역수지 개선을 위해 인위적인 자국 화폐 평가절하와 외환 통제까지 강화했다. 결과적으로 각국에서 대량생산된 물품의 과잉공급으로 투자 빙하기를 맞게 된다.

미국과 유럽의 관세전쟁은 대공황 초기부터 시작되었다. 미국은 자국 산업 보호를 위해 1930.6.17일 스무트 홀리법(Smoot-Hawley Tariff Act)[4)]을 발효시켜 유럽산 수입품에 관세 폭탄을 쏟아부었다. 이 법의 국제경제 악영향은 법안 발

효 후 미국의 수입 축소에서 파악해 볼 수 있는데, 법 발효 이전 1929년 수입 44억 달러에서 효력 발효 후 1933년 15억 달러로 약 70%로 추락했다. 문제는 미국의 관세 폭탄에 반발한 영국 등 유럽국가들의 미국산 수입품에 높은 보복 관세 부과로 통상마찰 사태로 치달은 점이다.

위와 같이 1929년 주가 폭락으로 발생한 미국 대공황은 1930년 스무트 홀리 법이 인화 물질에 불을 붙이는 결과였다. 이 시기는 관세장벽을 앞세운 최악의 보호무역 시기로 기록되었는데, 아이러니하게도 다람쥐 쳇바퀴 돌 듯이 또 다른 세계대전 원인의 하나로 작용하게 된다. 즉, 보호무역이 양대 세계대전 발발에 한몫하게 된 것이다.

제3절 현대 해외직접투자(세계대전 이후~현재)

1. 세계대전 이후 해외직접투자 성장기(1945년~1970년)

제2차 세계대전 이후 국제사회는 전쟁의 원인으로 보호무역을 지목했다. 미국과 유럽 등 승전국들은 이에 대한 반성 차원에서 무역과 투자 자유화 그리고 통화 안정을 위한 논의를 시작하였다. 1944년 브레턴우즈(Bretton Woods) 회의 결과 1945년 국제통화기금(IMF)과 국제부흥개발은행(IBRD)이 설립되었고, '관세 및 무역에 관한 일반협정(GATT)'[5]이 1948.1.1.일 출범하였다. 이러한 국제사회 노력으로 무역과 투자가 큰 폭으로 증가했는데 1970년대까지 전후반기의 특징이 조금 다르게 나타났다.

4) 스무트 홀리법(Smoot-Hawley Tariff Act)은 후버 대통령의 농민보호 선거공약을 지키기 위해 공화당 리드 스무트(R. Smoot) 그리고 윌리스 홀리(W. Hawley) 의원이 마련한 관세법이다. 후버 대통령은 업계 반발에도 법을 발효시켰는데 2만여 개 수입품목의 관세율이 평균 59%, 최고 400%로 인상되었다.

5) 브레턴우즈 회의에서 '국제무역기구(ITO: International Trade Organization)' 설립이 합의됐지만, 미국의 의회 비준 실패로 GATT(General Agreement on Tariffs and Trade)에서 국제통상을 규범하게 되었다.

- **전반기(1945년부터 1960년까지)**: 미국이 해외직접투자를 주도한 기간이다. 당시 GATT 출범으로 국제적으로 보호무역이 줄어들고, 상대적으로 자유무역이 확산되었다. 전쟁 손해를 입지 않은 미국기업들의 대유럽 투자 전성기가 된다. 미국의 유럽 투자 확대는 두 가지 계기가 작용하였다. 먼저 1947년 시작된 미국의 유럽부흥계획(ERP)[6]이다. 미국기업들이 폐허된 유럽 재건수요 참여를 위해 대거 유럽으로 몰려갔다. 그리고 1959년 출범한 OECD의 자본자유화 조치는 투자를 위한 국제 자본이동 촉발제가 되었다.
- **후반기(1960년부터 1970년까지)**: 미국 주도 해외직접투자에서 전후복구에 성공한 패전국 독일과 유럽기업들이 자국 시장확보와 함께 국제무대에 진출을 시작한 시기이다. 특히 아시아에서는 태평양 전쟁 패전국 일본이 한국전을 기회로 급격한 경제성장을 달성하고 해외에 눈을 돌리기 시작했다. 이 시기 투자특징은 선진국 간 상호투자뿐만 아니라 선진국 기업들의 개도국 진출이 늘어나기 시작한 점이다.

2. 해외직접투자 부침기(1970년대 석유 위기, 1980년대 3저 호황)

1) 1970년 석유파동으로 인한 해외직접투자 횡보

1970년대 해외직접투자는 10년의 짧은 기간에 롤러코스터를 타던 시기로 전반기 암흑기에서 후반기에 회복하는 시대이다. 이러한 특징은 각국 정부가 1970년대 두 차례 석유파동을 극복하기 위해 자국 시장과 외환 관리 정책 때문에 나타난 현상이다. 당시 해외직접투자 동향을 이해하기 위해서는 석유파동이 세계 경제에 미치는 영향을 살펴볼 필요가 있다.

제1차 석유파동(1973 oil crisis, 1973-1974)은 1973년 아랍 석유 수출국들이 제4차 중동전쟁(1973.10.6.-10.25.)에서 이스라엘을 지지한 미국, 영국 등 서방세계 금수 목적의 유가 폭등 사태이다. 이에 반해 제2차 석유파동(1979 oil crisis, 1979-1981)은 복합적인 요인으로 발생했다. 먼저 OPEC 산유국들이 영국, 네덜

6) 유럽부흥계획(ERP: European Recovery Program)은 미국이 제2차 세계대전으로 황폐해진 동맹국 재건을 위한 130억 달러 원조 계획이다. 미국의 국무장관 조지 마셜이 제창했기 때문에 마셜 플랜으로 불린다.

란드 등 OPEC 비회원 국가들의 원유자원 개발을 견제하기 위해 큰 폭의 유가 인상을 단행했다. 여기에다 1979년 이슬람 혁명으로 이란의 원유 생산량이 대폭 감산 되어 세계 원유수급에 큰 차질이 발생했다.

결과적으로 세계 경제는 두 차례 석유파동으로 인한 스태그플레이션이라는 극심한 몸살을 앓아야 했다. 수출 의존도가 높은 한국은 석유파동의 직격탄을 맞게 되었는데, 그 위력은 동아일보(1979.7.17.)의 "사라졌던 물레방아 등장, 어선은 경비 절감을 위해 돛을 달고 출항한다." 보도에서 짐작해 볼 수 있다. 이러한 두 차례 석유파동은 GATT 출범 후 안정된 국제경제 질서를 재편시키게 된다.

- **자원보유국과 선진 공업국 간 대립**: OPEC 회원국들의 자원 민족주의(Resource nationalism)에 대해 선진국들은 기술과 첨단 소재를 무기화하는 경제 민족주의(Economic nationalism)로 대응하여 국제 투자여건을 악화시켰다.
- **신보호무역주의(Neo-protectionism) 태동**: 대부분 비산유국이 석유파동으로 엉망이 된 국제수지 적자 보전, 자국 산업 보호를 위해 무역장벽을 다시 높이기 시작했다. 즉, GATT 노력으로 잠잠하던 보호무역주의가 석유파동으로 다시 고개를 들기 시작한 것이다.
- **쌍무주의(Bilateralism) 태동**: 보호무역주의 재개는 국가 간 주고받기식 호혜주의를 낳게 했는데, 쌍무주의는 양자 또는 다자간 FTA 범람으로 이어졌다.

1970년대 두 차례 석유파동은 기업들의 국제경영 비용증가, 수요감소 등으로 직접투자를 위축시켰다. 다만, 2차 석유파동 이후부터는 투자가 회복되기 시작한 특징이 있다. 각국 기업들이 세계경기 침체에 따른 수출 부진을 극복하는 방안으로 저렴한 생산요소를 갖춘 국가로 생산기지를 재배치했기 때문이다. 위와 같은 1970년대 경제 상황에서 이 시대의 해외직접투자 특징은 아래와 같다.

첫째, 수출지향형 투자의 부상이다. 선진국 기업들이 석유파동으로 급등한 생산원가를 낮추기 위해 저렴한 생산요소를 보유한 개도국으로 생산공장을 이전하였다. 그리고 개도국들이 경제개발 목적으로 외국인직접투자 유치를 위한 각종 인센티브 제공도 투자회복에 긍정적으로 작용하였다. 즉, 국제적으로 투자수요와 공급이 일치하여 수출지향형 투자가 증가하였다.

둘째, 미국 독식의 해외직접투자 시장에 패전국 서독과 일본의 도전이다. 서독은 제조 강국으로 부상하여 유럽은 물론 미국까지 진출하고, 일본은 자원확보를 위한 동남아, 중남미 등 개도국 투자에 적극적으로 나섰다.

셋째, 오일 머니(Oil money)를 앞세운 OPEC 회원국들의 해외투자이다. 두 차례 석유파동으로 금융 부국이 된 산유국들이 주로 금융투자에 집중하였지만, 석유 관련 산업 직접투자에도 눈을 돌리기 시작했다.

2) 1980년대 3저 시기의 해외직접투자 호황기

1970년대 두 차례 석유파동으로 위축된 해외직접투자는 점차 회복하기 시작하였다. 앞서 기술한 바와 같이 기업들이 장기간 석유파동 위기에서 해외투자를 원가절감 방안으로 이용했기 때문인데, 1980년대 중반부터는 투자 호황기를 맞게 된다. 그 배경은 사상 유례없는 '3저 현상(1986-1988)'으로 세계 경제가 크게 성장하였고, 수요급증에 따라 세계 해외직접투자도 급격한 우상향을 보이면서 투자 증가율이 무역 증가율을 상회하게 되었다. UNCTAD(1991)에 따르면, 1985년부터 1990년 기간 동안 세계무역은 연평균 12.0%씩 증가하였는데, 해외직접투자는 이보다 훨씬 높은 연평균 33.0%씩 증가하여 어느 시대에도 볼 수 없는 신장세를 보였다.

세계무역과 투자 호황기를 가져다준 3저 현상(three low conditions)은 저금리, 저유가, 저달러 현상으로 세계 경제에 매우 긍정적으로 작용했다. 저금리(low interest rate)는 각국 정부의 두 차례 석유파동(oil shock)에 따른 경기 부양 목적의 저금리 정책에 기인한다. 저유가(low oil price)는 역시 석유파동에 따른 석유 수요급락의 결과로 나타났다. 저달러(low exchange rate)는 미국이 수출경쟁력 제고와 쌍둥이 적자를 탈피하기 위해 1985년 플라자 합의에서 인위적으로 미국 달러의 평가절하 단행에서 나타난 현상이다.

한국은 수출 의존도가 높은 경제구조에서 석유파동 초기에 경제적으로 큰 어려움을 겪었지만, 이어진 3저 영향으로 '단군 이래 최대 호황기'를 누릴 수 있었다. 가격경쟁력을 회복한 수출이 급증하여 1986-1988년 기간 연평균 12.1% 경제성장을 달성하였고 실업률이 4.0%에서 2.5%로 떨어졌다(위키백과, ko.wikipedia.org/wiki/3%EC%A0%80_%ED%98%B8%ED%99%A9).

한국기업들은 3저 호황을 계기로 본격적으로 해외직접투자 시장에 뛰어들게 된다. 재벌로 불리던 대기업들이 그동안 축적한 생산기술, 해외경영 경험, 그리고 3저 호황으로 확보한 자본으로 해외 진출을 선택했기 때문이다. 한국의 해외직접투자 실적은 1968년 한국남방개발의 인도네시아 산림투자[7] 이후 1980년대 전반까지 미미한 수준이었지만, 3저 호황을 계기로 급격히 증가하기 시작했다.

한편 일본에게 3저 현상은 '잃어버린 30년'의 서막을 가져다주는 사건이 된다. 왜냐하면, 1985년 미국과 일본의 플라자 합의 결과 나타난 엔고 여파로 수출부진, 거품경제 붕괴로 장기간 경제불황이 지속되었기 때문이다. 그러나 역설적으로 일본의 해외투자는 지구촌에 관심의 대상으로 부상할 만큼 크게 신장되었다. 그때까지 기술력으로 세계시장을 주도한 Sony, NEC, Toshiba, Hitachi 등 가전회사들이 그동안 축적한 외환과 엔고를 바탕으로 해외투자에 적극적으로 나섰기 때문이다. 일본기업이 1986년 후반부터 1990년 기간에 미국 부동산과 기업을 대량 사들이면서 미국 사회의 우려와 함께 국제사회에 센세이션을 불러일으켰다.

당시 미국 언론은 일본 자본의 미국 부동산이나 랜드 마크 기업 인수에 대해 제2의 진주만 기습이라며 경계하였다. 뉴스위크는 소니(Sony)가 1989년 미국 문화의 상징 컬럼비아 영화사를 34억 달러에 인수한 데 대해 일본의 할리우드 침공이라고 했다. 뉴욕 타임스는 미쓰비시 부동산(Mistubishi Estate)에서 1989.10월 록펠러 센터를 8억 5천만 달러로 매입하여 1대 주주가 된 데 대해 '일본이 뉴욕 심장을 샀다.'라고 보도하면서 우려를 표명했다.

결론적으로 1980년대는 세계 해외직접투자 역사에서 많은 이정표를 남긴 시대로 전체적인 해외직접투자 동향은 아래와 같다(이영선·신호상, 2022).

첫째, 해외직접투자 시장에서 미국과 서유럽 2극에서 일본이 적극적으로 나서면서부터 3극 체제가 되었다. 일본은 그동안 경제성장을 통해 축적된 자본과 플라자 합의에 따른 엔화강세를 바탕으로 국제 투자시장의 큰손으로 부상하였다.

둘째, 수직적 통합형태의 직접투자 확장세이다. 다국적기업이 구축한 글로벌 네트워크를 이용한 내부거래를 위해 수직적 통합형 투자를 선택한 결과이다.

7) 한국남방개발은 1968년 정부의 해외투자허가 1호를 확보하여 인도네시아 칼리만탄 천연림 27만 헥타르 개발사업에 459만 달러를 투자했다. 이후 동화기업, 경남교역 등 한국기업들이 인도네시아 벌채 사업에 진출했다(데일리 인도네시아, 2021년, www.dailyindonesia.co.kr/news/view.php?no=20492)

셋째, 개도국들 해외직접투자 시동기로 기록된 시기이다. 한국, 대만 등 신흥공업국(NICS: Newly Industrialized Countries)들이 표준화에 달한 노동집약적 산업을 후발 개도국으로의 이전을 본격화하였다.

▷ 일본의 미국 문화기업과 부동산 매수에 대한 현지 반응

- New York Times(1989.10.31.), "Japan Buys the Center of New York"
- Los Angeles Times(1989.10.31.), "Rockefeller Sell Japanese Most of Realty Unit"
- Washington Post(1989.10.31.), "Japanese to by 51% of Rockefeller Center"
- Newsweek(1989,10.9.), "Japan Invades Hollywood"

  Many Americans also felt threatened by Japanese corporations' substantial investments in the U.S. market during Japan's bubble economy from the late 1980s to the 1990s. Sony purchased Columbia Entertainment Pictures in 1989; Mitsubishi Estate Company become the primary owner of Rockefeller Center in 1989. The cover of Newsweek on October 9, 1989, carried the headline "Japan Invades Hollywood" and an image of a Japanese geisha, mimicking the logo of Columbia.

Source: Jonathan H. X. Lee(2018), Japanese Americans : the history and culture of a people, ABC-Clio, LLC

3. 해외직접투자 세계화(1990년대)

1990년대는 세계 경제에서 많은 변화와 변혁의 시대이다. 먼저 우루과이 라운드(UR) 협상 타결로 1995년 세계무역기구(WTO)가 출범하여 통상을 규범 하게 되었다. 국제 정치정세에서 1990년대 구소련연방 국가들의 체재 전환으로 인한 냉전 시대 종식, 1992년부터 중국의 사회주의 시장경제 전환, 1993년 EU 그리고 1994년 NAFTA 출범 등 지역 경제통합이 속속 등장하였다. 이 시기의 직접투자는 1995년부터 2000년까지 직접투자가 급격한 상승세를 보였다.

1990년대 전반부 해외직접투자는 보합세를 보였다. 그 이유는 1980년대 직접투자 3극 체제를 구축한 미국, 유럽 그리고 일본의 내부사정 때문이다. 미국은 1985년 플라자 합의에도 불구하고 경쟁력이 저하된 자국 기업들의 구조조정이

마무리되지 못한 상황이었다. 독일은 1990년 동서독 통일 이후 국내경제 안정에 주력해야 했으며, 일본은 경기침체 장기화로 자국 기업들의 제조업 투자가 위축되었다. 그러나 1995년부터는 WTO 출범으로 경제 자유화, 각국의 투자 자유화 조치, 주식시장 호황 등으로 후반부로 갈수록 직접투자는 가파르게 증가했다.

전반적으로 1990년대 세계 해외직접투자는 급성장하였다. 이러한 배경은 WTO 출범으로 세계 경제가 통합되고 투자환경이 개선되었기 때문이다. 그리고 급격한 세계화는 기업들이 국가 간 생산요소가 어디에 있는지 판단할 수 있게 되고, 이러한 생산요소를 찾아 적재적소에 공장을 배치할 수 있게 되었다. 이때부터 다국적기업들이 세계 전 지역에 투자 진출하여 이들의 총매출액이 전 세계교역 규모를 초과하게 되었다. 이 당시 직접투자 특징은 몇 가지로 정리해 볼 수 있다(김필헌·송원근, 2009).

첫째, 제조업 중심에서 벗어나 기술과 서비스 등 제3차산업의 두드러진 직접투자 증가세이다. 이러한 변화는 IT 혁명으로 신기술이 개발되고, WTO의 서비스무역에 관한 일반협정(GATS)이 작동되어 신기술 등 지식재산권이 보호되기 때문이다.

둘째, 다국적기업의 국경 간 M&A(Cross-border M&A) 활성화이다. 예를 들어 1997년 아시아 금융위기 당시 서방 다국적기업들이 구조조정에 내몰린 이 지역 우량기업을 M&A를 통해 대량으로 인수했다. 실제로 1997년 국제 M&A 실적은 전년 대비 45.2% 증가한 2,360억 달러에 달했다(대외경제정책연구원, 1999).

셋째, 개도국 기업들이 해외직접투자 주역으로 부상하였다. 1980년대부터 시작된 신흥공업국(NICS)의 해외직접투자는 노동 집약산업 해외이전에서 탈피하여 전기·전자 등 자본집약산업 투자로 전환되었다.

넷째, 서방세계의 구소련연방 투자 진출이다. 동구권은 1989년 헝가리의 체제전환을 시작으로 1991년 소련 붕괴, 그리고 연이은 소련 공화국들의 연방 탈퇴와 함께 시장이 개방되었다. 자본과 기술력을 갖춘 서방 기업들에는 신시장이 열린 시대였다. 사례로 맥도널드는 1991년 모스크바에 매장을 개장했고, 대우자동차는 1995년 폴란드 정부의 국영 자동차 회사(FSO) 매각 입찰에서 GM을 제치고 FSO를 인수했다.

위와 같이 파란만장한 20세기 해외직접투자 시대는 마감되고, 한 치 앞을 내다볼 수 없는 격동의 21세기 직접투자시대가 열리게 된다.

4. 격동의 해외직접투자 시대(21세기)

21세기는 격동의 해외직접투자 역사를 쓰고 있다. 이 시대의 직접투자 부침의 역사는 2001년 닷컴버블(dot-com bubble) 붕괴로 해외직접투자가 수직으로 추락하면서 시작된다. 이후 해외직접투자는 글로벌 경제위기와 궤를 같이하며 큰 폭의 등락을 거듭하고 있다. 즉, 해외직접투자는 세계화 시대에 기업의 글로벌 경영전략으로 대폭 확대되지만, 글로벌 이슈가 발생할 때마다 큰 폭으로 위축되는 양상을 반복한다. 이러한 21세기 해외직접투자 급등락 추세는 〈그림 3-1〉에서 쉽게 확인할 수 있다.

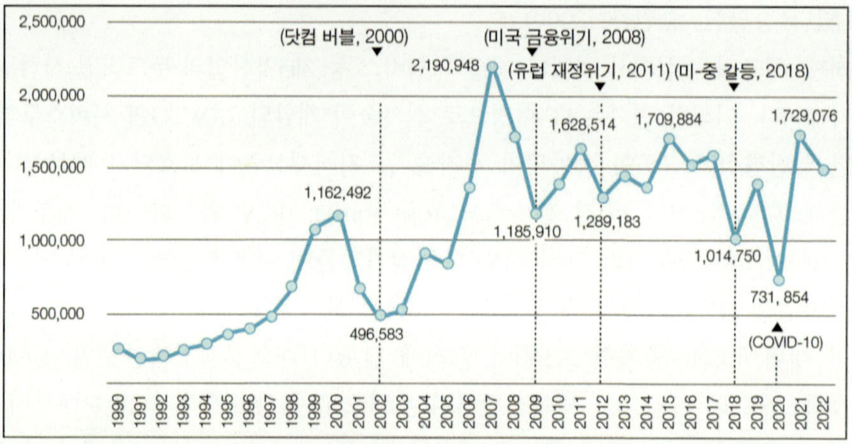

자료원 : UNCTAD(2023), World Investment Report), Annex table 02: FDI outflows, by region and economy, 1990-2022

〈그림 3-1〉 세계 경제위기와 해외직접투자 변화(단위: 백만 달러)

21세기 글로벌 통상환경은 WTO 체제에서도 각국의 정치, 경제적 이해관계로 많은 변혁을 보이며 해외직접투자에 영향을 미치고 있다. 이러한 국제환경에 대해 UNCTAD(2023)는 4차 산업혁명 급진전, 2018년 시작된 미-중 무역분쟁, 코로나-19 발발에 따른 글로벌 공급망 붕괴 등 통상환경이 요동치고 있다고 했다.

① **2000년대 초 IT 버블 붕괴**: 1995년 출범한 WTO의 통상환경 개선, 1995년부터 2000년 기간 IT 열풍으로 세계 경제는 호황기를 누렸다. UNCTAD(2023)에 따르면, 1995년 전 세계 해외직접투자는 1995년 3,612억 달러에서 2000년 1조 1,624억 달러로 5년간 연평균 44.4% 증가하였다. 그러나 2000년 들어 그동안 누적된 과잉 투자와 닷컴 버블 붕괴는 직접투자 수직 하락의 원인으로 작용했다.

② **2008년 미국발 글로벌 금융위기**: 2008년 리먼 브러더스(Lehman Brothers) 파산으로 시작된 미국발 금융위기는 세계 경제를 불황으로 몰아넣었다. 각국의 은행과 투자사 등 금융회사들이 투자보다 안전자산인 현금 보유로 인해 자금이 돌지 않고 실물경제까지 위축되었다. 결과적으로 기업들이 자금을 구하지 못하고, 위기관리 경영으로 해외직접투자는 추락하게 된다. 2007년 세계 직접투자는 2조 1,909억 달러로 역사상 최고치를 찍었지만, 2009년에는 1조 1,859억 달러로 반 토막이 되었다.

③ **2011년 유럽 재정위기**: 2008년 시작된 미국발 금융위기는 포르투갈, 아일랜드, 그리스, 스페인(PIGS) 등으로 퍼져 나갔다. 이들 국가는 재정 파산 직전까지 몰리는 상황으로 세계 해외직접투자도 부정적인 영향을 받게 된다.

④ **글로벌 공급망 붕괴**: 2018년 시작된 미-중 무역분쟁, 2020년 COVID-19 그리고 2022년 시작된 러시아-우크라이나 전쟁 등 국제경제 악재가 연이어 발생했다. 지구촌에 이러한 대형 악재가 발생할 때마다 세계 직접투자는 크게 추락하는 양상을 보이고 있다.

위와 같이 지구촌에 정세 불안 사태가 발생할 때마다 실물경제를 주도하는 해외직접투자는 날카롭게 급등락하고 있다. 투자기업들이 국제정세가 출렁일 때마다 즉각적인 위기관리로 대응하고 있음을 알 수 있다. 문제는 이와 같은 일련의 사태는 새로운 국제통상 질서를 재편시키는 기폭제가 된다는 점이다. 예를 들어 글로벌 공급망 붕괴에 따른 탈세계화가 진전되고, 자국 우선 경제정책이 기승을 부리고 있다.

이러한 상황에서 각국의 경제정책과 해외직접투자에 대한 시각도 기존과 다르게 180도 전환되었다. 가장 큰 변화는 자국 경제안보를 앞세운 산업정책이다.

각국은 글로벌 공급망 붕괴로 반도체, 배터리 등 핵심 전략산업의 제조시설을 자국 내 배치에 주력하고 있다. 그동안 각국의 경제정책이 핵심기술 개발은 국내에 두고 생산은 원가가 저렴한 해외에 두었다면, 지금은 생산시설 자체를 보유하기 위해 외국기업 유치에 주력하고 있다. 사례로 미국이 반도체법(Chips act), 그리고 에너지감축법(IRA) 발효로 인해 외국기업들이 시장확보를 위해 미국에 투자해야 하는 상황이 되었다.

CHAPTER

4

해외직접투자의 경제적 효과

4 해외직접투자의 경제적 효과

제1절 투자국의 경제적 효과

1. 본국 경제에 미치는 영향

어느 국가이든지 자국 기업이 해외에 진출하게 되면 경제에 긍정과 부정적인 효과가 동시에 나타나게 된다. 먼저 단기적으로 부정적인 효과가 나타나게 된다. 왜냐하면, 자국 기업의 해외직접투자는 국내산업에 공백이 생길 수 있는데 이로 인해 국내생산이 감소하고 실업이 증가할 수 있다. 또한, 자본 유출로 국제수지를 악화시켜 국가 신용도에 부정적으로 작용할 수 있다. 그러나 장기적으로는 자국 기업이 해외경영에서 성과를 내게 되면 그만큼 국민총생산(GNP)이 증가하고 과실금이 회수되면 국제수지가 개선된다.

종합적으로 투자국 입장에서 자국 기업의 해외 진출은 반가울 수도 있고 그렇지 않을 수도 있는데, 투자기업 본국 경제에 나타날 수 있는 효과는 아래와 같다.

- 긍정적인 효과
  - **국내 원부자재 수출유발**: 투자기업이 현지 자회사 생산활동을 위해 설비 및 원부자재 공급 시 나타나는 효과이다.
  - **다른 산업의 수출확대**: 투자기업이 현지에서 착한 기업 이미지를 확보하면, 국가 홍보 효과로 다른 기업의 현지 수출에도 긍정적인 영향을 주게 된다.

- **자본의 한계효율 극대화**: 국내자본을 잠재우지 않고 해외에 투자하여 수익을 창출함으로써 GNP를 증가시키고 국가 자산을 증식시키게 된다.
- **산업 구조조정**: 본국에서 경쟁력을 상실한 산업을 해외로 이전하면, 더욱 고도화된 산업이 자리를 잡는다.
- **고용증가 효과**: 본사에서 현지 기업의 경영활동을 위해 인력을 파견하면 고용을 촉진할 수 있다. 즉, 현지 자회사 운영을 위해 본사 직원을 차출하면 그 빈자리를 신규채용으로 메우게 된다. 다만 본사 사업을 접고 해외로 이전하게 되면 이러한 효과는 작아진다.

• 부정적인 효과

- **국제수지 악화**: 기업이 해외투자를 위해 외화를 국외로 유출해야 하므로 국제수지에 부(−) 효과로 나타나게 된다.
- **조세수입 감소**: 다방면에 걸쳐서 나타나는 부정적인 효과이다. 투자기업이 국내 생산활동을 중단하게 되면 세수원이 사라지게 된다. 더욱이 기업이 조세회피를 위해 내부거래를 통한 이전가격 조작 시 세금이 그만큼 사라질 수 있다.
- **고용감소**: 기업이 본국 사업을 접고 사업장을 해외로 이전하게 되면 국내 생산직과 사무직 일자리가 사라진다. 극단적인 경우 국내산업이 피폐화되는 산업 공동화(Hollowing out)가 발생할 수 있다.
- **현지사회 부정 정서**: 자국 기업이 현지에서 불법이나 반사회적 활동으로 반투자국 감정이 조성되면 다른 기업의 현지 진출 저해요인으로 작용한다.

2. 경제적 효과에 관한 쟁점

1) 고용에 정(+) 또는 부(−)의 효과인가?

기업의 해외투자는 본국의 일자리 창출과 감소라는 대비되는 효과를 발생시킨다. 고용에 정(+)의 효과가 나타나는 경우는 설비, 자본 등 유휴자산의 해외이전이면 국내생산이 유지되고, 해외에 파견될 신규인력 채용 효과도 발생한다. 주로 자본집약적인 장치산업에서 발생하는 효과이다. 사례로 현대자동차가 2005년 미국 앨라배마(Alabama)주에 공장을 건설하고, 2023년 시설을 증설했는데, 그

때마다 본사 직원들이 현지에 파견되었다. 물론, 울산과 군산 공장은 계속 가동되고 있어 생산 일자리 누수는 없다.

반대로 고용에 부(−)의 효과는 노동집약적인 산업의 해외투자에서 주로 나타난다. 기업이 표준화에 달한 제품의 국내생산을 중단하고 해외로 생산설비를 이전하게 되면 국내 일자리는 사라지게 된다. 또한, 현지에서 저가로 생산된 제품이 본국으로 수입되면, 그만큼 본국 수출이 줄어들어 해당 산업 일자리도 사라질 수 있다. 이러한 현상은 생산시설 해외이전으로 수출 대체, 심지어 역수입 등으로 국내 생산활동이 위축되고 고용이 감소할 수 있다는 논거를 제시한다. 다만, 그 기업이 해외에 투자하지 않았다면 국내생산을 지속하거나 신규투자로 고용이 늘어났을지에 관한 의문은 남는다.

2) 본국 무역에 어떠한 효과를 가져다주는가?

(1) 수출입 효과 유형

한 나라의 기업이 직접투자로 해외에 진출하게 되면 〈그림 4-1〉과 같이 다양한 무역 효과가 나타나게 된다. 무역 효과는 수출이 늘어나는 수출유발효과, 줄어드는 수출대체효과 그리고 역으로 해외 생산제품이 본국으로 수입되는 역수입효과 등이 있다.

① 수출유발효과(Export inducement effect): 국제수지 정(+)의 효과

해외투자로 인해 본국 수출이 증가하는 긍정적인 효과이다. 투자기업이 현지 자회사 공장설립용 자본재, 생산활동을 위한 원부자재 공급이 수출로 집계된다. 또한, 본국의 수입전환효과(Import conversion effect)도 나타난다. 기업이 그동안 국내생산을 위해 해외로부터 수입하던 원부자재를 자회사가 담당함으로써 나타나는 현상이다. 자국기업의 해외투자를 통한 수출유발과 수입전환효과는 모두 국제수지에 긍정적인 영향을 미친다.

② 수출대체효과(Export substitution effect), 국제수지 부(−)의 효과

기업의 해외투자로 인해 본국의 수출이 줄어드는 현상이다. 투자기업의 현지 자회사가 생산제품을 현지 판매나 제3국에 수출하게 되면 그만큼 본국 수출이 감소하여 외화 유입이 줄어들기 때문에 국제수지에 부정적으로 작용한다.

③ 역수입효과(Reverse import effect), 국제수지 부(-)의 효과

투자기업 현지 자회사 생산제품의 국내 반입 효과이다. 자회사 생산제품이 현지 판매와 제3국 수출뿐 아니라 본국으로 유입되면 나타나는 현상이다. 본사에서 자회사 물품 수입대금을 외화로 결제하기 때문에 국제수지에는 마이너스 효과로 나타난다.

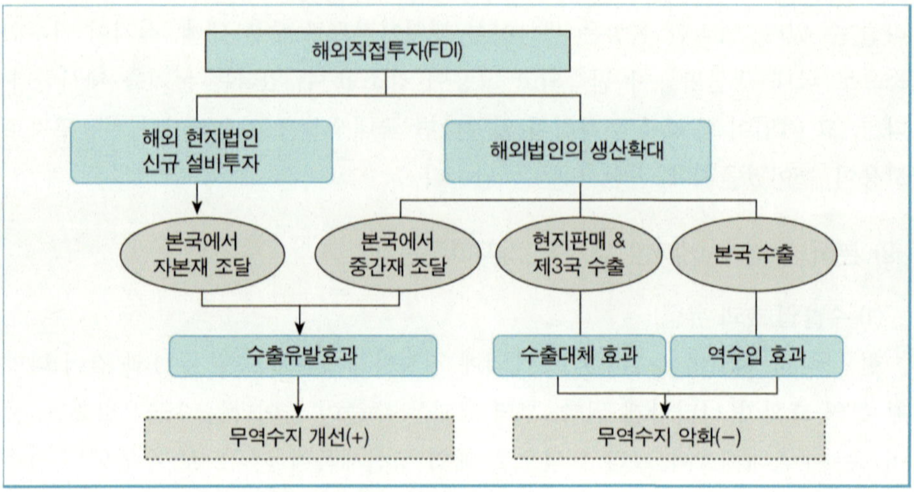

자료원: 한국은행(2002), 해외직접투자의 경제적 효과 분석

〈그림 4-1〉 해외직접투자가 본국 무역에 미치는 효과

(2) 시간 경과에 따른 효과 전환

직접투자와 무역 관계는 불변의 관계가 아니며 시간 경과에 따라 다르게 나타난다(한국수출입은행, 2011; 제현정, 2021). 일반적으로 투자 초기에 본사가 자회사 생산시설을 구축하기 위한 자본재 수출로 수출유발효과가 크게 발생한다. 그러나 자회사가 생산시설을 구축하고 생산을 개시하면 자본재 공급은 필요 없게 된다.

투자 후 시간이 지나면 자회사는 경비 절감과 경영 효율화를 위해 대체로 현지화 경영체제로 전환하게 된다. 이 시기에 자회사가 수송비용을 줄이기 위해 본국으로부터 원부자재 조달을 줄이고 현지 구매를 늘리면 수출유발효과는 줄어들게 된다. 그리고 자회사가 매출 증가를 위해 제삼국에 수출하면 수출대체효과, 본국에 수출하면 역수입효과로 나타난다.

(3) 투자유형별 무역에 미치는 영향

해외직접투자는 본사와 자회사 간의 결합 형태에 따라 수평 그리고 수직적 통합 투자로 구분된다. 이러한 투자유형별 무역 효과는 〈표 4-1〉과 같이 다르게 나타나며, 표에서 수출입 부호(+, −)는 본국의 국제수지 효과를 의미한다.

수평적 통합 투자는 초기에 본사가 자회사 생산시설 구축을 위해 자본재를 공급하기 때문에 수출유발효과가 나타난다. 그러나 자회사가 생산활동을 시작하면 본사의 자본재 공급은 필요 없게 된다. 더군다나 본사와 자회사가 같은 제품을 생산하기 때문에 본국의 최종재 수출도 감소하는 수출대체효과가 나타난다. 한편, 본사의 완성품 생산량 감소만큼 해외로부터 부품 수입량도 줄어들어 수입대체효과가 발생한다. 만약 본국에서 경쟁력 상실로 국내생산을 중단하면 국제수지에 부정적인 역수입 현상이 나타나게 된다.

수직적 통합 투자에서는 초기에 본사의 자본재 공급으로 나타나는 수출유발효과는 수평적 통합 투자의 무역효과와 같다. 그리고 수직적 통합형태이더라도 장기적으로 자회사에서 현지 또는 제삼국에서 부품 공급처를 발굴하게 되면 본사의 중간재 공급도 중단될 수 있다. 수입에 미치는 영향은 두 가지 방향의 효과가 나타나게 되는데, 어느 쪽에서 완성품을 생산하는가에 달려있다. 본사가 완성품을 생산하면, 자회사 생산부품 수입이 증가하고, 반대이면 본사의 부품 수출이 증가한다.

〈표 4-1〉 **해외직접투자 유형별 무역에 미치는 효과**

투자유형	수출에 미치는 영향	수입에 미치는 영향
수평적 통합	- 초기: 본국의 자본재 수출, 수출유발효과(+) - 장기: 자본재 공급중단, 최종재 수출 감소(−)	- 중간재 수입감소(+) - 자회사 제품 역수입(−)
수직적 통합	- 초기: 본국의 자본재 수출, 수출유발효과(+) - 장기: 자회사 현지조달로 중간재 수출 감소(−)	- 본사 조립: 수입증가(−) - 현지 조립: 수출증가(+)

자료원: 한국수출입은행(2011), 해외투자의 수출입유발효과 분석 및 정책 시사점에 관한 연구

3) 해외직접투자는 산업 공동화를 초래하는가?

(1) 산업 공동화 개념

해외직접투자는 생산시설의 해외이전이기 때문에 산업 공동화 논란을 불러온다. 산업 공동화(Hollowing out)에 대한 일치된 개념은 없지만, 일반적으로 제조부문의 국내생산기반 붕괴 현상을 의미한다. 산업 공동화와 직접투자 관계에 대해서는 두 가지 견해가 대립하고 있다. 해외투자로 산업 공백이 발생한다는 주장, 그리고 국내산업 경쟁력 상실로 기업이 해외로 나간다는 주장이다. 미국 보호무역주의자들은 전자 입장으로 자국 기업의 해외 진출로 산업에 공백이 생긴다는 견해다. 어떤 주장이 옳으냐 그르냐를 떠나서 산업 공동화가 발생하면 생산, 투자, 고용감소로 그 나라 경제에 매우 부정적인 영향을 미치게 된다(표정호, 2005).

▷ 미국 보호무역주의자들의 산업 공동화(Hollowing out) 원인

Hollowing out is the deterioration of a country's manufacturing sector when producers opt for low-cost facilities overseas. Hollowing out refers to the disappearance of middle-class manufacturing jobs and spending power as socioeconomic stratification intensifies.

Source: Investopedia, https://www.investopedia.com/terms/h/hollowing-out.asp

한편, 산업 공동화는 탈공업화와 명확히 구분하기 어려운 측면이 있다. 탈공업화(De-industrialization)는 한 나라 산업의 고도화 과정에서 제조업 비중이 줄어들고 서비스산업 위주로 재편되는 현상으로 서비스 경제화라고도 불린다. 탈공업화는 프랑스 알랭 투렌(A. Touraine, 1969)의 '탈공업화 사회(The Post-industrial society)' 그리고 미국 다니엘 벨(D, Bell, 1973)의 '탈공업화 사회가 온다(The Coming of Post-industrial Society, 1973)'에서 소개된 개념이다(대외경제정책연구원, 2006; 김규창, 2002).

▷ 다니엘 벨의 탈공업화 정의

Bell outlined a new kind of society the post-industrial society. He argued that post-industrialism would be information-led and service-oriented. Bell also argued that the post-industrial society would replace the industrial society as the dominant system. There are three components to a post-industrial society, according to Bell:

- a shift from manufacturing to services,
- the centrality of the new science-based industries,
- the rise of new technical elites and the advent of a new principle of stratification.

Source: https://en.wikipedia.org/wiki/Bell_outlined_a_new_kind_of_society_the_post-industrial_societ

(2) 산업 공동화 단계와 대책

해외직접투자에 의한 산업 공동화는 〈그림 4-2〉와 같이 진행된다. 기업이 해외로 생산기지를 이전하게 되면, 시간이 지날수록 초기의 수출유발효과는 소멸하고, 수출대체효과로 대체된다. 그리고 자회사로 이전된 기술로 생산된 제품이 본국으로 역수입되는 부메랑 효과로 국내생산은 급격히 감소하게 된다. 종국적으로 산업 공동화가 완성되면 고용과 세수감소, 국제수지 악화 그리고 경제성장 둔화 등 본국 경제에 매우 부정적인 효과가 나타난다.

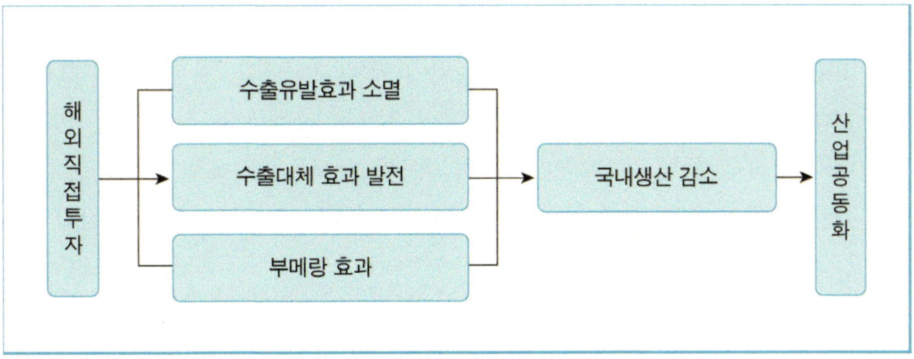

자료원: 김규창(2002), 해외직접투자에 따른 산업 공동화 추이와 대응방안

〈그림 4-2〉 해외직접투자에 따른 산업 공동화 진행 과정

해외직접투자로 인한 산업 공동화 수준 측정은 두 가지 기법이 이용되고 있다. 첫 번째 방법은 개별산업이 국가 경제에서 차지하는 비중 변화를 측정하는 통계기법이다. 해외직접투자가 이루어진 산업의 국내생산, 고용, 국제수지 변화로 공동화 정도를 판단한다. 국가기관에서 발표한 2차 자료를 활용하기 때문에 쉽고 객관적이지만, 전체산업 변화를 파악할 수 없는 한계가 있다. 두 번째 방법은 체크 리스트 법으로 거시적인 국가 산업변화 측정이다. 체크 항목은 개별산업의 공동화에 따른 신산업의 출현상황을 점검하여 구조조정 정도로 판단한다. 국가 산업의 선순환 구조를 점검할 수 있지만, 측정항목을 객관화하기 어려운 점이 있다.

학계에서는 산업 공동화 대책으로 산업 구조조정(Industrial restructuring)의 중요성을 강조하고 있다. 예를 들어 국가 산업전략으로 표준화 단계에 달한 노동집약적 산업은 해외로 이전시키고, 그 공백은 부가가치가 높은 첨단 제조업이나 지식집약형 서비스산업으로 대체하는 방법이다. 국가 경제가 발전하면 자국 기업들의 해외 진출은 피할 수 없는 현상이다. 따라서 자국 기업의 해외투자를 억제하는 소극적인 대책보다 산업 구조조정으로 자본과 인력이 생산적인 분야로 투입되도록 경제의 선순환 구조[1])를 만들어 가야 한다.

(3) 각국의 산업 공동화 원인과 사례

- **영국**: 산업 공동화 논란의 효시는 1960년대에 영국에서 시작되었다. 자국 기업의 대규모 해외 진출로 공동화 현상이 나타났다. 당시 영국은 산업 공동화로 인해 경제성장 정체, 국제수지 적자, 파운드화 위기 등 영국병을 앓게 되었다.
- **미국**: 역사적으로 산업 공동화는 두 번에 걸쳐 나타났다. 첫 번째는 제2차 세계대전 후 기업들이 생산기지를 유럽 이전으로 나타났다. 두 번째는 1970년대 전후복구에 성공하고 경제성장을 이룩한 서독 등 유럽과 일본산 저가 제품의 미국 유입 시기이다. 후자의 대표 사례는 디트로이트 자동차산업을 들 수 있다.

---

1) 선순환 구조(Virtuous cycle)는 생산, 분배, 지출 싸이클이 계속되면서 시장이 점차 커져 나가는 것이다. 선진국은 산업발전 과정에서 소득수준에 맞게 제조업을 합리화하여 생산을 높이면서, 여유 인력을 비제조업에 투입하여 시장을 창조하는 탈공업화 정책으로 공동화에 대응하였다.

• **일본**: 1986년 플라자 합의 이후 엔고로 인한 산업경쟁력 상실로 제조업체들이 생산시설을 해외로 이전함에 따라 산업 공백이 생긴 이력이 있다(신기덕, 2000; 이지평, 2003).

▷ 디트로이트 산업 공동화, '길고 무더운 여름(Long, hot Summer of 1967)'

출처: AP Photo(1967.7. 폭동)
– 1967년 길고 무더운 여름

The Detroit News(2019.12.18.)
– Alma Avenue, Detroit

- 1967.7.23. 디트로이트 주점 '블라인드 픽' 단속 반발로 12번가 폭동
  백인 기술자의 도심과 도시 탈출(White Flight)로 산업 공동화 심화
- 1973년, 석유파동 이후 일본과 유럽 자동차 경쟁력 강화로 산업 피해
  자동차산업 공동화는 진행형으로 현재까지 세수원 문제로 작용
- 디트로이트 번영과 몰락
  - 1940~1960년대: Big 3(GM, Ford, Chrysler) 자동차 도시
  - 1940~1945년: 2차 세계대전에서 트럭 등 납품으로 산업 급성장
  - 2009년, 연방정부 산업 긴급구제, 자동차 Maker 재생 노력 중
  - 2013.7.18. 市 미국 연방법원에 파산보호 신청(부채 180억 달러)

자료원: 송미경(2013) 몰락한 도시: 디트로이트의 교훈,
Rana Foroohar(2013) Broken City : Lessons from Detroit's Fight Survive, Wall Street Journal, The Detroit News, Bridge Detroit

제2절 투자유치국의 경제적 효과

1. 현지 경제에 미치는 영향

1) 국제수지 효과

한 나라가 외국인직접투자(FDI)를 유치하면 외화 유입으로 즉각적이고 장기적인 국제수지 개선 효과가 나타난다. 외국기업이 생산활동을 시작하면, 수입대체, 그리고 수출 효과로 그 나라 국제수지 체질을 개선할 수 있다. 그러나 외국인투자 유치로 인한 국제수지 개선 효과는 그 기업의 경영전략에 따라 아래와 같이 투자유치국 경제에 부정적인 영향도 줄 수 있다.

첫째, 외국기업이 경영활동으로 확보된 과실을 본국에 지속해서 송금하게 되면 최초투자액을 상회하여 국제수지에 부정적인 영향을 미친다.

둘째, 외국기업이 본사와 내부거래 과정에서 이전가격을 낮추게 되면 관세와 부가가치세 등 세수가 감소하고, 반대로 과다하게 책정하면 수입대금 결제를 위한 불필요한 외화 유출이 된다.

셋째, 투자기업 자회사가 수출보다 내수시장에 집중하고, 생산에 필요한 원부자재를 수입으로 해결하면 외화 유출이 지속된다.

넷째, 외국기업이 본사로부터 이전받은 기술료나 지식재산권 사용료를 과다하게 지급하면 이 역시 불필요한 외화 유출 요인이 된다.

위와 같은 외국기업의 투자유치국 국제수지에 미치는 영향은 국제수지표(BOP)상의 각 수지 구성내용에서 파악해 볼 수 있다. 아래 두 개의 식에서 (a)는 국제수지 구성항목이며, (b)는 외국인직접투자가 어떻게 국제수지에 작용하는지를 보여주며, 부호는 국제수지에 긍정(+)과 부정(−)적 효과를 의미한다.

$$(a)\quad BOP = \underbrace{\underbrace{(X - M')}_{\text{상품}} + \underbrace{Royalty'}_{\text{서비스}} + \underbrace{(Proceeds' + Interest')}_{\text{본원소득(과실, 이자)}}}_{\text{경상계정}} + \underbrace{(Kapital - Kapital')}_{\text{금융계정(투자자본)}}$$

(b) BOP = (X + Kapital) − (M′ + Royalty′ + Proceeds′ + Interest′) + (Kapital′)

개선항목(+) 악화항목(−)

X : 외국인투자기업 완성품 수출(+)

M′ : 외국인투자기업의 원부자재 수입(−)

Royalty′ : 본국으로 로열티 송금(−)

Proceeds′ : 본국으로 과실 송금(−)

Interest′ : 본국으로 투자자본 이자 송금(−)

Kapital : 유치국으로 유입된 자본과 차입금 유입(+)

Kapital′ : 직접투자 원금, 차입금 상환 또는 사업 철수(−)

• 경상계정(Current account)

상품수지는 투자 동기에 따라 현지국 경상계정에 미치는 효과가 다르게 나타난다. 수출지향형 투자의 경우, 외국기업이 현지 원부자재를 사용하여 생산한 제품을 본국이나 제삼국에 수출하게 되면 무역수지는 개선된다. 그러나 외국기업이 시장지향형 투자 동기로 진출하여 현지 생산활동을 위한 원부자재를 본국에서 조달하면 수입은 증가하고, 수출은 없거나 미미한 수준에 머무르는 Tide effect[2] 현상이 발생할 수 있다.

서비스수지는 외국기업이 본사의 지식재산권 사용료인 로열티 지급 정도에 따라 영향이 다르게 나타난다. 기술자립도가 낮은 개도국의 경우 국제수지에 부담 요인이 된다. 모기업과 현지 자회사는 법인격이 다른 기업으로 로열티 거래가 가능하며, 시장가격 산정이 어려워서 이전가격 조작수단으로 이용될 수 있다.

• 금융계정(Financial account)

외국기업의 투자자본 유출입 시기에 따라 국제수지에 미치는 효과가 달라진다. 초기에는 대규모 장기자본이 유입되어 투자유치국 금융계정을 즉각적으로 개선시킨다. 그러나 외국기업이 본사에 투자자본 원리금을 본국에 송금하게 되면 그때부터 수지를 악화시키게 된다. 또한, 외국기업이 투자철수를 단행하면

2) Tide effect는 현지국에 초기 투자자본(equity capital)이 유입되지만, 현지 자회사 생산설비 구축을 위한 자본재와 원부자재 등을 본국으로부터 수입하게 되면 초기 투자자본이 썰물처럼 빠져나가는 현상이다.

일시에 대규모 자금유출로 국제수지에 부정적인 영향을 미친다.

2) 고용효과

해외직접투자로 인한 고용 창출효과는 개도국이나 선진국 모두 환영하는 분야이다. 대부분 사회문제는 실업에서 발생하는데, 외국인직접투자는 이를 해결해 주는 유용한 수단이 된다. 특히 다국적기업을 유치하게 되면, 수많은 일자리 창출이 가능하게 된다. 이러한 배경에서 각국은 고용효과가 큰 신설투자(Green field) 유치를 위해 각종 인센티브를 제공하고 있다.

고용효과는 〈표 4-2〉 같이 직접고용 효과와 간접고용 효과로 나타난다. 직접고용은 외국기업의 현지인 직접 채용이며, 간접고용은 전후방산업에 있는 기업의 직원채용[3]과 거시경제적 효과로 나타난다. 전후방산업의 고용효과는 협력사의 인력증원이며, 거시경제적 효과는 숙식, 생필품 등 주변 산업에 있는 기업들의 신규인력 채용으로 나타난다(안세영, 1993).

〈표 4-2〉 해외직접투자의 현지 고용효과

구분	고용에 미치는 영향
고용 창출(+)	• 직접고용 효과 • 간접고용 효과: 전후방산업 + 거시경제적 고용 창출
고용 감소(+)	• 시장퇴출적 고용감소 • 산업대체적 고용감소

자료원: 안세영(1993). 다국적기업 경제학, 김철(2001) 해외투자론 등 종합

외국인직접투자 유치는 현지 고용 창출에 부정적인 영향도 발생한다. 외국기업의 진입으로 인한 시장퇴출적 고용감소와 산업대체적 고용감소이다. 시장퇴출적 고용감소는 선진 경영기법을 앞세운 외국기업 경영활동으로 인해 경쟁력을 상실한 국내기업의 폐업이나 감원을 의미한다. 산업대체적 고용감소는 현지 기업이 외국기업과 경쟁을 회피하고 사업을 중단하거나 고용효과가 적은 분야로

3) 전후방산업은 최종 소비자를 기준으로 판단하는데, 제품과 서비스 판매와 A/S 기업의 인력 채용은 전방산업 파급효과, 제품생산에 필요한 원부자재를 공급하는 협력사의 직원채용은 후방산업 파급효과가 된다.

이동하게 되면, 그만큼 일자리가 줄어들게 된다. 또한, 외국기업이 자본 집약적 투자로 인력보다 설비를 이용하게 되면 기대만큼의 효과는 나타나지 않는다.

한편, 투자유치국은 고용 안정성을 위해 외국인직접투자 유치와 함께 자국 기업의 경쟁력 강화대책도 마련해야 한다. 왜냐하면, 외국인투자기업은 습성상 환경변화 또는 채산성이 악화하면 쉽게 철수를 결정하기 때문이다. 이에 반해 국내기업은 현지 기반의 삶과 익숙한 국내경영을 고집하여 고용을 유지한다. 이러한 면에서 현지 정부는 과도한 외국인투자기업에 대한 인센티브 제공으로 국내기업이 역차별을 받지 않도록 정책적으로 배려해야 한다.

3) 기술이전 효과

(1) 기술이전과 기술확산 경로

기술이전(Technology transfer)은 투자유치국 입장에서 자국 기업이 필요한 기술을 다양한 경로를 통해 입수하여 자산적 가치가 있는 기술로 체화시키는 과정이다. 국제경영에서 기술이전 방법은 수출, 라이센싱과 프랜차이징 등 기술임대 계약과 직접투자로 이루어진다. 기술이전 방법에서 수출은 효과가 미미하며, 기술임대 계약은 효과가 즉각 나타나지만, 외부 기술확산 효과는 나타나지 않는다. 이에 반해 직접투자에 의한 기술이전 효과는 빠르며, 시차를 두고 외부로 기술확산이 이루어지기 때문에 국민경제에 매우 긍정적이다.

기술확산(Technology diffusion)이란? 기술 거래자 간에 의해 이전된 기술이 그 나라 경제 전체로 파급되는 현상을 의미한다. 해외직접투자에서는 본사에서 자회사에 이전된 기술이 현지 사회에 전파되는 것을 의미한다. 이러한 기술의 외부파급은 세 가지 경로를 통해 나타난다(대외경제정책연구원, 1994).

첫째, 자회사 현지 직원이 교육 훈련이나 현장 학습(learning by doing)을 통해 습득한 기술의 외부전파이다. 이들은 습득한 지식을 이직 후 다른 기업에 근무하면서 해당 기술을 외부에 전파한다. 이러한 배경에서 기술유출을 꺼리는 외국기업은 현지 직원의 핵심기술 접근을 제한하거나, 계약을 통해 이직을 어렵게 하면서 기술유출 방지에 노력하게 된다.

둘째, 후방산업(Backward spillover)에 있는 협력사를 통한 현지 기술전파이다. 자회사는 생산활동을 위해 현지 기업들로부터 원부자재를 공급받는다. 자회사는 이들 후방산업에 있는 현지 기업들에 필요한 제품기술과 지식을 전수하게 된다. 이러한 기술이전 목적은 납품받는 중간재 품질을 확보하고, 그들 기업의 생산성 향상을 통한 단가인하에 있다. 현지 협력사 생산성 향상 지원 방법은 해당 기술 제공뿐만 아니라 설비제공, 기술개발 지원, 교육연수도 병행할 수 있다.

셋째, 전방산업(Forward spillover) 기업들에 전수된 기술의 외부파급이다. 전방파급 효과는 자회사가 생산한 중간재를 현지 완성품 조립업체에 납품하는 경우에 나타난다. 자회사는 거래기업의 완성품 품질관리를 위해 부품 취급에 필요한 기술을 전수해 줘야 하기 때문이다. 또한, 전방기업이 판매와 A/S 기업이더라도 고객관리를 위해 기술 전수가 필요하다.

넷째, 자회사 연구개발(R&D) 활동을 통한 기술이전이다. 자회사에 근무하는 연구원, 그리고 연구개발에 필요한 현지 연구소나 기업들과의 협업 과정에서 관련 기술이 현지 사회에 전파될 수 있다.

외국인직접투자 유치를 통한 선진기술의 현지 이전은 매우 의미 있는 효과를 제공한다. 투자기업이 자회사에 전달한 기술이 전후방 협력사들뿐만 아니라 협력사의 협력사까지 국민경제 깊숙이 침투하여 산업경쟁력 강화에 이용될 수 있기 때문이다. 그러나 외국인직접투자를 통한 기술이전이 없거나 미미할 수 있다. 외국기업이 현지 직원의 핵심기술 접근을 제한하여 외부 기술유출을 방지하지 할 수 있다. 심지어 그 나라 기술개발에 역효과도 나타날 수 있는데, 경쟁사의 기술사업화를 방해하는 경우이다. 예를 들어 현지 경쟁기업이 어렵게 개발한 기술을 제품화하면, 투자기업이 자본력을 앞세운 덤핑으로 경쟁사를 견제할 수 있다.

(2) 투자유형별 기술이전 효과

해외직접투자에 의한 투자유치국의 기술이전 효과는 〈표 4-3〉과 같이 투자유형에 따라 다르게 나타난다. 먼저 시장지향형 투자와 무역지향형 투자의 기술이전 효과이다. 시장지향형 투자를 위한 투자기업 경쟁력 원천은 가격보다 기술이다. 투자기업이 현지 시장에서 경쟁 우위를 확보하기 위해서는 제품수명주기 상 초기의 최신기술이어야 한다. 따라서 투자기업은 기술우위를 유지하기 위해 현지에서 기술유출을 통제하기 때문에 외부 기술확산 효과는 낮을 수밖에 없다.

이에 반해 무역지향형 투자는 주로 제품수명주기상의 표준화된 기술을 이용한다. 투자기업은 기술 보호보다 가격경쟁력 확보를 통한 이윤 창출이 주요 관심사항이다. 따라서 투자기업은 자회사 생산성 향상을 위해 현지 전후방 협력사에 적극적으로 기술을 이전한다. 궁극적으로 현지 경쟁기업의 모방을 통해 기술확산 효과가 빠르게 나타난다. 이러한 기술확산 효과는 주로 선진국의 개도국으로의 노동집약적 산업 투자에서 주로 나타난다.

〈표 4-3〉 **투자유형별 기술이전 효과**

구분	시장지향형 투자	무역지향형 투자
기술이전	- 상대적으로 효과 낮음	- 상대적으로 효과 큼
투자동기	- 현지 시장 유지, 신규진출	- 제삼국 시장 수출
비교우위	- 기술경쟁력	- 가격경쟁력
산업유형	- 자본 및 기술집약산업	- 노동집약산업
이전기술	- 첨단 및 신기술	- 표준화된 기술

자료원: 대외경제정책연구원(1994), 정책연구 94-7

한편, 합작투자가 기술이전 효과가 높으며, 단독투자는 상대적으로 효과가 낮다. 합작투자는 현지인 관리자와 기술자가 기업 경영과 생산활동에 참여하게 된다. 투자기업 간의 협업 성과를 높이기 위해 서로 기술을 공유하게 되는데, 현지 파트너를 통해 외부로 기술이 전파된다.

단독투자의 경우, 투자기업이 현지 시장에서 경쟁 우위를 유지하기 위해 치외기술권을 형성하여 기술누출을 방지한다. 예를 들어 자회사 관리나 생산 요직에 현지인을 채용하지 않고, 채용하더라도 핵심기술 접근을 원천적으로 차단한다.

(3) 국민적 과학기술 수용성

투자유치국이 외국인직접투자를 통한 기술확산 성과를 높이기 위해서는 국민적 과학기술 잠재력을 높여야 한다. 국민적 과학기술 잠재력이란? 스스로 과학기술을 개발하거나 외국의 기술을 습득하여 토착화시킬 수 있는 국민경제가 보유한 인적, 지적 능력의 총체를 의미한다. 국민적 과학기술 잠재력이 높으면 첫째, 자체적인 기술개발 능력을 발휘할 수 있다. 둘째, 기술도입 교섭 협상력이 높아서 도입기술 가격을 낮춘다. 셋째, 자국진출 외국계 기업으로부터 기술이전 효과를 높일 수 있다. 이와 같은 국민적 기술 잠재력 결정요인은 아래와 같다(Michalet, 1976).

- 고급 연구개발 및 이를 수행하는 기술인력 유무
- 연구기관 수 및 보유설비
- 정부의 R&D 투자 및 상품화에 대한 조세, 금융, 조달 정책
- 특허출원 건수
- 국민 산업기구가 총체적으로 가지고 있는 무형의 학습효과

4) 기타 해외직접투자 효과

외국기업의 국내 진출은 경쟁을 통해 소비자 후생을 증가시킨다. 기업 간의 제품개발과 시장확보 경쟁은 품질향상과 가격인하가 뒤따르기 때문이다. 한편, 투자기업이 현지 생산요소와 유휴자원을 이용하면 보유자원의 효율적 배분이 이루어진다. 그리고 투자 분야에 따라 그동안 개발되지 않은 부문의 수요가 창출된다. 예를 들어 무선통신이 활성화되지 않은 국가에 외국 통신사가 들어오면, 국민 통신수요가 발생한다. 새로운 수요는 정부의 세수증가로 이어지고 민간 부분에 지출되고 국내투자를 유인하여 경제성장 동력으로 작용하게 된다.

▷ 케냐 사파리 파크 호텔(Sapari Park Hotel)
전경: https://safari-park-hotel-nairobi.booked.kr/#lg=342917&slide=1092226986

- 파라다이스 그룹의 전낙원 회장이 1974년 나이로비 외곽지역에 투자한 고급 관광호텔로 10만 평 규모에 객실 204개, 콘퍼런스 홀 등 최고급 시설을 보유한 호텔이다. 쾌적한 숙박 시설은 물론 관광객을 겨냥한 카지노 시설과 전통공연 등으로 관광명소로 주목받는 나이로비의 상징물이 되었다.
- 케냐의 경제적 효과는 투자자금 유입으로 국제수지(BOP) 개선, 1천여 명에 달하는 일자리 창출, 선진 호텔 경영기법이다. 투자국인 한국은 현지 사회에서 친한 이미지를 확보하였다.

2. 해외직접투자 문제에 관한 쟁점

1) 사회적 문제

해외직접투자 기업은 경영활동 과정에서 현지 사회문화에 영향을 미치게 된다. 투자기업의 이질적인 경영기법은 현지업계의 경영문화와 근로자의 직무가치(work values)를 긍정적으로 변화시킨다. 그리고 투자유치국이 폐쇄적인 사회이더라도, 현지 고용인력과 전후방 협력사 관계에서 사회개방의 필요성이 전파된다.

한편, 외국기업의 현지 경영활동이 그 지역사회에 부정적인 영향을 미칠 수 있다. 본사 파견직원이 자국의 사회문화적 우월성을 강조하여 현지 사회 반감으로 반 투자국 정서가 나타날 수 있다. 그리고 투자기업의 인권침해와 환경파괴 등 비윤리적 경영이 문제로 지적되고 있다. 문제는 일부 국가에서 경제발전과 일자리 창출이라는 명목으로 환경파괴산업 유치도 허용하고 있다. 국민의 건강과 생명을 담보로 하는 외국인직접투자 유치는 신중히 검토되어야 할 것이다(윤혜진, 2010).

2) 경제주권 문제

해외직접투자는 피투자국의 경제주권 논란을 불러올 수 있다. 거대한 외국자본이 주요자원이나 산업을 지배하면, 그 나라가 주체적으로 경제정책을 펼 수 없는 상황이 발생한다. 산업 종속화(Dependent industrialization)도 경제주권 상실 유형이다. 예를 들어 다국적기업이 전 세계 네트워크를 피라미드형 분업체제를 구축하여 피투자국을 지사 국가(Branch-plant countries)로 단순조립 공장 역할만 부여하면, 그 나라 산업이 투자기업에 종속된다(안세영, 1993).

경제 주권문제는 산업 종속뿐만 아니고 법 적용에서도 나타난다. 투자기업이 자국의 우월적인 정치, 경제력을 이용하여 자국법의 역외적용을 시도할 수 있다. 그리고 투자기업이 정부의 정책적 통제를 벗어나는 문제도 발생하고 있다. 외국기업이 로비스트 고용, 압력단체 동원 그리고 정치단체 헌금 등을 통해 유리하게 법을 개정하거나 정책 결정을 왜곡시키기 때문이다.

버논(Vernon, 1971)과 더닝(Dunning, 1981)은 'FDI를 받아들인 모든 현지국은 경제 주권문제에 직면한다.'라며 그 피해의 중대성을 지적한 바 있다. 대표적인 실제 사례로 1970년대 미국 자본에 중남미국가의 산업 종속이 매우 심해서 외국인직접투자를 경계하는 종속이론이 탄생하게 되었다.

▷ 다국적기업의 비윤리적 경영 사례

[사례 #1] 아프리카, 네슬레 분유 불매운동(Boycott Nestle Products)

- 1974.3. 네슬레는 영국 빈민구제 단체 워온원트(War on want)에서 아프리카 분유 판매와 영아 사망과 관련된 '누가 아기를 죽이는가?' 책자를 발간하면서 1980년대까지 범세계적인 불매운동을 겪어야 했다.
- 이 사건을 계기로 미국에서 다국적기업에 맞서는 최초의 가정주부 중심 소비자 시민단체인 분유행동연합(IBAN: International Baby Food Action Network)이 결성되어 불매운동을 시작하였고 호주, 유럽 등으로 확산되었다.

[사례 #2] 인도, '농약 콜라' 두 건의 사건

- 코카콜라가 1999년 인도 남부 케랄라(Kerala)주에 공장설립 후 마을의 우물이 말라 버린 사건이 발생하였다. 주민들은 코카콜라를 상대로 소송을 시작하였으며 이러한 사실이 세상에 알려지게 되었다.
- 2003.8.5. 비정부기구인 '환경과 과학을 위한 센터(CSE)'는 코카콜라와 펩시 제품에 살충제 성분이 함유되어 있다는 내용을 발표하였다. 펩시와 코카콜라 제품은 독성 함유율이 유럽 기준 각각 36배, 30배 초과한 수준이었다.

출처: Balanced CSR & ESG분유행동연합(IBAN)
(https://mryoopm.tistory.com/2596361)(www.babymilkaction.org)

[사례 #3] 파키스탄, 나이키의 시간당 6센트(Six Cents an Hour)

- 1996.3.28. 미국 주간지 라이프(Life)는 '시간당 6센트(Six Cents an Hour)' 기사를 게재하였다. 나이키에 축구공을 납품하던 파키스탄의 협력업체가 시간당 6센트를 주고 12살 아동 노동자를 고용하고 있다는 기사로 글로벌 다국적기업의 인권과 노동권 문제를 국제적으로 이슈화되었다.

제3절 투자국과 투자유치국의 해외직접투자 정책

1. 투자국의 자국 기업 해외진출에 관한 입장

투자국은 자국 기업의 해외 진출에 대해 기본적으로 양비적인 입장이다. 자국 기업이 해외사업으로 소중한 국가 자산을 늘리는 부분은 환영하지만, 자본유출, 일자리 감소, 심한 경우 산업 공동화를 우려한다. 따라서 건전한 산업구조조정 차원에서 표준화에 달한 산업의 해외 진출은 권장하지만, 자본집약산업이나 첨단기술 분야는 국내에 잔류하게 하는 정책을 펼친다.

투자국이 자국 기업의 해외 진출에 대해 소극적이라고 하더라도 WTO 통상규범에서 민간기업 경영에 간섭할 수 없다. 따라서 투자국은 자국 기업의 해외 진출을 적극적인 권장보다 아래와 같이 진출기업 보호에 주력하고 있다.

첫째, 해외 투자정보 제공이다. KOTRA는 국별 투자정보를 제공하고 있으며, 무역투자상담센터를 운영하고 있다. 미국의 해외민간투자공사(OPIC)는 대외원조법에 따른 민간자본의 개도국 진출을 위해 현지 정보를 제공한다.

둘째, 해외투자보험 제도이다. 한국무역보험공사(K-sure)는 해외투자보험을 운영하고 있다. 해외투자 기업이 현지 전쟁, 수용, 송금위험 등 비상위험(Emergency risk)으로부터 발생하는 투자원금, 배당금, 이자 등 피해를 보상한다.

셋째, 투자보장협정 및 이중과세방지협정이다. 자국 기업의 해외투자에서 발생할 수 있는 위험을 정치외교적인 방법으로 대처하고 있다.

넷째, 일부 국가의 경우 금융지원, 세금감면 그리고 신용보증 제도를 운영한다.

2. 투자유치국의 외국인직접투자 유치 노력

투자유치국은 외국인직접투자(FDI) 유치에 매우 적극적인 입장이다. 외국인직접투자는 기술이전, 일자리 창출, 국제수지 개선 등 경제발전의 원동력이 되기 때문이다. 이러한 배경에서 각국은 외국인직접투자 유치를 위한 제도마련과 각종 인센티브를 경쟁적으로 제공하고 있다. 다만, 자국의 안보와 산업정책 등으로 일부 분야의 외국인 접근을 금지하거나 제한하는 정책도 병행하고 있다.

1) 외국인직접투자 인센티브

(1) 조세 혜택

조세는 대표적인 외국인직접투자 인센티브 수단이다. 외국기업 유치를 위해 법인세와 소득세 면제 또는 감세 정책을 활용한다. 그리고 법인 설립과 생산활동을 위한 자본재와 원부자재 수입관세 인하, 일부 국가의 경우 생산제품의 수출관세 혜택도 제공한다. 각국이 경쟁적으로 세제 혜택을 제공하다 보니 국가 간에 경쟁적으로 조세를 인하하는 해로운 조세 경쟁의 부작용이 발생한다. 그리고 투자유치국의 재정수입 축소와 국내기업과의 형평 문제도 해결해야 할 과제가 된다.

(2) 재정적인 인센티브

주로 재정여건이 탄탄한 선진국에서 시행하는 제도이다. 투자유치국은 외국기업 유치를 위해 공장 건설과 생산활동을 위해 보조금을 지급한다. 이런 경우 그 나라 정부는 외국기업이 수혜조건을 달성하지 못하면 보조금을 회수하는 안전판을 마련한다. 사례로 미국 정부는 2024년 자국 반도체 법에 따라 텍사스 반도체 제조설비를 확장하는 삼성전자에 64억 달러 보조금을 지급했다.

(3) 수출자유지역과 외국인투자지역

수출자유지역(EPZ: Export Processing Zone) 또는 외국인투자지역(FIZ: Free Investment Zone)이란? 용어와 무관하게 일국이 외국인 투자유치를 위해 각종 혜택을 제공하는 지역이다. 수출자유지역과 투자자유지역은 특정 지역을 지칭하는 것이 보통이지만 1개 기업이 입주한 지역, 도시 또는 국토 전체를 지정할 수 있다. 국가별로 설치 목적이나 규모, 인센티브 내용에 따라 다양한 명칭을 사용하는데 기본 개념은 아래와 같다(김준동, 1994).

① **공단형 수출자유지역**(Fenced EPZ): 특정 지역에 수출과 고용 확대 그리고 선진기술 습득 목적으로 단지를 조성하여 입주기업에 시설과 서비스를 제공한다. 사례로 한국의 마산수출자유지역 그리고 대만의 까오슝(Kaohsiung) 수출자유지역을 들 수 있다.

② **광역형 수출자유지역**(Unfenced EPZ): 특정 지역에 단지를 조성하지 않고 국경이나 항만 인근의 넓은 지역을 지정하여 입주기업에 관세 면제, 통관

간소화 편의 등을 제공한다. 따라서 입주기업 활동을 위한 별도의 환경은 조성하지 않는다. 예시로 멕시코는 마퀼라도라(MAquiladors) 수출자유지역을 운영하고 있다.

③ **공단형 투자자유지역**(Fenced FIZ): 투자유치 목적으로 특정 지역에 단지를 조성하여 입주기업 편의를 제공한다. 공단형 수출자유지역과 운영방법은 비슷하지만, 입주기업 경영활동을 위한 수입 원부자재 관세 혜택이 없다는 게 다른 부분이다. 공단 예시로 한국의 단지형 외국인투자지역(Complex-type foreign investment) 그리고 영국은 기업장려지구(Enterprise zone)가 있다.

④ **광역형 투자자유지역**(Unfenced FIZ): 투자유치를 목적으로 광범위한 지역을 단지로 지정한다. 공단형 투자자유지역과는 지역 범위 차이로 구분되는데, 입주기업 혜택은 공단형 투자자유지역과 같다.

• 기타 유형

- 국제자유무역 투자도시: 도시 전역에 입주한 기업의 제조, 무역, 금융 등 경영활동 편의를 제공한다. 싱가포르 그리고 홍콩 등은 국제자유무역 투자도시 예시가 된다.
- 개별기업형 투자자유지역: 투자유치국에서 별도의 단지를 조성하지 않고 개별기업의 공장 자체를 단지로 지정한다. 통상적으로 투자기업별로 검토하되 최소한의 지정조건을 갖추어야 한다. 한국의 개별형 외국인투자지역(Individual-type foreign investment zone)이 여기에 해당된다.

2) 외국인투자 제한정책

각국은 외국인직접투자 유치에 적극적이지만 정책 목적달성을 위해 외국기업 진출을 금지하거나 제한할 수 있다. 첫 번째, 투자금지 목적은 국가안보, 선량한 미풍양속 보호, 그리고 전략산업 보호에 있다. 투자금지 분야로는 국방산업, 신문방송, 천연자원 개발 분야 등을 들 수 있다. 사례로 핀란드 어업, 스웨덴 전매 및 광산업 그리고 아일랜드 소맥 제분업은 외국인투자가 제한된다.

두 번째, 투자 규모와 소유권 제한이다. 투자유치국이 외국기업의 최소한의 투자금액이나, 최대한도의 금액을 정하는 방법이다. 그리고 외국기업의 피투자 기업 소유권을 제한할 수 있다. 외국기업의 시장지배 억제, 자국민 생계보장을 위해 외국자본 지분을 일정 수준으로 제한하는 정책이다. U.A.E.의 경우 한때 외국 투자자와 내국민 비율을 49:51로 규정한 바 있다.

한편, 투자유치국은 외국기업에 행동강령(Code of conduct)으로 자국 법률을 준수하게 할 수 있다. 그리고 현지 부품 조달의무비율, 최소수출 이행요구, 정부 조달 참가 제한 등도 외국기업의 현지 경영활동을 제한하는 수단으로 이용된다.

제4절 해외직접투자와 국제무역 관계

1. 해외직접투자와 기업내 무역

1) 해외직접투자와 무역

학계에서 해외직접투자와 무역과의 관계에 대해 대체관계 또는 보완관계라는 의견이 대립하고 있다. 그러나 Pantulu & Poon(2003) 주장과 같이 양자 관계는 일방적으로 대체적이거나 보완적이지 않고 복합적인 관계이다. 예를 들어 투자 초기 본사는 현지 자회사에 자본재와 원부자재를 공급하게 된다. 그러나 시간이 지나 자회사가 정착하여 현지 원부자재 구매를 늘리면 본사의 원부자재 공급은 중단된다. 심지어 본사의 수출 감소뿐만 아니라 자회사 생산 제품의 역수입까지 나타날 수 있다(Belderbos et al., 2001; 홍장표, 2009).

해외직접투자와 무역과의 관계는 본국의 경제적 효과에서 살펴본 바와 같이 수출유발효과, 수입대체효과 그리고 역수입효과가 있다. 수출유발효과는 직접투자와 무역의 상호 보완관계를 의미하며, 미시적으로 기업내 무역, 한 나라의 거시경제 차원에서 산업내 무역 발생의 주요 원인이 된다.

학계 의견을 종합해 보면, 직접투자와 무역과의 관계는 단편적으로 대체 또는 보완관계로 단언하기 어렵다는 결론에 도달하게 된다. 왜냐하면, 양자 관계는 관련 국가별 산업특성, 기업의 투자목적 그리고 투자 후 시간 경과 등에 따라서 효과가 다르게 나타나기 때문이다.

2) 기업내 무역 개념과 발생원인

(1) 기업내 무역의 개념

기업내 무역(Intra-firm trade)은 투자기업 본사와 현지 자회사, 또는 자회사 간의 거래에서 발생한다. 기업내 무역은 원부자재나 제품의 내부거래에 불과하지만, 형식적으로 국적이 다른 기업 간의 거래이기 때문에 국제무역으로 분류한다. 기업내 무역은 주로 다국적기업 조직망 내에서 이루어지며 산업내 무역의 기초가 된다. 다국적기업은 국제분업 원리로 세계 각지에 자회사를 배치하고 지역에 따라 생산품목, 생산공정을 달리하면서 경영전략 차원에서 내부거래를 하게 된다. 이들은 경영 특성상 본사에서 전 세계에 펴져 있는 자회사를 통제할 수 있기 때문에 복잡한 내부거래를 쉽게 할 수 있다(하병기·이상학, 2011).

기업 경영의 내부화 이론(Theory of Internalization)은 기업내 무역의 이론적 기초를 제공한다. 기업의 내부거래는 기업의 국내 공장 간의 거래를 설명하는 코즈의 정리(Coase theorem, 1937)[4]까지 거슬러 올라간다. Lall(1978)은 코즈의 이론을 이용하여 내부거래가 기업내 무역 발생원인임을 파악하였다. Lall은 1970년대 미국 다국적기업 대상의 기업내 수출이 해당 산업에서 차지하는 비중을 산출하면서 국제적으로 내부거래가 증가하고 있다는 사실을 실증적으로 검증하였다.

Siddharthan & Kumar(1990)는 미국 32개 제조업종 통계를 활용하여 미국기업의 기업내 수출과 수입 비중을 결정하는 요인을 제시했다. 그의 연구결과에 따르면, 국제기업의 내부거래는 노동이나 자본보다 연구개발(R&D) 집약도가 높은 부문에서 많은 것으로 나타났다. 기업은 개발기술의 외부유출을 방지하기 위해 내부거래를 선호한다는 점을 시사한다.

(2) 기업내 무역 발생 요인

세계적인 직접투자 확산은 해외 현지법인 수의 증가로 연결되면서 투자기업

---

4) 코즈의 정리(Coase theorem, 1937)는 로널드 코즈가 그의 논문 '기업의 본성(The Nature of the Firm)'에서 발표한 내용이다. 민간 경제 주체들이 자원의 배분 과정에서 비용을 치르지 않고 협상할 수 있다면, 외부효과로 인해 초래되는 비효율성을 시장에서 그들 스스로 해결할 수 있다는 것이다. 즉, 외부 가격기구를 통한 거래 시 비용이 발생하면 내부거래를 할 수 있다는 근거가 된다.

본사와 자회사 간의 내부거래를 통한 기업 내 무역도 증가하고 있다. 다국적기업은 국제무역 증가의 주역으로 부상하였는데, 이들은 글로벌 네트워크를 통해 흩어져 있는 생산요소를 손쉽게 이동시킬 수 있기 때문이다. 또한, 이들은 전 세계에 구축된 마케팅 채널에서 제품을 판매하기 위해 기업내 무역이 가능하게 된다. 이외에도 다국적기업이 내부거래를 선호하는 이유는 아래와 같다(강태구, 1997).

① **규모의 경제효과**: 기업은 노동과 원부자재 등 생산요소가 풍부한 지역에서 대량생산에 의한 규모의 경제이익을 실현할 수 있다. 또한, 해외 자회사들이 특정지역에 있는 공장의 생산활동에 필요한 원부자재를 내부거래로 공급하기 때문에 그 공장은 대량생산이 가능하게 된다. 그리고 그 공장은 생산된 완제품을 본국 또는 제삼국에 있는 자회사에 공급하면 역시 기업 내 무역으로 집계된다.

② **원부자재 공급 불확실성 회피**: 기업은 국제 정치외교 환경변화에 대비하기 위해 자체적으로 해외 원부자재 소유권 확보를 추진한다. 다국적기업의 경우 풍부한 재원을 활용하여 해외자원을 소유권을 획득하고, 그곳에서 확보한 물량을 해외 네트워크에 안정적으로 공급할 수 있다. 해외 원부자재의 안정적인 확보 필요성은 일본이 2019.7월 반도체 핵심 소재 3개 품목(불화수소, 불화폴리이미드, 포토레지스트) 수출 규제로 국내산업이 겪은 애로 사례에서 가늠해 볼 수 있다.

③ **제품 판매 및 A/S 통제권 확보**: 생산 제품의 안정적인 판매 및 A/S 등 대고객 서비스를 위해 국내외 조직망 간에 물품과 기술을 국경간 내부거래를 통해 공유하게 된다.

④ **기술과 특허 등 경영자산 보호**: 기업은 생산요소와 경영기법, 그리고 특허 등 기술정보 외부유출 방지를 위해서도 내부거래를 선호한다.

한편, 다국적기업의 해외투자 전략은 세계무역에 영향을 미치게 된다. 이들은 범세계적인 경영전략으로 생산과 판매 전략을 수립하여 추진한다. 이들의 경영전략에 따라 투자국과 투자유치국의 산업과 무역패턴이 변화게 되기 때문이다. 나쁜 사례는 투자기업이 기업내 무역 과정에서 이전가격을 조작하면 조세회피 등 세계 경제에 부정적인 영향을 미칠 수 있어 경계의 대상이 되고 있다.

3) 기업내 무역 유형 및 산출식

(1) 직접투자와 기업내 무역 유형

수평적 직접투자는 시장확보를 위해 운송비 등 무역비용을 줄이거나 무역장벽 회피 동기로 이루어진다. 주로 선진국 간의 투자에서 나타나며 본사와 자회사 모두 중간재와 최종재를 생산하는 방식이다. 이러한 수평적 직접투자는 자회사의 모기업 경영활동 적용 범위에 따라 복제형과 지점형으로 나누어진다. 복제형(replication)은 경영활동에 필요한 제품설계, 중간재 조달 그리고 완성품 생산이 모두 현지에서 이루어지기 때문에 기업내 무역은 나타나지 않는다. 지점형(branch)은 자회사에서 최종재 생산활동만 담당하고, 본사는 상류 부문인 중간재를 생산하여 자회사에 공급하기 때문에 기업내 무역이 발생한다.

수직적 직접투자는 본사와 자회사가 생산요소 부존도에 따라 수직적 생산 관계(Vertical production relationship)로 분업체계를 구축한다. 주로 선진국이 개도국의 인건비 등 저렴한 생산요소 활용을 위한 투자로 이루어진다. 일반적으로 본사는 기술집약적인 중간재를 생산하고 자회사는 노동집약적인 최종재 생산에 특화한다. 본사가 자회사 생산활동에 필요한 중간재를 공급하기 때문에 기업 내 무역이 발생하게 된다. 문제는 자회사 생산 제품이 현지 시장공급뿐만 아니라 제삼국 수출로 이어지면 본국의 수출대체, 본사로 공급되면 역수출이 되어 본국의 무역수지를 악화시키는 요인으로 작용한다는 점이다(Belderbos et al., 2001).

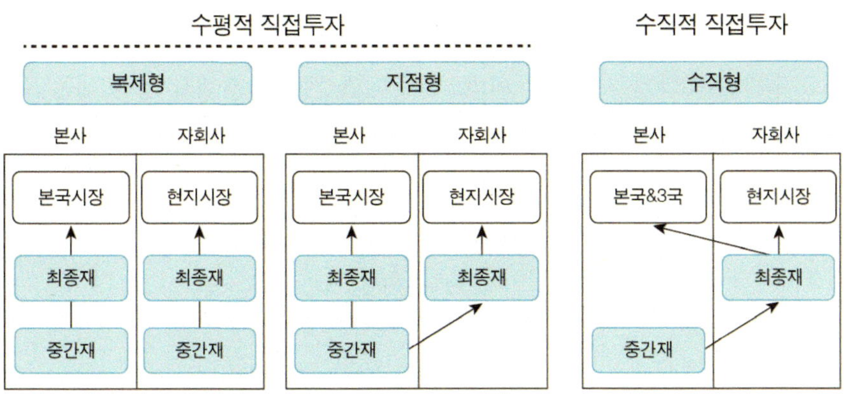

자료원: 홍장표(2009), 해외직접투자의 경제적 효과 분석

〈그림 4-3〉 수평적 투자 및 수직적 투자에 따른 무역 방향

위와 같은 수평적 직접투자 및 수직적 직접투자에 따른 투자국에 있는 본사와 투자유치국에 있는 자회사 간의 무역 방향은 〈그림 4-3〉과 같다.

(2) 기업내 무역 산출식

기업내 무역 정도는 무역특화지수를 이용하여 파악할 수 있다. 무역특화지수(TSI: Trade Specialization Index)란? 특정 품목의 수출액과 수입액을 비교, 분석한 것으로 그 상품의 비교우위 정도를 나타낸다. 한 국가의 수출경쟁력이 있는 상품은 수입보다 수출이 더 많을 것이라는 가정하에 특정상품 수출액과 수입액의 차이 비율로 파악한다. 산출방법은 산출식(a)과 같이 해당 품목의 수출입 차이를 해당 품목의 교역 규모(수출입의 합)로 나눈다. 지수 값은 수출액과 수입액이 같은 0을 기준으로 -1에서 +1의 범위를 가진다. 지수 값이 양(+)이면 수출특화, 음(−)이면 수입특화를 의미한다(박창민, 2019).[5)]

(a) 산출식 $TSI_{zk} = \dfrac{(X_{zk} - M_{zk})}{(X_{zk} + M_{zk})}$

TSI_{zk} : z국의 k상품 무역특화지수

X_{zk} : z국의 k상품 수출액

M_{zk} : z국의 k상품 수입액

무역특화지수를 투자기업 본사와 자회사 간의 기업 내부거래에 적용하면 산출식(b)와 같이 기업내 무역특화지수(TSI_{fk})로 산출할 수 있다. 이렇게 산출된 무역특화지수는 투자유형과 연계하여 해석한다. TSI_{fk} 값이 1이면 본사에서 자회사로 수출이 특화된 지점형이 되며, -1이 되면 본사가 자회사 생산 제품 수입에 특화된 수직형, 0이면 기업내 무역이 발생하지 않는 복제형 직접투자에 해당된다. 또한, 특화지수가 1과 -1사의 값을 갖게 되면 지점형과 수직형 혼합형이 된다. 혼합형은 필요에 따라 본사 수출이 자회사 생산 제품의 역수입을 초과하는 준지점형($0 < TSI_{fk} < 1$), 역수입이 수출을 초과하는 준수직형($-1 < TSI_{fk} < 0$)이 된다.

5) 무역특화지수(TSI)의 세부적인 판단기준은 ±0.7을 기준으로 하는데, 지수 값이 0.7 이상은 수출특화, 0.0~0.7은 수출우위, 0.0~-0.7은 수입우위 그리고 -0.7 이하는 수입특화 제품으로 판단한다.

(b) 산출식 $TSI_{fk} = \frac{(X_{fk} - M_{fk})}{(X_{fk} + M_{fk})}$

TSI_{fk}TSIfk : f사의 k상품에 대한 기업내 무역 특화지수

X_{fk} : f사의 K상품 수출(본사에서 자회사로 수출)

M_{fk} : f사의 k상품 역수입(자회사에서 본사로 수출)

2. 해외직접투자와 산업내 무역

1) 산업내 무역과 산업간 무역

산업내 무역(Intra-industry trade)이란? 요소집약도가 같은 제품군으로 구성된 특정 산업내에서 수출과 수입이 동시에 이루어지는 무역패턴이다. 반면에 산업간 무역(Inter-industry trade)은 서로 다른 산업 간에 이루어지는 일방 거래의 무역형태를 의미한다. 해외직접투자와 국제무역과의 관계를 이해하기 위해서는 산업내 무역의 의미와 유형을 파악해야 한다.

산업내 무역은 앞서 살펴본 미시적인 기업내 무역의 확장판으로 투자와 무역을 모두 설명할 수 있는 부문이다. 주로 다국적기업의 해외직접투자를 통한 이들의 조직망 간 내부거래로 국제무역의 큰 비중을 차지하기 때문이다. 이러한 산업내 무역은 현대무역이론의 핵심으로 부상하였는데, 전통적 무역이론으로 설명할 수 없는 분야이다. 전통적 무역이론은 산업간 무역(Inter-industry trade)을 전제로 그 원인을 설명하고, 현대적 무역이론은 산업간 무역뿐만 아니라 산업내 무역(Intra-industry trade) 현상 파악도 병행하고 있는데, 산업간 그리고 산업내 무역개념은 〈그림 4-4〉와 같다(김태기·주경원, 2007; 오근엽·주해영, 2000).

산업간 무역은 비교우위 또는 요소집약도 차이에 의한 전통적인 무역 현상이다. 주로 경제발전 단계가 다른 선진국과 개도국 간에 나타나는 무역이다. 리카르도(Ricardo)의 비교우위 이론에 의하면, 교역국들이 서로 효율적으로 생산할 수 있는 제품 생산에 특화하여 수출하고 상대적으로 덜 효율적인 제품 수입으로 가능하다. 헥셔-올린(Heckscher-Ohlin)의 요소 부존 이론에서는 요소부존도에 따른 국가 간 재화의 상대가격 차이로 무역이 발생하며 소득 재분배 효과가 나타난다.

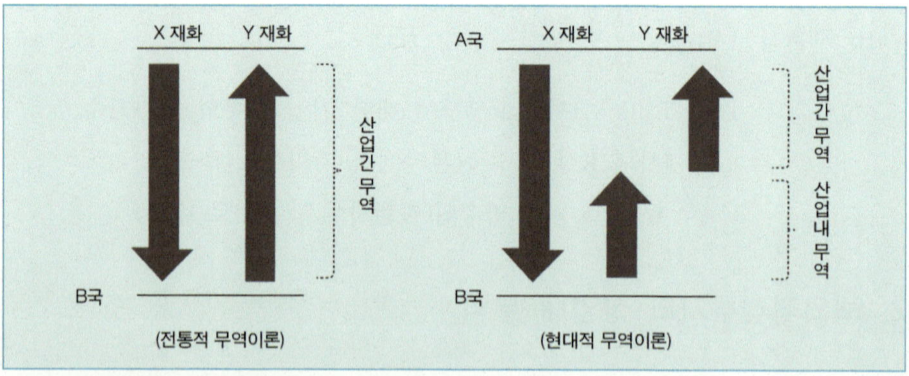

자료원: 오근엽(2013), 국제무역론

〈그림 4-4〉 전통적 무역이론과 현대적 무역이론

이에 반해 산업내 무역은 같은 산업에서 제품 생산에 비교우위가 없거나 비슷한 생산요소 부존도를 가진 국가 간의 무역 현상이다. 이러한 무역은 경제발전 단계가 비슷한 선진국 간의 무역에서 높게 나타난다. 전통적 무역이론으로는 그 현상을 설명하기 어려운 분야로 학계의 관심 대상이다. Grubel & Lloyd(1975)는 실증분석을 통해 산업내 무역의 존재를 확인하였고, 새로운 무역 현상을 이론화하려는 후속 연구가 이어지고 있다(대외경제정책연구원, 2003).

그동안 학계의 연구를 통해 밝혀진 산업내 무역과 산업간 무역의 발생원인과 주요 특징은 〈표 4-4〉와 같이 정리할 수 있다.

〈표 4-4〉 산업내 무역과 산업간 무역의 특징

구분	산업내 무역	산업간 무역
발생원인	- 내부거래	- 비교우위, 요소 부존도
발생사례	- 경제 수준이 유사한 국가 (선진국 vs. 선진국)	- 경제발전 정도가 다른 국가 (선진국 vs. 개도국)
소득 재분배	- 투입 생산요소 부문 모두 소득 증가(내부거래 이익)	- 풍부한 요소부문의 소득증가 - 희소한 요소부문의 소득감소
무역분쟁	- 소득 재분배 거의 없음 - 국가 간 분쟁 가능성 낮음	- 소득 재분배 발생 - 국가 간 분쟁 가능성 높음
수익원천	- 시장확대	- 상대가격의 변화

자료원: 경제지식전파소(2004), 산업 간 무역이론과 산업내 무역이론 비교

2) 산업내 무역 발생원인

(1) 산업내 무역 발생원인

산업내 무역은 Grubel & Lloyd에 의해 그 존재 확인을 토대로 발생원인을 이론적으로 설명하는 연구로 이어졌다. Krugman(1979), Lancaster(1980) 그리고 Helpman & Krugman(1985) 등은 불완전시장에서 산업내 무역이 발생한다고 하였다. 그리고 Brander(1981)는 동종재화를 대상으로 쿠르노 복점 모형[6)]으로 산업내 무역을 실증적으로 입증하였다. 이후 산업내 무역에 관한 연구는 그 발생원인을 찾는 실증적 연구로 이어지고 있는데, Bergstrand(1983)는 기업들이 동질제품을 상호 수출입하는 배경을 제품차별화라고 규정하였다. 그동안 학계에서 제시한 산업내 무역 발생원인은 규모의 경제, 제품다변화, 수요 및 공급의 유사성, 국가간 거리 등이 있다(조영정, 2008; 김태기·주경원, 2007).

한편, 산업내 무역 발생원인은 Falvey(1981), Flam & Helpman(1987) 등에 의해 전통적 무역이론의 기본조건을 수정하여 설명하는 연구로 규명되고 있다. 예를들어 전통적 무역이론은 요소부전도 등 공급측면만 반영하고 있는데, 현대적 무역이론은 공급뿐만 아니라 수요(소득수준)측면도 고려한다. 예를 들어 Falvey (1981)는 헥셔-올린 이론의 틀에서 수직적 산업내 무역 현상을 설명한 신 헥셔-올린 이론(NHO: Neo-Hechscher-Ohlin)을 제시했다. 완전경쟁시장 조건에서 동일제품이더라도 선진국의 자본집약재(고급재)와 개도국의 노동집약재(저급재) 무역을 설명한다. 즉, 생산 측면에서 자본과 노동이라는 요소부존 비율, 수요 측면에서 구매력 차이로 산업내 무역이 발생한다. 이러한 내용은 〈그림 4-5〉에서 파악해 볼 수 있다.

6) 쿠르노 복점 모형(Cournot competition)은 경제학자 쿠르노가 주창한 모형으로, 시장에 두 개의 기업이 있는 경우로 기업형태를 분석하는 모형이다. 기업은 상대기업이 산출량을 그대로 유지할 것이라는 가정하에 자신의 행동을 선택한다는 내용으로 두 기업은 모두 추종자로 행동하게 된다.

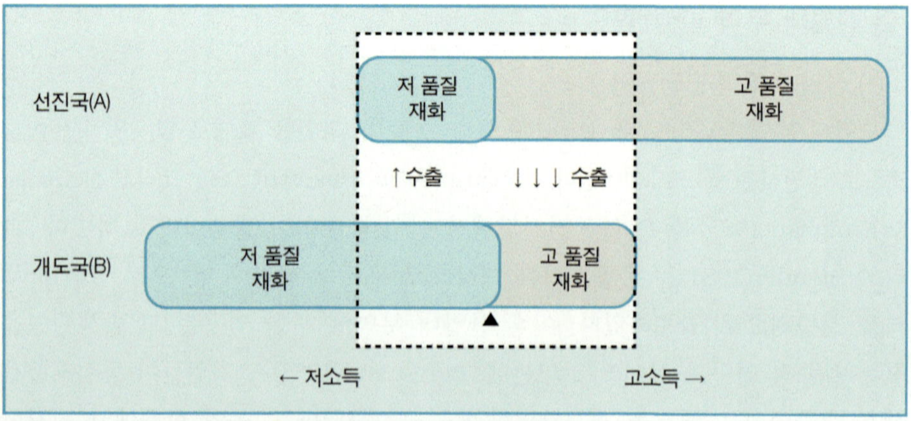

자료원: 오근엽·주혜영(2000), 한국의 수평적, 수직적 산업내 무역

〈그림 4-5〉 **산업내 무역 발생 개념도**

그림에서 가로축은 경제 단위별 1인당 국민소득을 나타내는데 좌측에서 우측으로 갈수록 국민소득이 높아진다. 생산 측면에서 선진국은 자본집약재인 고품질 재화를 생산하고, 개도국은 저품질 재화 생산에 특화한다. 그리고 수요측면에서 소득수준에 따라 선진국은 고품질, 개도국은 저품질 제품 소비를 선호한다. 세모(▲) 표시점은 양국 소비형태가 달라지는 소득수준 분기점으로 좌우로 일정 부분 겹치는 네모 점선(□)은 동일한 소비형태 구간이 된다. 따라서 동일 소득수준은 같은 소비형태를 보이기 때문에 화살표(↑↓) 방향으로 선진국은 개도국으로부터 저품질 재화, 개도국은 선진국으로부터 고품질 재화를 수입하여 소비할 수 있다.

결국, 선진국은 고품질 재화를 집중적으로 생산하여 자국의 주요 소비층에 공급하고, 개도국 일부 고소득층을 겨냥해 나머지 물량을 수출할 수 있다. 개도국은 저품질 재화를 생산하여 선진국 소수 소비층에 공급하면 산업내 무역이 완성된다. 예를 들어 스위스는 고급시계를 태국에 수출하고 태국은 대중적이고 저렴한 시계를 스위스에 수출하면 산업내 무역이 이루어진다.

(2) 해외직접투자와 산업내 무역

해외직접투자와 산업내 무역에 관해서는 산업내 무역을 확인한 Grube & Lloyd (1975)부터 시작되었다. 이후 Greenaway et al.(1995), Chen(2000) 등에 의해 다국적기업의 해외직접투자를 통한 산업내 무역 발생 현상이 실증적으로 파악되었다. 이후 해외직접투자와 산업내 무역에 관한 연구는 양자가 대체관계인지 상호 보완관계인지에 대해 찬반이 갈리고 있지만, 다국적기업의 해외직접투자가 산업내 무역과 관련이 깊다는 점은 부인할 수 없게 되었다.

한편, 산업내 무역의 발생원인에 대해서는 기업내 무역 발생원인의 확장으로 설명할 수 있다. 따라서 해외직접투자를 통한 무역 발생원인을 기업과 거시적 차원에서 한 가지씩 압축해 보면 아래와 같다.

첫째, (미시) 다국적기업의 내부거래이다. 본사와 자회사 간의 제품 생산과 물류 활동 과정에서 발생하는 기업내 무역이 산업내 무역이 된다. 자동차와 같이 일개 제품 생산에 많은 부품의 결합이 필요한 경우 자본집약 또는 노동집약 부품이 필요하게 된다. 따라서 다국적기업이 한 개 공장에서 자동차를 조립하기 위해 전 세계적인 네트워크에서 부품을 조달하면서 국제무역을 발생시킨다.

둘째, (거시) 교역국 간의 상호투자이다. 교역국 기업들은 서로 매력적인 상대방 국가 시장을 확보하기 위해 같은 제품도 상호투자하게 된다. 주로 선진국 간에 나타나게 되는데, 각국의 소비자 취향과 선호가 다를 수 있기 때문이다. 이럴 때 양국 기업은 모두 원부자재를 상대국에 진출한 자회사에 공급하면서 산업내 무역을 일으키게 된다. 소비자 취향 사례로 독일 소비자는 미국의 Ford, 미국 소비자는 독일의 BMW 운전을 희망할 수 있다.

3) 산업내 무역 유형과 산출식

(1) 산업내 무역의 유형

산업내 무역은 같은 산업에서 품질은 비슷하지만, 디자인과 기능 등 제품 속성 차이에 의한 것인지, 품질 자체에 의한 것인지에 따라 각각 수평적 산업내 무역(HIIT: Horizontal Intra-industry trade)과 수직적 산업내 무역(VIIT: Vertical Intra-Industry Trade)으로 구분한다. 문제는 같은 산업내 제품이기 때문에 수평적 산업내 무역인지 수직적 산업인지 모호한 면이 있다. 이에 따라 학계는 수평적 산업내 무역과 수직적 산업내 무역을 판단하는 판단지수를 개발하였다. 즉, 해당 품목의 수출단가와 수입단가 비율을 계산하여 그 비율이 일정 범위 이내인 제품은 수평적 산업내 무역, 일정 수준 이상이거나 이하인 제품은 수직적 산업내 무역으로 판단한다.

그리고 수직적 산업내 무역은 다시 품질우위 수직적 산업내 무역(Superior VIIT)과 품질열위 수직적 산업내 무역(Inferior VIIT)으로 재분류된다. 이러한 판단은 수출국 입장에서 해당 품목의 수출단가가 높으면 품질우위, 수입단가가 높으면 품질열위 수직적 산업내 무역으로 분류한다.

(2) 산업내 무역지수 산출식

산업내 무역 정도를 판단하는 지수로 실증분석에서 중요하게 다루고 있는데 일국의 산업상태를 진단하고 개선 방향을 제시할 수 있기 때문이다. 이러한 배경에서 다양한 측정방법이 제시되고 있는데[7], 그중에서 Grubel-Lloyd(1975) 지수(GL index), 그리고 전체산업 무역수지 불균형을 보정한 Acquino 불균형 보정지수가 주로 사용되고 있다(대외경제정책연구원, 2003; 조영정, 2008).

① Grubel-Lloyd 지수(GL index)

산업내 무역이 확인된 초기의 판단 모형이기 때문에 수평적 산업내 무역을 전제로 하고 있지만, 현대까지 널리 활용되고 있다. GL 지수는 아래와 같이 교역상대국인 수출국(A국)과 수입국(B국) 간의 특정 개별산업(i), 그리고 국가 전체산업(total)의 산업내 무역정도 산출에도 이용되는데 지수 값 해석방법은 동일하다.

- 개별산업(i)의 산업내 무역지수(IIT_i)

산출식에서 i(individual)는 측정대상 개별산업이며, X_i는 i산업 수출액, M_i는 i산업 수입액이다. IIT_i는 0과 1 사이의 값을 가지며, 0은 산업내 무역이 없는 완전한 산업간 무역을 의미하며, 1은 완전한 산업내 무역만이 이루어지는 것을 의미한다. 계산된 지수 값에 100을 곱하여 백분율(%)로도 표시하여 해석할 수 있다.

7) 산업내 무역 정도 측정은 Grubel-Lloyd(1975) 이외에도 Vernon(1960)을 시작으로 Michaely(1962), Balassa(1963), Kojima(1964), Aquino(1978) 등이 개발한 모형을 이용할 수 있다.

$$IIT_i = \frac{(X_i + M_i) - |X_i - M_i|}{(X_i + M_i)} = \left[1 - \frac{|X_i - M_i|}{(X_i + M_i)}\right]$$

IIT_i : i산업의 산업내 무역지수

$(X_i + M_i)$: i산업의 교역규모(수출 + 수입)

$|X_i - M_i|$: 무역수지 부호, 동일제품 수출입이 겹치지 않는 규모 (절대 값)

- 산업내 무역지수는 0과 1 사이의 값을 갖는다.
- IIT_i 값 0은 완전한 산업간 무역, 1은 완전한 산업내 무역을 의미한다.

• 전체산업의 산업내 무역지수(IIT)

국가 전체산업의 산업내 무역지수(IIT)는 각 개별산업의 산업내 무역 정도를 가중평균하여 계산하며 산출식은 아래와 같다. 그리고 산출 값의 해석은 개별산업 무역지수와 동일하다.

IIT

IIT : 전체산업의 산업내 무역지수는 개별산업(i)의 합($\Sigma = \sum_{i=1}^{n}$)

② Acquino의 불균형 보정지수

한편 무역수지가 불균형이면 국가 전체산업의 Grubel-Lloyd 지수가 최대 값 1이 되지 못하고 그 이하로만 산출되는 문제가 발생한다. Acquino(1978)는 이러한 무역수지 불균형을 보정 후 산업내 무역 정도를 판단하는 지수(AIIT)를 개발하였는데 산출식은 아래와 같다(박창민, 2019).

IIT

X_i : i산업의 수출량

M_i : i산업의 수입량

X_i^e : $X_i * \Sigma(X_i + M_i)/2\Sigma X_i$

M_i^e : $M_i * \Sigma(X_i + M_i)/2\Sigma M_i$

③ 수평적 산업내 무역과 수직적 산업내 무역지수

한편, Grubel-Lloyd의 산업내 무역지수는 Greenaway et al.(1995)부터 수평적 산업내 무역과 수직적 산업내 무역으로 세분화되었다. 새로운 측정지수는 해당산업 수출재와 수입재의 단위가치(unit value)를 이용한다. 수직적 산업내 무역지수는 수출국 기준으로 수입재에 대한 수출재의 단위가치 비율이 일정 수준 이상이면 품질우위 산업내 무역($VIIT^H$), 반대로 그 값이 일정비율 이하이면 품질열위 산업내 무역($VIIT^L$)이 된다(김태기·주경원, 2007).

산업내 무역은 아래 산출식(a)과 같이 양국 교역에서 수출품 단위가격과 수입품 단위가격 비율이 일정 수준(a) 이내이면 수평적 산업내 무역, 그렇지 않으면 수직적 산업내 무역으로 판단한다. 이러한 판단기준 값(a)은 정해진 규칙은 없지만, 통상적으로 0.15 또는 0.25를 기준으로 한다. 이러한 범위는 운송료 등 무역비용을 고려하기 때문이다. 만약 판단기준(a) 값을 0.15로 하게 되면, 수출품과 수입품 가격비율이 1.15보다 크거나 0.85보다 작으면 해당 산업은 수직적 산업내 무역으로 간주하고, 두 숫자 사이에 있으면 수평적 산업내 무역으로 판단한다.

수직적 산업내 무역의 세부적인 구분은 아래 산출식(b)와 같다. 수출국의 수출재 단위가치 비율이 (1+a) 이상이면 그 수출재는 품질우위 수직적 산업내 무역이 되며, 그 값이 (1-a) 이하이면 그 수출재는 품질열위 수직적 산업내 무역으로 판단한다.

(a) 수평적 산업내 무역(HIIT)

$$1 - a \le \frac{UVx}{UVm} \le 1 + a$$

UVx는 수출재 단위가치(unit value)

UVm은 수입재 단위가치(unit value)

(b) 수직적 산업내 무역(VIIT)

품질열위 수직적 산업내 무역($VIIT^L$) $\frac{UVx}{UVm} < 1 - a$

품질우위 수직적 산업내 무역($VIIT^H$) $\frac{UVx}{UVm} > 1 + a$

CHAPTER

5

해외직접투자 이론

5 해외직접투자 이론

제1절 해외직접투자 이론의 전제조건과 접근방법

1. 해외직접투자 이론의 전제조건

해외직접투자 이론은 기업이 왜, 언제, 어디에 투자하는가에 대한 근본적인 현상을 밝히는 분야이다. 직접투자 현상에 관한 연구는 제2차 세계대전(1939~1945) 이후 미국기업의 활발한 유럽 진출을 계기로 본격화되기 시작했다. 초기에는 경제학과 경영학의 일부 영역으로 시작되었지만, Hymer(1960)에 의해 해외직접투자 독자영역으로 개척된 이후 여러 이론이 제시되었다.

해외직접투자 이론은 보편성이 있는 현상을 설명하면 일반이론이 되고, 그렇지 않고 일시적인 현상을 설명하면 특수이론이 된다. 해외직접투자에 관한 일반이론이 되기 위해서는 몇 가지 전제 요건이 해결되어야 한다. Root(1984)는 해외직접투자 일반이론이 되기 위해 설명되어야 할 근본적인 현상과 부수적인 현상을 제시하였는데 후속 학자 연구에 인용되고 있다.

▷ 근본적으로 설명되어야 하는 현상

- 왜, 기업이 해외에 진출하는가? (Why do enterprises go to abroad)
  기업이 해외로 진출하는 동기에 관한 문제가 해결되어야 하는 질문이다.
- 무엇이 현지 기업과의 경쟁에서 우위를 확보할 수 있게 하는가?
  (What makes that enterprises should win competitors in spite of their disadvantage in host)
  기업의 경쟁 우위에 관한 내용으로 독점적 경쟁 우위와 과점적 경쟁이론의 근간이 되며 최근에 부상한 비교열위 이론도 설명할 수 있다.
- 왜, 기업이 수출이나 라이센싱을 하지 않고 외국에서 직접 생산하려 하는가?
  (Why do enterprises prefer foreign direct investment to export or licensing?)

▷ 부수적으로 해결되어야 하는 현상

- 왜, 과점적 대기업들이 해외직접투자를 지배하는가?
  (Why do some oligopolies called enterprises make a choice FDI?)
- 해외직접투자가 어떤 산업에서는 많이 발생하고, 일부 산업에서는 거의 나타나지 않는가?
  (Why do enterprises invest to some industries much and not to others little?)
- 역투자가 발생하는 이유는 무엇인가? (What makes reverse investment happened?)

한편, 해외직접투자 이론은 실증분석을 통한 현상설명뿐만 아니라 규범적 측면도 갖추어야 한다. 즉, 해외직접투자 이론이 되기 위해서는 인류의 복지증진과 가치실현을 위한 바람직한 방향을 제시하는 실천적 동기가 반영되어야 한다. 이러한 규범적 측면이 부상한 배경은 다국적기업의 비윤리적인 경영활동에서 비롯되었다. 학계에서 제시하고 있는 규범 측면의 가치 판단기준은 효율성(efficiency), 공평성(equity) 그리고 정치경제적 타당성(political aspiration and economic sovereignty)이다(김철, 2001). 다만, 규범적 가치는 기업 경영윤리 차원에서 당연히 반영되어야 할 사항이지만 어떻게 이론에 접목할지는 미지수로 남아 있다.

2. 직접투자 연구 흐름과 접근방법

제2차 세계대전 이전에는 광물 채취, 플랜테이션 농업, 무역 등에서 부분적으로 해외직접투자가 이루어졌다. 따라서 직접투자는 독자적인 연구 영역을 확보하지 못하고 무역이론으로 설명되거나 거시경제적인 자본이동 차원에서 설명되었다. 직접투자 현상을 설명하는 무역이론은 헥셔(Hecker-Ohlin, 1933)의 요소 부존 모델, 새무앨슨(Samuelson, 1948)의 요소가격 균등정리 그리고 Posner(1961)의 기술격차 모형 등이다. 자본이동 관점에서의 해외직접투자 연구는 1960년대와 1970년대 초에 집중되었다. 대표적으로 Nurkse(1952)의 수익률 격차이론, Stevens(1972)의 포트폴리오 이론 그리고 Aliber(1972)의 통화지역 이론 등이 있다(김선식·신성희, 2014).

미국기업들은 제2차 세계대전 이후 활발하게 해외에 진출하였는데 1960년에는 미국계 다국적기업이 전 세계 해외직접투자의 60% 수준이었다. 이들 기업의 직접투자는 자본뿐만 아니라 총체적인 경영자산의 해외이전 현상으로 기존의 무역이론이나 자본이동론으로 설명할 수 없게 되었다. 이에 따라 학계에서 해외직접투자 현상 자체만을 규명하는 연구를 시작하였다.

해외직접투자 현상설명은 Hymer(1960)의 연구가 시초가 된다. 이후 해외직접투자에 관한 연구는 기업차원의 미시적 접근방법과 함께 거시적인 국민경제적 접근방법으로 발전되었다. 방법론적으로 Vernon(1966)의 국제제품수명주기 이론, Wells(1972)의 생산입지 이론은 미시적인 접근방법이다. 그리고 일본학자 Kojima (1973, 1977)의 일본과 미국의 투자유형 비교는 거시경제적인 접근방법이다. Dunning(1981)은 미시 그리고 거시적 접근방법을 통합한 절충이론을 제시했다.

해외직접투자 이론은 매우 다양한 접근방법을 시도하고 있어 유형 구분은 쉽지 않은 영역이다. 학계에서 주로 인용하고 있는 이론은 〈표 5-1〉과 구분할 수 있다. 본 장은 이들 연구를 중심으로 해외직접투자 이론을 기술하였다.

〈표 5-1〉 **해외직접투자 유형별 주요 이론**

구분	접근방법	투자이론	비고
거시	국제자본 이동론	- 수익률 격차이론	
		- 통화지역 우위 이론	
		- 분산투자 이론	
	국민경제적 접근	- 일본학계 연구	
		- 정치경제론적 이론	종속이론
미시	기업성장이론	- 기업 국제화 단계론	별도기술
	산업조직론적 접근	- 독점적 우위 이론 - 과점적 경쟁이론 - 내부화 이론 - 제품수명주기 이론	
	행동과학적 접근	- 기업 행태론적 이론	
통합	미시-거시 통합	- 절충이론 - 수정된 절충이론	
개도국 투자이론		- 불균형 이론	

자료원 : 김선식·신성희(2014), 해외직접투자이론의 연구동향에 대한 소고

제2절 전통적인 국제 자본이동론

경제학의 자본이동론을 활용하여 해외직접투자 현상을 설명하는 이론이다. 직접투자를 위한 자본이동은 자본의 한계 생산력 차이로 발생하는데 통상적으로 자본 풍부국에서 희소국으로 이동하며 그 원인은 이자율이 된다.

학계는 이자율을 금리뿐만 아니라 배당 등 투자수익률까지 포함한 개념으로 보고 있다. 국제 자본이동은 한계 생산력이 같아질 때까지 계속되는데 자원의 최적 배분과 소비자 후생을 극대화하는 역할을 한다. 이러한 접근법은 해외직접투자 초기에 제시되어 전통적 이론으로 평가받고 있는데, 수익률 격차이론, 통

화지역 우위 이론, 분산투자 이론 등이 있다.

1. 수익률 격차이론(Differential return theory)

수익률 격차이론은 해외직접투자는 국가 간의 자본 수익률 차이에 의해 자본 이동으로 발생한다는 내용이다. 즉. 자본의 단위당 한계수익률이 낮은 국가에서 수익률이 높은 곳으로 자본이 이전되어 투자가 발생한다. 자본의 주요 수입원은 금리이기 때문에 이자율 격차이론(Theory of interest rate gap)으로도 불린다. 이론은 R. Nurke(1952)에 의해 제시되고 G. MacDougall(1960) 등에 의해 계승되었다.

수익률 격차에 의한 투자현상 설명은 1960년대 서유럽의 자본 수익률이 미국의 수익률보다 높은 상황에서 미국기업의 유럽 진출 시기에 지지를 받았다. 그러나 1960년대 중반부터 수익률이 역전되었음에도 미국의 직접투자가 계속 증가하여 현실적 타당성을 잃게 되었다. 이 외에도 수익률 격차이론은 아래와 같은 현상을 설명하지 못하는 태생적 한계가 있다.

첫째, 수익률 차이에도 동일산업에서 국가 간 상호 직접투자가 발생하고 있다.

둘째, 모형에서 가정하는 완전경쟁 하에서는 직접투자가 발생할 수 없다.

셋째, 피투자국의 자본 수익률이 투자국보다 반드시 높다고 볼 수 없다.

위와 같은 한계에도 수익률 격차이론은 해외직접투자에 대한 거시경제적 분석의 기초를 마련했다는 평가를 받고 있다(Weather, 1969). 그리고 수익률 격차이론은 국제 자본이동이 실물경제를 어떻게 변화시키는지를 설명하는 멕도걸-켐프 모형 그리고 립진스키 정리로 일정 부분 타당성을 인정받고 있다.

1) 맥도걸-켐프 모형(MacDougall-Kemp Model)

모형은 자본이동에 따른 투자국과 피투자국의 생산과 소득변화를 설명한다. Donald MacDougall(1958)에 의해 제시되고 Murray Kemp(1964)에 의해 발전되는데 아래와 같은 전제조건하에서 투자국과 피투자국의 소득변화 효과를 설명한다.

▷ 모형의 전제조건(가정)

- 양국 간 노동과 자본의 양은 고정되어 있으며 동질의 재화를 생산한다.
- 생산함수는 1차 동차(규모에 대한 수확 불변)이며 한계 생산력은 체감한다.
- 양국 시장은 완전 경쟁상태이며 자본 가격은 자본의 한계 생산력과 같다,
- 외부경제효과는 무시되며 규모에 대한 수확은 불변이다.
- 자본이동에 의한 교역 효과는 무시한다.

▷ 생산과 소득변화 효과

맥도걸 켐프 모형은 〈그림 5-1〉과 같이 설명된다. 그림에서 2개의 사선은 투자국(Line A)과 피투자국(Line B)의 자본에 대한 수요곡선이며, O_1Q, O_2Q는 각각 투자국(A)과 피투자국(B)의 자본량이다. 국가 간 자본이동 전에 투자국은 노동과 자본 O_1Q를 이용하여 O_1MTQ를 생산하고, 피투자국은 O_2mUQ 만큼 생산한다. 이때 자본이동은 한계 생산력이 낮은 투자국(A)에서 높은 국가(B)와 같아질 때까지 계속된다. 즉, SQ만큼의 자본이 투자국에서 피투자국으로 이동하여 양국 자본의 한계 생산력은 같아지게 된다($SP=O_1E=O_2e$).

자본이동 결과 투자국의 생산은 O_1MPS, 피투자국 생산은 O_2mPS로 각각 변동하게 된다. 양국의 전체 자본 생산은 PUT만큼 증가하며, 자본의 국제이동에 따른 전체 이익이 아래와 같이 양국에 분배된다.

- 투자국: 해외생산이 SPTQ만큼 감소하지만, 소득은 SPWQ만큼 증가하므로 소득의 증가가 생산의 감소를 초과하는 PWT(ⓐ) 만큼 소득이 증가한다.
- 피투자국: 자국 생산증대(QUPS)에서 자본비용(QWPS) 차이 PUW(ⓑ) 만큼 소득이 증가한다.

맥도걸-켐프 모형은 국제적인 자본이동에 의한 생산과 소득 효과를 설명하고 있지만, 두 가지 한계점이 지적되고 있다. 첫 번째, 자본이동에 의한 투자를 직접투자와 증권투자를 구분하지 않고 있다. 따라서 직접투자 시 수반되는 정치, 경제, 사회·문화 요인 등이 반영되어 있지 않다. 두 번째, 단순하게 자본이동에 의한 생산과 국민소득만을 설명하고 있다. 따라서 국별 분업을 위한 비교우위 요소 등이 제외되어 자본과 직접투자 관계를 완전하게 설명하지 못하고 있다.

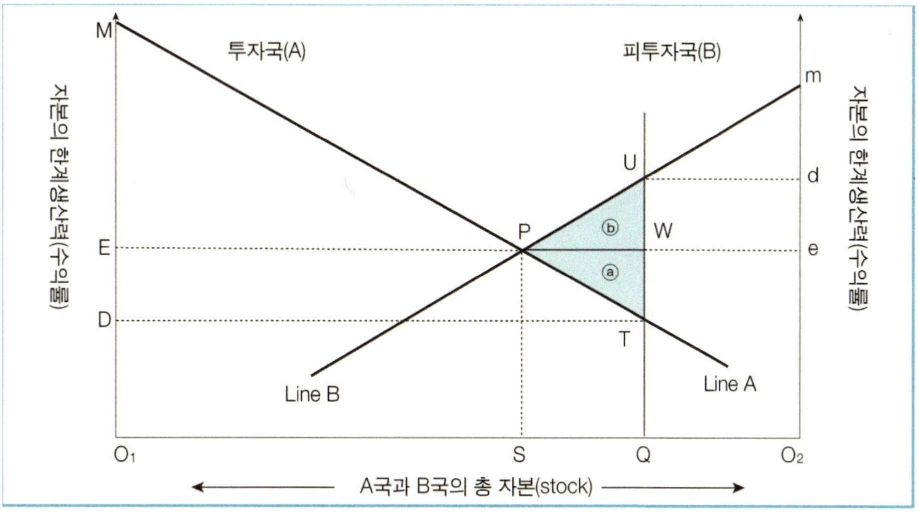

자료원: 표정호(2005)의 MacDougall-Kemp 인용자료 재작성

〈그림 5-1〉 **자본이동에 따른 양국의 생산과 소득변화**

2) 립진스키 정리(Rybczynski Theorem)

립진스키 정리는 국제 자본이동으로 양국 산업과 무역구조가 어떻게 변화하는지를 설명한다. 이론의 핵심은 소규모 개방경제에서 어떤 생산요소의 부존량이 증가하면, 그 생산요소 집약재의 생산량은 증가하고, 다른 생산요소의 생산량 감소한다는 내용이다. 즉, 외부 자본이 피투자국에 유입되면 자본집약재 생산량은 늘어나지만 노동집약재 생산량은 줄어들게 된다. 립진스키 정리 역시 멕도걸-켐프 모형과 같이 기본가정을 전제로 이론이 전개된다.

▷ 립진스키 정리 기본조건(가정)

- 양국은 자본 집약재와 노동 집약재 두 재화를 생산한다.
- 소규모 개방경제로 요소투입비율과 요소가격비율이 동일하다.
- 생산요소의 산업간 이동이 자유롭다.
- 생산요소 투입 변화에도 교역조건은 동일하다.

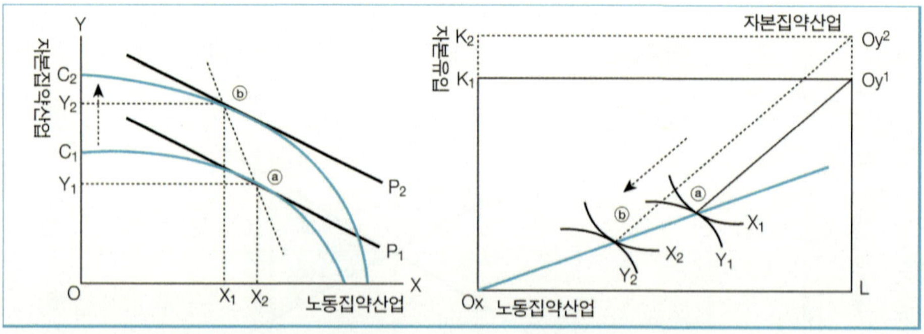

자료원: Rybczynski(1955), Factor Endowment and Relative Commodity Prices.

〈그림 5-2〉 자본이동에 따른 생산량 변화

립진스키 정리는 〈그림 5-2〉 자본이동에 따른 생산량 변화를 이용하여 설명할 수 있다. 좌측 그림은 생산가능곡선 변화, 우측 그림은 에지워스 상자를 이용한 자본과 생산량 변화 관계를 보여주며, 두 도형의 결과는 동일하다.

▷ 자본량 증가에 따른 생산 효과〈좌측 도형, 생산가능곡선 변화〉

좌측 그림에서 두 개 곡선은 피투자국의 자본유입 전(C_1), 자본유입 후(C_2) 생산가능곡선이며, 자본 유입으로 생산요소 상대가격 변화로 새로운 균형을 이루는 과정을 설명한다. 두 재화의 상대가격이 변하지 않으면(P_1, P_2 기울기 불변) 자본집약재(Y) 생산이 상대적으로 유리하게 되어 자본과 노동이 노동집약재(X)에서 자본집약재(Y) 생산에 투입되어 생산가능곡선은 C_1에서 C_2로 이동한다. 두 재화의 생산 균형점은 ⓐ에서 ⓑ로 이동하여 자본집약재 생산은 Y_1에서 Y_2로 증가하게 되고, 노동집약재 생산은 X_1에서 X_2로 감소하게 된다.
투자국 입장에서 피투자국의 노동집약재 생산량 감소는 수익률에 영향이 없기 때문에 자본재 생산증가만큼 수익을 확보하게 된다. 피투자국은 노동집약재에서 자본집약재로 산업구조가 변화하게 된다.

▷ 자본량 증가에 따른 생산 효과〈우측 도형, 생산 균형점 변화〉

우측 에지워스 상자(Edgeworth box) 역시 자본 유입에 따른 생산량 변화를 보여준다. Ox는 노동집약재(X), Oy^1은 자본집약재(Y)의 생산원점이다. 자본 유입 전의 노동집약재 생산량(X_1)과 자본집약재 생산량(Y_1)은 ⓐ점에서 균형을 이룬다, 자본량이 늘어나게 되면($K_1 \rightarrow K_2$), 두 재화의 새로운 생산 균형점은 ⓑ점으로 이동하게 되고 두 재화의 생산량은 X_2, Y_2로 변동된다. 결국 자본집약재(Y)의 원점은 Oy^1에서 Oy^2로 이동하게 되어 새로운 생산 균형점 ⓑ와의 거리가 더욱 멀게 되어 ⓐ점과 ⓑ점의 차이만큼 생산량이 증가한다.

립진스키 정리는 자본과 노동집약재를 생산하는 소규모 경제를 전제로 하고 있어 경제 규모가 큰 국가에는 적용할 수 없는 한계를 안고 있다. 그리고 자본 유입에 의한 생산량 증가가 양국 소득에 어느 정도 기여하는지를 설명하지 못 한다.

2. 통화지역 우위 이론(Currency area theory)

통화지역 우위 이론은 Aliber(1970)에 의해 제시되었는데, 통화가치 차이에 따른 투자 현상을 설명한다. 직접투자 발생원인은 개별기업 특유의 우위보다 통화 강세지역에 위치하여 지니게 되는 환율이나 통화가치 우위를 이용한 자본화율이나 자본조달의 유리한 점이다. 통화가치 우위는 해당 국가 모든 기업의 공통적인 우위 요소가 된다. 따라서 투자는 통화가치가 안정된 강세 통화국에서 약세 통화국으로 이루어지게 된다. 왜냐하면, 강세통화 표시 자산의 가치가 약세통화 표시 자산의 가치보다 고평가되어 높은 자본화율을 적용할 수 있기 때문이다.

투자국 통화의 자본화율(Capitalization rate)[1]이 높게 평가되면 여러 가지 장점이 나타난다. 먼저 통화 강세국 투자자는 낮은 이자율로 투자자금 조달할 수 있다. 또한, 주식시장에서 기업가치가 높게 평가되어 기업 재무구조를 탄탄하게 한다. 반대로 약세 통화국 기업은 자국 통화의 낮은 자본화율 때문에 자본시장에 환 위험 프리미엄을 지불해야 한다. 따라서 상대적으로 높은 이자율로 투자재원을 확보해야 하며, 주식시장에서 기업가치도 낮게 평가된다(강한균, 2008).

한편, 통화지역 우위 이론은 1980년대 3저 호황 시기에 환율 변동성을 활용한 투자이론을 낳게 했다. 통상적으로 환율이 안정적인 나라는 선진국, 불안정한 나라는 주로 개도국이 된다. 환율 변동성 높다는 것은 그만큼 위험이 크기 때문에 투자 기피 대상이 된다. Dixit & Pindyck(1994)는 국제 투자자는 위험관리 차원에서 환율 변동성이 높은 국가 투자는 회피하는 경향이 있다고 주장했다.

대한무역투자진흥공사(KOTRA, 2014)는 2008년 국제 금융위기 이후 2004년부터 2013년 기간 외국인직접투자 실적을 바탕으로 환율변동성과 투자유입 관

1) 자본화율(Capitalization rate)은 기업이 미래에 가지게 될 이익이나 배당의 현재가치를 구할 때 이용되는 할인율로 이자율의 역수(1/r)로 계산한다.

계를 분석했다. 원화의 환율 변동성이 높으면 신설투자와 인수합병(M&A) 투자를 위한 자본 유입이 모두 감소했다. 구체적으로 원화환율 변동성이 1% 증가하면 그린필드 투자는 0.414%, 인수합병(M&A)은 0.662% 감소했다.

통화지역 우위 이론은 1960년대 미 달러가 강세일 때 미국기업의 서유럽 투자를 어느 정도 설명할 수 있다. 그러나 기업의 해외투자 동기를 전적으로 통화가치 또는 환율 차이만으로 파악하는 것은 지나치게 좁은 시각이라는 지적이 있다. 통화가치나 환율은 수시로 변할 수 있는 경제요소이기 때문이다. 이러한 면에서 통화지역 우위 이론은 일반적인 투자이론보다 투자 시기를 결정하는 이론이라는 지적을 받고 있다.

3. 분산투자 이론(Portfolio theory)

해외직접투자는 투자자들이 투자 포트폴리오(portfolio)를 선택하는 데 있어 자본 수익률뿐만 아니라 위험까지도 고려한다는 내용이다. 이론적 기초는 투자동기 이론 편에 기술된 주식시장 포트폴리오 투자를 위한 지배원리이다. 즉, 해외직접투자는 분산을 고려한 기대수익률의 함수가 되는데 같은 기대수익률에서는 위험이 낮은 것, 같은 위험 수준에서는 수익률이 높은 투자대상 중에서 선택한다. 예를 들어 기업이 자국과 자본 수익률이 높은 통화우위 지역뿐만 아니라 그렇지 않은 국가에도 진출하여 생산설비를 분산시킬 수 있다.

분산투자 이론은 G. Stevens(1969), G. Ragazi(1973) 등이 주창했는데, 국가간 상호투자에 대해 어느 정도 설명력을 갖는다. 그러나 기업은 현지 자본시장이 불안정하다면 수출이나 라이센싱 등으로 현지 시장에 진입할 수 있는데 굳이 직접투자를 선택해야 하는 이유를 설명할 수 없다. 그리고 실증분석을 통한 현상분석에 활용될 객관적인 자료입수에 한계가 있다. 이론에 따르면 투자 결정요인은 기대수익률과 위험 수준에 의해 결정되는데, 미래의 수익률과 위험을 현재가치로 평가하기 어렵고, 객관적인 자료입수도 어렵기 때문이다(최백렬, 2009).

제3절 거시-국민경제적 접근방법

1. 일본학계의 해외직접투자 연구

해외직접투자 현상을 거시경제적인 국가 단위로 접근하는 이론이다. 즉, 투자 현상을 개별기업의 단순한 이윤 창출 과정보다 투자국과 피투자국의 경제적 필요에서 찾고 있다. 기업의 이윤 극대화 차원의 해외직접투자는 투자국과 피투자국 간의 갈등이 나타난다. 그러나 국민경제적 필요로 직접투자가 이루어지면 양국의 산업구조가 고도화되고 후생이 증가한다는 주장이다. 국민경제적 접근이론은 일본 학자 Kojima(1975)가 미국기업과 일본기업의 직접투자 특징의 비교 연구에서 주장하였으며, Ozawa(1979)에 의해 재검증되었다.

> ▷ 일본형 미국형 해외직접투자 성격
>
> This book identifies, theoretically and practically, a Japanese model of multinational business operations which has characteristics differing from the American or "anti-trade oriented" type, and casts light on important policy implications concerning direct foreign investment and multinational corporations.
>
> Source: K Kojima(1978), Direct foreign investment: A Japanese model of multinational business operations

일본학계의 국민경제적 접근방식은 자원의 최적 배분 그리고 투자국과 피투자국 모두에 도움이 되어야 한다는 규범적 측면을 담고 있다. 그리고 기업이 정부정책과 밀접한 관계를 유지하는 개도국 기업의 해외투자 현상을 규명하는 데 설득력을 갖고 있다. 그러나 국민경제적 접근방식은 태생적인 한계를 안고 있다.

첫째, 일반이론에 도달하지 못했다는 지적이다. 즉, 일본 정부가 자국 기업의 해외직접투자에 대한 정책 지원을 합리화하는 특수이론이라는 것이다.

둘째, 역동적인 세계 경제 상황을 반영하지 못한 정태적 분석이다. 일본과 미국기업의 해외투자는 경제발전 차이에 의한 것인데, 시간이 지남에 따라 양국의 산업구조가 유사하게 되었기 때문이다.

셋째, 미국기업은 주로 선진국으로 진출하였는데, 그 지역 현지 기업과 경쟁하기 위한 차별화된 경쟁 우위 요소를 제시하지 못했다.

넷째, 직접투자와 무역을 연관시킨 이론으로 제시되었지만, 무역이 어려울 때 직접투자를 하게 되는 비교수익률 산출 식을 제시하지 못했다.

국민경제적 투자이론을 제시한 두 학자의 주요 연구결과는 아래와 같다.

1) 고지마(Kojima)의 국민경제적 접근방법

고지마(Kojima, 1975)는 미국과 일본기업의 해외투자 비교연구 결과를 거시적 국민경제 이론(A macro-economic theory of Direct Foreign Investment)으로 제시했다. 그동안의 대부분 해외직접투자 연구는 미국의 다국적기업 위주로 이루어졌다. 그러나 고지마는 1960년대 후반부터 활성화된 일본기업의 해외투자 현상이 미국과 다른데 착안하여 새로운 각도로 직접투자 현상 설명을 시도하였다.

〈표 5-2〉 미국형 직접투자와 일본형 직접투자 차이점

미국형 직접투자	일본형 직접투자
• 시장지향형(Market oriented) 투자	• 무역지향형(Trade-oriented) 투자
• 역무역지향(Anti-trade oriented)	• 순무역지향(Pro-trade oriented)
• 대기업 중심의 내부거래	• 중소기업 중심의 현지 기업 협력
• 선진국에 단독투자	• 개도국에 합작투자
• 철수까지 사업기간이 길다.	• 철수까지 사업기간이 짧다.
• 자본집약 성장산업 - 자회사의 제삼국 수출 없음 - 현지 기술이전, 고용효과 낮음	• 노동집약 사양산업 - 현지국의 제삼국 수출 효과 - 현지 기술이전, 고용효과 높음
▶ 미국과 현지국에 불리한 투자 - 미국 수출 감소, 일자리 축소 - 산업 공동화 우려	▶ 일본과 현지국에 유리한 투자 - 양국 산업구조조정 효과 - 수출과 고용증가, 국제수지 개선

자료원: 김철(2001), 강한균(2014)의 Kojima(1978) 연구자료 정리본

국민경제 차원의 투자가 이루어지기 위해서는 투자국에서 비교열위 산업이 피투자국에서는 비교우위 산업이어야 한다. 따라서 고지마 이론은 기본적으로 헥셔-올린의 패러다임에 근거한 자유무역에 기초하고 있다. 무역이 비교 생산비 차이로 인해 발생하듯이 직접투자는 비교수익률의 차이로 발생한다는 것이다. 이러한 배경에서 고지마는 국민경제적 투자이론을 무역과 투자의 통합이론이라고 주장했다. 그가 파악한 미국기업과 일본기업의 직접투자 특징은 〈표 5-2〉와 같다.

(1) 미국형 직접투자(American Direct Investment Model)

미국형 직접투자의 논리적 근거는 기업 특유의 독점적 우위 요소이다. 미국기업은 독점적 우위 요소로 선진국의 무역장벽을 회피하기 위해 시장지향형 투자를 선호한다. 그리고 첨단기술을 보호하고 본사와 자회사 간 원부자재와 완성품의 내부거래로 이익을 극대화하기 위해 단독투자로 이루어진다.

첨단기술을 가진 미국기업들은 굳이 해외에 진출하지 않더라도 높은 기술 경쟁력으로 자국에서 수출할 수 있음에도 추가이윤 확보를 위해 해외로 진출한다. 결과적으로 미국 산업의 경쟁력은 떨어지고 수출은 감소하며, 고용감소로 산업 공동화까지 나타나게 된다. 그리고 현지 고용 확대나 기술이전보다 이윤 극대화 경영으로 현지국과 갈등구조가 조성되어 국제통상 질서 유지에 해가 될 수 있다. 따라서 미국형 직접투자는 역무역지향적(Anti-trade oriented)인 특징을 가진다

(2) 일본형 직접투자(Japanese Direct Investment Model)

일본형 직접투자는 미국과는 전혀 다른 특징을 보인다. 일본기업은 국민경제적인 관점에서 비교우위를 보완하는 투자이다. 해외투자 분야는 주로 표준화된 산업이나 비교우위가 약화된 노동 집약산업이며, 아시아·태평양지역 개도국에 무역지향형 투자 위주이다. 투자기업은 주로 중소기업들로 기술보호 필요성이 없으므로 비용을 줄이고, 현지 기업의 경영자산을 활용하기 위해 합작투자를 선호한다. 다만, 현지 경쟁기업들의 기술모방으로 생산기간이 짧은 특징이 있다.

일본기업의 해외직접투자는 국민경제적 관점의 투자이기 때문에 자국 산업의 구조조정은 물론 현지 국가의 공업화와 경제발전에도 기여한다. 일본 경제 차원

에서는 투자기업이 원부자재가 부족한 개도국 진출 자회사에 자본재와 원부자재 수출로 국내 일자리가 유지되고 국제수지가 개선된다. 현지 국가 입장에서는 기술을 이전받고 고용이 증진되며 일본기업 자회사의 수출로 국제수지가 개선된다. 따라서 일본기업의 직접투자는 순무역지향적(Pro-trade oriented) 투자가 된다.

2) 오자와(Ozawa)의 후속 연구

오자와(Ozawa, 1979)는 일본기업의 해외투자는 전체적으로 서구기업의 투자와는 전적으로 다른 특징이 있다며 고지마의 연구결과를 뒷받침했다(이동기·이윤철, 1995). 그는 당시 일본의 사양산업이 급격히 증가하면서 해외직접투자 현상을 '리카르도-힉스의 함정(Ricardo-Hicksian trap of industrial stagnation)[2]'의 탈출로 설명했다. 즉, 일본은 1960년대 중반부터 노동력 부족, 임금상승, 자원고갈 등 산업환경이 악화되어 가고 있었다. 일본기업들은 생존을 위한 돌파구로 해외를 선택했는데, 정부의 지원정책이 해외투자를 촉진시켰다는 주장이다.

오자와 연구는 고지마 연구 재검증 차원에서 수행되었지만 새로운 관점을 추가하였다. 먼저 중소기업의 투자재원 확보를 위한 정부의 금융지원 정책의 중요성이다. 그리고 지식기술 산업의 해외투자 진출인 경우, 이전기술의 현지 확산으로 투자기업에 불리한 경영환경이 조성될 수 있다고 지적한 점이다.

2. 정치경제론적 접근방법

1) 종속이론(Dependency Theory)

종속이론 연구는 서구 자본에 의해 수탈이 심했던 중남미 경제학자 중심으로 이루어졌다. 이들 연구에 따르면, 세계 경제 시스템은 지배적인 중추국(Core)과 종속적인 주변국(Periphery)으로 구성되어 있다. 중추국은 주변국에게 경제성장의 기회를 제공하는 역할을 한다. 즉, 직접투자를 통해 자본, 기술, 경영관리 등을 제공하고 대가로 주변국은 중추국이 제시하는 규칙준수를 강요당하는 종속

2) 오자와는 J. Hicks는 D. Ricardo의 정체이론을 일반화하여 산업은 무한히 성장할 수 없으며 반드시 생산활동에 필요한 토지, 노동 등의 필수적인 생산요소 문제에 직면하게 된다고 주장하였다.

관계가 성립된다. 따라서 주변국인 개도국과 저개발국은 서구 자본과의 단절을 통해 자립적으로 경제발전을 추진해야 한다는 내용이다.

종속이론은 아르헨티나 경제학자 프레비쉬(Prebisch, 1950)가 라틴 아메리카 공업화 필요성 UN에 보고하면서 태동하였다. 싱거(Singer, 1950)는 프레비쉬 주장과 결이 같은 논문을 발표하여, 국제무역에서 공업국이 농업국보다 유리하다는 '프레비쉬-싱거 명제(PSH: Prebisch-Singer hypothesis)'가 탄생했다. 이후 1960년대 미국의 정치 군사적 지원 아래 미국 대기업이 사실상 중남미 경제를 지배하면서 이론의 설득력이 높아졌다. 중남미는 미국과 유럽 등 서방에 경제적으로 종속되었고, 만성적인 저성장과 인플레이션 그리고 외환위기를 겪었기 때문이다.

이론은 정치경제학 영역에서 상당한 설득력이 있는 것으로 평가받았다. 그러나 국제 정치와 경제 상황변화로 종속이론은 입지를 유지하기 어렵게 되었다.

첫째, 1970년대 이후 종속이론의 주장대로라면 자본주의적 착취가 없는 사회주의 국가들의 경제 침체와 체제전환은 있을 수 없다.

둘째, 1980년대 이후 아시아에서 신흥공업국들이 출현하면서 이론의 현실성이 사라졌다. 즉, 제국주의 식민지배를 겪다가 독립한 한국, 대만, 홍콩, 싱가포르 등 신흥공업국들의 고도성장을 설명할 수 없다. 종속이론에 의하면 이들 신흥공업국은 주변국들이기 때문에 중심국인 강대국의 착취에서 벗어날 수 없다.

2) 신제국주의(Neo-Imperialism)

종속이론과 유사한 신제국주의 이론은 선진국의 금융자본이 후진국을 경제적으로 예속시키고 수탈한다는 내용이다. 원래 제국주의는 산업혁명 이후 19세기에 강대국이 군사력을 앞세워 약소국을 지배했던 침략주의를 의미한다. 신제국주의는 제2차 세계대전 후 식민지배를 받던 국가들이 정치적으로 독립한 상황에서 나타났다. 강대국들이 이전과 같이 군사력을 앞세운 식민통치 방식을 포기하고, 금융자본으로 후진국을 경제적으로 예속시키고 수탈하는 제국주의다.

신제국주의 이론에 의하면 자본주의에서는 소수 기업이 끊임없이 자본을 축적한다. 이렇게 집중된 자본으로 해외투자를 하게 되고 수익을 본국으로 이전시키는데, 잉여가치 이전을 착취로 보고 있다. 다국적기업의 착취 때문에 제3세계 국가들은 성장에 필요한 자본축적을 할 수 없게 되어 저개발의 늪에서 벗어나지 못하게 된다. 따라서 제3세계가 외국자본 진출에 대해 폐쇄정책을 펼쳐야 하며 다국적기업 자산 국유화 등 강력히 대응해야 한다는 주장이다(표정호, 2005).

신제국주의 이론은 종속이론과 같이 저변에 선진국과 개도국 간의 정치 경제적인 관계 대립에서 출발한다. 그러나 이론은 극단적인 내용을 담고 있고, 일부 개도국 정치 경제학자의 주장으로 일반화할 수 없는 특수이론에 머무르고 있다.

제4절 미시-산업조직 및 행동과학적 접근방법

1. 독점적 우위 이론(Monopolistic advantage theory)

1) 이론의 주요 내용과 쟁점

해외직접투자 발생원인을 기업의 특유한 우위 요소(Firm specific advantage)로 보는 견해이다. 외국기업은 현지 기업보다 불리한 입장이기 때문에 외국비용을 지불하며 경쟁해야 한다. 이러한 환경에서 살아남아 이윤을 창출하기 위해서는 상대방이 갖추지 못한 독점적 우위 요소를 보유해야 한다는 내용이다. 이론은 투자기업이 현지 기업이 갖추지 못한 우위성이 무엇인지를 규명함으로써 해외직접투자 현상을 설명하고 있다. 독점적 우위 이론은 경제학에서 설명하는 전통적 자본이론에서 탈피하여 독자적인 직접투자 이론 영역으로 발전하는 시발점이 된다.

독점적 우위 이론은 Hymer(1960)의 박사학위 논문에서 제기되었고, 지도 교수인 Kindleberger(1969) 그리고 Caves(1971) 등에 의해 체계화되었다. 기본적으로 기업이 비교우위 요소로 현지 시장에 진출하기 위해서는 그곳 시장이 불완전해야 한다. 이론에 따르면 해외직접투자가 발생하기 위해서는 두 가지 요소가 모두 갖춰져야 하는데 시장 불완전성과 기업 특유의 우위 요소이다.

• 시장 불안정성

완전경쟁 시장에서는 생산요소 이용에 있어 기업 간 차이가 없다. 따라서 기업들이 동질의 재화를 생산하기 때문에 직접투자는 발생하지 않고, 비교우위 품목의 무역만 이루어진다. 그러나 완전경쟁은 현실적으로 기대할 수 없고, 시장이 불완전하게 되는데, 이때 기업은 자체 보유한 독점적 우위(Monopolistic advantage)를 활용하여 불안전한 현지 시장에 진출할 수 있다. Hymer(1960)는 시장불완전 발생원인으로 제품 차별화, 경영능력, 자본조달, 규모의 경제, 그리고 정부 정책 등을 제시했다.

한편, Hymer의 독점적 우위 이론을 발전시킨 Kindleberger(1969)는 Coase(1937)의 시장결함(Market failure) 이론에 기초하여 불완전시장 발생 요인을 〈표 5-3〉과 같이 체계적으로 정리하였다.

〈표 5-3〉 불완전시장 발생 요인과 세부항목

분야	시장 불완정 요인
제품시장	- 품질, 이미지 등 제품차별화, 마케팅 기법, 관리가격
생산요소 시장	- 기술, 임금 차이, 특허, 자본조달 불평등, 경영자 능력
규모의 경제	- 내부와 외부 규모의 경제, 수직과 수평적 통합 효과
정부의 규제	- 조세, 관세, 환율 정책, 기업의 특정산업 진입 제한

자료원: Kindleberger(1969), American Business Abroad: Six Lectures on Direct Imvestment

• 독점적 경쟁우위 요소

외국기업은 현지 경쟁기업보다 불리한 위치에 놓일 수밖에 없다. 현지 기업은 익숙한 환경에서 경영활동을 영위하고 있고, 현지 비즈니스 네트워크를 구축한 상태이기 때문이다. 외국기업이 이러한 환경에서 수익을 창출하기 위해서는 현지 기업에게는 발생하지 않은 외국비용(Liability of foreignness)을 지불해야 한다. 외국비용 발생 원천은 생소한 정치, 경제, 법률과 문화 차이는 물론, 외국기업 차별대우, 본사와의 교신 장애 등도 포함된다.

투자기업은 위와 같은 외국비용을 지불하며 현지 기업과 경쟁하기 위해서는 독점적 우위를 보유하고 있어야 한다. 독점적 경쟁 우위(Monopolistic competitive advantage)는 기업이 다른 기업이 갖추지 못한 경쟁력 있는 경영자산을 의미한다. 이러한 독점적 경쟁 우위 요소는 특허, 상표권, 의장권 등 지식재산권, 생산기술, 마케팅과 경영기법 등 특정 기업이 장기간 투자를 통해 축적한 지식의 총체이다. 이러한 독점적 경쟁 우위는 외국비용 부담을 극복하고 경영에 성공할 수 있는 원천이 된다.

독점적 경쟁 우위 요소는 최초 개발비용(sunk cost)을 다시 발생시키지 않은 한계비용 0인 자산이다. 따라서 신규진입 기업보다 비용면에서도 절대적으로 유리한 자산이 된다(Caves, 1971). 경쟁사들이 모방하는데 많은 시간과 비용이 필요하므로 외국기업은 장기간 경쟁 우위를 유지할 수 있다. 다만, 독점적 우위 요소를 이용한 직접투자가 이루어지기 위해서는 두 가지 전제조건이 갖추어야 한다.

첫째, 본사가 보유한 독점적 우위 요소는 현지 자회사에 이전되어 활용될 수 있는 성질의 자산이어야 한다. 예를 들어 투자기업이 보유한 우위 요소가 현지에서 불법일 경우 투자는 불가능하게 된다.

둘째, 우위 요소를 활용하여 직접투자를 하더라도 수출이나 라이센싱보다 이익이 커야 한다. 다만, 다국적기업의 경우 위험분산 또는 기술유출 우려로 수출과 임대계약보다 수익이 적더라도 투자를 선택할 수 있다.

2) 이론의 평가 및 한계

(1) 이론의 유용성

가장 큰 학문적 기여는 전통적 자본이동 이론의 체계에서 탈피하여 해외직접투자에 관한 연구를 독립적인 영역으로 개척했다는 점이다. 이외에도 아래와 같은 일반이론으로서의 유용성을 갖추고 있다.

- 실증분석 기반의 투자이론이다. 독점적 우위 요소는 특성상 비용산출이 어렵지만, 우위 요소개발을 위한 연구비, 광고비 등의 지출액에서 파악할 수 있다. 그리고 독점적 우위 이론을 시발점으로 직접투자에 관한 실증연구가 이어졌다.
- 국가 간 상호투자에 관해 설명할 수 있다. 기업의 독점적 우위 요소는 여러 가지 경영자산으로 구성된다. 따라서 같은 산업에 있는 기업들도 서로 다른 우위 요소로 상대방 시장에 접근할 수 있다.

- 기업의 경쟁 우위 원천 발굴이다. 이론은 투자기업이 현지에서 외국비용을 상쇄시킬 요소를 제시하였다. 이러한 경쟁 우위 요소는 내부화 이론과 절충 이론 등 후속 이론에 활용되었다.

(2) 이론의 한계

독점적 우위 이론은 그 유용성에도 불구하고 현대의 다양한 해외직접투자 관점에서 허점 내지는 한계가 있을 수밖에 없다. 학계에서도 이러한 한계를 지적하고 있는데 대표적인 사항은 아래와 같다(Yamin, 2000).

- 독점적 우위 존재는 직접투자의 필요조건이지만 충분조건이 될 수 없다. 왜냐하면, 기업이 독점적 우위 요소를 활용하여 수출이나 기술 계약으로 이전시키지 않고 직접투자를 하는지에 대한 구체적인 이유를 제시하지 않기 때문이다.
- 투자유치국의 거시적인 경제환경이 반영되어 있지 않다. 즉, 미시적인 기업 차원의 투자 현상설명으로 인해 본사와 지사 간 지리적 거리, 현지 시장규모 및 생산요소 입수 여건 등 입지여건이 제외되었다.
- 독점적 경쟁 우위를 확보하지 못한 개도국 기업 그리고 중소기업의 해외투자 현상을 설명할 수 없다.

2. 과점적 경쟁이론(Oligopolistic competition theory)

1) 주요 내용

해외직접투자를 과점산업에 있는 기업들의 특유한 행동 양식으로 설명하는 이론이다. 산업이 과점경쟁 상태이면 기업들의 상호 의존성으로 인해 심한 경쟁을 하게 되며, 서로의 행동에 민감하게 반응하게 된다. 따라서 동종산업 내 경쟁기업이 직접투자로 해외에 진출하게 되면 다른 기업은 경쟁사를 모방하여 그곳으로 진출하게 된다. 결과적으로 밴드웨건 효과(Band wagon effect)[3]로 동종산업에 있는 기업들이 특정 국가에 투자가 몰리는 현상이 발생한다. 과점산업에 있는 기업들이 서로 상대방을 모방할 수밖에 없는 배경에서 그 현상을 이해할 수 있다.

3) 밴드왜건 효과(Band wagon effect)는 행렬을 선도하는 악대차가 연주하면서 지나가면 사람들이 무엇인가 있다고 보고 무작정 뒤따르는 현상이다.

첫째, 선두기업이 투자를 통해 해외시장을 선점하면 그 시장을 상실 수 있다. 그리고 경쟁사가 자원확보형 투자를 통해 현지에서 개발된 자원을 국내에 반입하게 되면, 국내 경쟁에서 불리한 입장이 될 수 있다.

둘째, 선발기업과 동반 진출하게 되면, 투자에 실패해도 국내시장에서 계속 균형을 유지할 수 있다. 따라서 과점산업에서 기업의 최선의 전략은 경쟁사를 추격하여 같은 해외시장에 진출하는 것이 된다. 과점산업에 있는 기업들의 해외투자 전략은 이윤 창출뿐만 아니라 최소한 경쟁기업만큼 성장하여 기업 간 균형을 유지하는 데 있다고 할 수 있다.

이러한 과점적 경쟁이론은 Knickerbocker(1973)에 의해 제시되고, Caves & Pugel(1980)의 연구를 통해 구체화되었다. Knickerbocker는 미국 187개 기업의 해외 23개국 직접투자 현상을 분석했다. 결과적으로 미국에서 산업 집중도가 높으면 해외투자도 증가하는 사실을 파악했다. 즉, 동일산업에 있는 기업들이 함께 해외로 진출한다는 것이다. Cave & Pugal(1980)은 캐나다와 미국기업들의 상호투자 관계에서 기업들의 과점적 경쟁행위를 실증적으로 입증하였다.

한편, 후속 연구를 통해 과점적 경쟁이론은 선발기업 추종설과 상호투자설 등 두 가지로 분화되었다. 선발기업 추종설(Follow the leader theorem)은 Hymer 그리고 Knickerbocker 등이 주장한 국내기업 간의 경쟁적인 해외투자를 설명한다. 상호투자설(Cross investment theorem)은 경쟁국 간 과점산업에서 나타난다. 예를 들어 일본의 Komatzu사가 미국의 중장비 시장에 진출하면, 미국의 Caterpillar사는 시장경쟁을 유지하고 경쟁 관계를 지속하기 위해 일본에 투자한다.

2) 이론 평가 및 한계

과점적 경쟁이론은 기업 간 국내 경쟁을 해외로 확장해 나가는 과정을 현실적으로 제시하였다는 평가를 받고 있다. 그리고 기업의 해외투자 진출 시점을 밴드웨건 효과로 설명할 수 있다는 유용성이 있다. 과점적 경쟁이론은 투자 동기가 선도기업에 행동에 대한 대응전략이기 때문에 투자 시점을 알 수 있게 된다.

한편, 모든 이론이 장단점을 보유하고 있듯이 과점적 경쟁이론 역시 유용성에도 불구하고 한계가 지적되고 있다.

- 선도기업의 최초 해외직접투자 원인과 시기를 설명하지 못한다. 선도기업이 어떤 경쟁우위로, 언제 해외투자를 하게 되는지 확인할 수 없다.
- 기업이 여러 나라에 분산투자하는 이유를 알 수 없다. 즉, 기업들이 같은 경쟁우위 요소로 서로 다른 나라로 분산되는 현상설명이 어렵다.

결과적으로 과점적 경쟁이론은 해외직접투자를 부분적으로 설명할 수 있지만, 모든 투자 현상을 설명하는 일반이론으로 평가하기에 한계가 있다.

▷ 과점산업 경쟁기업들의 해외직접투자 사례

- 현대전자, 미국 HDD(하드 디스크) 업체 Maxter 인수(1994년): 현대전자는 1994.1.부터 1996.1. 3.8억 달러를 투자하여 맥스터를 인수했지만, 적자경영으로 투자실패 분위기였다. 그러나 박종섭 사장 취임 후 1997년부터 흑자로 전환되고 기업가치 1조 원까지 상승하여 효자 기업이 되었다(서울경제, 2000.10.11.).
- LG전자, 미국의 Zenith 인수(1995년): LG전자는 1995년 5.5억 달러를 투입해 인수한 미국 디지털 TV 업체 Zenith Electronics Corporation을 미운 오리에서 백조로 탈바꿈시켰다. Zenith사는 고강도 구조조정으로 연구개발 전문기업으로 재탄생하면서 매년 수백억 원의 특허료 수입을 올렸다(The Bell, 2014.4.11.).
- 삼성전자, 1995년 미국 PC 업체 AST Research 인수 후 1999년 매각: 삼성전자는 3.8억 달러를 투자하여 당시 세계시장 점유율 5위를 달리던 AST Research를 인수해 전 세계를 놀라게 했다. 하지만 AST Research는 기대와 달리 줄곧 극심한 경영난을 겪어 왔다(전자신문, 1999.1.12.).

3. 내부화 이론(Internalization Theory)

1) 이론의 주요 내용

내부화(Internalization)란? 기업이 경영활동에 필요한 소유권 거래를 외부시장 대신에 기업 내부 시스템에서의 거래를 의미한다. 앞서 살펴본 바와 같이 독점적 경쟁우위, 과점적 경쟁이론 등은 해외직접투자 필요조건을 제시하였다. 그러나 왜, 기업이 그러한 우위성을 수출이나 라이센싱 대신에 직접투자를 통해 이전되는가? 를 해명하지 못한다. 이러한 딜레마를 해결하기 위해 제시된 이론이 내부화 이론이다. 이론의 핵심은 불완전한 시장에서 기업 특유의 우위 요소를 효율적으로 활용하는 방법을 외부시장 거래보다 직접투자를 통해 내부적으로 거래한다는 내용이다.

먼저 내부화 이론은 Coase(1937)가 기업의 국내경영의 효율화를 위해 제시하고 Williamson(1973)에 의해 체계화되었다. 내용은 기업이 어떤 거래를 수행하는데 있어 불완전한 외부시장을 이용하면 거래비용(transaction cost)이 많이 들고, 비효율적이기 때문에 기업이 시장기능을 대체한다는 것이다. 여기서 거래비용이란? 거래를 완결시키기 위해 지불해야 하는 비용으로 상대방을 찾는데 드는 비용(search cost), 협상비용(negotiation cost), 그리고 이행비용(enforcing cost) 등이다. 만약 기업이 외부거래보다 기업 내 거래비용이 저렴하다면 내부화하게 된다(강태구, 1997).

이러한 내부화 이론은 원래 여러 곳에 공장을 둔 국내기업 경영을 설명하기 위한 것이었지만, 해외직접투자에도 적용되었다. 먼저 Buckley & Casson(1976)에 의해 해외직접투자 현상설명에 접목되었고, Rugman(1980), Caves(1982) 등에 의해 투자이론으로 발전되었다. 버클리와 카슨은 내부화 발생원인을 외부 중간재 시장의 불완전성으로 보았다. 기업이 국경이 다른 본사와 현지 자회사 간에 지식이 체화된 중간재의 내부거래가 가능하면 직접투자를 하게 된다는 주장이다.

(1) 시장 불완전성 발생 요인

시장 불완전성은 시장실패(Market failure)를 의미하며 강력한 내부화 유인이 된다. 러그만(Rugman, 1980)은 시장 불완전성 발생 요인을 〈표 5-4〉와 같이 자연적 그리고 인위적 시장 불완전성으로 양분하였다. 자연적 시장 불완전성은 구매자의 불확실성, 계약의 어려움 그리고 기업의 품질관리 어려움으로 집약된다. 구매자 불확실성은 기업의 독점적 우위 요소는 거래가 있기 전에는 그 내용을 자세히 알 수 없어서 구매자가 누가 될지 불확실성이 발생한다. 계약의 어려움은 당사자들이 합의 내용을 이행할지가 불확실한 상태이다. 그리고 품질의 불확실성은 협력사들의 납품 원부자재의 품질이 유지될지에 대한 의문이다.

인위적 시장 불완전성은 현지 정부 개입으로 외부시장 거래가 위협받는 상황이다. 현지 정부가 수출입에 대해 관세 및 비관세 등 무역장벽을 높일 수 있고, 외환 통제로 과실금 송금이 어려울 수 있으며, 외국인직접투자를 장려하거나 제한하여 공정경쟁을 어렵게 할 수 있다.

〈표 5-4〉 시장 불완전성 발생 요인

구분	발생 요인
자연적 시장 불완전성	• 거래비용 증가(Increase of cost) - 구매자의 불확실성(Buyer uncertainty) - 계약체결의 어려움(Difficulty in contract) - 기업의 품질관리(Quality control)
인위적 시장 불완전성	• 정부의 규제(Controls from host government) - 관세 및 비관세(Tariffs & Nontariffs) 장벽 - 외환(Foreign currency) 통제 - 외국인직접투자(FDI) 장려 또는 제한

자료원: Rugman(1980), Internationalization as a general theory of foreign direct investment: A re-appraisal of the literature

(2) 투자기업 내부화 이점과 비용

버클리와 카슨(Buckley & Casson, 1976)은 투자기업의 본사와 자회사 간 거래는 내부화 이익과 비용이 같아질 때까지 계속된다고 하였다. 내부화 이익은 시장거래를 위한 협상과 가격 차별화를 위한 행정력 낭비 방지, 상대방과의 계약체결이나 불이행 우려 방지, 지식재산권 외부유출 차단, 그리고 그 나라 정부의 가격통제에서 벗어날 수 있는 점이다.

내부화 비용은 이익과 동전의 양면과 같은 면이 있는데, 비용에는 내부화를 함으로써 발생하는 비용 손실과 미래의 위험이 포함된다.

2) 이론의 평가 및 한계

해외직접투자에 관한 내부화 이론은 기업이 독점적 우위 요소를 왜 수출이나 라이센싱 대신 투자를 하게 되는지를 설명한다. 즉, 기업이 수출이나 라이센싱 등 외부시장의 거래비용이 내부화 비용보다 많이 들면 해외직접투자를 선택하게 된다. 러그만(Rugman, 1980)은 "지금까지의 해외직접투자 이론은 내부화 이론의 하위이론이다."라며 이론의 타당성을 강조했다. 그런데도 내부화 이론은 아래와 같은 한계점이 지적되고 있다.

- 어떤 국가로 투자해야 할지에 관한 입지요인이 제외되어 있다.
- 해외 진출의 동기가 불분명하다. 기업이 해외 진출 목적은 당연히 수익 창출이지만, 어떤 계기로 해외에 진출하는지를 설명할 수 없다.

- 경쟁 우위를 갖춘 기업이 자원 활용뿐만 아니라 현지 자원을 활용하기 위해 진출하는 이유를 설명하기 곤란하다.
- 다국적기업의 국제경영에 치중한 결과 내부거래가 어려운 중소기업의 투자 현상을 설명할 수 없다.

▷ Rugmnan의 내부화 이론 평가

It is argued in this study that the existing theories are basically sub-sets of the general theory of internalization. This theory was first advanced by Coase(1937) a domestic context and by Hymer(1976) in an international dimension.

Source: A. Rugman(1980), Internalization as a general theory of foreigndirect investment: A re-appraisal of the literature

4. 제품수명주기 이론(Product life cycle theory)

1) 이론의 주요 내용

해외직접투자 분야에서 제품수명주기 이론은 전통적 제품수명주기(도입, 성장, 성숙, 쇠퇴)를 해외직접투자에 접목한 내용이다. 해외직접투자 현상을 설명하는 제품수명주기 이론은 Vernon(1966)에 의해 제시되고 그의 제자 Wells(1977)에 의해 발전되었다. 내용은 선진국과 개발도상국 간의 기술격차에 의해 어느 단계에 해당 제품의 생산설비가 해외로 이전되는지를 무역패턴과 투자 관계를 이용하여 설명한다.

(1) 국제 제품수명주기 연장 과정

Vernon(1966)은 〈그림 5-3〉 좌측(a) 국제 제품수명주기 연장 도면과 같이 미국(선진국), 후발 선진국 그리고 개도국 순으로 시차를 두고 투자가 진행되는 과정을 설명하였다. 최초 제품을 개발한 선진국(좌측 곡선)은 국내 생산과 수출 후 기술모방이 가능한 후발 선진국(중간 곡선)으로 설비를 이전한다. 후발 선진국은 이전된 기술을 이용하여 제품을 생산하여 수출하게 되며, 국내에서 기술이 표준화 단계에 달하면 기술개발이 늦은 개도국(우측 곡선)으로 공장을 옮기게 된다.

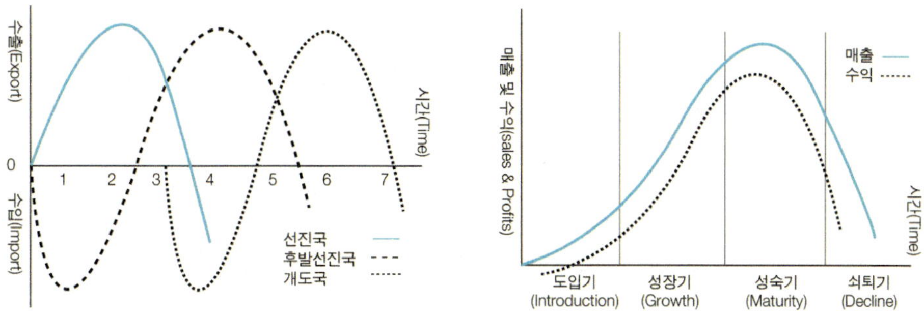

(a) 국제 제품수명주기 연장 (b) 제품수명주기 단계

자료원: Vernon(1966), International Investment and International Trade in the Product Cycle

〈그림 5-3〉 제품수명주기에 따른 무역과 직접투자 변화

(2) 제품수명 주기 단계별 특징

한 나라에서의 제품수명주기는 〈그림 5-3〉의 우측 도면(b)과 같이 단계별로 수출입과 해외투자 관계에서 파악할 수 있다.

① 신제품 도입기(Introduction)

도입기는 주로 기술개발이 가능한 선진국에서 개발된 기술로 생산된 제품이 그 나라 국내에 시판되는 초기 단계이다. 선진국에서 제품이 개발된 배경은 기술개발 능력이 있고, 기술사업화를 할 수 있는 시장이 있기 때문이다. 기업은 아직 제품 생산체계를 완비하지 못한 상태이며, 시장성도 확인되지 않았기 때문에 소비자 기호에 적합한 제품 개선에 주력한다. 따라서 생산시설은 국내에만 설치되고, 수출은 극히 일부만 이루어지고 해외직접투자는 아직 고려대상이 아니다.

② 성장기(Growth stage)

신제품이 기술 안정기에 접어들고, 시장성이 확인되어 매출이 증가하는 단계이다. 다만, 기술을 습득한 경쟁기업 등장으로 수요가 가격 탄력적으로 변화하여 생산비 절감 문제가 발생한다. 기업은 규모의 경제효과를 위해 대량생산 체계를 구축한다. 그리고 제품 시장성이 확인되어 수출이 활발해지면서 수입국이 자국 산업 보호를 위해 관세장벽을 높이게 된다. 따라서 일부 기업은 이 단계부터 무역장벽 회피 또는 시장확대를 위해 후발 선진국으로 생산시설을 이전하기 시작한다. 이 단계의 해외직접투자는 시장지향형 투자가 된다.

③ 성숙기(Maturity)

제품이 표준화되는 단계로 기술은 최초 개발기업의 전적인 소유물이 될 수 없는 범용기술이 된다. 시장이 포화상태가 되어 경영자의 최대 관심 사항은 시장 점유율 유지가 된다. 수출은 계속되지만, 가격경쟁력 문제가 발생하고, 성장기 단계에 이전된 국가 또는 모방 국가에서 생산된 제품의 역수입이 시작된다. 결국, 기업은 제품수명주기 연장을 위해 설비 이전을 서두르게 된다. 이 단계 투자는 생산비용 절감을 위한 무역지향형 투자가 된다.

④ 쇠퇴기(Decline)

대체상품이 시장에 출현하여 수요가 전환되어 매출이 급감하는 단계이다. 또한, 전 단계에서 해외로 이전된 기술로 생산된 역수입 제품이 시장에 범람하여 국내 생산제품은 시장에서 사라지게 된다. 물론, 해외에서 이미 그 제품 생산체계가 구축되었기 때문에 해외투자는 나타나지 않는다.

2) 이론의 평가 및 한계

제품수명주기 이론은 무역과 직접투자를 시간 흐름에 따라 동태적으로 파악하였다는 점에 높은 평가를 받고 있다. 그러나 아래와 같은 이유로 제품수명주기 이론은 모든 직접투자 현상을 설명할 수 없는 한계가 있다.

첫째, 해외직접투자가 꼭 발생하는 필연적인 조건이 제시되지 않았다. 제품수명 주기상에서 어느 시기, 어느 방향으로 투자가 발생하는지를 설명하지만, 근본적으로 해외직접투자가 왜 발생하는지에 대한 설명이 없다. 이러한 배경에서 Vernon(1974)은 초기 이론을 수정하여 입지요인을 반영하였다(강한균, 2004).

둘째, 기술 수준이 유사한 선진국 기업 간의 상호투자 현상을 설명할 수 없다. 즉, 선진기술과 모방기술의 차이가 없는 상황에서도 상호 투자가 이루어지는 원인을 제시하지 못한다.

셋째, 다국적기업의 경제개발 단계가 다른 국가에 동시에 투자하는 현상을 설명할 수 없다. 제품수명주기 이론은 노동집약적 산업의 점진적 낙하 모델(Trickle down model)을 이용한 투자 현상설명에 유용하다. 그러나 자본집약적 산업의 선진국과 개도국으로의 동시다발 진출은 설명할 수 없다.

5. 기업 행동과학적 접근방법

1) 기업 행태론적 직접투자 이론

해외직접투자는 기업 외부 자극에 대해 내부의 독특하고 불합리한 의사결정 과정을 통해 결정된다는 이론이다. 다른 해외직접투자 이론들은 조직목표에 따라 경제적이고 합리적인 목표와 동기에 의한 투자를 설명하고 있다. 그러나 기업 형태론적 투자이론은 기업이 합리적인 동기보다 외부충격과 내부 조직의 역학관계에 의해 불합리하게 투자를 결정하는 과정을 설명한다. 이러한 접근방법은 Aharoni(1966)가 기업의 행동과학이론[4]을 투자에 접목하면서 학계에 소개되었다.

기업은 기본적으로 익숙한 내적, 외적 환경을 선호하는 경향이 높아서 변화를 싫어하는 조직체이다. 즉, 기업은 기본적으로 익숙한 국내경영을 선호하고, 낯선 외국경영을 해야 하는 동기가 없다. 그러나 어떤 외부 자극이 있게 되면 이에 대한 반응으로 내부의 독특한 의사결정 과정을 통해 비합리적인 투자를 결정하게 된다. 이러한 독특한 기업의 행동과학론적 투자 결정은 이윤 극대화를 위한 합리적 의사결정을 전제로 하는 다른 이론들과 차별화되는 부분이다.

▷ 아하로니의 기업 행동론적 투자이론 평가

Aharonni(1966) described the foreign direct investment decision as a multifaceted social process that is influenced by social relations within and outside the firm.

Source: M. Qur'an(2022), Decision-Making Process in Foreign Investment Choices

기업 형태론적 투자이론에서 기업이 해외직접투자를 결정하는 시발점이 되는 외부 자극은 네 가지 유형으로 나타난다. 첫째, 외국 정부나 고객 등 외부 이해

4) 기업 행동과학 이론(Behavioral theory of a firm)은 Cyert & March(1962)가 인간의 행동과학을 기업 경영에 접목하여 탄생했다. 이론에서 기업 경영을 이윤보다 경영자의 합리와 비합리성이 합쳐진 의사결정 과정으로 보고 있다.

당사자의 피할 수 없는 요청, 둘째, 국내시장 상실 위험 발생, 셋째, 경쟁자 해외투자에 따른 밴드웨건 효과 편승의 필요성 부상, 넷째, 현지 수출시장에 강력한 경쟁자 부상으로 시장상실 우려 발생 등이다.

한편, 외부 자극에 대한 조직 내부의 특이한 반응은 기업의 특유한 의사결정 문화로 인해 합리성보다 주관적인 판단을 의미한다. 일단 외부 자극으로 해외직접투자 타당성 조사가 시작되면 기업 내부 행동적 관습이 투자가 이루어지게끔 유도하게 된다. 먼저 타당성 조사를 지시하는 경영층은 깊은 관심과 애착을 갖게 된다. 그리고 타당성을 조사하는 조직원도 자신의 승진과 이익을 위해 해당 프로젝트를 성사시키기 위해 긍정적인 방향으로 결론을 끌어낸다.

아하로니에 의하면 조직 내부의 특유한 의사결정(Foreign investment decision processes)은 세 단계 과정으로 진행된다.

첫 번째, 외부 자극 대응 아이디어 창출(Initial idea generation)
두 번째, 조사 및 개발(Investigation and development)
세 번째, 의사결정(Finally presentation and decision)

2) 이론 평가 및 한계

기업 형태론적 투자이론의 특징은 직접투자 결정 과정을 주관적으로 결정한다는 점이다. 왜냐하면, 외부 자극과 내부의 독특한 의사결정 문화를 수치화하기 어렵기 때문이다. 이러한 면에서 기업의 투자 결정에는 조직원들의 인간적 요인이 중요한 역할을 하게 된다. 이론은 해외직접투자 현상을 설명하는데 다른 실증분석 기법과 보완적으로 활용될 수 있지만, 태생적인 한계가 지적되고 있다.

- 투자 결정 과정에 관한 이론이다. 즉 해외직접투자 현상 자체를 설명하지 않고, 어떻게 투자가 결정되는지를 설명하고 있다.
- 기업이 보유한 비교우위 요소를 제시하지 못한다. 기업이 해외시장에서 이윤을 창출하기 위해서는 외국비용을 지불하고도 경쟁에서 이길 우위 요소를 보유해야 한다. 그러나 형태론적 이론은 이에 대한 언급이 없다.

제5절 미시-거시 통합적 접근방법

1. 절충이론(Eclectic theory)

1) 이론의 핵심내용

절충이론(Eclectic theory)이란? 그동안 학계에서 각자 연구되던 미시적 산업조직 이론과 거시적 국민경제 이론을 통합한 이론이다. 절충이론 이전의 산업조직론적 관점에서 독점적 우위 이론은 내부화 이론으로 발전되었다. 독점적 우위 이론은 투자기업이 현지 기업들과의 경쟁에서 우위를 점할 수 있는 우위 요인 규명에 초점을 두고 있다. 내부화 이론은 기업의 해외시장 진출방식에 있어 수출이나 라이센싱 방식을 이용하지 않고, 직접투자를 하게 되는 이유를 설명한다. 그러나 이들 이론은 직접투자 현상에 대해 부분적이고 단편적인 설명에 불과하다. 이러한 배경에서 이들 미시적인 요소에 국민경제 차원의 입지요인을 추가한 절충이론[5)]이 탄생했다.

절충이론은 Dunning(1977, 1981)에 의해 창안되었는데, 1976년 스톡홀름 노벨 심포지엄(Nobel Symposium)에서 The International Allocation of Economic Activity 주제로 처음 절충이론을 발표하였다. 이후 더닝은 기업의 해외생산에 관한 지속적인 실증분석 연구를 통해 이론을 진화시켰는데 1998년에는 다국적 기업의 전략적 제휴 등을 고려한 포괄적 절충이론을 제시했다. 더닝의 절충이론은 아래와 같은 기본적인 의문을 토대로 해외직접투자 현상을 설명한다.

첫째, 외국기업이 현지 기업보다 우수한 소유특위 우위 요소는 무엇인가?
- 해외에 이동할 자원의 우위가 무엇인지에 관한 의문이다.

둘째, 이러한 우위 요소는 왜 직접투자를 통해 이용되는가?
- 기업의 우위를 어떻게 이동시키는지 방법에 관한 질문이다.

셋째, 특정 국가에 생산시설을 설립하는 이유가 무엇인가?
- 보유한 우위의 이동시킬 방향인 투자대상국 선정 문제이다.

5) 학계에서 절충이론이 어떤 선행연구를 통합하였는지에 대해 이견이 있다. 이론 발전과정에서 독점적 우위 이론과 내부화 이론에서 진화하였다는 점에서 미시적 산업조직론 통합이라는 견해가 있다. 그리고 두 가지 미시적 이론과 국가 특수적 특성을 고려한 점에서 미시-거시 통합이라는 입장이 있다. 본서는 미시-거시 통합적 입장에서 기술하였다.

더닝(Dunning)은 연구에서 설정한 세 가지 기본 질문에서 기업이 해외생산을 결정하게 되는 기업 특유의 우위, 내부화 우위, 그리고 입지적 우위 등을 투자결정 요인으로 도출하였다. 여기서 기업 특유 우위와 내부화 우위는 기업이 해외 진출을 하게 되는 Push 요인으로 작용한다. 그리고 입지 특유의 요인은 성격상 투자대상국이 외국기업을 끌어들이는 Pull 요인이 된다.

더닝은 기업의 투자 결정 세 가지 우위 요소는 정태적이지 않고 시간을 두고 변화한다고 하였으나 기본 개념은 변하지 않는다. 절충이론에서는 이들 우위의 첫 글자를 따서 OLI 패러다임으로 명칭하고 수출, 라이센싱 그리고 직접투자가 발생하는 요인을 설명한다.

▷ 더닝(Dunning)의 절충이론 우위요소

Dr. Dunning identifies three types of factors to account for international production: location-specific endowments, ownership-specific endowments and internationalization advantages.

Source: Wiley(Online library),https://onlinelibrary.wiley.com/doi/abs/10.1002/tie.5060220301

① 기업 특유의 우위(Ownership-specific advantages)

기업 특유 우위란? 기업이 장기간 경영활동을 통해 내부에 축적한 무형의 자산과 일반 관리상의 우위 요소를 의미한다. 무형의 자산은 기업이 일정 기간 배타적으로 활용할 수 있는 지식이 체화된 자산으로 상표권, 특허권 등 지식재산권, 생산기술 등이 이에 해당한다. 그리고 일반 관리상의 우위 요소는 규모의 경제를 달성할 수 있는 기업 규모를 들 수 있다.

기업은 현지 기업이나 그곳에 이미 진출한 경쟁사가 보유하지 못한 특유의 우위 요소를 활용하여 투자 진출할 수 있다. 역으로 기업 우위 요소는 후발 경쟁기업의 현지 시장 진입장벽 역할을 하게 된다.

② 내부화의 우위(Internalization advantages)

내부화 우위는 내부화 이론에 기초를 두고 있다. 기업은 기업 특유의 우위 요소를 내부거래로 해외에 이전함으로써 기술유출 등 경영자원 누수 없이 통제할 수 있다. 또한, 내부거래는 라이센싱 거래 시 발생하는 상대방 계약불이행 등 불확실성을 제거하고 가격 차별화도 할 수 있는 장점이 있다.

③ 입지 특유의 우위(Location-specific advantages)

기업이 투자 진출을 결정할 수 있는 투자대상국의 매력적인 입지요소가 된다. 입지적 우위 요소는 눈에 보이는(visible items) 그리고 눈에 보이지 않는 요인(invisible items)이 있다. 눈에 보이는 요인에는 시장규모, 지리적 거리, 생산요소, 통신과 운송 등 인프라 등을 들 수 있다. 눈에 보이지 않는 요인은 정부의 투자 인센티브, 외국기업 진입장벽, 언어, 관습 등 문화적 거리 등이다.

더닝이 국제생산에 관한 절충이론에서 제시한 세 가지 우위 요소를 구성하는 하위 항목은 〈표 5-5〉와 같이 간략히 정리해 볼 수 있다.

〈표 5-5〉 **절충 이론상의 우위 요인별 세부항목**

구 분	경쟁 우위 요소
기업 특유 우위 요소	• 무형의 자산 - 상표, 특허, 의장권 등 지식재산권 - 노동, 자원, 금융 등 생산요소 동원능력 - R&D, 영업 관리, R&D, 마케팅 등 경영관리 기법 - 생산요소 시장의 국제적 차이를 활용할 수 있는 능력 • 기업 경영상의 우위 요소 - 규모의 경제를 달성할 수 있는 기업 규모 - 자회사가 최소비용으로 모회사 자원 접근 능력 - 투자기업의 위험관리를 위한 분산투자 능력
내부화 우위 요소	- 거래처 탐색과 협상 비용의 회피 - 내부거래를 통한 제품 품질 보장 - 지식재산권 보호와 거래처 품질남용 문제 회피 - 정부간섭 회피(조세 정책, 외국기업 진입장벽 등)
입지적 우위 요소	• 눈에 보이는 요소 - 시장규모, 경제 하부구조, 사회간접자본 발달 정도 - 지리적 거리, 생산요소, 통신과 운송 등 인프라 보유 • 눈에 보이지 않는 요소 - 정부의 투자 인센티브 정도, 외국기업 진입장벽 - 언어, 관습 등 가까운 문화적 거리

자료원: Dunning(1979), Explaining changing patterns of international production: in defense of the eclectic theory

2) OLI 패러다임을 활용한 해외시장 진입전략

절충이론은 위와 같은 세 가지 우위 요소는 상호 독립적인 것이 아니라 서로 결합하여야 해외직접투자가 발생한다고 설명한다. 절충이론은 비단, 해외직접투자 발생원인 설명에 그치지 않고, 수출, 라이센싱 그리고 직접투자 등 기업의 해외시장 진출전략 선택에 활용되고 있다.

기업의 해외시장 진출전략 선택과정은 기업이 특유의 우위 요소를 외부시장에 판매하는 것보다 내부화하는 것이 유리할 때 라이센싱을 포기하고 수출과 해외직접투자를 선택하게 된다. 그러나 기업 우위 요소를 해외로 이전하여 입지 우위 요소를 결합하여 생산하는 것이 국내생산보다 유리하면, 수출 대신 직접투자로 목표시장에 진출한다. OLI 패러다임을 활용한 해외시장 진입방법 선택은 〈표 5-6〉과 같이 도형화해서 쉽게 이해할 수 있다.

〈표 5-6〉 OLI 패러다임에 의한 해외 진출방식 선택

진출방식	Push 요인		Pull 요인
	기업 특유(O)	내부화(I)	입지 특유(L)
라이센싱(O)	○	×	×
수출(OI)	○	○	×
해외직접투자(OLI)	○	○	○

자료원: 국내외 Dunning(1977, 1981) 연구 정리자료

- **라이센싱 방식(O paradigm)**: 기업 특유의 우위만 있으면 가능한 방식이다. 기업이 지식재산권, 기술, 경영기법 등을 해외 수요자에 임대 또는 판매하여 이윤을 확보할 수 있다. 기업 특유 그리고 입지 우위는 있으나 내부화 우위가 없으면 기술 라이센싱을 통해 외국에 위탁생산하는 방식도 가능하다(OL paradigm).
- **수출 방식(OI paradigm)**: 기업 특유 우위와 내부화 우위가 필요하다. 기업 특유 우위와 내부화 우위가 있지만, 외국에서 생산활동을 할 만한 입지 특유의 우위가 없으면 본국에서 생산된 제품 수출 전략을 선택한다.

- **직접투자 진출 방식(OLI paradigm)**: 기업이 생산시설을 해외로 옮기기 위해서는 세 가지 우위가 모두 충족되어야 한다. 즉, 기업 특유의 우위를 내부화한 채로 매력적인 생산입지를 제공하는 국가에 생산시설을 구축하여 직접 생산활동을 하게 된다. 따라서 해외직접투자가 이루어지기 위해서는 세 가지 우위 요소가 유기적으로 결합하여야 가능한 최고의 경영전략 기법이 된다.

3) 이론의 유용성과 한계

더닝의 절충이론은 완벽하지 않지만, 이전까지의 직접투자 이론들보다는 일반화된 이론으로 평가받고 있다. 왜냐하면, 기업의 해외직접투자에 필요한 미시, 거시적 요소를 모두 활용하여 설득력을 갖추고 있기 때문이다. 또한, 직접투자 현상을 연구하기 위한 분석 모형과 측정변수를 제시한 학술적인 기여를 평가받고 있다. 그런데도 절충이론은 아래와 같은 한계가 지적되고 있다.

- 이론으로서 독창성 부족이다. 절충이론은 기존의 독점적 우위 이론과 내부화 이론 등을 종합하는 데 그치고 있다는 지적이다.
- 투자기업 우위 요소만 강조하고 기업 간의 행동과 반응 등 경쟁 구도의 영향은 반영되지 않았다.
- 최근 급증하고 있는 교차 라이센싱, 전략적 제휴 등 비정형적, 복합적 사업 방식에 의한 투자유형을 설명할 수 없다.
- 해외직접투자 이론과 무역이론을 통합하지 못하였다. 즉, 이론은 단순히 기업의 생산활동 설명에만 치중하고 있고, 거시경제적인 투자와 무역과의 관계에 대한 언급이 없다.
- 정태적인 분석에 그치고 있다. 기업의 투자 발생 시기는 설명이 되지만, 시간 경과에 따른 투자전략을 알 수 없다. 이러한 지적에 대해 더닝(2000)은 시간을 반영한 포괄적 OLI 패러다임(Envelope OLI paradigm)을 고안했다.

2. 수정된 절충이론(Revised eclectic theory)

1) Dunning의 포괄적 OLI 패러다임(Envelope OLI paradigm)

Dunning(2000)은 급변하는 기업의 글로벌 경영환경을 반영하여 기존의 정태적 OLI 패러다임을 수정한 포괄적 OLI 패러다임을 제시했다.

본인 이론의 수정 배경은 1976년 절충이론이 처음 발표된 후 통상환경 변화와 다국적기업의 급성장 등 국제 경영환경이 빠르게 변화했기 때문이다. 수정방법은 세 가지 특유의 우위 요인별 구성항목 현실화이다. 사례로 입지 우위 요소에 기존의 자산 활용(Asset-exploitation)뿐만 아니라 자산증식환경(Asset-augmenting environment)을 추가하였다. 그리고 새로운 경쟁 우위 요인을 활용하기 위한 기업의 조직학습과 혁신능력(Learning and innovative capabilities)을 강조하였다.

▷ 더닝의 포괄적 OLI 패러다임

This paper updates some of the author's thinking on the eclectic paradigm of international production, and relates it to a number of mainstream, but context-specific economic and business theories. It suggests that by dynamizing the paradigm, and widening it to embrace assest-augmenting FDI and MNE, activity it may still claim to be the dominant paradigm explaining the extent and pattern of foreign value added activities of globalizing, knowledge intensive and alliance market economy.

Source: Dunning(2000), The eclectic paradigm as an envelope for the economic and business theories of MNE activity

2) Peng의 수정 절충이론(Revised eclectic theory of FDI)

Peng(1995)과 Peng & Wang(2000)은 빠르게 발전하는 정보혁신 시대에 적합하게 OLI 패러다임을 수정하였다. 먼저 현대 경제는 혁신주도(Innovation-driven) 경제로 전환하였다고 진단했다. 그리고 〈그림 5-4〉와 같이 복잡해지는 시장 불완전 환경을 고려하여 절충이론의 우위 요소에 학습 옵션 우위(Learning option advantages)를 추가하였다. 학습(learning)은 선진 과학기술 등을 습득하고 경험적 연구를 지속할 수 있는 능력을 의미한다. 옵션(option)[6]은 기업이 학습으

6) 옵션(Option)은 경제학의 옵션 가격이론을 빌린 것으로 무엇을 살 수 있는 콜옵션(Call option)과 팔 수 있는 풋 옵션(Put option) 권리이며 의무는 지지 않는다.

로 체화된 지식을 바탕으로 미래에 투자기업을 인수하거나 매각할 수 있는 권리이다.

▷ 학습 옵션 우위 요소

Drawing from recent research in option theory and organizational learning, we argue that, in addition to exploiting comparative advantage and overcoming market imperfection foreign direct investment (FDI) can also be viewed as an option to maintain access to innovations resident in the host country. Such learning options, in turn, may generate information spillovers that can lead to opportunities for future organizational learning and growth

Source: M. Peng & D. Wang(2000), Innovation Capability and Foreign Direct Investment: Toward a Learning Option Perspective

학습 옵션 우위를 유지하기 위해서는 현지에서 혁신에 대한 지속적인 접근을 위해 다국적 협력, 전략적 제휴, 그리고 조직학습에 대한 개념적, 실증적 연구 활동이 필요하다고 하였다. 한편, 수정 절충이론에 있어 학습 옵션 우위는 전통적 절충이론의 입지 특유 우위로 분류할 수 있다. 왜냐하면, 현지에 투자기업이 접근할 수 있는 기술과 혁신, 산업 클러스터 등이 발달되어 있어야 하기 때문이다.

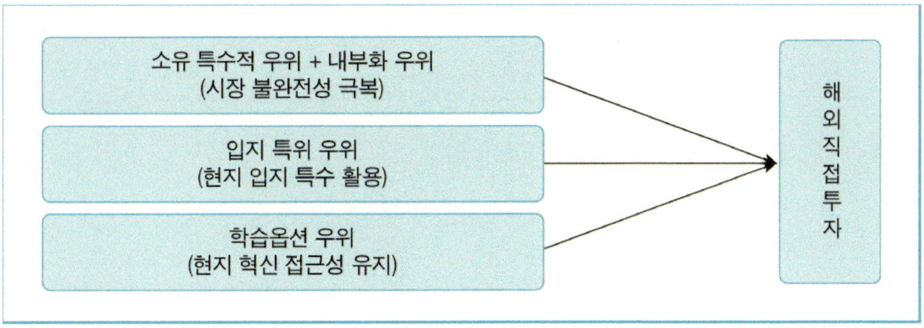

자료원: 강한균(2004)의 Peng(1995) 인용 자료

〈그림 5-4〉 펭 등의 수정된 절충이론도

제6절 개도국의 해외직접투자 이론

해외직접투자 이론은 주로 선진국 다국적기업의 해외투자 현상을 다루고 있다. 그러나 아시아 신흥공업국(NICs: Newly Industrialized Countries) 한국, 대만, 홍콩, 싱가포르 그리고 멕시코, 브라질, 인도 등 선발 개도국 기업들이 다국적기업으로 성장하여 1990년대부터 해외투자시장에 적극적으로 뛰어들었다.

이러한 개도국 기업들의 직접투자는 투자 동기, 비교우위 요소 등이 선진국 기업과는 다른 면이 있어 이에 관한 연구가 시작되었다. 개도국의 해외직접투자 특징을 파악하는 연구는 독자적인 영역으로 이루어지거나 기존 투자이론을 적용하여 개도국의 해외직접투자 현상을 설명하고 있다.

1. 새로운 불균형 이론(Imbalance theory)

개도국 기업의 해외직접투자 현상을 전략적 경영자원의 불균형에서 찾고 있다. 전통적인 비교우위 기반의 투자이론이 보유자산을 활용하는 접근법이라면, 불균형 이론은 자산 활용뿐만 아니라 열위 자산을 보충해 나가는 과정으로 설명한다. 직접투자를 유발하는 불균형 자산은 비교우위 또는 열위 요소를 모두 포함하며, 경영활동에 필요한 기술, 인력, 자원 등 생산요소를 의미한다(문휘창, 1997, 2002). 불균형 이론은 Moon & Roehl(1993)에 의해 제시되고, 문휘창(1997, 2002), Makino et al.(2002) 등의 연구로 발전되고 있다.

▷ 해외직접투자를 유발하는 자산 불균형

An imbalance between advantages and disadvantages in the firm's portfolio of resources that drives FDI.

Source: Moon & Roehl(2002), Unconventional Foreign Direct Investment and the Imbalance Theory

전통적 투자이론에 따르면, 선진국 기업은 타사보다 비교우위에 있는 자산이용(Asset-exploiting)을 통한 이윤 창출 목적으로 투자한다. 이에 반해 불균형 이론은 기업이 보유자산을 늘리는 자산이용, 그리고 부족한 자산을 메우기 위한 자산추구(Asset-seeking) 목적의 투자를 모두 할 수 있는데, 투자 방향은 〈표 5-7〉과 같다.

〈표 5-7〉 **자산기반 불균형 이론에 의한 직접투자 방향**

투자 동기	선진국 다국적기업	개도국 다국적기업
자산이용 (Asset-exploiting)	전통적 FDI (선진국 → 개도국)	전통적 FDI (개도국 → 후진국)
자산추구 (Asset-seeking)	비전통적 FDI (선진국 → 선진국)	비전통적 FDI (개도국 → 선진국)

자료원: 문휘창(1997), 해외 직접투자의 형태를 설명하는 새로운 접근법

불균형 이론을 연구하는 학자들은 기업 우위 요소에 근거한 투자이론과 불균형 이론의 차이점을 아래와 같이 설명하고 있다.

- **전통적 비교우위 이론(a)**: 기업이 기술, 특허, 지식재산권, 경영기법 등 기업 특유의 경쟁 우위가 있으면 이를 활용하여 해외에 투자한다.
- **비전통적 불균형 이론(b)**: 불균형 식에서 f는 기업이 보유자산과 시장 표준 우위 정도의 절댓값을 의미한다. 이는 자산 포트폴리오를 구성하는 어떠한 생산요소가 우위(+)와 열위(−)로 산출되더라도 투자요인으로 작용한다.

(a) 비교우위 이론 : 투자 = f(우위) = f(기술, 지식재산권, 경영 노하우 .....)

(b) 불균형 이론 : 투자 = f(불균형) = f(| T-T* | , | R-R* | , | M-M* | .....)

f(T, R, M) = 기업이 보유한 자산 평가(기술, 특허, 경영자원 등)

f(T* R*, M*) = 자산의 시장 표준(기술, 특허, 경영자원 등)

비교우위 기반의 투자이론은 복잡해지는 새로운 투자현상을 모두 설명할 수 없게 되었다. 이러할 때 자원기반 불균형 이론은 개도국 기업이 선진국으로 진출하는 상류형 투자(Upward investment)를 설명하는 이론적 근거를 제공하였

다. 이러한 불균형 이론의 유용성과 한계는 아래와 같다(김민영, 2018).

▷ 불균형 이론 유용성

- 전통적 투자이론은 '성공에 필요한 요소'에 초점을 두고 있다. 반면에 불균형 이론은 '근본적인 동기'에 대한 일종의 해답을 제시하고 있다.
- 선진국 기업의 직접투자 동기뿐만 아니라 개도국 기업의 투자 및 중소기업의 투자 동기를 설명하는 데 활용할 수 있다.
- 기업의 비교우위 자산 활용(Asset-exploiting)을 통한 이윤 창출뿐만 아니라 자산 추구(Asset-seeking) 활동으로도 이윤 창출이 가능함을 보여 준다.

▷ 한계

- 기업의 해외투자에 필요한 비교우위나 비교열위가 어느 정도 차이가 있어야 하는지를 설명할 수 없다.
- 기업이 어느 산업발전 단계에 보유자원의 불균형을 인식하고 투자를 결정하게 되는지에 대한 해답이 필요하다.

2. 기존의 투자이론 활용

1) 절충이론 확장

Giddy & Young(1982)은 절충이론을 폭넓게 해석하여 개도국 기업의 해외직접투자 현상설명이 가능하다고 주장했다. 이들은 급증하고 있는 개도국 기업의 해외직접투자는 절충이론의 세 가지 우위 차원에서 선진국 기업과는 다른 특징이 있다고 주장했다. 첫째, 기업 특유의 우위 요소가 확실치 않고, 둘째, 내부화를 위한 기업 규모가 크지 않으며, 셋째, 피투자국의 입지 요건에서 시장 불완전성을 위한 독과점 시장 여부에 구애받지 않는다는 것이다.

개도국 기업의 해외 투자 진출을 위한 동력은 소규모 표준화된 기술을 활용한 기업 특유 우위 요소이다. 그리고 현지 정부의 외국인직접투자 유인을 위한 인센티브를 입지 우위 요소로 활용할 수 있다. 다만, 내부거래 장점이 부족하여 생산활동에 필요한 중간재를 외부거래로 해결하기 때문에 비용 절감이 투자 성공의 관건이 된다. 비용 절감 방안은 입지 요건을 적극적으로 활용하는 데 있는데, 연구자들이 제시한 개도국 기업의 비용 절감 방안은 아래와 같다.

- **합작투자**: 현지 파트너의 경영자산을 활용할 수 있다.
- **협력사 진출 국가**: 이미 진출한 이들 기업의 원부자재를 활용할 수 있다.
- **입지요건**: 현지 정부의 투자 인센티브가 좋은 국가로 진출한다.
- **인근지역**: 본사에서 원부자재 공급 시 운송료를 절감할 수 있다.
- **문화적 거리**: 언어, 종교 등 문화적으로 친숙한 국가 진출이다.

2) 제품수명주기 이론 확장

Lecraw(1977)는 제품수명주기 이론으로 개도국 기업의 해외직접투자를 설명하였다. 그는 아세안 5개국 23개사 대상의 실증분석에서 19개사 투자 현상이 본인 연구 가설에 합치하였다고 주장했다. 즉, 개도국 기업도 선진국 기업과 같이 처음에는 국내생산에 전념하다가 어느 시기에 달하면 생산요소 입수가 가능하고, 인근에 수출시장이 있는 후발 개도국으로 생산시설을 이전한다는 내용이다.

개도국 기업은 기술 선진국의 기술모방을 통해 자국 내에서 생산활동을 시작하여 수출까지 하게 된다. 여기서 자국 정부는 수입제품에 대한 관세 및 비관세 등 무역장벽으로 자국 기업을 보호해 주게 된다. 초과이익을 확보한 기업은 표준화 단계에 달한 국내 재투자보다 추가적인 이윤 창출을 위해 후발개도국이나 저개발국으로 진출하게 된다. 왜냐하면, 이들 국가도 자국 산업 보호를 위해 무역장벽을 높이기 때문에 수출만으로는 수익 확보에 한계가 있기 때문이다.

제품수명주기를 활용한 레크로의 연구결과는 선발 개도국에서 후발 개도국으로의 투자를 설명하고 있다. 그러나 1990년부터 확대되고 있는 신흥공업국(NICs) 그리고 중국기업의 미국과 유럽으로의 상류형 투자 현상을 설명할 수 없다.

3) 독점적 우위 이론 적용

Lall(1983)은 독점적 우위 이론으로 신흥공업국 기업의 선진국으로의 상류형 투자를 설명하였다. 개도국 기업은 기술혁신과 모방을 통해 개발한 기술을 이용하여 비차별화된 제품을 생산할 수 있게 된다. 이들은 주로 중소기업으로 국제적으로 표준화된 소량다품종 생산에 적합한 기술을 개발한 기업들이다. 즉, 선진국 시장에서도 필요한 소비제품을 생산할 수 있는 기술을 보유하고 있다. 그리고 기술의 비역류성으로 인해 선진국 시장에는 경쟁자가 없는 분야이다. 따라서 개도국 기업은 선진국 틈새시장(Niche market)을 겨냥하여 그곳에 생산시설을 갖추게 된다.

선진국 시장에 투자 진출한 개도국 기업들은 대부분 기술적인 특징을 보인다. 그리고 낯선 외국에서 생산활동을 하게 되는 외부요인이 작용하고 있다.

▷ 개도국 중소기업의 기술특징

- 전파속도가 빠른 기술: 개도국 기업이 개발한 기술은 선진국에서 도입된 기술로 빠르게 모방이 가능한 기술이다.
- 규모의 경제가 필요 없는 기술: 개도국 기업은 선진국 기업이 투자하기에 적합하지 않은 틈새시장에 적합한 기술이다.
- 경험적 지식의 우위: 국내에서 표준화된 비차별적 제품으로 소비자 수요에 대응할 수 있는 기술적 노하우를 보유하고 있다.

▷ 기업 외부 환경요인

- 본국 정부의 산업규제, 또는 경제 둔화로 기업 성장에 장애 발생
- 경영성과의 국내 재투자 시 성공이 불확실할 때
- 개도국 대기업의 경우 외국에서 외화 계정이나 외화자산 확보 필요
- 기업 이미지를 높여서 다른 사업에 이용하고자 할 때

롤의 연구는 다른 이론에서 밝히지 못한 신흥공업국의 선진국으로의 상류형 투자에 설득력을 갖고 있다. 또한, 기업이 보유한 기술우위뿐만 아니라 경영과정에서 필요한 기업 외적인 환경요인까지 제시하고 있어 현실적이다. 그러나 신흥공업국과 유사한 산업발전단계에 있는 국가 그리고 후발 개도국으로의 투자에 관해 설명할 수 없다.

4) 순위 이론(Pecking order theory)

Wells(1977)가 제품수명주기와 기술격차 이론을 개도국의 해외직접투자에 적용한 이론이다. 국제무역에서 기술격차 이론(Technical gap theory)은 Hufbauer (1966)가 기술과 노무비용 격차를 이용한 무역을 설명하기 위해 개발한 모형이다. 훕바우어는 선진국 기술을 모방한 중진국 제품이 선진국과 후진국 양쪽으로 수출될 수 있는 이유를 설명하였다. 중진국 기업은 선진국보다 임금 격차 우위를 보유하고 있고, 후진국과의 기술격차에서 발생하는 우위를 이용하여 수출할 수 있다.

웰스의 개도국 기업 해외투자 이론은 기술모방 능력과 생산비의 차이에 근거를 두고 있다. 기술은 시간의 흐름에 따라 모방 순위가 이동하는 특징이 있다. 이러한 기술이전은 특정 제품을 생산하게 되는 시기에 따라 단계적으로 투자국가 순위가 정해진다. 따라서 특정 제품생산에서 선진국은 기술습득이 빠른 중진국으로 최초 투자를 하게 되고, 중진국은 기술모방 속도가 느린 후진국으로 생산설비를 이전하는 하향 서열식 투자로 이루어진다.

순위이론은 두 번째 단계를 구성하는 중진국의 후진국 투자가 핵심을 이루고 있다. 먼저 중진국 기업은 비교우위 요소가 되는 관리자나 기술자의 현장 지식을 성문화하는 데 익숙하지 않다. 따라서 보유 지식의 국제 특허 획득이 어렵고, 임대계약을 하더라도 기술유출을 극히 경계하여 직접투자를 선택한다. 한편, 순위이론에 의한 하향식 투자는 단계를 거치면서 아래와 같은 특징이 있다.

- 투자단계가 진행될수록 제품 기능에 상당한 변화가 보인다. 소득수준이 높은 국가에서 낮은 국가로 이어지는 투자는 현지 수요에 적합한 기능과 가격대 제품을 생산하기 때문이다.
- 중진국은 신축적인 비표준화 공정으로 후진국에 투자한다. 최초로 투자하는 선진국 기업은 선진 공정으로 소품종 대량생산에 적합하다. 이에 반해 중진국의 표준화된 기술을 소량다품종 생산에 접목해서 후진국으로 진출한다.
- 후진국에 유리한 투자조건을 제시한다. 중진국 기업은 선진국보다 높은 가격경쟁력으로 현지에 합작투자 등 우호적인 제안으로 시장을 선점할 수 있다.

웰스(Wells)의 순위이론은 제품수명주기와 절충이론의 입지 우위를 활용하여 개도국 기업의 저개발국 투자 설명에 유용하다. 그러나 개도국 기업의 하류형 투자현상 설명에는 적합하지만, 상류형 투자 설명에 한계가 있다(박길상, 1999).

▷ 기업 형태론적 직접투자 사례

▶ Visteon사 연구실(출처: 저자 촬영)
비스테온사 납품부품 품질 검사

▶ SH사의 헝가리 공장 예정지 이동
헝가리 소도시 외곽에 위치

(SH사의 자동차 부품 공급 사슬 적응 노력)

- 자동차산업의 공급망은 최상위 제조업체(Maker), 그리고 하향으로 Tier 1, Tier 2로 구성되어 있다. 한국 SH사는 Tier 2 계층에 위치하며, 헝가리에 진출한 Tier 1 비스테온(Visteon)에 자동차 에어 콤퓨레서 부품 로터와 허브(Rotar,Hub)를 연간 700만 유로를 납품하는 중견기업이다(2018년 기준).
- 비스테온사는 품질관리와 납기일 단축을 목적으로 SH사에 지속해서 헝가리에 생산공장 구축을 요구하였다. SH사 사장은 고민 끝에 헝가리에 투자 진출을 결정하고 Visteon 인근 도시에 있는 타사의 빈 공장을 인수하였다. 문제는 발주자 Visteon은 세케스페헤르바르(Szekesfehervar)에 입주해 있는데, 공장은 다른 도시(Somor) 외곽지역에 위치하여 근로자 모집에 애로를 겪었다.

CHAPTER

6

기업 국제화와 국제기업 유형

6 기업 국제화와 국제기업 유형

제1절 기업의 국제화란 무엇인가?

1. 국제화의 개념과 동기

1) 국제화의 개념

기업의 국제화(Internationalization of a firm)란? 특정 국가에 거점을 두고 있는 기업이 경영활동의 범위를 해외시장으로 확대해 나가는 과정이다. 즉, 기업이 창업을 통해 국내경영을 시작한 후 성장을 위해 해외에 진출하면서 수출, 오프쇼어링, 직접투자 등 국제경영을 심화시켜가는 과정을 의미한다. 여기서 국제경영(International business)은 기업이 유무형의 가치를 창출하기 위해 2개국 이상에서 수행하는 기업활동이다. 기업활동이 국제적으로 확대된다는 의미는 여러 가지로 해석할 수 있으며 독특한 특징을 가지고 있다(산업연구원, 2016).

첫째, 점진적으로 이루어진다. 기업은 해외시장에 대한 정보와 경험 등을 내부적으로 지식을 축적하여 점진적으로 국제화 수준을 높여 나가기 때문이다. 예를 들어 기업은 해외시장 진출 초기에 간접수출, 그리고 경험을 축적하여 직접수출, 궁극적으로 복잡한 해외직접투자를 하게 된다.

둘째, 국제화가 진행됨에 따라 지리적 범위가 확대된다. 상품 수출을 예를 들면, 기업은 성장 욕구로 인해 초기에 주변국에 수출을 시작하여 축적된 경험을 토대로 전 세계로 거래처를 확대해 나간다.

2) 기업의 국제화 동기와 이점

기업의 국제화 추진 동기는 이윤 극대화를 통해 지속성장 기회를 확보하는 데 있다. 기업이 활동 지역을 한정된 국내시장에 한정하지 않고 해외에 진출할수록 그만큼 이익 창출 기회가 확대된다. 이익 창출 기회를 의미하는 가시범위(visible range)는 〈그림 6-1〉과 같이 국내기업(A)에서 낮은 단계 국제기업(B) 그리고 고도화된 국제기업(C)으로 갈수록 확대된다. 높이 나는 새가 멀리 볼 수 있듯이 해외사업의 양이 많고 질이 높을수록 그만큼 기업 이윤이 확대된다는 의미가 된다.

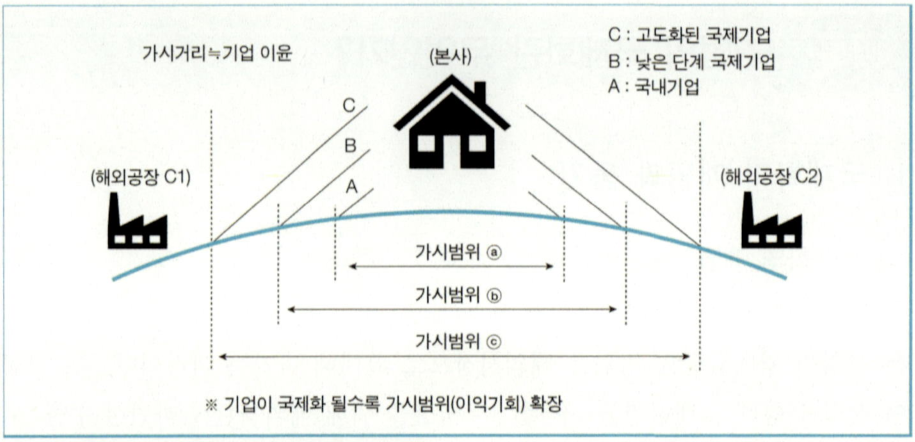

자료원: 한국교육학술정보원(2015), 기업의 국제화

〈그림 6-1〉 기업의 국제화 동기 및 이점

한편, 기업의 국제화에 관해 브룩과 리머스(Brooke & Remmers, 1970)의 연구결과에서 기업의 국제화 요인과 동기를 전체적으로 파악해 볼 수 있다.

- 기업의 국제화 동기
  - **적극적 동기**: 기업은 경영전략 차원에서 선제적으로 해외에 진출하게 된다. 국내시장의 한정된 수요를 해외에서 확보하거나, 필요자원 확보, 기술과 지식 습득, 경쟁기업 견제, 그리고 사세확장 목적이 여기에 해당된다.
  - **소극적 동기**: 외부세력 압력이나 자극에 대한 반응에 의한 국제화이다. 예

를 들어 자국의 과다한 세금이나 규제 회피, 자국의 높은 경영비용 해결, 수출상품 운송비 인상에 대응 등이다.

• 국제화 이점
- 한정된 국내시장에서 해외시장에 진출함으로써 매출과 이윤을 확대할 기회의 범위를 확대할 수 있다.
- 규모의 경제(Economics of scale), 범위의 경제(Economics of scope) 그리고 학습효과(Learning effect)를 취득할 수 있다.
- 경영 포트폴리오 구성을 통해 기술, 재무 그리고 환경요인 등의 위험을 분산시킬 수 있다.
- 기업과 제품 이미지를 제고시켜서 지속경영의 기반을 확보할 수 있다.

2. 국제화, 세계화 그리고 현지화

1) 국제화와 세계화 차이점

기업의 국제화(Internationalization)는 자국을 기반으로 국경을 인정하면서 타국과의 일정한 관계하에 경영활동을 전개하는 특징이 있다. 세계화(Globalization)는 국제화와 같은 개념으로 쓰이지만, 근본적인 차이가 있다. 세계화는 개별 국가 개념이 약해지고 세계가 단일의 공동체로 확산하는 국제화의 상위개념이다. 경제 분야의 세계화는 기술개발, 생산, 마케팅 등 부가가치 창출 활동을 전 세계적으로 수행하는 것이다. 결과적으로 세계화는 국제화가 한층 더 진행된 광의의 국제화로 정의할 수 있으며 몇 가지 특징이 있다(강한균, 2014; 한국교육학술정보원, 2015).

첫째, 기업의 국적이 특정 국가에 속하지 않는다.

둘째, 전 세계를 통합한 단일시장으로 파악한다.

셋째, 조달, 활동, 마케팅, 서비스 등 경영활동이 국경을 초월한다.

위와 같은 세계화 효과에 대해 설리번(Sullivan, 2002)은 '국경을 넘어 이루어지는 무역과 투자 확대로 기업이나 국가의 경제적 행위는 정치, 경제, 사회·문화적으로 타국에 영향을 주고받는다'라고 하였다.

▷ 세계화 효과

Globalization is the expansion of trade and investment across boarders and increased linkages so that a company's or a country's economic actions affect and are affected by economic, political, social, and cultural events in other societies.

Source: Sullivan(2002): The Future of Corporate Globalization: From the Extended Order to the Global Village

한편, 경제 분야의 세계화는 1995년 WTO 출범과 함께 크게 진전되었다. WTO를 위시한 국제 경제기구들이 자유무역과 투자를 촉진하기 위해 장벽을 제거해 나갔기 때문이다. 또한, 세계시장이 더욱 통합되고 상호 의존적인 세계경제로 전환되어 이제는 세계화 없는 경제활동은 생각할 수 없게 되었다. 이렇듯 크게 진전된 세계화는 시장과 생산의 세계화로 구분한다(최선식, 2016).

- 시장의 세계화(Globalization of market)
  각국 시장이 하나의 거대시장으로 재편되는 과정이다. 즉, 시장별로 제품 간의 가격이나 품질, 또는 이미지 차이가 없게 된다. 따라서 기업의 글로벌 마케팅은 국가별로 다른 소비자의 기호와 취향을 하나로 모으는 전략을 펼친다. 사례로 코카콜라(Coca Cola) 상표, 말보로(Marlboro) 카우보이 광고가 있다.
- 생산의 세계화(Globalization of production)
  국가별 생산요소의 가격, 품질 등이 다른 점을 활용하여 전 세계에서 원부자재를 조달하여 제품을 생산한다. 기업은 생산의 글로벌화를 통해 원가를 낮추거나 품질을 높일 수 있게 된다. 사례로 미국의 보잉사는 Boeing 777 부품의 30%를 해외에서 조달하고 있는데 일본에서 날개, 싱가포르에서 바퀴 착륙장치 개폐기 그리고 이탈리아에서 보조날개를 보잉사에 납품한다.

위와 같은 국제화와 세계화 차이점을 정리해 보면, 국제화는 국경을 인정하고 이를 초월한 경제활동 측면을 중시하고 있다. 반면에 세계화는 국경개념 없이 경제는 물론 정치, 사회, 문화, 교육 등 전반에 걸친 의식전환에 기초하고 있다는 점이 다르다. 그러나 두 개념은 유사한 면도 많은데 첫째, 두 개념 모두 국경을 뛰어넘는다. 둘째, 하나의 지역, 경제, 문화 등 특수성보다 여러 국가, 지역, 경제 등과의 상호 의존성을 전제로 하고 있다. 이러한 배경에서 두 개념을 구분할 실익이 없다는 주장도 대두되었다.

결론적으로 국제화와 세계화는 통합도의 차이를 의미하며, 양자의 차이는 〈표 6-1〉과 같이 정리할 수 있다.

〈표 6-1〉 **국제화와 세계화 비교**

구분	국제화	세계화
개념	■ 지리적 확장 - 국가 간 거래 과정 - 문호개방, 정책, 제도 변경	■ 지리적 확장 + 시장 단일화 - 국경의미 퇴색 - 하나의 경제권으로 부상
국경	- 명확한 국경개념	- 경제에 관한 국경의미 퇴색
정보통제	- 정부 통제, 조정 가능	- 정부 통제, 조정 어려움
가치관	- 국민의식 중심	- 세계인으로서 국제관, 윤리관
거래방식	- 국내외 구분 있음	- 국내외 구분 없음
생산방식	- 비교우위 제품생산 특화	- 공정, 부품생산 위주의 특화
원산지	- 원산지 규명이 가능	- 규명 어렵고, 복잡한 관세부과
해외전략	- 수출, 해외직접투자	- 단일화, 현지화(시장, 생산)

자료원: 한국교육학술정보원(2015)

2) 현지화

현지화(Localization)는 국가별로 시장 욕구에 적합한 제품과 서비스로 차별화하고 자회사에 권한을 위임하여 현지 경쟁력을 강화해 나가는 과정이다. 예를 들어 자회사가 현지에서 원부자재를 조달하고, 현지 고용인력의 비율을 높여서 그 나라 기업 이미지를 확보할 수 있다. 이러한 현지화 개념은 1980년대 오라클, 마이크로소프트 등 미국 컴퓨터 회사가 독일, 프랑스 등에 제품을 출시하는 과정에서 탄생했다.

현지화는 관점에 따라 기업 세계화의 한 단면이라는 주장과 세계화의 역행이라는 주장이 대립하고 있다. 그러나 기업이 외국과 교류하면서 될 수 있으면 현지 시장에 맞추는 전략이기 때문에 현지화는 세계화의 한 단면으로 이해한다. 기업이 현지화를 추진하여 얻게 되는 장점은 다음과 같다.

- 현지 기업 이미지 확보로 수요확대
- 현지 시장 수요변화에 신속한 대응
- 비교우위가 있는 현지 원부자재 조달
- 문화차이 극복을 통한 현지사회 거부감 회피

한편, 글로컬라이제이션(Glocalization)은 세계화와 현지화가 조합된 단어로 세계화와 현지화를 동시에 추진하는 경영기법이다. 즉, 세계화를 추구하면서 해당 지역 문화 또는 고객 니즈에 적합한 제품과 서비스를 제공하는 전략이다. 기업은 세계화와 현지화 압력을 동시에 받을 수밖에 없다. 여기서 기업의 글로컬라이제이션 기본 전략은 전 세계적으로 통일시키면서 현지에 맞게 차별화시키는 것이다.

▷ 다국적기업의 현지화 실패 사례

사진: 중앙포토(2010.6.26.)

매일노동뉴스(2024.2.7.)

- 월마트(Wall mart) 한국 철수(딜로이트, 중앙선데이, 2010.6.26.)
  월마트는 1998.7월 한국에 있는 네덜란드계 할인매점 매크로(Makro) 사의 4개 매장을 인수하면서 아시아에서 중국에 이어 두 번째로 한국에 진출했다. 그러나 월마트는 2006.5월 한국진출 9년 만에 이마트에 16개 매장을 매각하고 한국에서 철수했다. 월마트 실패 원인으로 한국인 소비자의 고품질과 서비스 경향을 무시하고, '질이 좀 떨어지더라도 싼 가격' 전략 고집이다. 그리고 한국인이 식단으로 선호하는 신선 야채와 고기를 공급하지 못했다.
- 까르푸(Carrefour) 한국 철수(자료: 파이낸셜 리뷰, 2022.9.27.)
  한국까르푸는 1996년 부천시 중동신도시에 국내 진출 1호점을 개장하면서 신도시를 중심으로 빠르게 성장했다. 그러나 2006.9.27. 한국까르푸를 이랜드그룹에 넘기고 한국에서 영업을 중단했다. 까르푸의 한국 철수요인은 여러 가지로 제시되고 있다.

첫째, 미흡한 현지화 노력이다. 예를 들어 매장 진열대 높이를 한국인 신체조건에 적합한 1.5~1.8m 대신에 유럽 표준 2.2m로 하였다.

둘째, 본사에서 파견된 직원들과 한국 직원들과 의사소통 문제가 있었다.

셋째, 현지 협력사와의 마찰이다. 매출 부진 책임을 납품업체에 전가하고 매입 단가 인하로 해결하려 하였다(LG 중앙경제, 2005.5.31.).

3) 세계화 지속될 것인가?

세계화는 기본적으로 국가 간 상호 연결과 의존을 촉진하여 개인, 기업 그리고 사회 전반에 새로운 기회와 가능성을 제공한다. 특히 경제적인 측면에서 기업들이 국경 넘어 무역과 투자를 하게 됨으로써 귀중한 자원의 최적 배분과 지역사회 생활수준 향상 등 인류의 후생을 증가시킨다. 그러나 이와 같은 이점에도 불구하고 세계화는 해결해야 과제를 안고 있다.

- **경제적 불평등 문제**: 기술과 자원이 풍부한 국가는 세계시장에서 유리할 수밖에 없는데, 그렇지 못한 국가들과의 소득 격차가 심해진다.
- **개도국 경제개발 문제**: 경쟁력을 충분히 갖추지 못한 개도국들은 선진국들과 불평등한 경쟁을 해야 하며 경제발전은 제자리걸음이다.

이러한 배경에서 반세계화 운동(Anti-globalization movement)이 20세기 초 지구촌에 등장했다. 반세계화 운동은 주로 글로벌 NGO에 의해 주도되고 있는

데, 자유무역과 WTO가 개발도상국을 희생시키고 다국적기업의 배만 불린다는 주장이다. 반세계화 운동 사례로 프랑스 농민 운동가 조세 보베(Jose Bove)는 1999.8월 트랙터로 몰고 맥도날드 공장을 습격하여 로빈 훗(Robin Hood) 별명을 얻었다. 그리고 1999.11월 WTO 각료회의가 개최된 시애틀에서 국제 연대 NGO 시위대 5만여 명과 경찰이 충돌하는 '시애틀 전투(Battle of Seattle)'가 발생했다.

학계는 세계화의 문제점 지적과 함께 대책 필요성을 강조하고 있다. 경제학자 마이크 오설리반(O'Sullivan, 2020)[1]은 세계화는 종말을 맞이했다고 단정하고 공유된 가치를 중심으로 국가들이 뭉쳐서 미래의 세계 질서를 구축해야 한다고 주장했다. 오설리반 교수는 세계화 시대가 막을 내린 이유 두 가지를 제시했는데, 첫째, 국제금융 분야만 비대해 졌다. 둘째, 국가 간 그리고 계층 간 불평등이 급속하게 확산되었다.

한편, 세계화가 인류사회에 공포를 제공했다는 주장도 제기되었다. 세계화 시대에서는 승자독식 규칙으로 1등만이 생존할 수 있다는 것이다. 이러한 기초적인 전제조건에서 상대적으로 경쟁력이 뒤처진 개도국뿐만 아니라 부유한 선진국도 무한경쟁의 글로벌 공포(Global phobia)를 떠안게 되었다는 것이다.

뉴욕 타임즈 칼럼니스트 토머스 프리드먼(Friedman, 1999)[2]은 세계화를 피할 수 없는 추세라고 진단하고 대비책을 제시했다. 프리드먼은 '넥서스와 올리브 나무'에서 냉전시대에는 자본주의와 공산주의라는 이데올로기가 있었다면 지금은 세계화라는 이데올로기가 세상을 지배한다고 했다. 냉전시대는 근육질로 상대를 위협하다가 한판 붙어서 밀어내는 일본 스모경기라면, 세계화는 전속력으로 뛰어야 하는 100m 경주라고 비유했다. 문제는 그렇게 하루만 뛰는 게 아니라 자고 나면 또 전력 질주를 해야 하는 죽기살기식 경기라는 것이다.

프리드먼은 세계화 원인으로 눈부시게 발전하고 있는 첨단기술, 현재보다 높

1) Mike O'Sullivan(2020), 세계화의 종말-그리고 새로운 무언가의 시작(The end of globalization-and the beginning of something new). www.ted.com/talks/mike_o_sullivan

2) Tomas Friedman은 세 차례 퓰리처상을 받은 미국 칼럼니스트이다. 프리드먼은 세계화에 관한 몇 권의 저서를 발간했는데 '렉서스와 올리브 나무(The Lexus and the Olive Tree, 1999)'는 세계 곳곳에서 보고 듣고 겪은 세계화에 대한 명쾌한 해석이 돋보이는 책으로 세계화를 이해하는 기본도서로 베스트 셀러가 되었다.

은 수준의 물질생활을 바라는 인간의 욕구로 보았다. 세계화는 필연적으로 부익부, 빈익빈을 초래하여 인간의 피곤한 삶을 초래하는데, 악영향을 해소하기 위해 세계화에 동참하지 못한 거북이들을 구해줘야 한다고 주장했다.

제2절 기업의 해외시장 진입방법과 선택 모형

1. 해외시장 진입방법

기업이 국제경영을 위해서는 목표시장을 선택하고 해당 시장에 어떤 유형으로 진입할지를 결정해야 한다. 해외시장 선택이란? 기업이 보유하고 있는 한정된 인적, 물적 자원으로 어느 시장에 진출할지를 결정하는 것이다. 그리고 진출 유형은 〈표 6-2〉와 같이 수출, 국제계약 그리고 직접투자 방식이 있다.

〈표 6-2〉 기업의 해외시장 진입유형

구분	세부적인 시장진입 유형
수출	- 간접수출(Indirect export), 직접수출(Direct investment) - 주문자 상표부착(OEM: Original Equipment Manufacturing) - 제조자 개발(ODM: Original Development Manufacturing)
국제계약	- 국제 라이센싱(International Licensing agreement) - 국제 프랜차이징(International franchising agreement) - 계약제조(International contract manufacturing) - 건설공사(International construction contracts): BOO, BOT 등 - 턴키 계약(International turnkey contracts)
해외투자	- 직접투자(FDI: Foreign direct investment) - 단독투자(Sole investment), 합작투자(Joint venture) - 신규투자(Greenfield investment), 인수합병(M&A)

자료원: 이덕훈(2022), 김희철(2021), 강한균(2014)의 글로벌 경영 종합

① **수출방식**: 국내에서 생산한 제품을 해외시장에 공급한다는 점에서 생산활동이 없는 계약과 현지에서 생산하는 직접투자 방식과 차이가 있다. 수출

방식에서 간접수출은 전문무역상사나 대리점 등 중간업체에 물품을 공급함으로써 수출절차를 종료된다. 기업은 간접수출 경험을 토대로 직접수출 방식으로 전환한다.

② **국제계약에 의한 해외진출**: 국내생산 물품을 공급하거나 현지 생산시설을 구축하지 않고, 계약으로 지식재산권을 수요자에게 공급하는 형태이다. 계약방식에는 라이센싱, 프랜차이징, 계약생산 등이 있다.

기업의 국제경영에서 계약방식은 라이센싱과 프랜차이징이 핵심이다. 라이센싱은 라이센서(licensor)가 보유하고 있는 특허, 상표, 기술 등 상업적 자산을 라이센시(licensee)에 제공하고 수수료를 취득한다. 라이센서는 낮은 위험과 비용으로 해외시장에 진출할 수 있지만, 기술의 외부유출 위험을 감수해야 한다. 프랜차이징은 프랜차이저(franchiser)가 표준화된 경영관리 패키지를 제공하고 프랜차이즈(franchisee)는 시장 지식이나 인력을 투입하는 일종의 합작 개념이다.

③ **해외직접투자**: 직접투자는 기업의 국제경영에서 가장 고도화된 방식이다. 해외직접투자는 현지 자회사에 대한 통제가 반드시 뒤따라야 한다. 기업은 수출이나 계약방식으로 해외시장 경험을 축적한 후 국제화 최종 단계인 직접투자로 발전한다.

2. 해외시장 진입방법 선택 이론

1) 루트의 동태적 모형

루트(Root, 1994)는 진화론적 관점에서 동태적인 시장진입 모형을 제시했다. 루트는 해외시장의 진입 과정을 〈그림 6-2〉와 같이 해외사업 통제(control)와 위험 수준을 의미하는 자원 투입(risk) 관계에서 설명하였다.

기업의 해외시장 진입방법은 해외 경험이 부족한 초기에 간접수출로 시작하여 해외시장에 대한 지식과 경험 축적 정도에 따라 직접수출이나 라이센싱, 그리고 최상위 직접투자로 진행된다. 기업이 해외사업을 고도화하기 위해서는 단계마다 학습을 통해 가능하므로 학습은 국제경영의 중요한 자산이 된다.

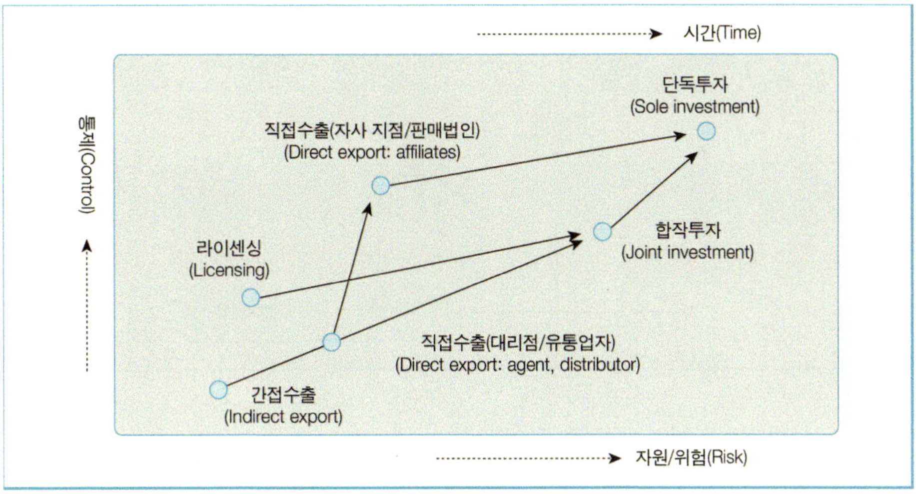

자료원: Root(1994), Entry Strategies for the International Markets

〈그림 6-2〉 점진적인 해외시장 진입 고도화

루트의 점진적 해외시장 진입모형은 단순하지만, 현실적인 설득력을 갖추고 있다. 다만 기업이 해외시장 진입방식의 고도화 과정에서 어느 시점에 차상위 단계로 전략을 변경해야 하는지를 알 수 없는 단점이 있다.

2) 러그만의 단순 모형

러그만(Rugman, 1987)은 해외시장 진출방법을 수출, 라이센싱 그리고 해외직접투자로 단순화하여 〈그림 6-3〉과 같이 진입방법 선택과정을 제시했다. 모형에서 기업은 먼저 위험 수준이 낮고 자원 투입이 적은 수출을 선택한다. 그러나 무역장벽으로 인해 수출이 어렵다면, 기술 라이센싱을 대안으로 활용하게 된다.

마지막으로 기술유출로 경쟁 우위를 잠식당할 위험이 있다고 판단하면 직접투자를 통해 현지 생산체제를 갖추고 직접 경영을 하게 된다. 해외직접투자는 해외시장 진입 마지막 단계로 고위험 고수익 국제경영 전략이 된다.

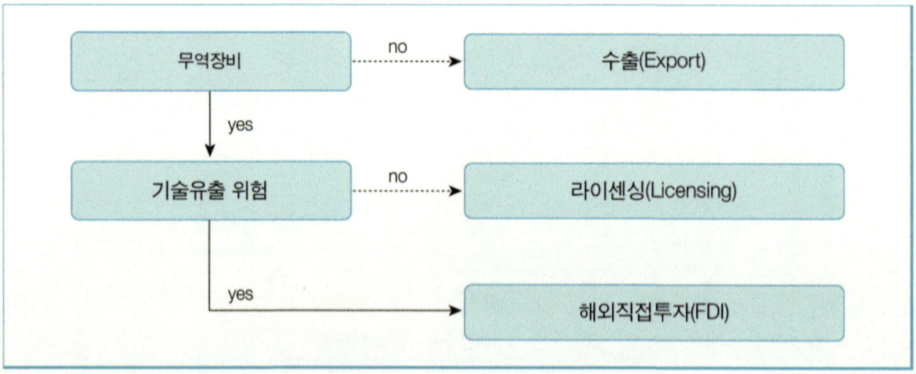

자료원: Rugman(1987), International Business : Firm and Environment

〈그림 6-3〉 **러그만의 해외시장진입 단순 모형**

단순 모형은 기업이 해외시장 진출 대안을 선택하는 데 있어 간편하고 신속한 의사결정이 가능한 장점이 있다. 그러나 국제경영에 내포된 다양한 위험과 비용을 지나치게 단순화한 면이 있다. 아울러 해외 사업기회를 수출, 라이센싱 그리고 직접투자 세 가지 유형으로만 제시하여 공동 R&D, 공동 마케팅 등 비전통적 계약에 의한 해외시장 진출 등을 제외한 소극적인 접근방법이다.

3) 힐의 다단계 모형

힐(Hill, 1997) 역시 기업의 해외 진출방법을 수출, 라이센싱 그리고 직접투자로 설정하였다. 해외경영 결정에 영향을 미치는 요인으로 운송비와 관세율의 높고 낮음, 해외사업에 대한 통제 가능성 그리고 기술보호 여부로 하였다. 그의 해외시장 진입방법은 러그만 단순 모형과 다르게 다단계로 설정되었다.

해외시장 다단계 모형은 〈그림 6-4〉에서 기업의 해외사업 첫 단계에 운송비와 관세율이 낮으면 수출, 높으면 라이센싱을 선택한다. 다음 단계는 운송비와 관세율이 높은 상황에서 본사가 현지 자회사 통제가 필요하면 직접투자, 통제가 필요 없으면 라이센싱 방식으로 결정한다. 마지막 단계는 기술유출을 방지할 수 없으면 직접투자를 선택하고 보호할 수 있으면 라이센싱 방식으로 목표시장 진입방식을 선택하게 된다.

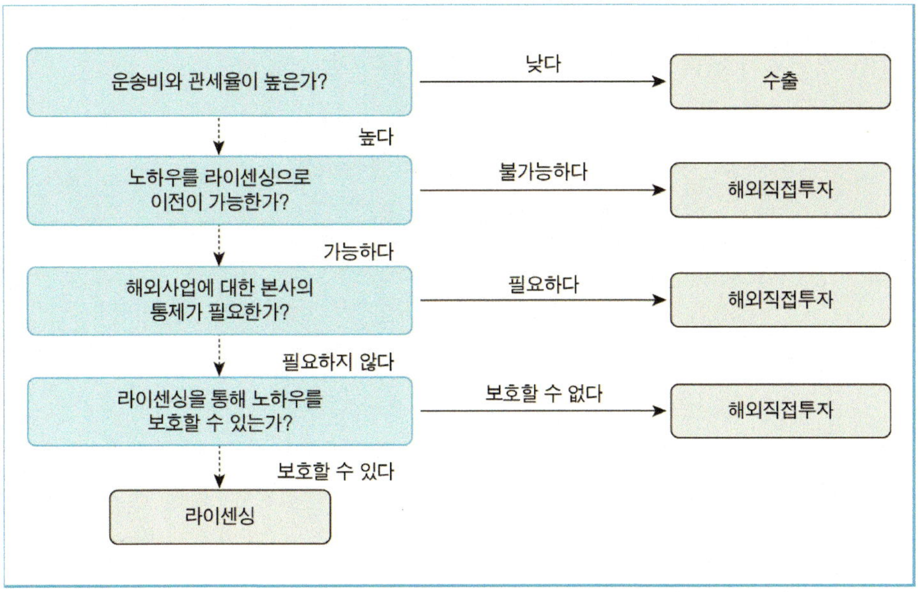

자료원: Hill(1997), International Business: Competing in the Global Marketplace

〈그림 6-4〉 **힐의 해외시장 진입방법 선택 모형**

힐의 해외시장 진입방법 선택 모형은 러그만의 단순 모형과 비교하여 의사결정 과정이 비교적 구체적이다.

4) 허쉬의 최소비용 모형

최소비용 모형은 허쉬(Hirsh, 1976)에 의해 개발되었는데, 다른 모형과 같이 수출, 라이센싱, 그리고 해외직접투자 세 가지로 단순화하였다. 기업의 해외시장 진입방법 선택은 비용과 그 변동추이에 대한 예상을 중심으로 최적의 해외시장 진입방법을 간단한 수식으로 나타내고 있다.

- **수출**(a): 국내생산과 수출비용이 투자 진출로 현지에서 생산하는 비용과 라이센싱 비용보다 저렴하면 선택하게 되는 손쉬운 방식이다.
- **직접투자**(b): 투자를 통해 설립된 자회사의 현지 생산비용이 수출과 라이센싱 비용보다 저렴할 때 선택하다.
- **라이센싱**(c): 수출과 직접투자 비용보다 낮으면 선택하는 경영전략이다.

(a) 수출 : Pd + M 〈 Pf + F (and) Pd + M 〈 K

(b) 직접투자 : Pf + F 〈 Pd + M (and) Pf + F 〈 K

(c) 라이센싱 : K 〈 Pd + M (and) K 〈 F

- 국가특유 비용 : Pd 본국에서 제품 생산비용
  Pf 현지에서 제품 생산비용
- 기업특유 비용 : M 수출 비용(운송비, 보험료, 관세 등)
  F 외국비용(외국기업으로 극복해야 할 비용)
- 기술 비용 : K 라이센싱 비용(기술우위 잠식 비용)

최소비용 모형은 기업의 해외시장 진출 단계를 다른 모형과 다소 다르게 구성되어 있다. 다른 모형에서는 기업의 해외시장 진입순서를 수출, 라이센싱, 그리고 직접투자로 제시한다. 이에 반해 최소비용 모형은 수출, 직접투자 그리고 라이센싱 순으로 진행된다. 이유는 해외시장 진입 초기비용을 수출비용(M) 〈 투자비용(F) 〈 라이센싱 비용(K)으로 두고 있기 때문이다. 시간이 지나면 비용 감소 효과가 역으로 나타나서 수출비용(M) 〉 투자비용(F) 〉 라이센싱 비용(K) 순으로 나타난다. 이러한 진입방법 선택과정이 루트 모형과 다른 이유는 아래와 같다.

첫째, 기업의 해외시장 진출 초기에는 상대국 시장을 잘 모르기 때문에 수출비용(M)보다 투자비용(F)이 더 필요하고, 제품수명 주기상의 기술보호비용(손실 우려)이 가장 많이 소요된다.

둘째, 시간이 지나게 되면 기술비용(K)은 변동이 없지만, 학습을 통해 현지시장을 잘 파악하기 때문에 투자비용(F)은 수출비용(M)보다 낮아지게 된다.

셋째, 장기적으로 기업의 독점 우위 요소는 다른 기업에 의해 모방하게 되어 그 보호 필요성이 줄어든다. 따라서 수출비용(M)이 변동이 없는 가운데, 라이센싱 비용이 투자비용보다 낮아지게 된다.

최소비용 모형은 경영활동을 위한 비용 기반의 해외시장 진출방법으로 기업이 관심을 보일 수 있는 모형이다. 다만, 세 가지 대안별로 같은 위험 수준(비용), 그리고 수익이 같다는 가정은 비현실적일 수밖에 없다.

제3절 국제기업 유형

국제기업(International enterprises)은 경영활동이 국제화된 기업이다. 구체적인 기준은 1개 기업의 경영활동이 2개국 이상인 기업으로 해외분야의 비중이 상당히 높은 기업을 의미한다. 이러한 국제기업은 일국의 국민경제의 틀 내에서 경영활동을 하는 국내기업과는 대비되는 개념이다. 학자에 따라 국제기업 유형을 해외사업 정도에 낮은 국제기업, 그리고 해외사업 비중이 매우 높은 다국적기업으로 구분하고 있으나 합의된 정의는 없다. 따라서 해외사업 규모와 관계없이 국제경영을 하는 모든 기업을 국제기업으로 지칭한다.

본 절에서는 수출기업을 제외하고 직접투자 주역으로 관심의 대상이 되는 다국적기업, 글로벌 기업의 내면을 살펴보았다.

1. 다국적기업과 다지역기업

1) 다국적기업

(1) 다국적 개념과 용어

다국적기업(MNE: Multinational Enterprise)이란? 둘 이상의 국가에 법인을 설립하여 생산과 마케팅 활동을 영위하는 국제기업이다. 다국적기업 시초는 1602년 설립된 네덜란드 동인도회사로 보고 있으며, 18c 후반 산업혁명 이후 무역과 투자를 주도한 미국과 유럽기업을 현대적 다국적기업으로 보고 있다. 제2차 세계대전 이후 다국적기업이 세계무역과 투자에서 차지하는 비중이 급격히 증가함에 따라 이들에 대한 실체 규명과 경영활동에 관한 연구가 활발하게 이어지고 있다.

다국적기업 개념은 1959년 매켄지(Mckensey)사의 클리와 디시피오(Clee & Discipio)의 논문 '세계기업 창조(Creating a World Enterprise)'에 처음 나타났다. 현대적 용어은 1960년 릴리엔탈(Lilienthal)의 저서 '다국적기업 경영(Management of Multinational Corporation)'에서 등장한다. 그리고 1964년 미국 싱거(Singer)사의 커처(Kircher)는 '초국가기업(Transnational enterprise)'으로 다국적기업

경영특징을 기술했는데, 현재 국제기구 용어로 이용되고 있다.

다국적기업은 학계에서 용어에 대한 합의 없이 목적에 따라 여러 명칭으로 불리고 있다. 주로 인용되고 있는 용어는 다국적기업(Multinational corporation)[3], 초국가기업(Supernational corporation), 세계기업(World enterprise) 등이다. 국제연합(UN)은 국적의 개념이 없다는 의미의 초국가기업(TNC: Transnational Corporation)을 공식 용어로 사용하고 있다. 처음에는 다국적기업(Multinational Corporation)을 사용했지만, 1974년 UN 경제사회이사회에서 초국가기업으로 변경했다. 개도국 그룹이 초국가기업을 주장하고 선진국 그룹이 이에 동의하여 용어가 변경되었다.

UN은 다국적기업의 환경파괴와 인권침해를 방지하기 위해 1974년부터 다국적기업 위원회를 설치하여 인권 문제를 다루고 있다. 그리고 2003년 인권에 관한 초국가기업과 기타 사업체들의 책임 규범도 채택했다. 책임 규범은 초국가기업 그리고 이들과 관련을 맺고 있는 기업들의 보편적 인권, 노동권 그리고 시민적 양심을 규정하며 윤리적 경영을 규율하고 있다.

▷ 유엔무역개발회의(UNCTAD)의 다국적기업 정의

A Transnational Corporation(TNC) is an enterprise, which is irrespective of its country of origin and its ownership, including private, public or mixed, which comprises entities located in two or more countries.
which are linked, by ownership or otherwise, such that one or more of them may be able to exercise significant influence over the activities of others and, in particular, to share knowledge, resources and responsibilities with the others.

Source: UNCTAD

(2) 다국적기업 판단기준

어떤 기업이 다국적기업인지를 판단하는 기준도 여러 가지가 제시되었다. 사

3) 다국적기업 영어 용어로 Multinationals, Multinational concerns, Multinational business, Multinational firm 등도 쓰이고 있다.

례로 루트(Root, 1994)는 「2개국 이상 여러 국가에 계열회사를 두고 경영활동을 수행하며, 각 계열회사를 직접 통제, 관리하는 모기업이다.」라고 정의하였다. 루트는 다국적기업을 정의했음에도, 실체를 규명하는 것은 정글에서 길 찾기와 같이 매우 어려운 일이라고 부연하였다. 위와 같이 다국적기업을 정의하고 분류하는 것은 어려운 일이지만 〈표 6-3〉과 같이 단순화하여 그 실체를 파악해 볼 수 있다.

① 기업 구조적 기준(Structure criterion)

다국적기업 여부를 활동 국가 수와 경영층 구성 인사의 국적 수로 판단한다. 릴리엔탈(Lilienthal, 1960)과 버만(Behrman, 1969)은 경영활동 국가 수를 2개국 이상으로 하였고, 키르허(Kircher, 1964)는 최고 경영자 구성인원 또는 기업 소유주의 국적을 2개국 이상을 제시했다.

② 경영성과 기준(Performance yardstick)

절대적 기준은 기업 전체 총자산, 매출 그리고 수익에서 차지하는 해외 부문의 성과 비율이다. 상대적 기준은 투입과 성과 대신에 상당한 정도를 기준으로 한다. 사례로 버논(Vernon, 1971)은 Fortune 선정 500대 기업에 연 2회 이상 등재된 기업으로 6개국 이상에서 생산과 판매 활동을 하는 기업을 다국적기업이라고 하였다.

③ 경영 형태적(자세) 기준(Behavioral characteristics)

주관적인 판단기준으로 최고 경영자가 범세계적인 안목과 사고방식을 가졌는지로 하고 있다. 즉, 다국적기업은 경영자가 세계적인 안목을 가지고 폭넓게 생각하고 의사를 결정하는 기업이 된다.

한편, IMF[4]는 실무적으로 다국적기업을 형성하는 기업군에 모회사뿐만 아니라 계열회사(affiliate enterprises)까지 포함하고 있다. 이들 단일기업군은 모두 하나의 다국적기업을 형성하며 이들 간의 지분 소유는 모두 직접투자 관계가 된다.

4) IMF는 다국적기업의 기업군 내 지배권 관계를 규명하기 위해 국제수지 매뉴얼(BPM-6)로 해외직접투자를 통한 지분 관계를 설명하고 있다.

〈표 6-3〉 다국적기업 명칭과 판단기준

구분	명칭(학자)	기준
구조	Multinational corporation (Lilienthal, 1960)	- 2개국 이상에서 경영활동을 하고 - 경영자의 세계적 안목의 의사결정
	Multinational enterprise (Behrman, 1969)	- 소유권자 국적이 2개국 이상이며, - 내부적으로 다수국 활동 통제기업
	Transnational enterprise (Kircher, 1964)	- 최고 경영층 국적 2개국 이상
성과	Multinational corporation (Bruck & Lee, 1966)	- 해외 부문의 투자, 매출, 수익, 자산, 고용 등이 일정 비율 이상인 기업
	Transnational firm (Rolfe, 1969)	- 해외 부문의 매출액, 수익, 자산, 고용 등이 25% 이상인 기업
구조+성과	Multinational enterprise (Vernon, 1971)	- 6개국 이상에서 생산과 판매 활동 - Fortune 500대 기업 연 2회 이상 등재
형태	World enterprise (Clee & Discipio, 1959)	- 경영관리의 관점이 국제적인가?
	Global corporation (Porter, 1980)	- 하나의 세계시장에서 수행되는 각국의 경영전략을 조정하는 기업
구조+형태	Multinational enterprise (Root, 1984)	- 다수 국가에서 생산활동 기업으로 - 모기업이 국경 초월하여 직접 통제
	Transnational corporation (UNCTAD, 1974)	- 2개국 이상에서 생산, 서비스 활동 - 소유 다국적화, 국경 초월 의사결정
종합	Multinational corporation (Aharoni, 1971)	- 다국적 판단기준 3가지 제시 - 기업구조, 경영성과, 형태적 특성

자료원: 이철(2019) 글로벌 경영, 이덕훈(2022) 국제경영학

다국적기업 본사는 해외 1개국 이상에 투자 진출한 계열회사를 보유한 기업으로 경영 통제권을 보유한 법인이나 비법인 형태의 기업이다. 그리고 계열회사는 모기업을 제외한 단일기업군을 형성하는 기업들로 자회사, 제휴회사, 지사 등이 있다. 자회사(subsidiary)는 투자기업이 51% 이상의 의결권 주식을 보유한 현지 기업이다. 제휴회사(associated enterprise)는 투자기업이 의결권 지분의

10% 이상, 50% 이하를 보유한 기업이며, 실질적 발언권이 있으면 10% 미만도 직접투자 관계가 된다. 그리고 지사(branch)는 해외경영을 하는 단독 또는 합작 형태의 비법인 기업이다.

2) 다지역기업(Multilocal corporation)

다지역기업은 다국적기업의 독특한 해외 계열회사 관리유형이다. 일개 기업군의 모기업이 해외 계열회사 경영의 강력한 통제보다 분권화된 경영방식을 채택하는 기업이다. 전 세계를 하나의 시장으로 관리하지 않고 지리적으로 가깝고 유사한 시장을 권역화하여 그 지역에 적합한 현지화를 추진하는 데 목적이 있다. 본사는 경영방침만 수립하고, 지역본부별로 해당 권역에 적합한 세부전략을 수립하며, 산하 자회사들이 이를 수행하는 구조이다. 해외 지역본부는 본사와 일정한 거리를 유지하면서 산하 자회사 경영을 지휘 감독한다.

사례로 대한무역투자진흥공사(KOTRA)는 100개 이상의 해외무역관을 북미, 중남미, 유럽, CIS, 중국, 중동 등 10개 지역본부로 나누어 권역별로 시장을 관리하고 있다. 한국 본사는 경영방침과 본부별 목표만 결정하고, 지역본부에서 해당지역 전략과 산하 무역관 목표를 배정하고 성과를 평가한다.

2. 글로벌 기업(Global enterprise)

1) 글로벌 기업의 개념

글로벌 기업이란? 여러 국가에 생산기지와 판매법인을 두고 사업하는 기업이다. 특징은 국경의 의미가 사라진 무국적기업(Stateless company)으로 기업활동에 필요한 자원과 시장이 세계 어떤 국가에 있던지 가리지 않고, 최적의 장소에 사업장을 두게 된다. 본사는 표준화된 제품과 서비스를 제공하고 해외 네트워크(사업장)에서는 이를 이용하되 현지화를 추진한다. 사례로 스타벅스나 맥도널드는 표준 매뉴얼을 해외 사업장에 제공하고, 사업장은 소재 지역 소비자 취향에 적합한 제품과 서비스를 개발하여 제공한다.

다국적기업과 글로벌 기업 구분은 다소 모호한 면이 있지만, 다음과 같은 차이점이 있다(김희철, 2021; 한국교육학술정보원, 2015).

첫째, 다국적기업은 본국 국적 냄새가 강하지만, 글로벌 기업은 현지시장을 자국 시장처럼 여기면서 경영활동을 수행한다.

둘째, 다국적기업은 본사의 기업군 경영에 관한 의사결정과 자회사 통제권이 강한 편이다. 이에 반해 글로벌 기업은 본사와 자회사 간의 쌍방향 커뮤니케이션을 통해 의사가 결정된다. 즉, 본사는 의사소통 중심역할만 수행한다.

셋째, 다국적기업의 경영층은 주로 본국 국적 인사로 구성되지만, 글로벌 기업은 외국 국적 경영인이 자회사는 물론 본사 경영에도 참여한다.

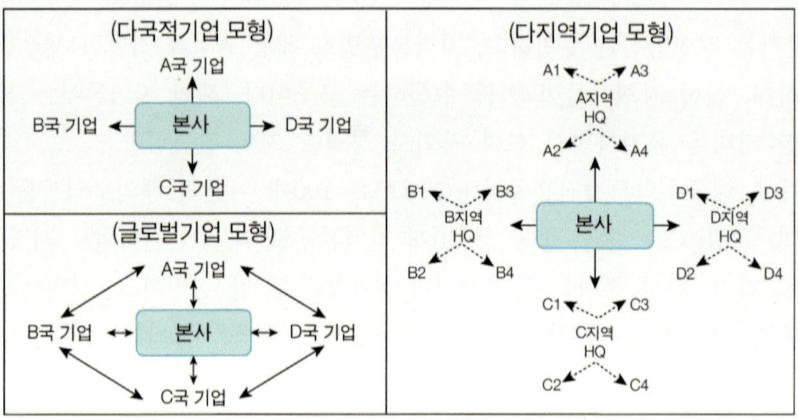

자료원: 김희철(2021) 세계화와 글로벌 경영, 한국교육학술정보원(2015)

〈그림 6-5〉 다국적, 다지역, 세계기업 의사결정 과정

2) 기타 유형의 글로벌 기업

(1) 태생적 글로벌(Born global)

기업이 창업 후 경험 축적을 통한 지식확보 단계를 거치지 않고 곧바로 외국시장에 진출하는 기업이다. 학계에서는 보통 창업 후 3년 안에 외국시장에 진출한 기업을 본 글로벌로 판단한다. 이들은 대부분 소규모 사업으로 출발하고 자원이 한정된 벤처기업, 첨단기술 기반의 혁신적인 스타트 업들이다. 본 글로벌 기업은 국제화 단계를 뛰어넘는다는 의미로 립프로깅 기업(Leapfrogging firm), 또는 국제 신 벤처(International new ventures)로도 불린다.

본 글로벌은 사업 부문에서 아주 협소한 틈새시장을 지향한다. 틈새시장은 대기업들이 진출하기에 시장규모가 크지 않고, 일반 중소기업에는 기술적인 진입장벽이 있는 시장이다. 그러나 소규모 스타트 업은 기술진입 장벽을 극복하기 위해 R&D에 특화되어 있다. 따라서 이들은 협소한 내수시장을 벗어나 틈새시장이 있는 세계시장에 진출할 수 있다. 본 글로벌이 글로벌 경영을 할 수 있는 배경은 외부와 내부환경이 작용한다.

- **외부환경**: 인터넷과 정보통신기술(ICT: Information & Communications Technology)을 기반으로 하는 제4차 산업혁명이다. 신생기업이 디지털 플랫폼을 개발하여 해외시장에 손쉽게 접근할 수 있는 기반이 된다. 그리고 자본조달 면에서 클라우드 펀딩에 의한 새로운 자금 조달기반을 이용할 수 있게 되었다.
- **내부환경**: 태생적인 글로벌 기업 경영자들은 일반기업 경영자보다 국제경험이 풍부한 것이 일반적이다. 특히 창업자들은 외국에서 학업이나 업무 경험으로 외국문화에 익숙하다. 그리고 정보통신 기술 발달로 스타트 업 경영에 필요한 기술인력 확보도 가능하다.

(2) 사이버 기업(Cyber corporation)

사이버 기업은 사이버 공간을 이용하는 모든 기업으로 글로벌 기업으로 분류한다. 이들은 기존의 매장, 창고 운영 등 오프라인 상거래 틀에 구애되지 않고 온라인에서 모든 기업활동을 영위한다. 대표적으로 미국의 아마존(Amazon), 이베이(eBay), 동남아지역의 쇼피(Shopee) 등을 들 수 있다. 이들 플랫폼 기업은 대부분 전자상거래 기업으로 세계 B2C 시장에 막대한 영향을 미치고 있다.

▷ 대표적인 사이버 플랫폼 기업

- 아마존(Amazon)은 제프 베조스(Jeff Bezos)가 1995년 설립 시 온라인 서점으로 출발하여 B2C 온라인 매장 플랫폼 기업으로 성장했다.
- 이베이(eBay)는 이란 출신 피에르 오미디야르(Pierre Morad Omidyar)가 1995년 설립한 온라인 상거래 장으로 세계최대 규모의 B2C open market을 운영한다.
- 쇼피(Shoppe)는 동남아 최대 IT기업 Sea Limited사 창업자 포레스트 리(Forest Li)가 2015년 싱가포르에서 창업한 상거래 기업이다. 이후 해외로 사세를 확장하고 있는데, 동남아는 물론, 대만, 남미 브라질까지 진출했다.

CHAPTER

7

기업의 국제화 단계이론

7 기업의 국제화 단계이론

제1절 기업의 경영행태론적 국제화 단계론

1. 웁살라 학파의 점진적 발전 모형

웁살라 모형(Uppsala Model)은 대표적인 기업의 국제화 단계이론으로 꼽히고 있다. 스웨덴 웁살라 대학의 요한슨(1975)[1]과 그의 대학 동료들에 의해 개발되어 반세기(약 50년) 동안 발전되어 왔다. 기업은 투입자원이 적은 방법부터 국제화를 시작하고, 학습을 통해 축적한 지식을 바탕으로 다음 단계로 발전해 나간다. 이론이 국제화 과정에 초점을 두고 있어 점진적 성장이론으로도 불리고 있다. 웁살라 모형은 1995년 국제화 4단계, 1997년 국제화를 위한 의사결정 과정 등 두 가지 내용이 합쳐진 이론이다.

1) 국제화 4단계 모형(Stage model)

Johanson & Wiedersheim-Paul(1975)은 스웨덴의 4개사(Sandvik, Atlas Copco, Facit, Volvo) 대상 사례 분석에서 이들의 성장 과정에 일정한 패턴이 있다는 사실을 파악했다. 그 성장단계는 비정기적 수출, 대리인을 통한 수출, 현지 판매 자회사 설립, 그리고 현지 생산활동 등 4단계 발전과정이다.

1) 웁살라 모형은 Johanson & Wiedersheim-Paul(1975)에 의해 제시된 후 Johanson & Vahle(1977), Johanson & Vahle(2009), Vahle & Johanson(2017) 연구로 계속 수정되었다.

연구자들은 이러한 일련의 국제화 단계에서 내포하고 있는 중요한 의미를 도출하였다. 기업이 해외시장에 대한 경험과 정보(Market experience & information)를 축적하면서 비례적으로 자원 투입(Resource commitment)을 늘려나간다는 게 핵심적 내용이다. 이러한 국제화 단계는 기업 사정에 따라 단계를 건너뛰어 그다음 단계로 진화할 수 있지만, 스웨덴 중소기업은 패턴을 유지하였다고 주장했다.

▷ 시장 경험과 자원 투입 관계

There are two aspects about the degree of involvement, The four stages mean successively larger resource commitments and they also lead to quite different market experiences and information for the firm.

Source: Johanson & Wiedersheim-Paul(1975), The Internationalization of the Firm - Four Swedish Cases

① 단계: 비정기적 수출(No regular export activities)

기업이 국내시장에 집중하면서 간헐적으로 수출하는 국제화 초기 단계이다. 기업은 직접수출도 가능하지만, 해외시장에 대한 지식이 축적되지 않아서 간접수출을 선호한다. 이 시기의 기업 특징은 해외시장 경험과 정보 수집 창구가 없고, 현지 경영에 대한 두려움으로 시장개척을 위한 자원 투입을 아끼게 된다.

② 단계: 대리인을 통한 수출(Export via independent representatives, agent)

기업이 현지 에이젼트 등 판매 대리인을 통해 주기적으로 수출하는 단계이다. 에이젼트는 무역업계에서 통용되는 바이어(buyer)를 의미한다. 이 단계 기업은 현지 시장에 대한 정보를 확보할 수 있는 채널을 구축하고 일정 수준 자원도 투입한다.

③ 단계: 현지 판매 자회사(Overseas sales subsidiary) 설립

수출기업이 정보 채널을 통제할 수 있게 되어 판매 자회사로 현지에 진출한다. 아직 해외시장에 대한 확신에 이르지 못해 지리적 거리(geographic distance)와 심리적 거리(psychic distance)가 가까운 국가부터 진출한다. 기업이 자원 투입

을 높여 나가며 국제화를 본격 추진하는 중요한 전환기가 된다.

④ 단계: 해외 생산(Overseas Production/Manufacturing Units)

현지 시장에 대한 자원 투입이 가장 높은 단계로 시장 경험과 정보를 충분히 확보한 후 선택하는 성장 최종 단계이다. 기업의 국제화 마지막 단계로 기업이 신설투자를 통해 현지 생산시설을 갖추고 마케팅을 강화한다. 생산법인 투자는 관세와 비관세 장벽, 운송비용 등을 고려하여 결정한다.

Johanson & Wiedersheim-Paul(1975)은 기업의 국제화 진행 과정에서 심리적 거리의 중요성을 강조했다. 심리적 거리는 현지 시장과의 정보 흐름을 방해하거나 왜곡시킬 수 있는 요인이다. 심리적 거리를 구성하는 요인에는 언어, 문화, 정치체제, 교육수준 등이 포함된다. 이러한 심리적 거리는 지리적 거리와 깊은 관련이 있지만, 반드시 같은 방향성을 보이지 않는다. 예를 들어 영국과 호주는 지리적으로 멀지만, 심리적 관점에서 가까운 편이다. 반대로 미국과 쿠바는 지리적으로 가깝지만, 정치적인 이유로 심리적 거리는 먼 편이다.

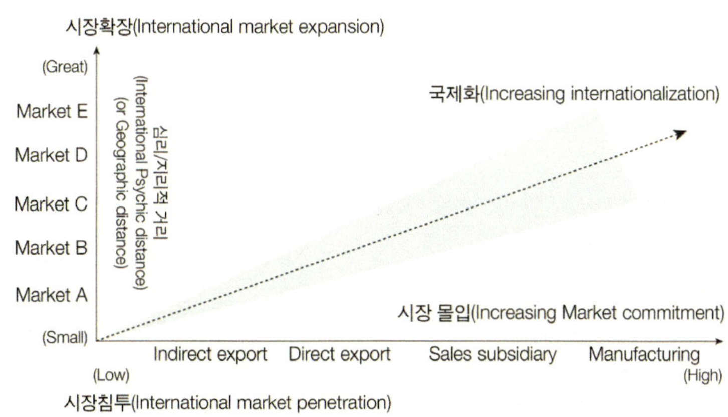

자료원: Johanson & Wiedersheim–Paul(1975), Johanson & Vahlne(1977)

〈그림 7-1〉 웁살라 학파의 점진적 국제화 과정

연구자들은 〈그림 7-1〉과 같이 심리적 거리와 지리적 거리를 활용하여 기업의 국제화 과정을 설명하였다. 수평축은 국제화 단계별로 나타나는 시장몰입 정도를 나타낸다. 기업이 해외시장에 대해 경험과 정보를 입수하여 시장지식(market knowledge)[2]이 축적될수록 간접수출, 직접수출, 판매 자회사 그리고 마지막으로 직접투자로 전략을 변경한다. 그림에서 수직축은 심리적 거리와 지리적 거리가 가까운 국가부터 먼 거리까지 진출하는 시장확장 과정을 보여준다.

2) 국제화 의사결정 모형(Decision model)

국제화 의사결정 과정은 두 가지 선행연구에 기초하고 있다. 첫째, Cyert & March(1963)의 기업 행동이론(A behavioral theory of a firm)이다. 기업은 의사결정에 선례를 선호하지만, 선례가 없으면 경험에 의존한다는 것이다. 둘째, Aharoni(1966)가 제시한 기업의 특이한 의사결정 과정이다. 아하로니는 기업의 형태론적 투자이론에서 내부의사 결정 과정을 외부충격에 대해 의심, 조사, 대안 마련 그리고 입증과정으로 보았다(최순권, 2015). 웁살라 학파는 이러한 선행연구를 바탕으로 기업의 형태론적 투자의사 결정 과정을 설명한다.

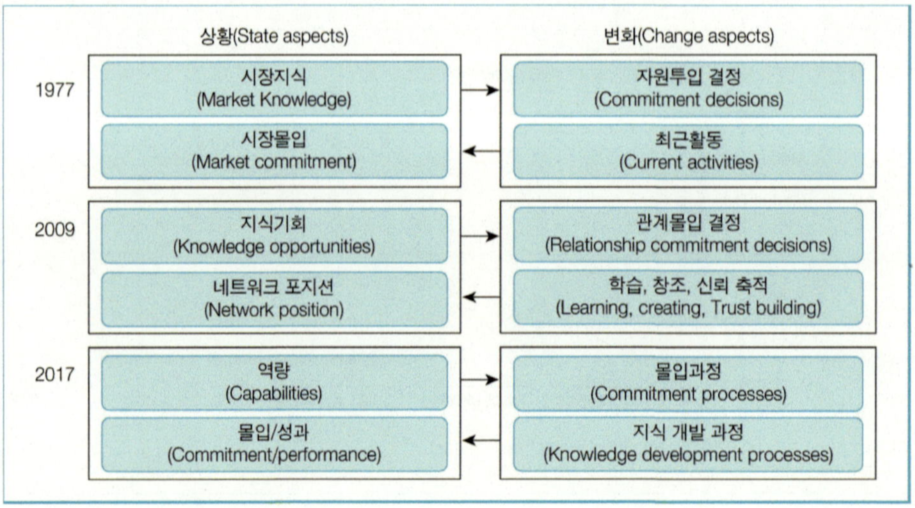

자료원: Evolution of the Uppsala Model(1977, 2009, 2017)

〈그림 7-2〉 웁살라 학파의 의사결정 모형 진화

2) 시장 지식(Market knowledge)은 기록에서 입수하는 객관적 지식과 직접 체험을 통해 확보한 경험적 지식을 포함하는데, 웁살라 모형에서는 경험적 지식을 중요시한다.

기업의 국제화 의사결정 모형의 핵심구조는 상황 측면(state aspects)과 변화 측면(change aspects)의 상호 작용이다. 연구자들은 <그림 7-2>와 같이 1997년 처음으로 학계에 이론을 소개한 후, 기업환경 변화에 따라 의사결정 틀(frame)은 그대로 유지하면서 영향을 미치는 요인(factors)을 변경해 왔다.

▷ 1977년 초기 모형

초기 모형에서 상황 측면은 시장 지식과 시장몰입으로 구성된다. 시장 지식은 시장 정보와 경영정보를 의미한다. 예를 들어 현지 시장 분위기, 시장구조 등이 시장 지식에 해당된다. 시장몰입은 지식확보에 따라 얼마만큼의 자원을 투입하였는가를 의미한다. 즉, 현지에 적합한 신제품 개발, 인력 채용과 조직적응 등이다.
변화 측면의 자원 투입 결정은 현재의 경영활동을 의미한다. 현지 시장에서 행하고 있는 다양한 경영활동으로 생산, 협상, 그리고 이해관계자들과의 상호 작용 등이 포함되며 경험적 지식을 확보할 수 있는 원천이 된다.
상황과 변화요인 내의 변수 간의 상호 작용은 초기에 입수한 시장 지식에서 출발하지만, 이후에는 요인들이 동시에 상호 작용하게 된다. 이러한 면에서 웁살라 의사결정 모형을 다이내믹 모형(Dynamic model)이라고 불린다.

▷ 2009년도 수정 모형

상황요인은 지식기회와 네트워크 포지션 항목으로 대체되었다. 그리고 변화요인에는 관계몰입 결정과 학습·창조·신뢰 구축으로 변경되었다. 대체 배경은 30여 년이 지나면서 기업 생태계가 바뀌었고 국제화 이론도 진보하였기 때문이다.
수정 모형의 핵심내용은 기업이 경영과 관련된 외부인과의 네트워크에서 관계를 중요시 한 점이다. 이제는 기업이 국제화하는 데 있어 초기에 강조된 심리적 거리보다 비즈니스 관련 네트워크 중요성이 부상했기 때문이다. 2009년 모형에서 요인들의 상호 작용 과정은 1997년과 동일하다.

▷ 2017년 재수정 모형

재수정 모형은 다국적기업의 역량 창조 과정에 무게 중심을 두고 있다. 왜, 이들 기업이 국제화를 추진하고, 어떠한 기업 특유의 우위가 국제화를 가능하게 하는지를 파악하는데 주력하는 모형이다. 상황요인에는 역량, 그리고 몰입과 성과로 하였고, 변화요인은 몰입과정 그리고 지식 개발과정으로 구성된다.
2017년 모델에서 요인별 새로운 항목 간의 상호 작용 과정은 이전 모형과 같은 원리로 작동된다. 즉, 상태와 변화요인은 상호 작용하면서 기업의 추가적인 변화를 불러오게 된다.

2. 기업의 국제화 발전단계에 관한 연구

1) 보르첼(Wortzel)의 개도국 기업 국제화

보르첼(L. Wortzel & H. Wortzel, 1981)은 한국, 홍콩, 대만 등 신흥공업국(NICs) 그리고 태국, 필리핀 등 저개발국(LDCs: Less Developed Countries) 대상 연구에서 개도국 기업의 국제화 5단계를 제시하였다. 이론의 핵심은 기업은 단계별로 생산과 마케팅 기능을 점차 내부화시켜 간다는 내용이다. 내부화는 직접투자이론에서 살펴본 바와 같이 기업이 외부 시장거래(Arm's length transaction)를 통한 원부자재를 조달하지 않고, 내부거래를 통해 해결하는 거래방법이다.

보르첼은 마케팅 4p(product, price, promotion, place)의 조합에서 국제화 단계를 구분했다. 기업의 국제화 정도는 〈표 7-1〉과 같이 4p에 표시된 점(•)의 숫자로 파악할 수 있는데, 아래 방향으로 집중도가 높아지고 있음을 보여주고 있다.

① **수입자 주도 해외 진출**: 기업이 성장을 위해 수출을 주도적으로 결정하지 않은 단계이다. 이 단계 기업의 국제 비즈니스는 수입자 요구로 시작되는데, 수입자는 낮은 비용을 활용한 제품을 확보하기 위해 주문을 하게 된다. 따라서 수입자가 거래 주도권을 쥐고 가격, 디자인 그리고 운송 조건 등 대부분 거래조건을 결정한다.

② **기초 생산기반 마케팅**: 기업이 국제화를 시작하게 되는데 다른 기업의 경험적 지식을 활용하여 수출하는 단계이다. 기업이 제품, 디자인 등 기초적인 사항을 결정하지만, 아직 수입업자가 거래를 주도하는 시기이다.

③ **진화된 생산기반 마케팅**: 아직 고객 주문 생산단계에 머무르고 있다. 하지만 기업은 제품생산을 수입자의 조력을 받거나 자체적으로 해결할 수 있는 수준이다. 이 단계 기업은 해외에 연락사무소나 지점을 개설하여 국제적인 시야를 넓혀 나간다.

④ **공급자 중심 마케팅**[3]: 기업이 해외사업에 상당한 변화를 보이는 단계이다. 현지 바이어 주문방식(OEM)보다 고유브랜드로 수출하지만, 아직 가격경

---

3) 푸쉬(Push) 마케팅은 기업이 대량생산을 통해 소비자에게 '상품 밀어 넣는' 전략이다. 본사에서 수요를 고려하지 않고 대리점으로 물량 밀어내기가 이에 해당한다. 풀(Pull) 마케팅은 제품 개발단계부터 철저하게 고객 수요를 반영하는 기법이다.

쟁력에 의존하는 단계이다.

⑤ **소비자 중심 마케팅**: 기업의 국제화가 가장 고도화된 수준이다. 현지 소비자 취향을 맞추기 위해 직접투자를 통해 생산시설을 현지에 구축하는 단계이다. 현지 마케팅 전략은 공급자 중심의 Channel push에서 소비자 욕구를 중시하는 Consumer pull 방식이다.

보르첼의 국제화 이론은 주로 수출에 초점을 두고 있지만, 마지막 단계는 기업의 직접투자를 통해 국제화를 마무리하게 된다. 이들의 연구결과는 개도국 기업들의 현실감 있는 국제화 진행 과정을 보여주고 있다.

〈표 7-1〉 **개도국 기업의 국제화 과정**

발전단계	Product	Price	Promotion	Place
1. 수입자 주도 해외 진출 (Importer pull)	•	•	•	•
2. 기초 생산기반 마케팅 (Basic production marketing)	••	••	••	••
3. 진화된 생산기반 마케팅 (Advanced production marketing)	•••	•••	•••	•••
4. 공급자 중심 마케팅 (Channel push)	••••	••••	••••	••••
5. 소비자 중심 마케팅 (Consumer pull)	•••••	•••••	•••••	•••••

자료원: L. Wortzel, & H. Wortzel(1981), Export Marketing Strategies for NIC and LDC based Firms

2) 더닝(Dunning)의 국제화 단계

해외직접투자 절충이론을 제시한 Dunning(1993)은 기업의 국제화 과정을 다섯 단계로 제시하였다. 더닝의 기업 국제화 단계론은 간결하면서 현실을 잘 반영하고 있다는 평가를 받고 있다.

① **간접수출(Indirect export)**: 기업이 자체 역량으로 해외 수입업자를 발굴하고, 계약과 운송 주선을 위한 수출역량이 부족한 단계이다. 이 단계 기업의 수출업무는 국내 중개업자에게 물품을 인도하면서 위험과 비용부담 의

무가 종료된다.

② **직접수출**(Direct export): 기업이 생산제품을 중개상을 통하지 않고 해외 수입업체에 직접 공급하는 단계이다. 그리고 현지에 판매 자회사를 설립하여 본사와 지사 간 내부거래를 통해 현지 시장을 확대하는 단계까지 포함한다.

③ **부품 현지 조립/생산**(Local production of parts): 그동안 해외 경험을 토대로 국내생산 제품 수출보다 현지 조립 생산체제를 구축하는 단계이다. 현지 자회사 공장은 본사에서 CKD, SKD 방식으로 제공해준 부품으로 완성품을 생산한다.

④ **신제품 현지 생산**(Local production of new products): 본격으로 현지화가 시작되는 단계로 단독투자, M&A 등으로 현지 시장에 진출한다. 현지 투자 배경은 현지 정부의 부품 현지화 정책, 관세장벽 등을 회피하는 데 있다.

⑤ **지역/글로벌 통합**(Regional/global Integration): 국제화가 최고로 고도화된 단계로 한 나라에서의 현지화를 넘어 다국적기업으로 성장하는 단계이다.

3) 카뷔스길(Cavusgil)의 혁신기반 국제화 단계

웁삽라 학파는 중소기업 대상의 경험적 지식 기반으로 기업의 점진적 국제화 단계를 제시하였다. 카뷔스길은 경험적 지식을 혁신으로 대체하고, 혁신을 학습과정으로 파악하였다. 이러한 배경에서 그의 연구결과는 혁신기반 국제화 이론(Innovation-related internationalization model)으로 불리고 있다.

▷ 혁신기반 국제화 이론 평가

The model focus on the learning sequence in connection with adopting an innovation. In other words, the internationalization decision is considered as an innovation for the firm.

Source: O. Anderson(1993), On the Internationalization Process of Firms: A Critical Analysis

카뷔스길(Cavusgil)은 미국기업 대상의 실증적 연구와 선행연구 탐색을 통해 기업의 점진적이고 연속적인 국제화 패턴을 파악하였다. 기업이 점진적으로 국제화를 수행할 수밖에 없는 이유로 불확실성, 정보 수집비용의 증가, 해외사업 수행을 위한 경험적 지식 부족 등을 들고 있다. 이러한 배경에서 기업이 급진적이거나 단계를 건너뛰는 해외사업이 어려워서 학습을 통해 성장해 나간다. 그의 기업 성장단계 특징은 <표 7-2>와 같이 다단계로 세분화되어 있는 점이다.

〈표 7-2〉 **카뷔스길의 혁신기반 국제화 단계**

구분	주요내용
1단계	• 국내 마케팅(Domestic marketing) The firm sells only to the home market
2단계	• 수출시장 탐색(Pre-export stage) The firm searches for information and evaluates the feasibility of understanding exporting
3단계	• 시험적 수출(Experimental involvement) The firm starts exporting on a limited basis to some psychologically close country
4단계	• 적극적인 수출(Active involvement) Exporting to more new countries-direct exporting-increase in sales volume
5단계	• 국제기업(Committed involvement) Management constantly makes choices in allocating limited resources between domestic and foreign markets

자료원: Anderson(1993)의 Cavusgil(1980) 연구 평가

① **국내 마케팅**: 기업은 해외시장에 관심이 부족하며 해외 진출에 대해 부정적인 입장이다. 경영활동은 국내시장 중심으로 내수시장 점유율 확대에 주력한다.

② **수출시장 탐색**: 어떠한 외부 또는 내부자극을 계기로 해외에 관심을 보이고 수출시장 정보를 탐색하는 수준이다. 외부 자극은 기대하지 않았던 수출 주문 수령, 정부나 협회 등의 요청 등도 포함된다. 내부자극은 비교우위 확보, 해외 학업이나 근무 경력을 보유한 경영자 취임 등을 들 수 있다.

③ **시험적 수출**: 본격적으로 기업 국제화가 시작되는 단계로 심리적 거리가 가까운 국가에 시험적인 수출부터 시작한다. 그러나 수출국 수도 적고, 기

업 전체 매출에서 해외사업 부문의 비중은 미미한 수준이다.

④ **적극적인 수출**: 기업은 직접수출을 통해 적극적으로 수출국 수를 늘려나가고 물량도 확대해 나가는 국제화 단계의 전환점이 된다. 이처럼 기업의 해외경영 전략이 적극적으로 전환될 수 있는 배경은 세 가지로 요약해 볼 수 있다.

첫째, 경험적 지식(Experiential knowledge) 축적이다. 지식은 해외시장에서 발생하는 사업기회를 인지할 수 있고, 사업화를 할 수 있는 원동력이 된다. 둘째, 핵심 자원(Access to key resources) 확보이다. 규모의 경제를 달성할 수 있는 기업 규모 확대, 훈련된 중간관리자 육성 등이 여기에 해당된다. 셋째, 진취적인 기업가의 해외진출 의지이다.

⑤ **국제기업**: 기업의 해외시장 몰입이 가장 높은 단계로 경영자는 자원을 국내외에 적절히 배정한다. 아울러 이 단계 기업은 국제경영에 필요한 마케팅 믹스(Marketing mix) 뿐만 아니라 위기관리 능력도 갖추었다. 무엇보다 이 단계의 기업은 수출뿐만 아니라 라이센싱, 그리고 직접투자 등 다양한 경영전략을 수행할 수 있는 역량을 보유하고 있다.

4) 기타 기업의 행태론적 국제화 단계론

콜데(Kolde, 1968)는 기업의 국제화 과정을 해외에서 수행하는 경영활동 수준에 따라 3단계로 단순화하였다. 그 과정은 국내 생산제품 수출, 해외 판매와 저장시설 확보, 해외 생산시설을 구축하여 직접 생산하는 단계이다.

딤자(Dymza, 1972)는 기업의 국제경영 진화 정도에 따라 네 단계로 구분하였다. 1단계는 내수기업이 경영전략으로 해외에 적합한 제품을 개발하여 수출하는 초기 단계 국제화 기업이다. 2단계는 라이센싱 방식으로 기술이나 경영 노하우를 계약 형태로 해외에 진출한다. 3단계는 국내중심의 해외생산 단계로 해외투자에도 불구하고 주요 의사결정은 국내에서 이루어진다. 마지막 4단계는 해외자산과 수익이 상당 수준에 달한 다국적기업이다.

마지막으로 데이비드슨(Davidson, 1980)은 투자유치국 특성에 기반하여 기업의 해외투자 발전과정을 파악하였다. 그는 미국기업의 캐나다, 영국, 프랑스, 호주 그리고 일본 투자 현상을 연구한 결과 일정한 패턴이 있다고 주장하였다.

첫째, 경험적 지식을 활용하여 점진적으로 발전해 나간다. 미국기업은 해외사업 초기에 경제 수준이 비슷한 국가에 판매법인으로 진출한다. 그리고 선행투자로부터 축적된 경험을 토대로 생산법인으로 전환하여 사업을 고도화시켜 나간다.

둘째, 심리적 거리가 가까운 국가에서 먼 국가로 순차적으로 진출한다. 미국기업들은 문화가 비슷한 유럽에 우선 투자한 후에 문화가 다른 일본에 진출하였다.

제2절 기업 경영관리 차원의 접근방법

1. 펄 뮤터(Perlmutter)의 EPRG framework

펄 뮤터의 EPRG 패러다임은 기업이 해외 영업거점을 어떻게 관리하느냐 하는 시장관리 유형의 대표적인 이론이다. 펄 뮤터(Perlmutter, 1969)는 처음 EPG(본국, 현지, 세계) 모형을 제시한 후, 1973년 동료들(Wind et al., 1973)과 함께 지역을 추가하여 <그림 7-3>과 같이 EPRG 모형으로 확장하였다.

본국 중심 Ethno centrism	현지 중심 Poly centrism	지역 중심 Regio centrism	세계 중심 Geo centrism
Home country orientation	Host country orientation	A regional orientation	A world orientation
- 본사 의사결정 (모든 의사결정)	- 본사 역할 약화 (자회사 역할 강)	- 본사 결정 약화 (본부 역할 강)	- 본사 개념 없음 (상호 협력)
- 본사 표준	- 현지 표준	- 지역 표준	- 범 세계 표준
- 수직적 구조	- 수직구조 완화	- 매트리스 구조	- 네트워크 구조
- 경영자 자국인	- 현지인 합류	- 현지인 역할 강	- 국적 무관

자료원: Perlmutter(1969), Wind et al.(1973), Drachal(2014)

〈그림 7-3〉 EPRG Framework

(1) 본국중심(Ecocentrism)

기업이 경영전략 수립과 실행에 있어 본사의 가치와 이익을 우선하는 유형이다. 기업은 경영활동과 자원 배분을 본국시장 중심으로 수행하며 수출은 기업에서 차지하는 비중이 매우 낮은 단계이다. 기업의 모든 의사결정은 본국에서 이루어지고 해외 자회사는 본사 전체 마케팅 사업에서 부수적인 역할만 수행한다. 따라서 해외 자회사 통제는 중앙집권적으로 이루어지고 현지 자회사의 인력 구성도 본국 출신 위주로 현지 직원은 보조적인 역할만 수행한다.

초기 단계의 국제기업으로 수직적인 의사결정 구조이며, 본사의 자회사 통제가 쉽고 커뮤니케이션도 빠른 편이다. 다만, 자회사가 자율성을 발휘하지 못해 수요변화 등 상황 변화에 적절하게 대처하지 못하는 단점이 있다.

(2) 현지중심(Polycentrism)

현지중심 기업은 자회사의 현지화를 위해 자율권을 인정하면서 시장을 관리하는 유형이다. 자회사들은 현지 시장별 특성을 반영하여 시장 개별화(Individualities of foreign markets)를 추진한다. 분권형 의사결정 구조로 본사는 예산통제나 연구개발 등 중요 사항만 결정하고 자회사들은 현지 인력 채용, 마케팅 등 일상적인 업무에 관한 자율권을 보유한다. 자회사는 본사 방침에 따라 최고 책임자를 현지인으로 채용할 수 있다. 이런 경우 문화 차이, 언어소통 문제 등을 피할 수 있고 자회사의 현지 적응에 시간과 노력을 줄일 수 있다. 기업 국제화 유형에서 협의의 국제기업과 다국적기업이 현지중심 경영을 하게 된다.

현지중심 경영 기업은 당연히 현지 수요에 발 빠르게 대처할 수 있는 이점이 있지만, 일정 부분 부정적인 영향을 감수해야 한다. 그 단점은 첫째, 현지 경영에 적합한 노하우는 기업 차원에서 이용하지 못한다. 둘째, 본사와 자회사, 그리고 자회사 간 협력 단절로 경영목표 달성에 혼선이 발생할 수 있다.

(3) 지역중심(Rigeocentrism)

경영환경이 유사한 시장을 그룹(Groups of similar markets-regions) 단위로 구성하고 지역본부가 중심역할을 수행한다. 분권화에 기초하여 본사는 전사적 경영목표 수립, 지역본부는 세부전략 수립 그리고 자회사들은 주어진 목표를 달성하는 구조이다. 지역 그룹화 결정요인은 지리적 인접성, 유사한 경제체제 그리고 문화, 종교 등도 반영된다. 지역중심 경영을 위한 경제권 사례로 EU, ASEAN 그리고 USMCA 등을 들 수 있다.

지역중심 기업은 펄 뮤터의 초기 EPG 모형에 없던 것을 세계 경제의 지역경제 블록화를 반영하여 추가한 유형이다. 따라서 지역중심 기업은 국제기업 유형에서 다지역기업에 해당한다. 기업 경영상의 이점은 첫째, 지역본부 산하의 개별시장마다 독특한 문화와 수요를 반영할 수 있다. 둘째, 지역본부 산하 자회사 간의 협업을 통해 지역단위 시설과 인력을 활용하여 규모의 경제효과도 보게 된다. 드라칼(Drachal, 2014)은 지역중심 기업으로 GM(General Mortors)을 지목하였는데, GM은 유럽, 미국 그리고 아시아로 구분하여 마케팅을 추진한다.

(4) 세계중심(Geocentric)

지오센트릭(Geocentric)은 지구 중심을 의미하는데 국경은 무시되며 세계를 하나의 활동무대로 하는 기업이다. 이러한 유형은 초국가기업(Huge transnational corporations)에 해당하기 때문에 국내와 해외시장 구분이 없다. 따라서 본사와 전 세계에 산재해 있는 자회사는 상호 유기적인 연결 관계를 유지하며 범세계적인 관점에서 경영활동을 전개해 나간다. 그리고 취급 제품과 서비스는 세계적으로 표준화되며, 경영자는 국적과 관계없이 능력 기반으로 영입된다.

이 단계 기업은 글로벌 경영으로 지구촌 자원을 효율적으로 활용할 수 있다. 그러나 전 세계를 하나의 시장으로 보고 경영을 하므로 국가별로 다른 노동환경, 소비자 취향 차이를 극복해야 하는 과제를 안고 있다. 그리고 제품과 서비스 표준화, 채용인력 교육 훈련에 드는 비용도 감수해야 한다. 펄 뮤터는 기업의 자원 활용과 생산성 향상을 위해 궁극적으로 세계 경영을 할 수밖에 없다고 주장하였다.

2. 로빈슨(Robinson)의 기업 국제화 단계

Robinson(1973)은 기업의 국제화 단계로 국내기업, 국제기업, 다국적기업, 그리고 초국가기업으로 구분하고 단계별 시장관리 특징을 제시하였다. 기업의 발전단계는 〈표 7-3〉과 같이 경영층 구성과 자원의 국내에 배치 정도에 따라 점차 발전수준이 고도화되어 간다.

〈표 7-3〉 로빈슨의 기업 국제화 과정과 주요내용

기업유형	해외사업	국내외 사업	기업 소유자	기업경영자
국내기업	수출, 기술제휴	국내사업 주도	본국	본국 모기업
국제기업	수출, 현지생산	의존과 독립	본국	본국 모기업
다국적기업	상동	국내외 동등	다수국	본국 모기업
초국적기업	상동	국내외 일체	다수국	다수국
초국가기업	상동	상동	국제기구	국제기구

자료원: 경영학 플러스+알파(다국적기업론 #4)

① **국내기업**(National firm): 해외사업은 기업 경영에서 차지하는 비중에서 부수적인 수준에 불과하다. 국내사업부가 해외사업을 주로 수행하며, 해외사업 부문은 기업성장에 큰 영향을 미치지 못한다.

② **국제기업**(International firm): 기업 전체사업에서 해외 부문이 상대적으로 독자성을 확보하고, 국내사업과 상호 의존한다. 기업의 전체사업에 질적인 변화가 일어나는 단계로 상품 수출뿐만 아니라 현지 생산과 판매까지 하게 된다. 통상적으로 국내와 해외사업 부서가 분리되어 독립적으로 활동하지만, 아직 상호 의존성이 높은 편이다.

③ **다국적기업**(Multinational firm): 기업의 해외사업 부문이 매우 높은 비중을 차지하는 단계이다. 기업 전체적으로 본국 시장은 세계시장의 하나로 간주되고, 사업상의 국내외 구분이 없어진다. 따라서 이러한 단계의 기업은 국내외 사업을 동등하게 취급하고, 이윤 극대화를 위해 국경을 의식하지 않고 인적, 물적 자원을 최적으로 배분한다.

④ **초국적기업**(Transnational firm): 소유의 다국적화뿐 아니라 경영의 다국적화가 이루어지는 기업이다. 기업 경영진에 국적을 달리하는 다수의 중역이 경영관리에 참여한다. 다만, 현실적으로 다국적기업과의 특징 구분이 모호한 기업 유형이다.

⑤ **초국가기업**(Supernational firm): 특정 국가의 주권에 속하지 않고 지역 경제권의 연합기관이 공동으로 설립하여 운영하는 기업이다. 특징은 소재 경

제권에 가정 적합한 경영활동 수행이다. 다만, 이 단계 기업은 이론상으로 출현할 수 있지만, 아직 현실적으로 나타나기 어려운 유형이다.

3. 그라이너(Greiner)의 진화와 혁신을 통한 성장론

그라이너(Greiner, 1998)는 기업의 국제화 과정을 기업조직의 연륜과 기업 규모의 함수로 보고 성장모형을 고안했다. 기업은 진화(evolution)와 위기를 극복하는 혁신(revolution) 과정에 성장해 나가게 된다. 모형은 1972년 초에 발표되었으며, 1997년 금융위기 등 국제 경영환경 변화에 따라 1998년에 수정되었다.

기업이 창업 후 진화과정에서 내부적인 혼란을 혁신을 통해 성공적으로 극복하면 다음 단계로 성장한다. 반면에 그렇지 못한 기업은 정체하거나 도태하게 된다. 여기서 진화는 조직 안정성을 유지하며 성장해 나가는 것을 의미하며 격변이 없는 기간이다. 혁신은 조직의 미래를 좌우할 수 있을 만큼 혼란스러운 위기를 이겨내는 것을 의미한다.

그라이너의 진화와 혁신 성장론은 두 부분으로 나누어져 있다. 〈그림 7-4〉에서 좌측 도형(a)은 한 기업의 진화와 혁신을 통한 성장 과정을 보여주고 있다. 그리고 우측 도형(b)은 산업특성에 따른 기업의 성장 속도 차이를 설명하고 있다.

1) 진화와 혁신을 통한 성장

좌측 도형(a)에서 사선 윗부분은 기업이 진화(evolution) 할 수 있는 성장동력으로 기업가 정신, 지도력, 권한위임, 조정 그리고 협력 단계로 구성되어 있다. 사선 아랫부분은 기업 진화과정에 혁신(revolution)되어야 할 위기 유형으로 리더십 위기, 자율성 상실위기, 통제권 상실위기 그리고 마지막으로 관료주의 위기 순으로 나타난다. 즉, 기업은 사선 윗부분 동력으로 성장해 나가는 과정에 나타나는 사선 아랫부분의 위기를 극복하면서 성장해 나간다.

① 창의성을 통한 성장(Growth through creativity)

창업 초기 제품생산과 시장확보를 위한 마케팅이 중요한 시기이다. 기업의 성장동력은 창업자의 기업가 정신(creativity)이며, 경영특징은 첫째, 생존을 위해 시장반응에 즉각 반응한다. 둘째, 사내 직원들 간의 커뮤니케이션은 비공식적이고 간혹 이루어진다, 셋째, 창업자 수익과 비교하면 직원들 급여는 넉넉하지 않다.

창업 초기 진화과정에서 창업자의 기업자 정신이 리더십 위기(crisis of leadership)를 불러온다. 이를 극복하고 진화를 계속하기 위해 지식과 경험이 풍부한 외부 전문경영인을 영입하지만, 혁신은 말처럼 쉽지 않다. 왜냐하면, 창업자는 전문 경영인에게 경영을 맡기고 물러나 있기를 주저하기 때문이다. 따라서 창업자를 설득할 수 있는 강력한 인재 영입이 혁신의 성공 요인이 된다.

② 지시에 의한 성장(Growth through direction)

리더십 위기를 극복한 기업은 한동안 전문 경영인의 지시적 리더십(directive leadership)에 의해 다시 진화한다. 이 시기의 기업 특징은 첫째, 생산과 마케팅 부서 등 내부 조직이 굳건해지고 전문화된다. 둘째, 예산, 업무, 성과급 등 경영 전 분야 업무가 표준화된다. 셋째, 수직적 조직구조가 도입되고 직위가 부여되며 커뮤니케이션은 점차 공식화된다. 넷째, 외부영입 경영자와 상위 관리자(new manager and his or her key supervisors)의 책임에 높은 데 반해 하위 관리자(lower-level supervisors)는 자율성을 상실하고 기능적인 역할만 수행한다.

두 번째 위기는 하위 관리자들의 자율성 상실(crisis of autonomy)에서 다가온다. 하위 직원들은 자신들의 경력과 지식에도 불구하고 점차 중앙통제적인 경영방식에 불만을 품고 회사를 떠나게 된다. 이러한 위기에서 경영자는 하위 직급에 권한을 위임(delegation)하여 위기를 극복한다.

③ 권한위임을 통한 성장(Growth through delegation)

기업은 전 단계의 자율성 상실 위기를 권한위임으로 극복하고 분권화 조직으로 재편한다. 이 단계 특징은 첫째, 생산 및 마케팅 부서장의 권한 강화, 둘째, 개인성과 평가 및 보상 강화, 셋째, 최고 경영자의 외부활동 증가, 넷째, 커뮤니케이션 방식의 문서화이다.

기업은 권한위임을 통해 새로운 성장의 장을 열게 되지만, 아이러니하게도 통제권 상실(crisis of control) 이라는 새로운 위기에 직면한다. 경영자는 조직 통제권 회복을 추진하지만 복잡해진 조직 장악이 불가능한 상태이다. 따라서 경영자는 직원들 간의 협의로 위기를 극복하기 위해 조정기법(coordination techniques)을 도입하여 해결한다.

④ 조정을 통한 성장(Growth of coordination)

기업은 조정력을 높이기 위해 공식 운영 시스템을 도입하고, 전 단계 분권화 문제를 제거하기 위해 다시 최고 경영자 역할이 강화된다. 이 단계의 경영특징은 첫째, 조직이 분권화를 중앙집권화로 환원시킨다. 둘째, 공식 기획조정 부서가 설립되어 회사 경영현황을 점검한다. 셋째, 기업 조정력을 높이기 위해 본사에 많은 인원이 집중적으로 배치된다. 넷째, 모든 부서는 배정된 예산 규모에 따라 중요도가 평가된다. 다섯째, R&D, 데이터 처리 등 지원 기능은 본사에 집중된다. 여섯째, 직원들 사기를 북돋우려고 스톡옵션 제공, 수익 분배제도를 도입한다.

이 단계 성장은 한정된 자원의 효율적인 배분으로 가능하게 된다. 현장 관리자는 자신의 분야에 자신감을 갖게 되며 본사 기능을 감시할 수 있는 수준이 된다. 문제는 효율성 제고를 위해 도입한 많은 제도와 조정제도가 관료주의 위기(red-tape crisis)로 작용한다는 점이다. 조직이 너무 공식화되고 업무절차가 복잡해지며 본사와 현장과의 불신문제도 발생하기 때문이다.

⑤ 협력을 통한 성장(Growth through collaboration)

기업은 관료주의 문제를 조직 내부의 강력한 협력(strong interpersonal collaboration)을 통해 해결하고 진화를 계속한다. 직원들 간의 자발적인 협조로 상하좌우 간의 관계가 개선되고 조직이 유연해진다. 이 시기의 경영특징은 첫째, 조직은 기능적으로 통합되고 문제 해결에 집중한다. 둘째, 본사 전문가는 과제수행 조직에 재배치 된다. 셋째, 적절한 문제 해결을 위해 매트릭스 조직이 자주 결성된다. 넷째, 교육 프로그램이 강화되고 실시간 정보교류 시스템이 도입된다. 다섯째, 인센티브는 개별성과급에서 팀별 성과급으로 전환된다.

기업이 마지막 위기인 관료주의를 극복하고 진화를 계속하지만 급변하고 있는 국제 경영환경에서 어떠한 위기를 맞게 될지는 아무도 알 수 없다. 이러한 배경에서 그라이너(Greiner)는 성장 마지막 단계에 달한 기업도 「알 수 없는 새로운 도전("?")」에 직면하게 될 것으로 예측했다. 예를 들어 조직원들은 일상적인 업무를 수행하는 조직과 새로운 것을 창출해야 하는 조직을 오가면서 에너지를 소모하여 집중력 저하는 또 다른 위기가 될 수 있다.

그라이너의 '진화와 혁신을 통한 성장' 모형은 기업이 진화과정에서 맞게 되는 내부 관행 문제를 스스로 파괴하면서 자구책을 찾아가야 한다는 시사점을 제공한다. 그러나 '기업 성장의 끝은 없는가?' 질문에 답변이 어려운 한계도 있다. 그라이너는 이러한 점을 고려하여 1998년 6번째 진화 단계로 지주회사 또는 네트워크 조직 등장 가능성을 시사하였는데 다국적기업이나 글로벌 기업이 여기에 해당할 수 있다.

2) 산업성격에 따른 기업 성장 속도

기업의 성장 속도는 일반적으로 그 기업이 속한 산업 성격에 따라 다르게 나타난다. 성장 속도가 빠른 산업은 그만큼 위기도 빠르게 발생하고 이에 신속하게 적응해야 하므로 성장 속도가 빠르게 된다. 이러한 특성은 〈그림 7-4〉 우측 도형(b)에서 설명하고 있다. 도형에서 수평축 조직 나이는 시간의 경과를 의미하며, 수직축 조직 규모는 성장 속도를 보여준다. 세 개 사선은 시간 경과(조직 나이)에 따른 성장 속도(조직 규모)를 나타내는데. 성장 속도는 시계방향으로 고성장, 중간성장, 그리고 저성장산업 순이다.

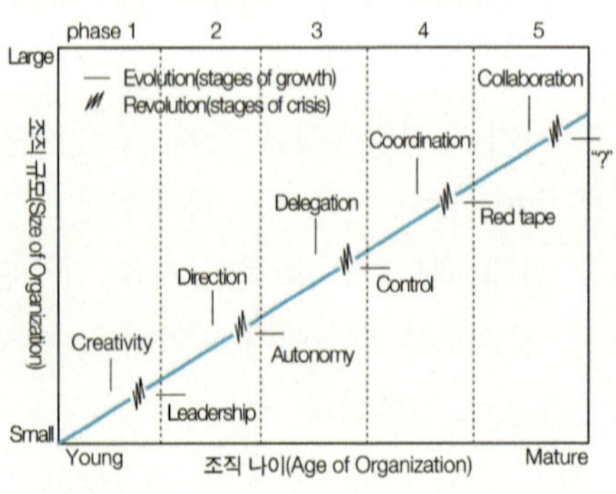

(a) 진화와 혁신 과정

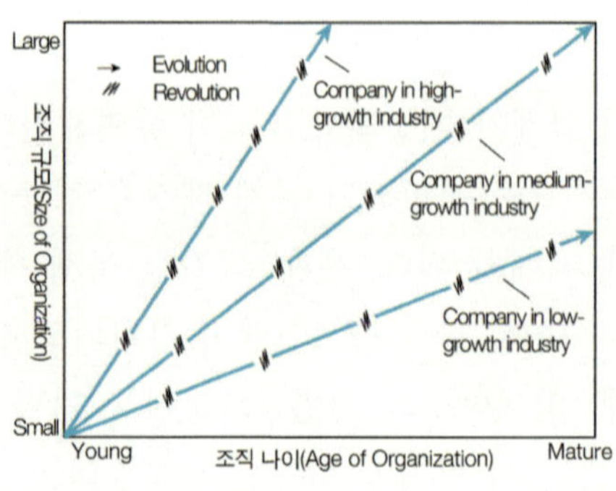

(b) 산업별 진화 속도

자료원: Greiner(1998), Evolution and Revolution as Organizations Grow

〈그림 7-4〉 그라이너(Greiner)의 기업 성장 모형도

고성장산업 내 기업의 성장 속도가 가장 빠른 이유는 기업이 즉시 대응하게 되므로 진화와 혁신주기가 그만큼 짧아지기 때문이다. 예를 들어 고성장 산업

기업은 빠른 시장변화에 대응하기 위해 추가인력 채용과 조직 구조조정 등으로 발 빠른 대처를 하게 된다. 반대로 저성장산업은 시장변화가 느리므로 기업도 장기간 경영위기를 느끼지 못하게 되어 혁신이 없고 진화 속도가 느리게 된다.

CHAPTER

8

해외직접투자 전략

8 해외직접투자 전략

제1절 해외직접투자 실행전략 수립

1. 해외직접투자 전략의 개념

해외직접투자 전략이란? 기업이 경영전략에 따라 투자계획을 수립하여 실행방향을 제시하며, 효과적으로 실행되도록 자원을 배분하는 것이다. 투자전략은 그 목적을 분명하게 정의하고 세부적인 실행계획을 수립하여야 한다. 왜냐하면, 현지 투자목적이 시장확보인가? 아니면 생산기지인가? 에 따라 진출 국가와 투입자원 내용이 달라지기 때문이다. 대체로 기업의 해외투자 동기는 복합적으로 작용하기 때문에 무엇이 주요 목표인가에 대한 우선순위를 정해야 한다.

해외직접투자 사업은 매몰 비용(sunk cost)이 투입되고, 사업 운영기간이 장기간이다. 따라서 사업계획서는 철저한 환경분석과 비용과 수익 등 사업성 평가를 통해 작성되어야 한다. 그리고 해외투자는 경영자산의 이전을 통해 이루어지기 때문에 전사적인 관점에서 수립되어야 한다. 이러한 투자전략 수립과 수행과정에 주의해야 할 사항은 아래와 같다(반경길, 2000; 변재웅, 2018).

첫째, 투자계획은 문서(투자계획서)로 작성되어야 한다. 투자전략은 시기별 자원 투입을 위한 조직원의 지침서로 반드시 서류화되어 배포되어야 한다.

둘째, 기업 전체 경영전략 차원에서 수립되어야 한다. 기업 전체적인 투자목적이 반영되지 못한 프로젝트의 경우 부서 간 협력이 어려울 뿐만 아니라 갈등이 조장되어 저해요인으로 작용할 수 있다.

셋째, 최고 경영자가 적극적으로 전략 수립과 이행에 관여해야 한다. 직원들은 최고 책임자의 인사, 재무, 생산 등 경영 방향 결정을 따르게 된다. 경영자의 관심이나 의지가 약한 경우 조직원들은 무관심하거나 적당한 협력만 하게 된다.

넷째, 조직 구성원들이 해당 사업 내용을 정확하게 인식하고 참여해야 한다. 구성원들이 프로젝트를 정확히 이해하지 못하면 그 이행에 혼선이 초래한다. 이는 투자전략이 반드시 문서로 작성되어야 하는 이유가 된다.

다섯째, 결정된 투자계획은 타당한 이유 없이 변경하거나 포기하면 안 된다. 예를 들어 교체된 경영자가 해당 사업을 포기하거나 수행 의지를 보이지 않으면, 조직원의 집중력이 떨어지고, 국내외 파트너들의 혼란이 일게 된다.

2. 투자계획서 작성

투자계획서 작성은 사업 분야와 목적에 따라 다양한 기법이 활용하고 있다. 컨설팅 업계에서 활용하고 있는 경영전략계획서 작성절차는 〈그림 8-1〉과 같이 4단계로 진행한다. 먼저 기업이 외부와 내부적인 수요에 의해 투자를 결정하게 되면, 투자계획서 작성을 시작하는데 순서는 환경분석, 현황분석, 전체 투자계획 수립, 그리고 사업 추진 지침서가 되는 세부 실행계획을 마련한다.

① **환경분석**: 투자전략을 수립하기 위해서는 우선적으로 경영환경이 어떤지를 파악한다. 분석 목적은 여건을 파악하고 핵심적인 성공요소(CSF: Critical Success Factors)를 도출하는 데 있다. 기업의 경영환경은 자사가 통제할 수 없는 외부환경, 일정 부분 통제 가능한 내부환경으로 구성된다. 외부환경 평가는 일반환경, 그리고 시장과 고객 분석 등을 통해 기회와 위기 요인을 파악한다. 내부환경은 자사의 핵심 역량, 프로세스, 재무능력 그리고 이해관계자 평가를 통해 강점과 약점을 도출한다. 직접투자계획서 작성자는 해외사업 특성상 투자대상 국가 환경 평가내용을 반드시 반영하여야 한다. 현지 환경은 초기 투자전략 수립에 반영될 뿐만 아니라 자회사 현지 경영

에 지대한 영향을 주기 때문이다. 투자대상국 환경요인에는 정치, 경제, 사회문화, 법률 등이 있으며, 이러한 환경요인은 별도의 장에서 기술하였다.

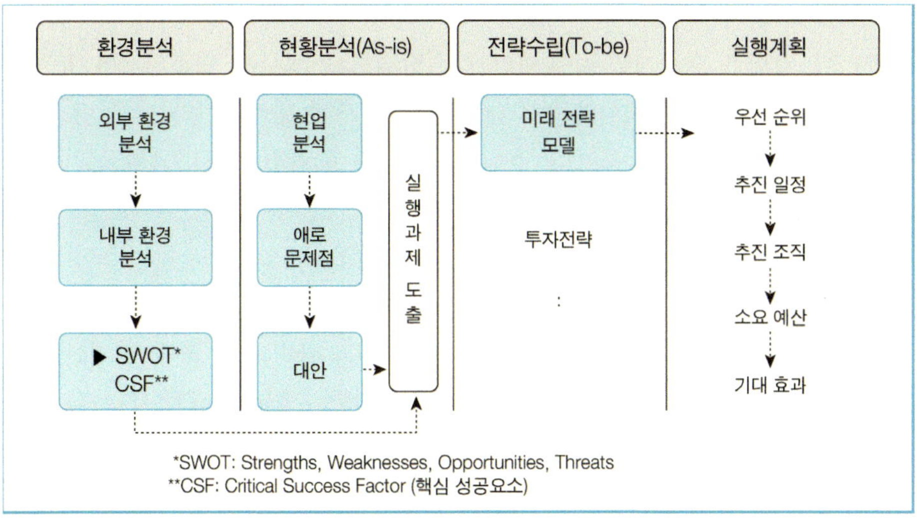

자료원: 김왕용(2022), 해외진출 컨설팅의 이해, 글로벌 비즈니스 컨설턴트

〈그림 8-1〉 **기업의 투자계획서 수립 과정**

② **현황분석(As–is)**: 투자에 반영될 기업 내부역량 그리고 진출전략 도출을 위한 경쟁현황 분석이다. 내부역량은 생산, 판매, 비용, 인력 운용 등의 현황분석을 통해 투자에 필요한 자원과 인력 동원 여력을 확인할 수 있는 부문이다. 그리고 경쟁현황 분석은 동종업계 선두기업의 경영전략을 분석하여 시사점을 도출하는 데 있다.

이러한 현황분석은 마이클 포터의 5 forces model, 가치사슬(Value chain), 보스턴 컨설팅 그룹(BCG)의 Matrix 모형을 활용할 수 있다.

③ **전략수립(To–be)**: 해외투자 전략을 담는 기본 계획서로 미래의 모습이 제시되어야 한다. 육하원칙에 따라 왜, 어떤 분야를, 언제, 어느 나라에, 어떻게(단독, 합작 등) 진출할지에 대한 내용이 포함된다.

④ **세부 실행계획**: 투자 실행 시 조직원의 행동 지침서가 된다. 사업 실행을 위한 구체적인 내용이 담겨야 하는데 우선순위, 추진일정, 추진조직, 소요

예산, 그리고 기대효과를 담고 있어야 한다.

1) 환경분석 기법

(1) SWOT 분석

SWOT 기법은 단순하면서 강력한 분석방법으로 외부와 내부환경을 분석한다. 1960년대 Harvard 대학에서 소개된 후 지금까지 널리 활용되고 있다. 분석방법은 외부환경에서 오는 기회(opportunities)와 위협(threats), 그리고 기업 내부적인 강점(strengths)과 약점(weaknesses) 요인을 파악한다. 목적은 이들 환경분석을 통해 프로젝트의 핵심 성공요소(CSF: Critical success factors)를 도출하는 데 있다.

SWOT 기법은 독자적인 이용뿐만 아니라 PEST, AHP 기법 등과 연계한 분석에도 활용되고 있다. 예를 들어 기업들이 경영전략 수립에서 SWOT 분석 결과를 TOWS 프레임[1] 을 이용하여 네 가지 경영전략(SO, ST, WO, WT)을 도출할 수 있다. TOWS 프레임에서 SO 그리고 ST 전략은 각각 내부 강점을 활용하여 외부기회를 최대한 활용하고, 위협을 최소화하는 방안이다. 그리고 WO, WT 전략은 외부기회를 활용하고, 위협을 회피하면서 약점을 보완하는 전략이다.

(2) PEST 분석

PEST 기법은 기업의 경영전략에 장기적인 의미가 있는 거시적 환경분석 방법이다. PEST를 구성 요인은 정치(political), 경제(economic), 사회(social) 그리고 기술적(technological) 환경이다. 일부 학자는 법적 특성(legal)을 포함하여 SLEPT, 여기에 환경(environmental) 분야를 추가하여 PESTLE 기법까지 활용하고 있다.

한편, PEST 기법은 기업 경영에 영향을 미치는 생태학적(ecological) 요인을 추가한 STEEP 방식이 고안되었다. 이 방식은 STEP 개념에 착안하여 3단계 계층분석 기법이다, 상위 일반환경은 외국기업이 통제할 수 없는 요인이며, 중간층 운영환경은 기업이 어느 정도 통제할 수 있는 경쟁상황, 하위 내부환경은 기업이 통제할 수 있는 인사, 재무실적과 현황 등 경영 내용이다.

1) TOWS 기법은 H. Weihrich(1982)가 고안한 분석 틀로 SWOT의 역순으로 작명되었다.

2) 경영현황 분석기법

(1) 마이클 포터의 5 Forces model

마이클 포터(Michael Porter)가 1980년 소개한 경쟁환경 분석 모형이며 다이아몬드 분석 모형으로 불린다. 핵심은 해외 진출대상 산업의 구조적 특성 파악에 있다. 포터는 '왜 업종별로 기업마다 이윤 수준이 다른가?'에 대한 질문을 던지고 그 해답으로 경쟁이 어느 정도 치열한가? 로 판단할 수 있다고 하였다. 경쟁이 치열하다는 것은 위험 수준이 높다는 것을 의미하며, 경쟁수준이 낮은 산업에 있는 기업의 이윤이 높게 된다. 이러한 경쟁수준은 산업의 매력도를 결정하며, 매력도가 큰 시장이 투자대상국이 된다.

포터의 5 forces 프레임을 이용한 산업구조 분석방법은 〈그림 8-2〉와 같이 이해당사자를 정의하고, 이들의 특성을 파악하여 경영전략을 도출해 나간다.

산업 내 기업 간의 경쟁 정도는 5개 요인으로 파악해 나간다. 그 요인은 모형 가운데에 있는 기존 경쟁자 그리고 시계방향으로 신규 진입자, 구매자 협상력, 대체재 위협과 공급자 협상력으로 구성되며 요인별 세부내용은 아래와 같다.

- **기존 경쟁자**(Industrial rivalry): 산업 내 경쟁 구도 강약 정도를 판단하는 지표이다. 경쟁이 심할수록 산업 매력도는 떨어지기 때문에 투자 결정에 부정적으로 작용한다. 이러한 산업 내 경쟁 구도는 업체 수, 산업 성장률, 제품 차별화, 고정비용 정도, 그리고 진입과 철수장벽 등으로 판단한다.
- **신규 진입자**(Threat of new entrants): 잠재적 진입자에게서 오는 위협요인이다. 진입장벽이 높을수록 기존 진출자에게는 매력적이지만 신규 진입자에게는 반대로 작용한다. 진입장벽은 규모의 경제, 창업비용, 제품 차별화, 브랜드 충성도, 원부자재 공급망, 판매망 그리고 정부 규제 등이다.
- **구매자 협상력**(Bargaining power of customers): 이들의 가격인하 요구 가능성, 이러한 요구가 제품과 서비스 변화에 영향을 주는 강도로 판단한다. 구매자의 협상력은 구매자 수가 적고 구매량이 많을수록 높아진다. 그리고 가격 민감도, 구매자 교체 시 발생하는 비용도 이들의 협상력을 높이는 요인으로 작용한다.
- **대체재의 위협**(Threat of substitute products): 해당 산업 소비자 욕구를 충

족시켜 줄 수 있는 유사제품과 서비스의 위협이다. 유사제품이 존재하면 투자 진출하더라도 이들 제품의 가격 인하 또는 물량 조절로 신규 진출기업은 마케팅에 어려움을 겪게 된다. 대체재 예시로 맥주와 와인, 차와 커피를 들 수 있다.

- **공급자 협상력(Bargaining power of suppliers)**: 원부자재 공급사의 가격이나 품질 통제력 수준이다. 공급자의 협상력은 협력사 숫자와 제품 차별화에 따라 다르게 나타난다. 공급업체를 교체할 때 발생하는 비용이 많이 들수록 공급자 협상력은 높아진다.

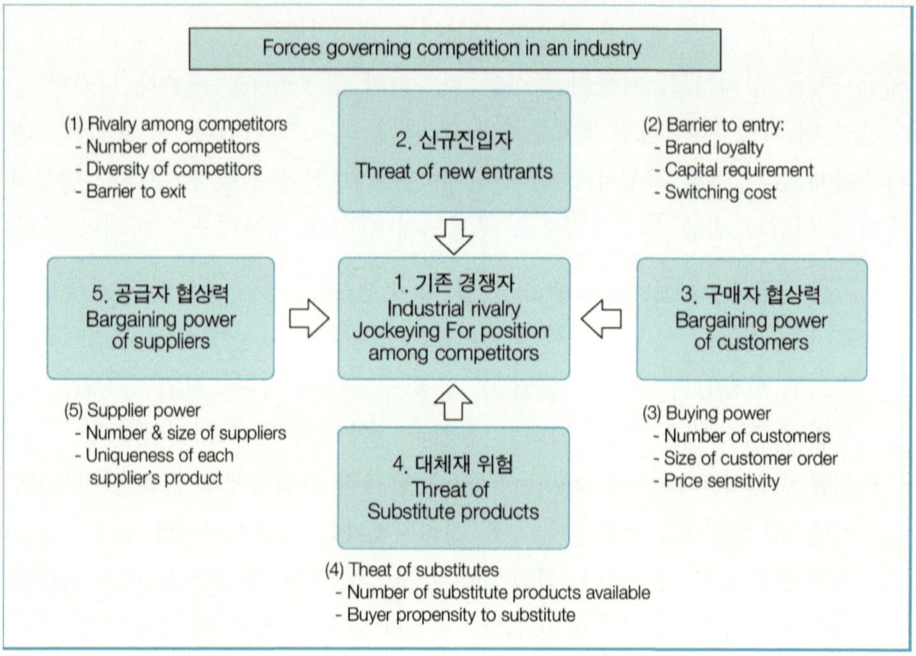

자료원: M. Porter(1980), 5 forces model

〈그림 8-2〉 마이클 포터의 5 forces model

포터의 5 forces 모형은 현실성으로 인해 제품과 시장선택 등 경영전략에서 폭넓게 활용되고 있다. 다만, 미래 시간 흐름이 반영되지 않은 정태적인 분석기법이라는 한계가 지적되고 있다.

(2) 가치사슬(Value chain) 모델

마이클 포터(Michael Porter)가 1985년 개발한 기법으로 기업의 분야별 경영활동이 서로 어떻게 작용하는가를 파악하는 기법이다. 밸류 체인은 고객에게 제품과 서비스를 제공하는 데 있어 직간접적으로 관련된 일련의 기능, 활동, 프로세스의 연속적 과정이다. 분석내용은 경쟁력 제고 전략이 가장 잘 적용될 수 있는 특정 활동을 찾아내는 데 있다. 즉, 기업 내부의 경영활동 분야별 강점과 약점을 파악하여 어느 분야에 더 투자하면 경쟁력을 높일 수 있는지를 파악한다.

기업의 부가가치 창출 과정은 〈그림 8-3〉과 같이 원부자재 확보부터 판매 후 서비스까지 일련의 활동으로 이어진다. 이러한 경영활동은 본원적 활동과 이를 보조하는 지원적 활동으로 구성된다.

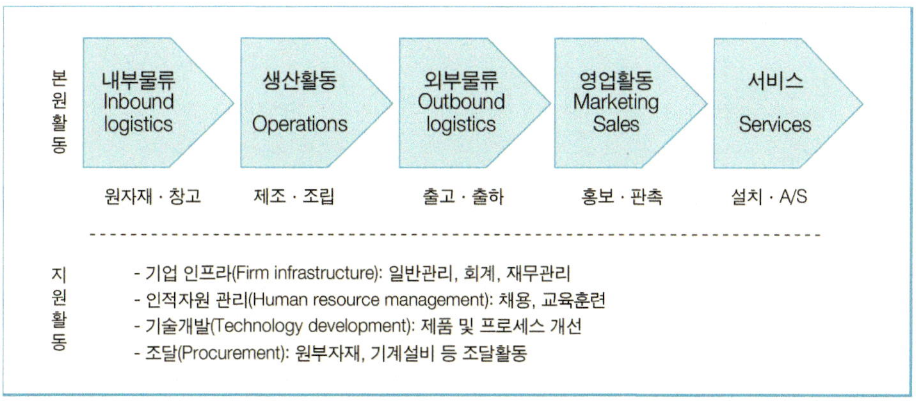

자료원: Porter(1985), Competitive advantage: creating and sustaining superior performance

〈그림 8-3〉 가치사슬 구성요소 및 분석 과정

본원적 활동(primary activities)은 내부물류, 생산활동, 외부물류, 영업활동, 그리고 서비스 순으로 순차적으로 이어진다. 부문별 활동은 보조적 활동(supportive activities)의 지원을 받아 과정마다 새로운 부가가치를 더해 간다.

가치사슬 분석기법은 기업의 경영활동 과정에서 단계별 부가가치 창출을 위한 핵심활동이 무엇인가를 규명해 나간다. 기업 내부환경 분석이기 때문에 분석을 위해 비용투입 대비 높은 효용성이다. 그리고 해외시장 진출을 위한 비교우위 요소 파악, 그리고 단독이나 합작 등 투자유형 결정에도 유용하다(김왕용, 2022).

(3) BCG matrix 모형

보스턴 컨설팅 그룹(BCG: Boston Consulting Group)에서 1970년대에 개발되었으며, 지금까지 경영전략 수립의 기본도구로 활용되고 있다. 분석방법과 내용은 기업의 사업단위별로 상대적 시장 점유율(Relative market share)과 시장 성장률(Market growth rate) 관계에서 어떤 부문에 자원을 배분할지를 결정한다. 즉, 기업이 보유한 사업 포트폴리오를 전략과 재무적 관점에서 객관적으로 평가하여 투자 우선순위와 진출 분야를 결정하고, 필요할 때 철수를 결정할 수 있다.

BCG matrix는 〈그림 8-4〉와 같이 수평축(x)에 상대적 시장 점유율, 수직축(y)에 시장 성장률로 하여 사분면으로 나누어진다. 도면구성은 좌측 상부면부터 시계방향으로 물음표(?), 스타(Stars), 현금 젖소(Cash cows), 강아지(Dogs) 영역이다. 이와 같은 사분면 그리드에 있는 사업 부문은 각각의 의미를 지니고 있다[2]

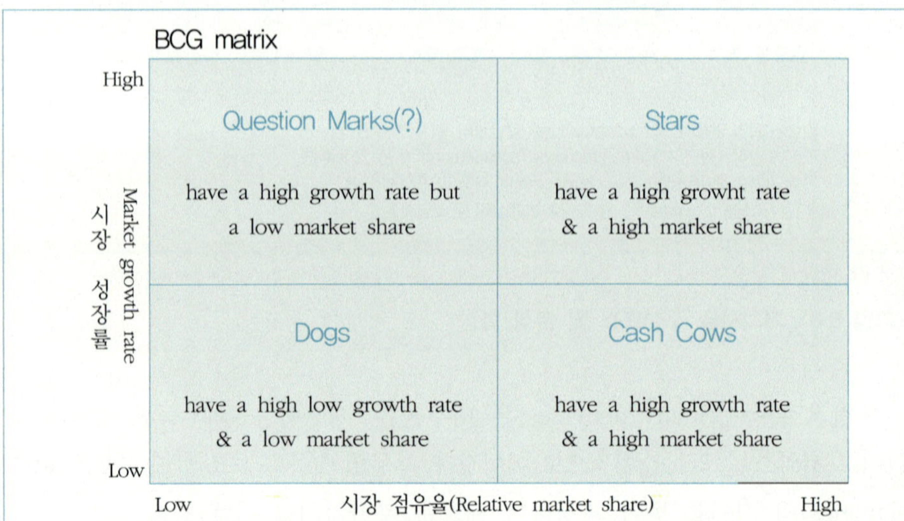

자료원: 김왕용(2022)의 BCG matrix 인용자료 재구성

〈그림 8-4〉 BCG matrix

2) BCG matrix 분석에서 가장 주의해야 할 부분은 x, y축 구성이다. 원래 BCG matrix는 수평(x)축 배열을 좌측에 높음(high), 우측에 낮음(low)으로 배치되어 있다.

① **물음표(?)**는 성장성이 확인되지 않은 신사업 분야이다. 시장 점유율은 낮지만, 산업 평균 이상의 높은 성장률을 가진 부문이다. 목표시장에 이러한 부문의 사업으로 진출하는 것은 고위험 고수익 전략이 된다.

② **스타(Stars)** 영역은 성장기에 있는 유망분야이다. 산업 평균 이상 성장률과 높은 시장 점유율을 차지하는 영역이다. 직접투자를 통해 수익을 확보할 수 있는 유망부문이다.

③ **황금 젖소(Cash cows)**는 성장기 후반 영역이다. 경쟁이 심한 부문으로 성장률은 낮지만, 높은 시장 점유율로 안정적인 수익 창출이 가능하다. 다만 전략적 투자가치는 크지 않는 분야로 기존 사업을 유지하는 전략을 제시한다.

④ **어감이 쉽지 않은 개(Dogs)** 영역은 쇠퇴기로 투자 매력이 없는 부문이다. 사업은 시장 점유율과 성장률이 모두 낮아서 투자 의미가 없다. 전략적 기회가 없으므로 추가 투자는 중단하고 매각, 철수 등을 검토해야 한다.

BCG matrix 기법은 소개된 지 오래되었지만, 지금까지 많은 분야의 경영전략 수립에 이용되고 있다. 기업의 해외 진출전략으로는 수출이나 직접투자를 위한 시장선정, 그리고 목표시장에 어떤 제품으로 진출할지 결정하는 데 활용된다.

3. 투자 프로젝트 경제성 평가

1) 투자회수기간법(Payback period method)

회수기간 방법은 투자된 자금의 현금흐름을 예상하여 원금회수에 걸리는 기간으로 산출하여 투자 여부를 결정한다. 한 개의 투자안이면 투입자본 회수기간이 내부적으로 설정한 목표기간보다 짧으면 채택하고, 그렇지 않으면 투자안을 기각한다. 복수 투자안이면 내부적으로 설정된 기간 내의 대안 중에서 가장 짧은 안을 선택한다. 투자자본 회수기간 산출은 아래와 같다.

$$\text{회수기간} = \frac{\text{총투자비용}}{\text{과세후 년간 순현금 유입액}}$$

회수기간법은 계산이 간편하여 경제성 평가에 드는 시간, 비용 그리고 인력을 절약할 수 있다. 원금회수기간의 길이는 투자안의 위험도를 판단하는 지표로 활용된다. 예를 들어 회수기간이 오래 걸리면 그만큼 불확실 기간이 길어서 위험에 노출될 확률이 높다는 것을 의미한다. 단점으로는 첫째, 회수기간법은 시간의 흐름에 따른 돈의 가치를 고려하지 않는다. 둘째, 원금회수 이후의 잔존가치와 현금 유입을 무시한다. 셋째, 투자 결정을 판단하는 내부적인 회수기간 설정이 주관적일 수밖에 없다. 따라서 회수기간법은 수익성 지표보다 위험도를 판단하는 위험지표(risk indicator)로 유용성이 높은 경제성 평가 기법이다.

2) 투자수익률법(ROI: Return of investment method)

투자대비수익률이란? 투자 프로젝트에 투입된 자본 대비 얻게 되는 수익의 비율이 어느 정도인가를 의미한다. 투자수익률 평가는 단순 수익률, 평균 수익률, 이익할인율 등의 기법을 이용할 수 있다. 단순 수익률 계산법은 아래 식과 같이 벌어들인 수익을 투자한 비용으로 나누고 백분율로 환산하기 위해 100을 곱한다. 또는 최종 투자자본을 초기투자 비중으로도 산출할 수 있다.

$$\text{투자수익률(ROI)} = \frac{\text{순투자수익}}{\text{투자비용}} \times 100,$$

$$\text{ROI} = \frac{\text{최종투자자본}}{\text{초기투자자본}} \times 100$$

투자수익률은 투자로 인해 얼마를 벌 수 있는지를 나타내기 때문에 기업은 당연히 수익률이 큰 투자안을 선택하게 된다. 투자 여부 판단기준은 손익 분기점이 되는 수익비율 100이 된다. 예를 들어 100달러를 투자하여 300달러의 수익이 창출되었다면 수익 200달러는 수익률 200%를 의미한다. 투자수익률법은 계산이 간단하지만, 현금흐름에서 발생하는 수익의 시간적 가치를 반영하지 못한다.

3) 순현재가치법(NPV: Net present value method)

순현재가치(NPV)는 미래 특정 시점의 현금흐름을 이자율로 할인하여 현재 시점으로 환산한 금액이다. 산출방법은 아래 식과 같이 최초 투자로부터 사업이 끝나는 시기까지 연도별 순 편익의 흐름을 각각 현재가치로 환산한다. 이러한 순현재가치는 편익(현금유입)과 비용(현금유출)을 할인율에 따라 현재가치로 환산하고, 편익의 현재가치에서 비용의 현재가치를 뺀 금액이 된다. 할인율(discount rate)은 투자수익을 현재가치로 사용되는 금리(수익률)로 평가기준이 된다.

개념: NPV = PV(편익의 현재가치) − PV(비용의 현재가치)

산출: $NPV = \sum_{t=1}^{n} \frac{CF_t}{(1+k)^t} - CO$

CF : t 시점의 편익(현금유입), CO : 비용(현금유출)

k : 필요 수익률(순현재가치 0)

순현재가치법에 따른 투자 여부 판단기준은 0이 된다. 순현재가치가 0보다 크면(NPV 〉 0) 투자하고, 0보다 적어 음의 값(NPV 〈 0)이면 미채택된다. 만약 다수의 투자안을 비교하면 NPV가 0 이상 투자안 중에서 높은 순으로 선택한다.

순현재가치법의 장점은 화폐의 시간가치를 반영하고 있고, 기업의 연도별 재무관리에 유용한 점이다. 단점으로는 자본비용의 정확한 추정이 어렵고, 미래 예측이 가능하다는 가정은 현실적으로 성립하기 어렵다. 그런데도 순현재가치법은 객관적이어서 프로젝트 경제성 평가에 널리 이용되고 있다.

4) 내부수익률법(IRR: Internal rate of return method)

내부수익률(IRR)이란? 투자기간에 발생하는 편익(현금유입)과 비용(현금유출)의 흐름에서 해당 프로젝트의 현재가치를 0으로 만들어 주는 할인율이 된다. 즉, 내부수익률은 순현재가치법 관점에서 순현재가치(NPV)를 0으로 만드는 할인율이 된다. 실질적으로 내부수익률(IRR)은 현재가치를 0의 수익률을 구하기 때문에 순현재가치법(NPV)과 같다고 할 수 있다.

$NPV = \sum_{t=1}^{n} \frac{CF_t}{(1+r)^t} = CO = 0$

CF : t 시점의 현금 유입, CO : 투자비용

r : 내부수익률

내부수익률법은 효용성이 높아서 순현재가치법과 함께 많이 이용되는 기법이다. 다만, 투자기간(n) 동안 n개의 내부수익률이 존재하기 때문에 어떤 수치를 내부수익률을 선택할지 문제가 있다. 왜냐하면, 내부수익률과 할인율을 비교하여 투자 여부를 판단하게 되는데, 기간마다 할인율이 다르기 때문이다. 반면에 순현재가치법은 기간마다 다른 할인율을 적용하기 때문에 이러한 문제가 발생하지 않는다. 이러한 이유로 복수의 투자 대안중에서 우선순위를 판단할 때는 내부수익률보다 순현재가치를 선택하는 게 일반적이다.

5) 수익성 지수(PI: Profitability index)

수익성 지수(PI)는 화폐의 시간적 가치에 기초하여 해당 투자안의 비용 한 단위당 발생하는 편익의 크기를 의미한다. 수익성 지수법은 제한된 예산 상황에서 비용의 크기가 다른 대안에 자본할당(capital rationing)에 유용한 기법이다.

투자 규모가 고려된 편익(benefit)과 비용(cost)의 현재가치를 대응시키는 비율이기 때문에 B/C 비율로 불린다.

수익성 지수를 이용한 투자 프로젝트 판단기준은 1이 된다. 수익성 지수 값이 1보다 크면(PI 〉 1) 투자안으로 채택되고 1보다 작으면(PI 〈 1) 기각된다. 복수안의 경우 PI가 1보다 큰 대안 중에서 높은 순으로 선택한다.

$$\text{수익성 지수(PI)} = \frac{\text{현금유입}(\text{편익}, CB\ PV)}{\text{현금유출}(\text{비용}, CO\ PV)} \text{ vs.1}$$

CB PV : 편익의 현재가치

CO PV : 비용의 현재가치

수익성 지수(PI)는 현재가치로 산출하기 때문에 순현재가치(NPV)를 산출하는 방법과 밀접한 관련이 있다. 수익성 지수는 현재가치를 지수화하기 때문이다. 투자 경제성은 수익성 지수가 1보다 큰지 작은지로 판단할 수 있으므로 의사 결정권자가 이해하기 쉬운 장점이 있다. 그러나 상호 배타적인 투자안을 비교할 때 잘못된 결론이 내릴 수 있다는 단점이 있다.

제2절 해외공장의 역할 강화전략

1. 해외공장의 전략적 역할

1) 공장의 전략적 역할 개념

투자기업은 경영환경 변화에 따라 해외공장의 전략적 역할을 수정한다. 예를 들어 노후화된 생산설비를 교체하면서 생산품목을 변경하여 공급시장을 달리할 수 있다. 그리고 수시로 변화는 경쟁상황과 고객 수요에 대응하기 위해 공장 기능 자체를 생산에서 연구기능으로 전환할 수 있다.

이러한 배경에서 카스라 퍼도우(Ferdows, 1997)는 해외공장의 전략적 역할은 투자에서 철수까지 고정된 것이 아니고 변화하게 된다고 했다. 그리고 해외공장을 체계적으로 업그레이드 해야 경쟁 우위를 유지할 수 있다고 주장하였다.

퍼도우는 기업이 해외공장을 업그레이드해야 하는 이유로 아래와 같이 끊임없는 경영환경 변화를 들고 있다.

첫째, 대폭적인 관세인하(declining tariffs)이다. 단순히 관세장벽을 극복하기 위한 직접투자의 의미가 퇴색되어 공장 역할을 수정해야 한다.

둘째, 저렴한 노동력 활용을 위한 공장설립 취지가 퇴색되었다. 정교한 제품과 일등기업 필요성이 강조되고 있어 기술집약적인 공장으로 변모시켜야 한다.

셋째, 혁신적인 제품개발 아이디어 활용이 확대되었다. 예를 들어 외국기업들이 미국 미네소타주에 소재한 의료집적단지(Medical lane)에 의료기기 공장을 설립하여 클러스터 이점을 활용하고 있다.

▷ 퍼도우(Ferdows)의 해외공장 역할과 고도화

Superior manufacturers gain a competitive advantage by methodically upgrading the strategic role of their plants abroad.
If managers regard manufacturing as a major source of competitive advantage they generally expect their foreign factories to be highly productive and innovative, to achieve low costs, and to provide exemplary service to customers throughout the world.

Source: Ferdows(1997), Making the Most of Foreign Factories

2) 생산공장 역할의 유형

퍼도우(Ferdows)는 기업의 해외공장의 운영전략 변화를 설명하기 위해 〈표 8-1〉과 같이 세 가지 투자 동기에서 여섯 가지 유형으로 구분하였다. 기업의 투자 동기는 생산비용 절감, 시장 접근성 활용, 그리고 기술과 지식확보 등이다. 투자 동기에 따른 여섯 가지 공장 역할은 본사에서 주어진 기능을 수행하지만, 운영과정에서 기능이 추가되거나 근본적으로 전략적 역할이 수정될 수 있다.

〈표 8-1〉 해외공장의 전략적 역할 유형

동기	공장유형
생산비용 절감	오프 쇼어 공장(Offshore factory), 소스 공장(Source factory)
시장 접근성	서버 공장(Server factory), 컨트리뷰터 공장(Contributor Factory)
기술 & 지식	아웃 포스트 공장(Outpost factory), 리드 공장(Lead factory)

자료원: Ferdows(1997), Making the Most of Foreign Factories

① 오프 쇼어 공장(Offshore factory)

기업의 공장설립 목적은 특정 제품을 저렴하게 생산하는 데 있다. 생산요소 또는 무역지향형 투자로 진출한 공장 유형이다. 공장 기능은 매우 낮은 수준으로 본사 지시에 따라 제품생산과 반출 역할에 국한된다. 현지 공장의 제품 개발 역할은 거의 없고, 본사에서 파견된 기술이나 관리직은 최소한으로 유지

된다. 본사는 이들 관리자에게 원부자재 조달, 가격협상 재량권 등을 부여하지 않는다.

② 소스 공장(Source factory)

투자 진출 배경은 제품 생산원가를 절감하는 데 있다. 오프 쇼어 공장과 같이 현지의 저렴한 생산요소를 이용하여 제품 생산활동에 주력한다. 본사는 현지 관리자에게 일부 재량권을 부여하며, 관리자는 공장 운영을 위한 조달, 제조, 물류 등에서 비교적 폭넓은 의사결정을 할 수 있다.

③ 서버 공장(Server factory)

투자 진출 동기는 관세장벽 회피에 있으며, 물류비용 절감, 환율변동 위험회피 목적도 작용한다. 따라서 시장지향형 투자가 되며 대규모 시장 또는 특수가 있는 국가에 진출한 공장이 된다. 관리자의 재량권은 소스 공장보다 많은 편이다.

④ 컨트리뷰터 공장(Contributor factory)

공장설립 목적은 서버 공장과 같지만, 해당 국가가 소속된 경제권 시장에 공급 기능까지 확대된 공장이다. 현지 공장은 중요한 전략적 역할을 수행하고, 관리자는 협력사 선택, 제품개발, 생산활동에 폭넓은 재량권을 보유한다. 제품 테스트, 공정 개발, 제조 활동 등에서 본사 공장과 선의의 경쟁 관계를 유지한다.

⑤ 아웃 포스트 공장(Outpost factory)

공장의 최우선 기능은 정보 수집(Collect information)에 있다. 투자 동기에서 기술지향형 투자로 설립된 공장이다. 따라서 공장설립 지역은 선진기술을 보유한 국가로 경쟁사, 연구소 등이 있는 국가가 된다. 현지 공장은 정보 수집 외에도 수집된 정보와 기술을 활용한 생산활동도 수행한다.

⑥ 리드 공장(Lead factory)

공장의 전략적 역할이 최고로 고도화된 유형이다. 현지 공장은 소속 기업군을 위한 새로운 공정, 제품 그리고 기술을 개발하여 전사적으로 공유한다. 공장 관리자는 협력사 선정뿐만 아니라 협업사업도 결정할 권한을 보유한다.

2. 생산공장 역할 고도화 전략

1) 공장의 전략적 역할 변화

투자기업은 경영환경 변화에 따라 해외공장의 전략적 역할을 〈그림 8-5〉와 같이 수정하게 된다. 공장 역할도에서 수평축은 전략적 진출 동기(strategic reason for the site)이며 좌측부터 생산비 절감, 지식과 기술 확보, 그리고 접근성을 나타낸다. 수직축은 장소 유용성(site competence)으로 그리드의 낮은 면(low)에서 높은 면(high)으로 올라갈수록 공장의 전략적 중요성은 커지게 된다.

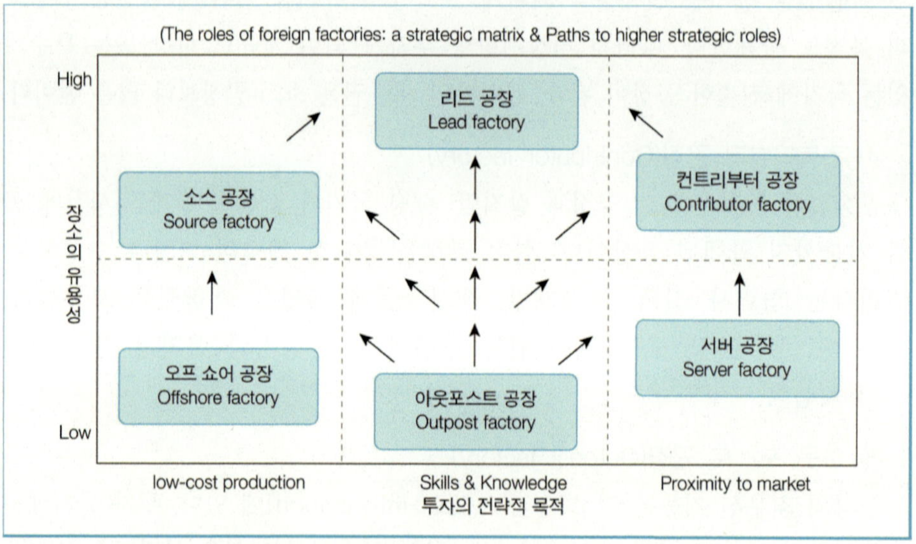

자료원: Ferdows(1997), Making the Most of Foreign Factories

〈그림 8-5〉 해외공장의 전략적 역할 변화

본사는 해외공장의 전략적 역할을 고정하지 않고 환경변화와 경영전략에 따라 계속해서 수정을 가한다. 공장 역할 변화는 그리드 상의 화살표 방향과 같이 상향뿐만 아니라 좌우로도 가능하다. 궁극적으로 장소의 유용성이 높은 곳에 있는 리드 공장(lead plant)으로 기능이 전환될 수 있다.

예를 들면, 아웃포스트 공장이 현지 기술입수와 일부 시제품 생산에 주력하다가 지역본부 역할을 수행하는 컨트리뷰터 공장, 그리고 전사적으로 해외공장을 리드하는 공장으로 발전할 수 있다.

2) 공장 역할 전환 요인

해외공장 역할 변화요인은 주로 기업 내부 요인(Internal events)과 외부 환경 요인(External events)이 함께 작용한다. 이들 환경요인은 개별적으로 공장 역할에 변화를 주지만 대부분 상호작용한다.

- **기업 내부요인**: 기업은 국제화 과정에서 경영전략의 변화, 새로운 사업 아이템 발굴 등 내부적인 변화를 보인다. 예를 들어 본사는 기업 성장전략으로 해외공장을 현지 기업과의 M&A를 통해 규모를 키울 수 있다.
- **외부 환경요인**: 예를 들어 공장이 진출한 현지 국가가 자유무역협정(FTA)에 가입하게 되면, 현지 시장공급용 제품생산에서 FTA 회원국에 공급할 생산기지 역할로 역할이 확대될 수 있다.

기업이 해외공장의 전략적 역할을 변경하기 위해서는 많은 시간과 추가자원이 투입되어야 한다. 퍼도우는 이러한 사례로 휴렛 팩커드(HP: Hewlett-Packard)사를 사례로 들고 있다. HP는 동남아 숙련 직원의 저렴한 임금을 활용한 컴퓨터 주변기기 생산 목적으로 1973년 싱가포르에 오프 쇼어 공장으로 진출했다. 현지 공장은 10년 후 계산기와 키보드를 생산하는 소스 공장으로 역할이 확대되었다. 또 다른 10년 후 지역본부 및 R&D 중심 역할을 수행하는 리드 공장으로 전환되기까지 30년의 세월이 소요되었다.

CHAPTER

9

정치적 환경과 해외직접투자

9 정치적 환경과 해외직접투자

제1절 정치적 환경의 의미

외국기업의 경영활동은 그 나라 정치체제 그리고 권력을 행사하는 정부 기관, 정치집단으로 이루어진 정치적 환경 안에서 이루어진다(최석신, 2016). 정치적 환경(political environment)은 정치적인 힘이 그 나라 경제에 큰 변화를 일으켜서 외국기업 성과에 부정적인 영향을 미칠 수 있는 환경 변수가 된다. 정치는 특성상 경제, 사회, 법률 등 사회 전 분야에 영향을 미치기 때문이다.

한 국가의 체제전환, 전쟁, 혁명, 내란과 같은 급격한 정치변화는 기업활동의 안정성과 지속 가능성을 위협하고 중대한 손실을 입힐 수 있다. 반면에 독재국가에서 민주국가로 전환되거나, 폐쇄적 사회에서 개방사회로 전환되는 등 기업친화적인 정치변혁은 외국기업에 기회로 작용할 수 있다. 예를 들어 1980년대 말부터 1990년대 초 소연방 국가들의 체제 전환 때 서유럽 기업들이 동유럽 국가들의 노른자위 국영기업이나 농지 등 자산을 인수할 수 있었다.

각국의 정치적 환경이 어느 시기에 어떻게 변화되어 기업 경영활동에 무슨 영향을 줄 것인가는 아무도 알 수 없다. 따라서 기업은 투자전략을 수립할 때부터 투자대상국의 정치적 환경변화가 자사의 현지 경영활동에 미칠 영향과 이에 대응할 수 있는 관리전략을 수립해 둬야 한다.

1. 국가체제와 정치체제

대표적인 정치적 환경요인은 국가체제(국체)와 정치체제(정체)이다. 한 나라의 국체와 정체를 이해하면 그 나라의 정치적 환경을 거시적으로 파악할 수 있다. 국가체제(forms of state)는 크게 왕이 통치하는 군주제와 국민이 주권을 행사하는 공화제가 있다. 그리고 군주제는 전제군주와 입헌 군주제로 나뉜다. 주권(sovereignty)은 영토, 국민과 함께 국가를 구성하는 3대 요소로 중요한 개념이다. 이러한 주권은 최고의 정치 권력으로 국가를 운영하는 절대 권력을 의미한다. 여기서 국민주권(popular sovereignty)은 공동체 의사를 스스로 결정하는 최종 지위가 국민에게 있다는 원리이다(최석신, 2016).

한편, 정치체제(political system)는 통치권을 의미하는 주권을 어떻게 행사하는가? 에 관한 내용이다. 국가체제는 주권자가 누구인지, 정치체제는 주권을 어떻게 행사하는지를 알 수 있다. 정치체제 유형은 민주주의와 독재, 헌법에 따른 입헌제와 그렇지 않은 전체주의가 있다. 신정체제(theocracy)에서는 주로 이슬람 국가에서 찾아볼 수 있는데, 종교지도자가 신의 대리인으로 권력을 행사한다. 대부분 국가에서 표방하는 민주주의(democracy)는 국가의 주권이 특정 개인이나 집단이 아닌 모든 국민에게 있고, 국민 권력을 기반으로 현실 정치를 구현하는 사상이다.

대한민국 헌법 제1조 제1항은 「대한민국은 민주공화국이다.」로 명기되어 있다. 민주는 정치체제, 공화국은 국가체제를 규정한다. 제2항 「대한민국의 주권은 국민에게 있고, 모든 권력은 국민으로부터 나온다.」는 국체를 국민이 주권을 행사하는 공화제라고 확실하게 밝히고 있다. 마지막으로 이념(ideology)은 어떤 개인이나 사회 집단이 인간, 자연, 사회를 규정하는 추상적인 개념이다. 일반적으로 정치 이념과 같은 뜻으로 통하며, 사회가 어떻게 조직되고 운영되어야 하는지에 대한 사상을 뜻한다. 정치 이념을 활용한 대표적인 국가 경제운영 방식은 자본주의와 사회주의로 냉전 시대에 극심한 정치적 대립 양상을 보인 바 있다.

기업은 위와 같은 투자대상 국가의 국가체제와 정치체제에서 정치적 환경을 빠르게 파악할 수 있다. 그러나 1991년 구소련이 해체되면서 냉전 시대가 종식되어 자본주의와 사회주의, 또는 국가체제와 정치체제는 기업 경영활동에 큰 의미를 상실하였다. 21세기에 들어서는 국가 간의 정치외교 갈등으로 인한 군사 및 무역분쟁 등의 이슈가 더 큰 정치적 환경으로 부상하였다.

한 국가 운영을 지배하는 국가체제와 정치체제가 변화게 되면 그 사회에 큰 파괴력을 갖게 되며 기업활동에 엄청난 영향을 주게 된다. 사례로 국가체제에서 1917년 러시아 혁명으로 전제군주정치가 해체되고 사회주의 소련 정권 수립으로 산업이 국유화되었다. 18세기 근대 식민지 시대에는 제국주의 국가가 피지배국의 주권을 행사하여 그 나라 경제를 좌지우지했다. 정치체제의 경우 제2차 세계대전을 일으킨 독일의 나치즘(Nazism)과 이탈리아의 파시즘(Fascism)을 들 수 있다.

2. 정치적 환경변화 초래집단

정치권력구조(power structure)는 정치적 행위를 통해 국가의 경제정책을 결정하는 이해당사자들의 집합체이다. 권력 구성요소는 서로 협조, 대립, 갈등, 명령 그리고 복종 등의 관계를 형성한다. 이러한 구성요소는 갈등과 협력 과정에서 국가의 미래를 결정하는 경제정책을 결정한다. 따라서 외국기업은 그 나라의 정치권력구조를 잘 파악하고, 이들의 동향을 주시해서 미래 위험에 대비해야 한다(한국조직학회, 2009).

무엇보다 가장 강력한 정치권력은 그 나라의 정부가 된다. 정부는 대부분 국가에서 삼권분립에 따라 입법부, 행정부 그리고 사법부로 구성된다. 그리고 연방제 국가일 때 중앙정부와 지방정부의 권력분배형 정부가 된다.

① **의회와 정당**: 의회는 법률과 예산을 심의 확정하는 강력한 권력기관이다. 의회 존립 기반이 선거에 있으므로 민의를 반영하며, 의원내각제 국가에서는 다수 정당이 행정을 책임진다. 의회는 법률의 제정이나 개정을 통해 행정에 영향을 미치고, 국정감사나 청문회 등으로 정부를 견제한다. 의회의 입법 활동과 정부 견제가 얼마나 잘 작동되는지로 그 나라 정치 안정성을 짐작할 수 있다.

정당은 이념을 같이 하는 사람들이 자발적으로 조직되며, 선거를 통해 정권획득을 노리는 정치집단이다. 정당의 이념은 의회의 입법과정을 통해 달성되기 때문에 의회와 정당은 긴밀한 관계이다. 정당은 특정 이익을 지니고 있다는 점에서 이익집단과 동질의 성격이 있다. 그러나 이익의 내용이 정치 권력의 획득이며, 입법에 참여하는 의원이 구성원이라는 점에서 이익단체와 근본적인 차이가 있다. 입법에 참여하는 정당은 외국기업의 주요 로비 대상이 된다.

② **행정부와 행정 수반**: 행정부는 입법부에서 제정한 법률과 예산 집행을 담당한다. 법률 집행과정에서 외국인투자 인허가권을 보유한 중요한 권력기관이다.

행정 수반은 국가와 정치체제에 따라 국왕, 대통령, 의원내각제면 총리가 된다. 신정정치 국가는 삼권분립에도 불구하고 실질적인 최고의사 결정권자는 종교지도자가 된다. 행정 수반은 헌법과 법률이 부여한 강력한 통치권을 행사하기 때문에 이들의 언행은 정치적 위험을 예측하기 위한 관찰 대상이다.

③ **이익집단**: 같은 생각과 이해관계를 가지고 있는 사람들이 만든 단체이다. 구성원의 공동이익을 위해 의회와 정부의 법률 입안과 정책 결정에 영향력을 행사한다. '모든 정책 배후에는 이익집단이 도사리고 있다.'라는 말이 있을 정도로 무시할 수 없는 이익집단은 중요한 정치적 환경요인이 된다. 이익집단은 정당에 정치 자금을 비롯한 여러 가지 혜택을 제공하고 그 대가로 요구사항을 관철하거나, 정부 정책에 관여하기 때문에 압력단체로도 불린다. 기업활동과 관련된 이익집단은 산업별 협회, 전국단위 노동조합 등을 들 수 있다.

④ **시민단체**: 시민들이 자신들의 권리향상, 공익 및 환경개선 등 공공개선을 위해 자발적으로 구성된 단체이다. 주로 특정한 사회개혁 이슈를 내세우고 활동하는데 비정부기구(NGO: Non-Government Organization), 비영리 단체(NPO: Non-Profit Organization) 등이 있다. 이들 시민단체는 기업경영활동에 많은 요구를 할 수 있으므로 무시할 수 없는 정치집단이 된다.

⑤ **군부**: 헌법과 법률에 따라 국토방위 목적으로 구성된 무장조직이다. 사회가 혼란하면 계엄군으로 치안을 담당하고, 극단적이면 쿠데타로 정권까지 교체하는 세력이다. 평소에 이들의 움직임은 잘 관찰되지 않기 때문에 정

치변화 또는 사회흐름 관찰로 군대 움직임을 예측해야 한다.

⑥ **언론**: 국내외 언론 역시 현지 정치변화를 불러오는 환경요인이다. 최근에는 신문, 방송 등 매스컴뿐만 아니라 인터넷과 정보통신기술 발달로 SNS 상의 개인 미디어도 정치 권력에 영향력을 행사하고 있다.

▷ 동유럽 체제변화, 서유럽 기업들의 사업기회였다.

헝가리는 동유럽 국가 중에서 1989년 최초로 체제전환과 시장을 개방한 국가이다. 1956년 소련군 철수와 민주화를 요구하는 시민혁명(김춘수 시인의 '부다페스트에서의 소녀의 죽음' 시 배경) 이후 33년 만에 민주화 꿈을 이루었다. 헝가리는 체제전환 후 경제발전을 위해 국영기업 민영화를 추진했다.

사진: 저자, 헝가리 와인 농장

헝가리 여름 해바라기 산지

헝가리 정부의 민영화 목표는 산업 생산성 향상을 통한 경제발전이었다. 문제는 시장경제 운영 경험이 없어 국영공장, 농장 등 국유자산을 헐값에 매각했다는 데 있다. 프랑스 등 서방 기업은 저평가된 헝가리 와인 농가와 국유농지를 헐값에 매입할 기회를 확보할 수 있었다.

헝가리의 유명한 포도주로 북부지역에서 생산되는 귀부 와인(Rotten wine) 토까이(Tokaj)가 있다. 루이 14세가 '와인들의 왕, 왕들의 와인'으로 극찬하였다고 전해진다. 에그리 비커베르(Egri Bikavar)는 16c 중반 에게르(Eger) 지역 군사들이 적포도주를 마시고 오스만 튀르크 군을 물리쳤다는 민담이 전해진다. 오스만 튀르크 군은 입과 의복에 핏빛으로 물들인 헝가리 군사들을 보고 '숫소의 피(Bull's Blood)를 마시고 힘을 얻었다.'라며 퇴각했다고 전해지고 있다.

제2절 해외직접투자와 정치적 위험

1. 정치적 위험의 개념과 유형

1) 정치적 위험의 개념

정치적 위험(political risk)이란? 정치적인 힘이 그 나라의 경영환경에 큰 변화를 일으켜 투자기업의 성과에 영향을 미칠 수 있는 여러 가지 환경요인이다. 예를 들어 파업, 시위, 정치적인 폭력 대결, 테러리즘 준동 등이 정치적 위험이 된다(한국교육학술정보원, 2013). 정치적 위험은 광범위한 분야를 포괄하고 있기 때문에 학계에서 개념합의 없이 다양하게 정의되고 있다. 예를 들어 루트(Root, 1994)는 기업의 자산 또는 수익에 손실을 끼칠 수 있는 정치적 사건들이 발생할 가능성(possibility)이라고 하였다. 로복(Robock, 1971)은 기업자산이나 경영활동에 영향을 미치는 정치변화(political change)로 정의하였다.

학계 의견을 종합해 보면 대체로 정치 불확실성(uncertainty), 사건 발생 가능성(possibility) 등이 정치변화(political change)로 현실화된 상황을 정치적 위험이라고 할 수 있다. 이러한 개념의 연장선상에서 기업 경영의 정치적 위험이 되기 위해서는 두 가지 요건이 충족되어야 한다(김희철, 2021). 첫째, 사전에 예측하지 못했던 정치적 변화가 있어야 한다. 둘째, 그러한 정치적 변화가 기업 경영에 직간접적으로 영향을 주거나 경영상의 손실이 발생할 가능성이 있어야 한다.

2) 정치적 위험의 유형

정치적 위험의 유형에 대해 Felis & Sabac(2000)은 투자기업의 미래현금 흐름에 부정적인 영향을 미치는 거시적 그리고 미시적 정치위험으로 구분하였다. 한 국가의 정치적 위험을 정치변혁에 따라 기업에 미치는 범위에 의한 구분이다. 거시적 위험(Macro political risk)은 모든 외국기업에 영향을 주고, 미시적 위험(Micro political risk)은 특정 기업, 산업 그리고 프로젝트에 영향력을 발휘한다.

▷ 거시적, 미시적 정치위험

Macro political risk is country-specific political risk and will influence all foreign firms in the host country alike. Micro political risk is specific to a certain industry, firm, or project. Political risk may affect the ownership of the assets, via full or partial forced divestitures, or the operations of the firm.

Source: Feils & Sabac(2000), The Impact of Political Risk on the Foreign Direct Investment Decision

- **거시적 정치위험**: 현지에 진출한 전체 외국기업에 영향을 미치며 기업차원에서 관리할 수 없는 위험이다. 돌발적이며 단발적으로 발생하지만 일단 발발하면, 기업 경영에 매우 강력하고 직접적인 영향을 미치게 된다. 사례로 1917년 러시아 볼셰비키 혁명, 1960년 쿠바의 카스트로 집권 시 사유재산 국유화, 그리고 1979년 이란 이슬람 혁명 후 원유자산 국유화 조치를 들 수 있다.
- **미시적 정치위험**: 여파가 덜 극적으로 전개되지만, 자주 발생한다는 데 문제가 있다. 그러나 기업의 위기관리 경영을 통해 사전에 대비하거나, 발생 후 협상을 통해 그 영향력을 어느 정도 조절할 수 있다. 특정 외국기업이 미시적 정치위험의 표적이 되기 쉬운 상황은 아래와 같다.
  - 외국투자기업의 기술이 산업에 미치는 효과가 낮은 경우
  - 현지 기업과 심한 경쟁 관계에 있는 투자기업
  - 현지국의 국제수지 개선 효과가 작은 경영활동 기업
  - 필수품이 아닌 사치성 재화를 생산하는 기업
  - 본국과 현지국의 정치·외교적 마찰이나 관계가 좋은 못한 경우

사이몬(Simon, 1982)은 거시 그리고 미시적 정치위험을 발생시키는 정치적 사건과 그 영향을 〈표 9-1〉과 같이 제시했다. 거시적 그리고 미시적 정치위험 발생은 모두 그 나라 내부 그리고 외부세계와의 갈등에서 발생한다.

〈표 9-1〉 거시적, 미시적 정치위험 발생원인

구분	거시적 정치위험		미시적 정치위험	
	정치사건	행정조치	정치사건	행정조치
내부	- 쿠테타, 내란 - 인종. 종교문제 - 파업, 폭동, 테러	- 수용, 몰수 - 급진정권 집권 - 고이자율 정책	- 표적기업에 테러, 파업, 시위 - 기업 보이코트	- 기업수용, 몰수 - 합작 압박 - 가격통제
외부	- 국경 게릴라전 - 국제적인 테러 - 국제적인 압박	- 국경분쟁 - 동맹관계 변화 - 경제제재	- 국제단체 시위 - 외부세력 테러 - 외부 보이코트	- 외교분쟁 - 쌍무. 다자협정 - 외국정부 간섭

자료원: Simon(1982), Political Risk Assessment: Past Trends And Future Prospects

한편, Leontiades(1985)는 정치적 위험을 거시적 위험을 제외하고 미시적인 정치위험으로만 접근했다. 그가 제시한 정치적 위험이 외국기업 경영에 미치는 영향은 아래와 같다.

- **운영상의 규제**: 비교적 과격하지 않고 비가시적인 성격의 위험으로 외국기업의 경영자율권을 제한한다.
- **경영관리 내국화**: 투자기업 자회사 경영권을 내국인에게 이전하거나 현지인 고용 확대 등을 강압하는 정책이다. 현지인 고용 확대의 경우 외국기업 주재원 수 제한, 내국인 최소 고용의무제 등을 들 수 있다.
- **자본의 내국화**: 기업의 소유지분 제한, 내국기업과의 합작 유도 등이다.
- **자산손실 위험**: 외국인 소유권에 직접적인 침해 행위이다. 예를 들어 수용, 몰수, 강제매각, 계약의 일방적 파기 등을 들 수 있다.

2. 정치적 위험 발생원천과 영향

1) 정치적 위험 발생원천

Robock & Simmonds(1989)는 정치적 위험 발생 근원은 그 나라의 정치적 사건, 국제정치 관계 변화에 있다고 하였다. Feils & Sabac(2000)는 좀 더 세분화하여 그 나라 내부 정치변혁, 투자국과 투자유치국의 관계 악화, 그리고 투자유치국과 제3국 관계 변화로 제시하였다. 이들이 제시한 정치적 위험 발생 근원을 토대로 자주 위험을 유발하는 그 원천을 선별하면 다음과 같다.

① **정치이념 변화**: 이념은 사회가 어떻게 운영되어야 하는지를 설명하는 이상, 원칙, 집단의 특정한 윤리적 집합이다. 일반적으로 혁명 등으로 새로운 이념이 경제를 지배하게 되면 국유화, 민간자산의 몰수 등 강력한 조치가 뒤따른다.

② **전쟁, 내란, 폭동**: 전형적인 외국기업의 정치위험 원천이 된다. 자국 내 폭동이나 내란, 외국과의 전쟁 등 위험의 원천과 관계없이 일단 발발하면 기업에 공포로 다가오게 된다.

③ **정권교체**: 동서고금을 막론하고 평상시에도 정권이 교체되면 사회 전체에 변화를 불러온다. 특히 신정권은 전 정권에서 추진한 경제정책을 부정하는 경우가 많다. 예를 들어 미국이더라도 공화당은 기업 친화적 정책, 민주당은 서민 친화적 정강을 표방하고 있어 정권교체 때마다 세금정책, 고용정책 등이 변한다.

④ **사회적 무질서**: 사회적 무질서는 정치, 경제, 사회 등 전 분야에 부정적인 영향을 미친다. 사회적 무질서는 시위, 폭동, 가치관 혼란 등 그 원천은 매우 다양하다. 아프리카 자이르(Zaire)에서 모부투(Mobutu Seko)가 1973년 쿠테타로 집권하고 산업 국유화, 서양식 이름 사용 불허 등 자이르화 정책을 단행하여 사회적으로 큰 혼란이 있었다.

⑤ **현지 사회의 외국기업에 대한 반감**: 외국기업과 현지 기업의 이해관계가 충돌하거나, 외국기업 때문에 소비자 피해 등이 발생하면, 현지 사회에서 그 기업에 대한 반감이 나타난다. 이러한 갈등은 경쟁기업들의 전략적 홍보로 인해 발생할 수 있어 평소에 정부, 소비자, 언론 관리에 주의를 기울여야 한다. 그리고 외국기업의 뇌물이나 기타 스캔들이 폭로되면 그 기업에 대한 극심한 반감으로 불매운동을 불러올 수 있다. 경쟁기업 개입 사례로, 1980년대 초반 미국 정부는 한국의 가전제품 생산업체들을 UN 분쟁해결기구에 반덤핑으로 제소하였다. 후에 일본과 대만 수출기업들의 로비 영향으로 조치가 취해졌다는 사실이 전해졌다.

⑥ **새로운 외교 관계 형성**: 현지 정부의 외교정책 변화도 정치적 위험으로 발

전될 수 있다. 현지 국가와 본국, 그리고 현지 국가와 제삼국 외교 관계 변화도 정치위험으로 다가올 수 있다. 예를 들어 1960년대 인도네시아 수카르노(Sukarno) 대통령이 친서방에서 친 공산국가로 정책을 변경했다. 결과적으로 연간 물가 상승률이 매년 100% 이상 폭등하는 등 반외국기업 정서로 상황이 악화되었다.

2) 정치적 위험의 영향

(1) 국유화 조치

국유화(nationalization)란? 현지 정부가 외국인 재산을 포함한 사유재산을 대규모, 강제적으로 취득하는 것을 의미한다. 주로 체제전환이나 이념변화 등으로 나타나게 되며 전형적인 거시적 정치위험에 속한다. 사례로 제2차 세계대전 후 이집트의 수에즈 운하 국유화, 1960년대 인도네시아에서 수카르노(Sukarno) 대통령 취임 후 네덜란드계 기업의 국유화 조치 등이 있다. 최근에는 경제개발계획이나 외자 정책의 급격한 변경에 의한 비명시적인 잠행 형 국유화(creeping nationalization)도 나타나고 있어 투자기업이 경계해야 할 위험이 되었다.

차별적 또는 보복적 국유화는 국제법 위반이라는 설이 있지만, 일반적으로 국제법상 권리 자체를 인정한다는 게 다수설이다. 국제연합총회 결의 3201(1974.5.1.) 「천연자원에 대한 영구적 주권」 국제연합총회 결의 3281(1974.12.12.) 「국가의 경제적 권리의무 헌장」에서 공익, 안전 등 국가이익 보호 차원의 국유화 권리를 보장하고 있기 때문이다. 다만, 국유화에 대한 보상 수준에 대해서는 논란이 있다. 유엔의 「국가의 경제권리 의무헌장」에서 적당한 보상(appropriate compensation)으로 규정하고 있는데, 그 정도가 명확하기 않다.

(2) 자산 몰수와 수용

국유화가 거시적 정치위험이라면, 몰수와 수용은 개별기업에 취해지는 미시적인 정치위험이다. 몰수와 수용은 모두 현지 정부가 외국기업에 가하는 최상위 수준의 조치로 양자 차이는 기업의 재산상 손실에 대한 보상 여부이다. 한 번이라도 기업 자산을 몰수나 수용을 단행한 국가는 추후 투자기피 대상이 된다.

몰수(confiscation)의 국제법상 정의는 적국재산의 소유권을 정당한 보상 없이 박탈하는 것이다. 국제경영학에서는 특정 국가가 전쟁, 혁명 등 정치적 격동기에 외국기업의 자산을 대가 없이 국고에 귀속시키는 것을 의미한다. 사례로 1971년 쿠데타로 집권한 우간다의 이디 아민 정부가 인도인 재산을 몰수한 바 있다.

수용(expropriation)은 현지 정부가 명목상의 보상을 조건으로 외국기업 자산 소유권을 강제로 징수하여 처분하는 것이다. 1973년 쿠웨이트가 국제 석유회사 생산시설을 수용하면서 정상가의 10% 수준의 보상밖에 하지 않았다. 사우디아라비아는 1973년 미국계 4개사 소유 정유회사 아람코(Aramco)사 지분 60%를 확보한 후 1980년 나머지 지분 40%를 수용하여 장기간에 걸친 국유화를 완성하였다.

(3) 소유제한

소유제한은 외국기업의 투자를 금지하거나 지분 소유비율 제한조치이다. 투자금지는 주로 국가안보, 자원과 중요산업 보호 목적으로 취해지고, 소유권 제한은 단독투자를 금지하는 조치이다. 단독투자 금지 사례로 두바이(Dubai)는 2021년까지 외국인투자 지분 49%, 자국민 지분 51%로 규정하여 진출기업들이 경영권 보호 방법을 별도로 강구해야 했다(KOTRA, UAE 투자환경 및 시장진출 가이드).

(4) 운영상의 규제조치

운영상 규제는 현지 정부가 외국기업에 취하는 기업 경영상의 제한조치이다. 운영상 규제는 명시적 또는 비명시적인 각종 행정조치로 시행될 수 있다. 예를 들어 현지 부품 사용의무, 현지인 고용의무, 자국 시장 점유율 제한, 생산제품 일정 비율 수출 의무 등이 이러한 규제에 해당한다. 운영상 규제정책은 비교적 간단하면서도 효율적인 자국 기업과 자국민 보호, 외국기업의 과도한 수익확보를 통제하는 수단이 된다. 반대로 외국기업은 현지 경영 자율성에 제한을 받게 되게 된다.

- **현지부품 사용의무**: 자국에 투자 진출한 외국기업이 완제품을 생산하는 데 있어 현지부품 사용을 일정 비율로 강제하는 정책이다. 진출기업이 현지화를 위해 비교우위가 있는 현지 원부자재를 사용하면 그만큼 제품경쟁력 확보에 유리할 수 있다. 그러나 그 품질이 국제기준에 미달할 경우 현지 생산

활동에 걸림돌이 된다.

- **현지인 고용의무**: 투자기업 자회사 전체 인력에서 경영과 생산 분야의 현지 인력 비율을 강제하는 방법이다. 일부 국가는 외국기업에 본국 파견직원과 현지 채용인력 비율을 법으로 규정하고 있다.

(5) 외국기업 차별대우

현지 정부가 외국기업과 내국기업의 공정한 경쟁에 제한을 가할 수 있다. 이러한 유형에는 정부 입찰이나 프로젝트 참여 제한, 조세차별 등이 있다. WTO는 각국의 부당한 외국기업 차별대우를 방지하기 위해 정부조달협정을 타결하고 추가적으로 경쟁 라운드 협상을 진행하고 있다.

- **정부조달협정**(GPA, Agreement on Government Procurement)은 GATT 동경 라운드(1973~1970) 협상 결과 발효된 다자간 협정이다. 국제 조달시장의 자유화를 촉진하기 위해 최혜국대우, 내국민대우 원칙으로 각국이 조달시장을 상호 개방하며, 입찰 심사에 차별행위 금지를 담고 있다.
- **경쟁 라운드**(CR: Competition Round)는 각국의 시장구조와 기업 경영관행의 차이를 제거하여 경쟁조건을 평준화하는 데 있다. 즉, 기업활동의 공정경쟁을 촉진하기 위해 외국기업에 불리한 유통구조, 사업 관행, 부패 제거에 있다. 다만, 도하개발어젠다 협상 중단으로 협상이 지연되고 있다.

(6) 이전자유제한

이전자유제한(Loss of transfer freedom)은 기본적으로 본사와 자회사 간의 내부거래를 제한하는 조치이다. 투자기업은 현지 자회사 생산에 필요한 원부자재를 공급하는 내부거래로 이익을 확보한다. 현지 정부가 외국기업의 과도한 내부거래로 자국 산업이 피해를 받지 않도록 이를 금지할 수 있다. 또한, 외환 사정의 이유로 외국기업의 과실금 본국 송금을 제한하기도 한다.

(7) 계약의 일방적인 파기 또는 변경

계약 파기나 변경(Breathes or unilateral revisions in contracts)은 현지 정부가 외국기업과 맺은 계약, 또는 민간기업 간의 계약을 일방적으로 규제하는 조치이다. 계약 상대방을 무시하고 계약 당사자들의 이익이 아닌 자국에 일방적으로 유리하게 법적 위해를 가하는 행위가 된다.

(8) 재산 또는 인명피해

해외직접투자 기업이 가장 우려하는 위험의 바쁜 영향이다. 몰수와 수용이 경제적인 파괴력이 크다면, 자산 훼손과 인명피해는 되돌릴 수 없는 피해가 된다. 사례로 2001년 이슬람 근본주의 알카에다가 일으킨 9.11 테러로 뉴욕 세계무역센터 건물이 파괴되고 3천여 명의 귀중한 인명이 사망했다.

(9) 불매운동

불매운동(boycott)은 외국기업의 부당한 행위에 대한 항의 수단으로 해당 기업과 거래를 끊거나 상품의 구매, 사용을 중단하자는 소비자운동이다. 현지 사회에서 자회사 생산제품 불매운동이 일게 되면 매출 감소는 물론, 매우 부정적인 기업 이미지가 조성되어 향후 경영에도 나쁜 영향을 미치게 된다. 현지 자회사가 평소 경영에서 착한기업 이미지 정착에 노력해야 하는 이유이다.

〈표 9-2〉 **정치적 위험의 원천, 초래집단과 영향**

위험원천	초래집단	영향
• 정치 이념 전환 • 사회적 불안과 무질서 • 민족주의 부상 • 외국기업에 대한 반감 • 새로운 외교 관계 • 전쟁, 내란, 폭동 - 타국과의 갈등 포함	• 국회와 정치단체 • 행정부 • 이익집단 • 시민단체 • 기타 - 국내외 언론, NGO - 외국 정부, 국제기구	• 국유화 조치 • 자산 몰수와 수용 • 기업, 자원 소유제한 • 운영상의 규제 • 외국기업 차별대우 • 경영자원 이전제한 • 계약 파기 또는 변경

자료원: Robock & Simmonds(1989), International Business and Multinational Enterprise

▷ 현지 정부의 외국기업에 대한 법적, 행정지도 사례

• 미국 의회, 틱톡(TikTok) 퇴출 법안 통과

틱톡은 2016년부터 서비스를 시작한 중국의 숏폼 동영상 플랫폼이다. 2022년부터 틱톡 사용을 금지하려는 국가가 늘어나고 있다. 이유는 불법적으로 개인정보를 수집하여 국가안보에 위협이 된다는 것이다. 바이든 대통령은 2024.4월 틱톡 모회사 중국 바이트댄스가 미국 사업권을 매각하지 않으면 미국 내 서비스를 금지하는 '틱톡 금지법'안에 서명했다. 틱톡은 최장 360일 이내에 미국 사업장을 매각해야 하며, 그렇지 않으면 시장에서 퇴출당하게 된다(연합뉴스 TV, 2024.5.8.).

- 일본 정부, 네이버(Naver)의 라인 야후(LY Corporation) 행정지도
  네이버는 2011.6월 모바일 메신저 서비스 Line을 출시했다. 이후 2021.3. 네이버와 일본 소프트뱅크 그룹 간 인수합병(M&A)으로 라인 야후(LY Corporation)가 서비스를 맡게 되며, 일본인의 일상생활에 필수적인 국민적 서비스가 되었다. 사건 발단은 두 번(2023.11.27., 2024.2.14.)에 걸친 정보 유출 사고다. 일본 정부는 2024.3.과 4월 두 차례에 걸쳐 라인 야후의 경영체제 재검토 행정지도를 했다. 네이버는 일본 사업 철수 문제에 봉착했다(보안뉴스 등 종합, 2024년).

3. 정치적 위험관리

Shapiro(1981)는 투자기업의 투자 결정과 자회사 운영과정의 정치적 위험관리 네 가지 전략을 제시하였다. 첫째, 투자 전의 회피(avoidance) 전략이다. 정치적으로 문제가 있다고 판단되는 국가를 투자대상에서 제외하는 것이다. 둘째, 국제보험기관이나 민간은행의 투자보험에 가입하는 방법이다. 셋째, 협상 전략으로 국가 간 투자보장협정을 이용하거나, 협상력을 이용하여 피해를 최소화하는 방안이다. 마지막으로 국제 사업장을 분산 배치하는 방법이다.

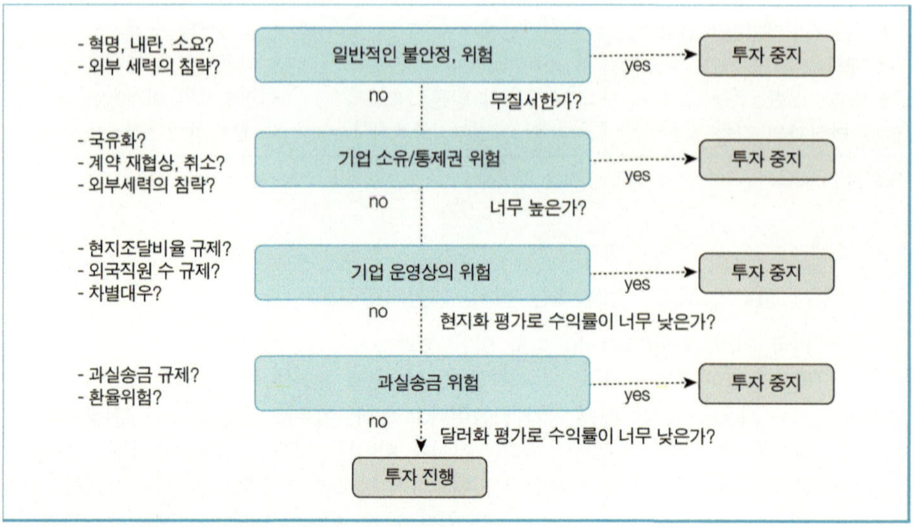

자료원: Root(1994), International Trade and Investment

〈그림 9-1〉 정치적 위험을 고려한 투자의사 결정 과정

위와 같은 정치적 위험을 관리하기 위해서는 반드시 위험을 평가하여야 한다. 투자기업의 정치적 위험의 평가와 대응전략에 대해서는 Root(1994)의 해외시장 진입전략(Foreign market entry strategies)을 활용할 수 있다. 루트의 모형은 〈그림 9-1〉에서 투자 초기 의사결정 과정을 설명하고 있다.

▷ 정치적 위험, 우간다(Uganda)는 이미 아민을 기억하고 있다.

- 우간다 이디 아민(Idi Amin Dada Oumee) (1923.5.17.-2003.8.16.)
  이디 아민은 1971.1.25. 오보테 대통령이 싱가포르 국제회의에 참가하는 틈을 타서 쿠데타로 집권한 군인이다. 1976년 종신 대통령으로 선언하였는데, 같은 해 6월 팔레스타인 테러리스트의 에어 프랑스 139편 엔테베(Entebbe) 납치에 관여하고 이스라엘군이 '엔테베 작전'으로 인질구출에 성공한다. 이디 아민은 국내 불만을 무마하기 위해 1978년 탄자니아를 침공하였다. 1979.4.11. 탄자니아군 반격으로 국외로 탈출하였는데, 망명지로 리비아, 이라크를 거쳐 사우디를 전전했다. 이디 아민 집권 8년간 30만~50만 명의 우간다인들이 희생된 것으로 추정되고 있다.

사진: The Collector(www.thecollector.com/idi-amin-uganda/)

사진: 나무위키(namu.wiki/w/이디%20아민)

- 아시아인 재산몰수, 강제추방
  이디 아민은 1972.8.25일부터 우간다 경제를 장악한 인도인 강제추방을 시작했다. 그는 '꿈속에서 알라신께서 본인에게 아시아인을 추방하라고 하셨다.'라는 명분을 내세웠다. 아시아인은 대부분 인도인으로 기업을 운영하고 있었는데 3개월 이내 출국 통보였다. 이디 아민 통치 기간 우간다 거주 인도인 50만 명에서 8만 명으로 줄어들었다. 경제문제는 인도인으로부터 경영 경험이 부족한 우간다인으로 넘어간 약 6천여 개의 공장, 가게, 농장들이 국민경제에 부담이 되었다.

해외투자 분야의 정치적 위험은 외국기업에 투자에 따른 전체 위험의 부분집합일 수밖에 없다. 여기서 전체 위험이란? 현지의 정치적 위험을 포함한 경제, 사회, 법률 변화는 물론, 기업 내부의 경영상의 위험도 포함된 위험을 의미한다. 투자기업의 전체 위험에 관해서는 위험관리 편에 별도로 기술하였다.

CHAPTER

10

경제적 환경과 해외직접투자

10 경제적 환경과 해외직접투자

제1절 경제체제 및 경제발전단계

1. 국가 경제체제 개념과 유형

1) 경제체제의 개념

경제체제(Economic system)는 희소한 자원을 어떻게 활용하고 분배하는가에 관해 사회적으로 합의된 경제운영 시스템이다. 한 나라의 경제체제를 구분하는 데는 자원과 생산수단을 누가 소유(사적 vs. 공적)하는가? 자원을 어떻게 배분(시장 vs. 통제)하는가? 에 의해 구분한다.

경제체제는 관점에 따라 크게 두 가지 유형으로 구분한다. 첫 번째는 사적 재산권의 개인소유 인정 여부이다. 생산수단인 자본과 토지의 개인소유 인정 여부에 따라 자본주의와 사회주의로 구분한다. 두 번째는 자원 배분이 어디에서 이루어지는가이다. 시장경제는 가격 메카니즘에서 자원이 분배되고, 계획경제는 정부 계획과 통제로 분배된다.

2) 경제체제 유형

한 나라의 경제체제는 자원의 소유와 분배 정도를 고려했을 때 대체로 자본주의(Capitalism)는 시장경제, 사회주의(Socialism)는 계획경제로 운영된다. 그러나 이러한 분류방법은 국가마다 복잡한 경제 현실로 인해 절대적인 구분은 되지 않으며 대부분 혼합 방식으로 운영된다. 학계의 연구결과를 취합해 보면 복잡한 경제체제 분류는 〈표 10-1〉과 같이 자원 소유와 배분의 조합에서 네 가지 유형의 경제체제로 구분해 볼 수 있다(최선식, 2016; 김희철, 2021).

(1) 극단적인 경제체제

① **시장 자본주의(Market capitalism)**: 개별 경제주체가 시장에서 자기 책임으로 자유롭게 이윤을 추구하면서 경제문제들을 해결하는 유형이다. 자본주의는 기본적으로 시장의 가격기구(Price mechanism)를 구성하는 수요와 공급으로 움직이기 때문에 자본주의 시장경제 또는 자유경제 체제로 불린다. 이 유형은 시장에서 자유 경쟁에 의한 효율적 자원 배분 효과를 창출한다. 북미와 서유럽의 경제체제이지만, 자국 현실에 적합하게 조금씩 변형된 시스템이다. 그 배경은 아래와 같은 이유로 완전한 시장경제는 존재할 수 없기 때문이다.

첫째, 거대기업의 시장 독과점으로 시장기능이 제 기능을 발휘하지 못한다. 이러한 배경에서 각국 정부는 독과점 금지법 등의 법규와 행정력으로 약자 지위에 있는 중소기업을 보호하고 시장기능의 미비점을 보완하고 있다.

둘째, 시장을 구성하는 이해당사자의 자기 위주 자원 배분이다. 시장은 소비자, 기업경영자, 노동조합, 소비단체, 협회 등 다양한 경제주체들이 참여한다. 이러한 이해 당사자들은 자신들의 이익 극대화에만 관심을 두고 있으며, 때에 따라 협상, 파업 등으로 가격기구가 제 기능을 발휘하지 못한다.

셋째, 정부의 시장개입으로 인한 시장 왜곡 현상이다. 정부는 거시적인 경제정책 목표달성을 위해 공급시장에 관여하거나 통화정책 등으로 시장에 개입한다. 이러한 정부 개입은 시장경제 왜곡 현상을 보완하는 측면이 있지만, 가격기구의 원만한 작동을 방해하게 된다.

② **중앙계획 사회주의(Centrally planned socialism)**: 생산수단을 개인이 아니라 사회가 소유하는 체제로 사회주의 계획경제로도 불린다. 생산수단은 사회구성원 공동의 재산이고, 생산물을 공동으로 분배하는데 이를 중앙통제기구에서 담당한다. 사회주의는 계획경제로 운영되는데, 중앙에서 통제적

으로 경제를 운영하기 때문에 소외된 계층을 보호하고, 부의 편중현상을 방지할 수 있다. 그러나 개인의 이윤추구 동기를 자극할 수 없어 개인의 경제활동 참여 의지를 꺾기 때문에 생산성 문제가 발생한다. 소비에트 연방국들의 경제체제이지만, 완전한 사회주의 계획경제는 흔치 않다.

(2) 혼합경제체제

혼합경제(Mixed economy)는 자본주의 시장경제와 사회주의 계획경제가 혼재된 체제이다. 자원의 배분과 생산에 시장과 정부가 조화를 이루는 시스템이다. 대부분 국가는 극단적인 시장경제나 계획경제보다 이들 기능을 적절히 결합한 형태로 경제를 운영하고 있다. 혼합경제에서 어느 정도 정부가 개입했는지는 국민총생산(GNP) 또는 국내총생산(GDP)에서 차지하는 정부지출비율로 판단한다.

① **중앙계획 자본주의(Centrally planned capitalism)**: 일반적으로 정부가 자원을 소유하고 통제하며, 배분은 시장기능에 맡기는 체제이다. 중국과 베트남 등 사회주의 국가에서 시장경제를 도입하고 있다.

② **시장 사회주의(Market socialism)**: 자원의 사적 소유와 시장경제로 운영하되 정부 계획에 의해 상당 부분의 자원이 배분된다. 사례로 북유럽 스웨덴은 복지국가를 달성하기 위해 시장과 통제가 혼합된 하이브리드 방식의 경제체제를 운영하고 있다.

앞서 기술된 바와 같이 현대는 한 나라의 경제운영 방식을 특정하여 어떤 체제라고 단정할 수 없게 되었다. 왜냐하면, 세계화 시대에 각국 정부는 이념보다 경제발전에 정책 우선순위를 두고 자국에 적합한 시스템으로 경제를 운영하기 때문이다. 프란시스 콜레라(Francis Colella) 교수는 한 나라의 경제체제를 설명하기 위해서는 아래 질문에서 경제체제의 복잡성을 파악할 수 있다.

첫째, 경제 종류: 선진 산업국가, 체제전환 국가, 또는 개발도상국인가?

둘째, 정부 형태: 군주제, 독재국가, 폭정국가인가?

셋째, 무역과 자본 통제: 자유무역 시스템인가? 외환 통제가 있는가?

넷째, 정부의 사회안전 서비스: 연금, 의료, 교육이 사적 또는 공적 영역인가?

다섯째, 시장 유형: 자유 시스템인가? 독과점 시스템인가?

〈표 10-1〉 **자원 소유와 분배에 의한 경제체제 구분**

		자원 배분	
		시장	통제
자원소유	개인	• 시장 자본주의 (Market capitalism)	• 중앙계획 자본주의 (Centrally planned capitalism)
	국가	• 시장 사회주의 (Market socialism)	• 중앙계획 사회주의 (Centrally planned socialism)

자료원: 최선식(2016), 김희철(2021), 학술지 논문 종합

2. 국가 경제발전 단계 평가

일반적으로 국가 경제발전 단계는 선진국과 개발도상국으로 구분하고 있다. 선진국(Advanced countries)은 소득이 높고 물질적 삶이 좋은 나라, 개발도상국(Developing countries)은 소득이 낮고 물질적 조건이 열악한 나라의 의미로 쓰인다. 그러나 그 구분은 포괄하는 범위가 너무 광범위하고, 기준이 모호하다. 이러한 배경에서 UN 등 국제기구는 정책 목적달성을 위해 각국의 경제발전 단계를 자체적인 기준에 의해 평가하여 발표하고 있다.

UN 경제사회이사회는 3년마다 소득과 경제 취약도 등을 고려하여 세계에서 가장 취약한 최빈개도국(LDCs: Least Developed Countries)을 발표하고 있다. 세계은행과 IMF는 UN의 최빈개도국을 제외한 다른 국가들을 발전단계별로 그룹화하고 있다. 그리고 UN 개발계획(UNDP)은 인간개발지수(HDI:Human Development Index), OECD 개발원조위원회(DAC)는 공적개발원조(ODA) 수원국 리스트(Recipient countries List)를 작성하여 정책에 반영하고 있다.

기업은 투자전략 수립과 자회사 경영에 국제기구에서 발표하는 국별 평가자료를 유용한 경제발전 정보로 활용할 수 있다. 예를 들어 생산요소지향형 투자전략을 수립하는 경우에는 생산에 필요한 인건비 수준을 알 수 있고, 시장지향

형 투자이면 그 나라 구매력 평가에서 제품과 가격 포지셔닝을 결정할 수 있다.

1) 세계은행(World Bank)의 경제발전 단계

세계은행(World Bank)은 매년 7.1일 세계발전지표(Word Development Indicators)로 회원국의 경제발전 단계를 발표한다. 분류기준은 〈표 10-2〉와 같이 미화 환산 국민총소득(GNI: Gross National Income)을 인구수로 나눈 1인당 국민소득(GNI per capita)으로 한다. 기준이 되는 1인당 국민소득은 물가 영향으로 매년 상향 조정되기 때문에 해당연도 기준을 확인해야 한다(World Bank, 2024).

〈표 10-2〉 세계은행 국가 경제발전 단계 유형 및 기준

구분	저소득 국가 Low income	중하위 소득 Lower-middle income	중상위 소득 Upper-middle income	고소득국가 High income
기준(US$)	〈 1,085	1,086~4,255	4,256~13,205	13,205

자료원: World Bank(2024), New World Bank country classifications by income level: 2022–2023

① 저소득 국가(Low income group)

이 단계에 속한 국가는 본격적인 경제개발 이전 국가로 1인당 국민소득이 매우 낮은 수준이다. 전반적인 사회 특징은 농업 종사 인구가 많고, 높은 출산율과 문맹률, 짧은 기대수명, 불안정한 정치 사회, 그리고 외국 원조 의존도가 높은 특징을 보인다. 대체로 사하라 이남의 아프리카 국가들에 여기에 해당된다.

외국기업은 저소득 국가 투자환경 분석에서 긍정과 부정적인 면을 모두 보아야 한다. 먼저 부정적인 점은 대부분 심각한 정치, 경제, 사회적 문제를 안고 있는 국가로 자회사 현지 활동이 위축될 수 있다. 일부 국가의 경우 전쟁, 내전, 통치자 폭정 등 하나의 재앙이 끝나면 또 다른 재앙이 덮치고 있다. 반면에 이들 국가도 외국기업에 사업기회를 제공한다. 왜냐하면, 많은 국가가 풍부한 지하자원을 보유하고 있고, 소비인구가 증가하고 있어 시장이 확대되고 있기 때문이다. 사례로 미국이 2000년 아프리카 성장기회법(AGOA)을 발효하자, 인도 섬유업체들이 아프리카에 진출하여 현지 생산제품을 미국에 면세로 수출하고 있다.

② 중하위 소득 국가(Lower-middle income group)

세계은행은 선진국과 후진국을 연결하는 중진국, 소위 개발도상국을 중하위 소득국(후발개도국)과 중상위 소득국(선발개도국)으로 구분하였다. 중하위 소득권에는 대부분 개도국 국가들이 속해 있으며 세계 인구 비중이 가장 높은 구간이다.

중하위 소득 군에는 주로 산업화 초기 국가들이 포진되어 있다. 산업 특징은 완구나 섬유 등 노동집약적 산업이 집중되어 있다. 제품수명 주기상 표준화된 기술, 저임금과 자원 등 현지 비교우위 생산요소를 이용하여 공업화에 주력한다. 그리고 점차 수출이 확대되어 소득수준이 높아져서 내국 소비시장도 성장한다.

③ 중상위 소득 국가(Upper-middle income group)

제조업이 급격하게 발전하면서 농촌인구가 밀물처럼 도시에 몰려든다. 전체 산업은 일차산업에서 이차산업으로 전환되지만, 아직 국내수요가 성숙하지 못해 수출의존 경제이다. 교육에 대한 높은 수요로 문맹률이 급격하게 낮아진다.

중상위 소득권에는 두 가지 유형의 국가가 있다. 첫 번째, 자원과 시장을 동시에 보유한 BRICS(브라질, 러시아, 인도, 중국, 남아공), 두 번째, 자원이 없고 시장도 작은 신흥공업국(NICs; Newly Industrializing Countries)이다. 한국과 같은 신흥공업국은 지속성장하여 고소득국가에 편입되었지만, 중남미, 남아공 등 일부 국가는 외채와 환율, 인종 문제 등으로 중하위 소득권으로 하락한 사례도 있다.

④ 고소득 국가(High income group)

고소득 국가권에는 1인당 국민소득이 최상위층인 국가들이 밀집되어 있다. 여기에는 일부 OPEC 산유국가들을 제외하고는 대부분 산업고도화로 탈공업화(Post-industrial society)를 달성한 서구라파 국가들이 여기에 속한다. 고소득국가의 산업 특징은 제조업보다 서비스, 그리고 정보와 기술 등 3차산업이 국민경제에서 차지하는 비중이 높은 편이다.

대표적인 고소득국가 그룹에는 경제협력개발기구(OECD) 회원국을 들 수 있다. OECD는 제2차 세계대전 후 1948년 미국의 마셜 플랜 지원을 받은 유럽경제협력기구(OEEC, Organization for European Economy Cooperation)에서 시작하였는데 한국은 1996년 12월 OECD의 회원국이 되었다.

2) UN 개발계획의 인간개발지수

UN 개발계획(UNDP)은 인간개발지수(HDI: Human Development Index)를 매년 9월 발표하고 있다. 평가방법은 구매력을 반영한 1인당 실질소득, 기대수명, 그리고 교육 등 3가지 지표 평균으로 계산한다. 지수 값은 0과 1 사이의 값을 가지며 높을수록 인간개발 성취도가 높은 것을 의미한다. 평가 구간은 낮은 그룹(Low group), 중간(Medium group), 높음(High group), 그리고 매우 높음(Very high group) 등 4개 그룹이다. 인간개발지수 산출방식은 아래 식과 같다.

▷ 인간개발지수 산출방식

HDI: (1/3) × (소득지수) + (1/3) × (기대수명지수) + (1/3) × (교육지수)

$$\sqrt[3]{\text{소득지수} \times \text{기대수명지수} \times \text{교육지수}}$$

- 소득지수 = (해당국 소득-최저치)/(최고치 − 최저치) × (각 수의 log 값)
- 기대수명지수 = (해당국 평균수명-최저치)/(최고치-최저치)
- 교육지수 = (2/3) × (성인문자 해독률) + (1/3) × (학교 등록률)

자료: UNDP 서울정책센터(2021), 인간개발보고서

제2절 경제적 환경 구성요인

1. 거시적 경제환경

1) 소비인구를 통한 시장성 평가

한 나라의 인구수(population)는 소비시장 규모를 파악할 수 있는 지표가 된다. 통상적으로 인구가 많을수록 시장규모가 크다고 판단한다. 그러나 인구수가

많다고 그 나라의 소비시장 규모가 크다고 단정하는 함정에 빠져서는 안 된다. 왜냐하면, 인구수는 많지만, 이들의 실질 구매력이 낮아서 소비시장으로 매력이 없을 수 있기 때문이다. 일례로 UN의 세계 인구통계에 따르면, 2024년 기준, 방글라데시는 1억 7,470만 명으로 8위, 일본은 1억 2,263만 명으로 12위이지만 방글라데시가 일본보다 소비시장이 크다고 할 수 없다.

시장규모를 판단하기 위해서는 인구수 못지않게 중요한 요소는 인구성장률과 그 나라의 나이별 인구 분포이다. 인구성장률(Population growth rate)은 현재 인구가 적더라도 미래 시장수요가 확대될 잠재력이 높다. 반대로 인구 증가율이 낮으면 장기적으로 기업 생산활동을 위한 인력 수급 문제가 발생할 수 있다. 인구 분포 역시 시장수요와 노동력 수급 문제 상황을 알 수 지표가 된다. 통상적으로 한 나라 경제 활동 인구에서 청장년층 비중이 높을수록 생산여건이 좋다고 판단한다.

결국, 기업은 인구부문을 평가하는 데 있어 사업 목적에 따라 절대적인 인구수뿐만 아니라 구성 그리고 증가율 등도 살펴보아야 한다.

2) 국내총생산과 국민총생산

경제적 환경 평가에서 국민총생산과 국내총생산은 빠뜨릴 수 없는 지표이다. 그 나라의 경제 규모뿐만 아니라 전반적인 생산활동 명세를 파악할 수 있기 때문이다. 국내총생산(GDP: Gross Domestic Product)은 거주자 국적과 관계없이 일정 기간(통상 1년) 그 나라 내에서 생산된 재화와 서비스의 시장가치 합산액이다. 국민총생산(GNP: Gross National Product)은 국경개념 없이 자국민이 국내외에서 일정 기간 생산한 재화와 서비스의 시장가치가 된다. 따라서 A국 국민의 A국 생산액뿐만 아니라 B국에서 창출한 부가가치도 포함된다.

기업 경영에 있어 국내총생산과 국민총생산을 해석하는 데 있어 담긴 의미를 파악해야 한다. 국내총생산이 국민총생산보다 크면(GDP 〉 GNP) 그 나라에서 외국기업의 활동이 많아서 투자환경이 좋다고 판단할 수 있다. 반대로 국내총생산이 국민총생산보다 적으면(GDP 〈 GNP) 그 나라 기업의 해외 진출이 활발한 국가로, 그곳에 원천기술이 많아서 기술습득에 적합한 국가일 수 있다.

3) 1인당 국민소득

1인당 국민소득(PCI: Per Capita Income)은 한 국가의 일정 기간(통상 1년) 1인당 평균 소득이다. 그 나라 국민소득(GNI: Gross National Income)을 인구수로 나눈 값이다. 여기서 국민소득(GNI)은 한 나라 국민이 일정 기간 생산활동으로 얻는 재화와 서비스의 가치를 시장가격으로 평가하여 합산한 총소득으로 국민총생산 개념이 된다. 1인당 국민소득은 한 나라의 경제 수준과 국민의 생활수준을 종합적으로 파악할 수 있는 경제지표가 된다.

투자기업이 더 깊숙이 들여다봐야 할 부분은 1인당 국민소득의 구매력이다. 달러로 표시된 명목상의 1인당 국민소득은 그 나라 소비인구의 실제 구매력이라고 할 수 없다. 왜냐하면, 달러로 환산된 국민소득에는 물품교역 내용은 반영되지만, 대외거래와 관계가 없는 주거비용 등은 환율에 반영되지 않기 때문이다.

또한, 국가별로 다른 소비제품의 가격 차이를 제대로 반영할 수 없다. 따라서 '구매력 평가 기준 1인당 국민소득(GNI per capita based on Purchasing Power Parity)'을 살펴보아야 한다. 여기서 구매력 평가(PPP: Purchasing Power Parity)[1]는 한 나라의 통화 구매력과 다른 나라의 통화 구매력이 같은 수준을 유지하도록 환율을 해당 국가 물가에 반영하는 것이다.

결론적으로 한 나라 국민의 소득수준 평가는 구매력이 조정된 1인당 국민소득이 중요하다. 특히 투자 동기가 시장지향형이면 그 나라 소비자의 실질 구매력을 살펴보아야 한다.

4) 경제성장률(Economic growth rate)

경제성장률은 아래 산출 식과 같이 실질 국내총생산(GDP: Gross Domestic Product)의 연간 증가율을 백분율로 나타낸다. 금년도 실질 GDP가 전년도 대비 얼마나 증가 혹은 감소하는지를 나타내는 경제지표이다. 경제성장률은 해당 국가의 경제 역동성을 나타내는 가늠자가 되는 한편, 물가 상승률과 함께 경제

1) 구매력 평가(Purchasing Power Parity) 이론은 스웨덴 경제학자 구스타프 카셀(Gustav Cassel, 1866-1945)이 고안하였다. 일물일가의 원칙(Law of one price)에 따라 각 국가의 화폐는 모든 나라에서 동일 수량의 재화를 살 수 있도록 환율로 결정된다는 내용이다. 일물일가는 하나의 물건에 하나의 가격이 존재한다는 것으로 같은 상품은 어느 나라에서나 동일 가격이 되어야 함을 의미한다.

의 안정성 판단자료이다. 투자기업 관점에서 해당 국가의 높은 경제성장률은 그만큼 비즈니스 기회가 많다고 판단한다. 현지국의 경제성장률이 높다면 자회사의 영업매출액 증가도 같은 방향으로 진행된다고 볼 수 있기 때문이다.

$$경제성장률 = \frac{금년도\ 실질\ GDP - 전년도\ 실질\ GDP}{전년도\ 실질\ GDP} \times 100$$

국가마다 경제 상황이 달라서 모든 국가의 경제성장률이 같을 수 없다. 역사적으로 국가발전 초기에 높은 성장률을 보이다가 점차 성장률이 낮아지게 된다. 사례로 한국을 포함한 아시아 신흥공업국들(NICs)이 한때 두 자리 경제성장률에서 한 자리로 고착되었다. 문제는 같은 경제발전 단계에 있는 국가도 국내외 정치, 경제적인 상황 변화에 따라 급격히 등락할 수 있어서 생산 및 마케팅전략을 변경해야 한다. 예를 들어 투자 진출한 국가와 그 나라 인접 국가 간에 전쟁이 발발하면, 경제성장률 하락을 예측하고 판매 목표도 하향 조정해야 한다.

5) 물가와 인플레이션(Price level and inflation)

물가는 다양한 재화와 서비스의 평균가격 수준을 의미한다. 물가변동은 물가지수(Price index)로 파악할 수 있는데, 해당 연도의 물가수준을 기준연도의 물가수준으로 나눈 값을 100을 곱하여 산출한다. 물가지수가 100보다 높다면 기준연도보다 전반적으로 가격이 상승한 것이며, 반대의 경우 가격이 하락한 것이다.

물가지수에는 소비자물가지수, 생산자물가지수 이외에도 쓰임새에 따라 수출입물가지수, 농가판매 및 구매가격지수 등이 있다. 투자기업이 관심 있게 살펴야 하는 물가는 소비자 물가와 생산자 물가이다. 소비자물가지수(CPI : Consumer Price Index)는 소비자가 주로 구매하는 상품가격 변화 지표이다. 그리고 생산자물가지수(PPI : Producer Price Index)는 소비자에게 판매할 제품생산을 위한 원부자재 가격의 변화를 나타낸다. 직접투자 동기에서 시장지향형 투자는 소비자물가지수에 민감할 수밖에 없고, 무역지향형 투자는 생산자물가지수 변화에 주의해야 한다.

한편, 관심 있게 살펴야 할 물가동향은 인플레이션과 디플레이션이다. 인플레이션(inflation)은 재화와 용역의 가격이 지속해서 상승하는 경제상태이다. 실물흐름보다 통화가 과다하게 팽창하거나, 총수요가 총공급보다 많을 때 발생한다. 이에 반해 디플레이션(deflation)은 상품이나 서비스 가격이 지속해서 하락하는 현상이다. 한편, 스태그플레이션(stagflation)은 경기가 침체하고 있는데도 물가가 상승하는 경제상태로 복잡한 경제 상황이다. 위와 같은 인플레이션, 디플레이션 그리고 스태그플레이션은 모두 투자기업에 긍정과 부정적인 영향을 미친다. 예를 들어 인플레이션 상황에서는 현지화가 평가절하되어 자회사 수출이 증가한다.

6) 환율(Exchange rate)

환율(Exchange rate)이란? 한 나라의 화폐와 외국 화폐의 교환 비율이다. 외국 화폐는 통화가치 안정성이 보장되는 미국 달러(U$)와 유로화(₡) 등 기축통화가 된다. 기업이 투자를 위해 중점적으로 들여다보는 지표이다. 왜냐하면, 환율변동에 따라 경영성과는 물론 투자원금에까지 직접 영향을 미치기 때문이다. 경제학에서 환율을 깊이 있게 다루고 있는데, 본서에서는 직접투자 기업 경영에 반영해야 하는 환율 제도와 종류에 대해 간략히 기술하였다.

① **고정환율과 변동환율**: 고정환율(Fixed exchange rate)은 화폐 교환비율이 고정되어 있어 환율변동에 따른 경제손실이나 기업의 재무적인 피해가 없다. 환율이 고정되어 있어서 일국의 국제수지 불균형이 발생했을 때 이를 해소할 수 있는 조절기능이 없다.

변동환율(Flexible exchange rate)은 일국의 통화가치가 외국환시장에서 수요와 공급에 따라 결정된다. 변동환율제의 장점은 자동으로 국제수지 균형을 달성하는 데 있다. 즉, 국제수지 적자가 발생하면 시장에서 현지화를 평가절하시키고, 결과적으로 수출이 증가하여 수지 적자가 줄어든다. 다만 환율의 확실성과 예측성이 부족하다는 단점이 있다. 두 환율의 장단점을 보완하기 위해 혼합환율(Mixed exchange rate)을 운영하는 국가도 있다.

② **단일환율과 복수환율**: 대부분 국가는 단일환율(Single exchange rate)로 외환을 관리한다. 그러나 일부 국가는 외환시장 역사와 재정 목적상 복수 환율(Multiple exchange rate)제를 운용하고 있다. 일례로 중동의 경제대국 이란(Islamic Republic of Iran)은 고정환율인 정부환율과 변동환율인 시장환율로 외환시장을 관리한다.

국가에 따라서는 지하경제 환율도 있을 수 있으므로 투자기업은 투자대상국의 어떤 환율이 합법과 불법환율인지 점검해야 한다.

③ **명목환율과 실질환율**: 명목환율(Nominal exchange rate)은 통상적인 환율로 양국 통화의 상대가격이다. 환율상승은 자국 화폐가치가 외국 화폐보다 상대적으로 떨어지는 것으로 평가절하가 된다. 평가절하는 외화표시 수출가격이 하락하여 수출업체 가격경쟁력이 개선된다. 반면에 수입업체는 원부자재 수입을 위해 더 많은 자국화를 지불해야 하므로 불리한 입장이 된다. 실질환율(Real exchange rate)은 일국 통화의 상대적인 구매 가치가 반영된 환율이다. 아래 산출식과 같이 자국 상품이 외국 상품과 교환되는 비율로 나타난다. 만약 실질환율이 상승한다면, 자국 상품의 가격이 외국 상품보다 떨어져서 수출경쟁력이 개선된다.

$e\ x\ s\frac{P^*}{P}$(e 실질환율, s 명목환율, p 국내물가 수준, p* 외국물가 수준)

④ **매입환율과 매도환율**: 외환을 거래하는 은행을 기준으로 하는 환율이다. 매입환율(bid rate)은 은행이 외환 매입자가 되어 외화를 고객으로부터 사들일 때 적용되는 환율이다. 매도환율(offered, asked rate)은 은행이 외환 매도자가 되어 고객에게 외화를 팔 때 적용된다. 은행은 이러한 외화의 매매차이(bid-offer spread)로 수익을 달성해야 하므로 매도환율이 매입환율보다 높을 수밖에 없다. 고객인 기업이 그 차액을 거래비용으로 은행에 지불한다.

⑤ **대고객환율과 은행 간 환율**: 대고객환율(Customer exchange rate)은 일반 고객과 거래 할 때 적용되는 환율이다. 대고객환율은 외환 결제를 전신으로 하는 경우 적용되는 전신환매매율, 현찰로 바꾸는 환율을 현찰매매율이 있다. 은행간 환율(Inter-bank rate)은 도매시장인 외환시장에서 은행 간 거래되는 환율이다.

⑥ **현물환율과 선물환율**: 현물환율(Spot exchange rate)은 외환거래 당사자 간 매매계약 후 통상 제2영업일 이내에 외환의 결제가 이루어지는 환율이다. 이에 반해 선물환율(Forward exchange rate)은 외환 매매계약 체결일로부터 제2영업일 경과 후 장래의 특정일에 결제가 이루어지는 환율이다. 금리평가이론에 따르면, 아래 선물환 산출식과 같이 선물환율은 현물환율과 양 통화 간의 금리 차에 의해 결정된다(한국은행, 2005).

$$F = S \times \frac{(1+i)}{(1+i^*)}$$ (F 선물환율, S 현물환율, i 국내금리, i^* 외국금리)

한 국가의 환율은 통화가치에 영향을 주는 다양한 요인에 의해 변동된다. 중장기적으로는 물가변동에 따른 상대적인 구매력 차이, 생산성과 교역조건 변화, 재정 및 통화정책 등이 작용한다. 단기적으로는 시장참가자의 환율에 대한 기대변화, 뉴스, 경쟁국의 환율 움직임, 금융기관의 포지션 조정 등의 영향을 받는다. 이러한 환율변화는 국민경제에 커다란 영향을 주게 된다. 환율변화의 복잡한 이면을 미화기준 원화환율 상승(평가절하)으로 파악해 볼 수 있다.

- **수출 호조**: 원화환율이 상승하면 한국의 수출이 늘고 수입이 줄어들어서 무역수지가 개선되고, 국내생산과 고용이 증대되어 경제성장이 촉진된다.
- **수입 부진**: 수입 원부자재(예, 원유가격) 가격인상 효과로 인해 더 많은 원화를 지불하게 되며, 국내물가 상승 요인으로 작용한다.
- **외채상환 부담**: 동일 금액의 미화 표시 외채상환에 더 많은 원화가 필요하게 되므로 투자기업이나 금융기관의 채무상환 부담이 증가하게 된다.

위와 같이 환율변화는 투자기업 자회사 경영에 큰 영향을 미치게 된다. 현지 자회사 자산가치와 주가를 등락시키고 원부자재 조달과 판매가격에 바로 영향을 주기 때문이다. 또한, 환율변동은 경영성과 송금 등에 환 이익과 환차손으로도 나타난다. 따라서 투자기업은 환율변화를 수시로 점검하여 경영에 반영해야 한다.

7) 대외채무, 외화보유액

- **대외채무(Foreign/external debt)**: 대외채무(외채)란? 일정 시점에 일국의 거주자가 비거주자에게 미래 특정 시점에 원금과 이자를 지급해야 하는 확정채무이다. IMF는 정부가 직접적인 상환의무를 부담하는 채무로 상환기간이 정해져 있고 이자가 발생하는 빚으로 정의하고 있다. 이러한 국가 대외채무는 1년 이내에 만기가 도래하는 단기외채와 1년 이상 만기의 장기외채로 나뉜다. 국가의 과도한 대외채무는 외화 유동성 위기 원인이 되고, 지급불능 가능성을 높이기 때문에 재정 건전성을 판단할 수 있는 경제지표가 된다(지표누리 국가발전지표, https://www.index.go.kr).

• **외화보유액(Foreign exchange reserve)**: 정부나 중앙은행이 국제수지 불균형을 보전하거나 외환시장 안정을 위해 언제든지 사용할 수 있도록 보유하고 있는 대외 지급준비자산이다. 외화보유액은 긴급 시 국민경제 안전판일 뿐만 아니라 환율을 안정시키고 국가신인도를 높이는 역할을 한다. 국가 긴급사태 발생 시 정부와 금융기관의 대외결제가 어려워질 때를 대비하고, 외환시장에 환율이 급격히 상승할 경우 시장안정을 위해 사용하는 안전 재원이다(한국은행, 2024).

외화보유액의 적정수준은 각 나라의 경제발전 정도, 국제수지 사정, 금융기관의 대외 차입능력 등 다양한 요인 때문에 보편타당한 기준은 없다. 다만, 선진국은 국가신인도가 높고 자국 통화가 결제통화로 사용되므로 외화 축적 필요성이 낮다. 반면에 개도국은 유사시 국제금융시장에서 외화차입이 어렵고 대외의존도가 높아서 외화보유 욕구가 높을 수밖에 없다. 투자 진출 국가가 외화 부족으로 디폴트를 선언하게 되면, 자회사 경영에 막대한 파급효과를 가져다준다. 따라서 투자기업이 수시로 진출 국가의 외화보유 변동내용을 점검해야 한다.

▷ 한국의 1997년 외환위기 극복(1997.12.3.-2001.8.23.)

한국을 포함한 아시아에 1997년 아시아 금융위기(1997 Asia Financial Crisis)가 불어 닥쳤다. 한국은 기업의 연쇄 도산을 막고 대외채무 불이행을 피하기 위해 고육지책으로 IMF에 지원을 요청했다. 한국은 1997.12.3일 IMF와 555억 달러 지원에 관한 양해각서를 체결하고 IMF의 관리체제로 들어가게 되었다.
정부와 국민의 뼈를 깎는 노력으로 2000.12.4일 모든 차관을 상환하였고, 2001.8.23일 3년 8개월 만에 IMF 체제를 끝낼 수 있었다. 외환위기 초 외화보유액은 1997.12월 39.4억 달러까지 급락했지만, 강도 높은 구조조정을 통해 2001.9월 1천억 달러를 넘어서게 되었다. 당시 한국인들은 나랏빚을 갚기 위해 '금 모으기 운동(Gold-Collection Campaign)'을 벌여 지구촌의 관심을 받은 바 있다. 안타까운 것은 재무 건전성이 취약한 대우, 한보철강 등 일부 대기업과 은행들이 정부의 자산부채이전(P&A: Purchase and Assumption)에 의해 국내외 투자자에게 넘어갔다.

8) 국제수지, 이자율

국제수지는 한 나라가 일정한 기간에 다른 나라와 행한 모든 경제거래를 집계한 계정이다. 국제수지 흑자국은 대체로 물가, 환율, 이자율 등 경제 각 부문에서 안정적인 운영이 가능하다. 국가 간에 경제지표가 유사하다면, 국제수지 흑자국의 경제가 안정적으로 운영되고 있다고 판단할 수 있다.

이자율은 채무자가 채권자로부터 빌린 돈을 사용하기 위해 지급해야 하는 원금의 이자 비율이다. 이자율은 투자기업의 현지 공장설립이나 자회사 경영자금 차입에 재정적인 부담 수준을 결정한다. 또한, 기업이 차입금 없이 투자하더라도 전후방 협력사 납품단가와 판매비용이 달라져서 자회사 경영성과에 영향을 미치게 된다. 기업은 본국과 현지 금융권의 현재 이자율과 경제 안정성 등을 판단하여 어느 곳에서 자금을 차입할지 전략적으로 결정해야 한다.

2. 미시적 경제환경

미시적 경제환경은 투자기업의 현지 경영활동에 직접적인 영향을 미치는 진출 분야 산업경쟁력이다. 거시적 환경은 기업이 통제할 수 없는 환경요인이라면, 미시적 환경은 기업 노력에 따라 일정 부분 대처가 가능한 부문이다.

미시적 경제환경은 거시 경제지표와 같이 주어진 지표가 아니며, 기업이 투자 동기에 적합한 자료를 수집하여 분석하고 의미를 해석해야 하는 영역이다. 산업경쟁 구성요소는 소비자 특성, 경쟁 현황, 공급망 구성, 정부의 산업육성 정책 등을 들 수 있다. 미시적 경쟁환경 요인과 분석방법은 투자전략 편에 기술하였다.

참고로 대한무역투자진흥공사(KOTRA)는 국내기업의 현지 수출과 투자 진출 가이드로 「국별 진출전략」 자료를 업계에 제공하고 있다. 내용은 해당 산업의 생산과 수출입 동향, 경쟁 구도, 유통채널, 그리고 정부의 외국인직접투자 유치(FDI) 정책 등을 담고 있어 우리 기업이 미시적 환경 파악자료로 이용할 수 있다.

▷ 열악한 경제환경에도 사업기회는 있다.

- (진출사례 #1) 우간다 환성(Hwansung)

환성(회장 김성환)은 1992년 빅토리아 호수(Lake Victoria)의 나일 퍼치(Nile Perch) 어육 유럽 수출사업을 시작했다. 이후 종합가구 기업 환성 인더스트리를 설립(1996년)하였고, 케냐와 남수단에 진출(2006년)했다. 회장은 관대함과 현지화를 성공 요인이라고 강조했다(MBC, 2000.2월) 한편, 환성은 의료 자선원(2007년)을 설립하여 우간다와 케냐 심장병 어린이 수술을 지원하는 사회적 기업으로도 활동 중으로 우리기업에게 제공하는 시사점이 크다고 하겠다.

- "관대해져야 합니다. 손해 보지 않으려고만 하면 이곳에서 무언가를 이루기 어렵습니다. 자로 잰 듯한 치밀한 계산법으로는 여기서 사업을 할 수 없습니다."
- "아프리카의 사회문화적 토양은 한국과 너무 달라서 사업도 단순한 이식이 아니라 현지화를 생각해야 합니다."(자료원: MBC 뉴스, 2000.2월).

환성, 나일 퍼치(Nile Perch) 채취

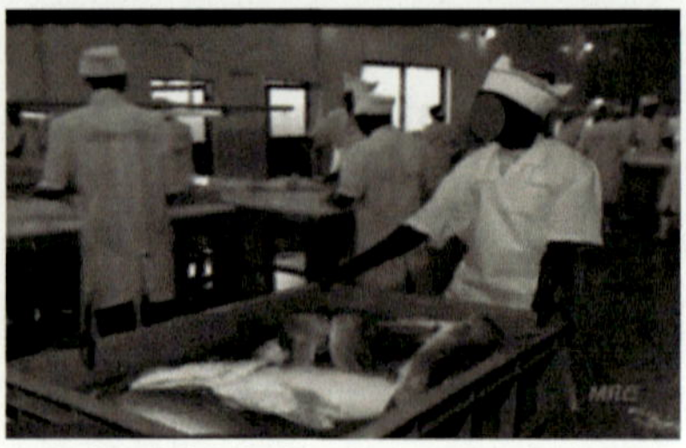

수출용 어육 작업

출처: MBC 뉴스(2000.2월)

- (진출사례 #2) 케냐 SP 인더스트리(2003-2004)

- SP사는 미국의 아프리카 성장기회법(AGOA: Africa Growth Opportunity Act)을 활용하기 위해 2003년 동아프리카 케냐에 진출했다. 먼저 케냐에 진출한 인도계 기업 Universal 사에서 OEM으로 생산한 의류제품을 미국 Woolworths 사에 수출하였다. 이후 2004년 직접 생산을 위해 나이로비에 공장을 설립했는데, 문제는 문화 차이, 행정 차질로 인해 공장설립 지연으로 많은 추가비용을 지불해야 했다.

CHAPTER

11

글로벌 통상환경

11 글로벌 통상환경

WTO 등 국제기구의 통상규범이나 국가 간 통상협정은 체결국에서 국내법적 효력을 발휘한다. 투자기업의 해외 자회사는 원부자재 조달, 제품생산 그리고 수출과정에서 다수 국가와 관련이 되어 있어서 국제 통상환경에 대한 이해가 선행되어야 한다. 이를 위해 과거 통상규범의 역사, 현재의 실상을 파악하여 국제기업 경영에 필요한 미래 통상환경을 살펴볼 필요가 있다.

제1절 세계 통상환경 규범의 역사

1. GATT 체제하의 국제통상 질서

1) 브레턴우즈 회의와 GATT 체제 출범

국제통상기구 탄생은 제2차 세계대전 이전부터 태동하고 있었다. 1929년 대공황이 발발하자 각국은 자국의 경기회복과 산업피해 방지를 위해 보호무역을 경쟁적으로 강화해 나갔다. 수출확대를 위한 자국 화폐 평가절하, 관세장벽 강화 등으로 험악한 국제정세가 전쟁 분위기를 고조시켜 나갔다. 제2차 세계대전이 끝나고 연합국은 보호무역주의와 국제통화제도의 불안정성을 전쟁 원인으로 진단하고 개선책을 논의하게 된다. 미국이 주도하는 연합국은 1944년 브레턴우즈(Bretton Woods) 회의에서 3개 기구 설립 합의에 도달하게 된다(구민교, 2021).

- 국제통화질서 회복을 위한 국제통화기금(IMF)
- 전후복구를 위한 국제부흥개발은행(IBRD)
- 국제무역기구(ITO: International Trade Organization)

국제통화기금(IMF)과 국제부흥개발은행(IBRD)은 1945.12.27일 예정대로 출범하여 전후 국제통화질서 확립과 피폐화된 세계 경제 재건에 역할을 시작하였다. 그러나 국제무역기구(ITO)는 미국의 의회 비준 실패로 설립이 무산된다. 국제사회는 대안으로 1947년 제네바 회의(1947)에서 타결된 「관세 및 무역에 관한 일반협정(GATT)」을 1948.1.1일부터 출범시켰다. GATT는 국제기구가 아닌 협정체제로 1995년 WTO 출범 때까지 국제통상 규범을 담당하게 된다.

2) GATT 기본원칙과 운영 성과

(1) GATT 기본원칙

GATT 설립 목적은 각국의 관세와 보조금, 수입 쿼터 등 비관세 장벽을 제거하여 자유무역을 달성하는 데 있다. GATT는 아래와 같은 기본이념을 바탕으로 다자간 협상을 통해 국제 통상규범을 마련해 나갔다.

① 무차별 대우의 원칙

최혜국대우(MFN: Most Favored Nation Treatment): 특정 국가에만 차등적인 특혜관세를 부여하지 않는다는 원칙이다. 따라서 상품이 어느 나라로부터 수입되든지 간에 동일한 제품(like products)이면 서로 차별하지 않아야 한다. 예를 들어 A국이 B국 산 손목시계 수입 관세를 10%로 부과하고 있다면, C국 산 손목시계에도 똑같이 10% 관세를 부과해야 한다.

내국민대우(NT: National Treatment): 국내상품과 외국 상품의 차별금지 원칙이다. 최혜국대우와 함께 GATT의 핵심적인 원칙으로 협정 체결국은 자국 조세와 규제 등에 있어 수입 물품을 국내 물품과 동등하게 대우해야 한다. 예를 들어 자국산 물품에 5%의 부가가치세를 부과하면, 수입 물품에도 5%를 부과해야 한다.

② 무역장벽 철폐

관세인하: 관세는 자유로운 무역을 제한하는 강력한 무역장벽이다. GATT는 무역자유화를 위해 관세장벽 제거에 최우선을 두었다. 이에 따라 수차례 라운드를 통해 전 세계 관세를 대폭 하락시키는 성과를 달성하였다.

양적(수량) 제한 철폐: 양적 제한은 할당제로 비관세 장벽의 하나이며 정책 결정은 쉬운 데 반해 그 효과는 강력하고 직접적인 무역규제 수단이 된다. GATT는 특별한 경우를 제외하고는 양적 제한조치를 하지 않는 것을 원칙으로 정했다.

③ 기타 원칙

투명성의 원칙: GATT는 국제무역 관련 국가 법률이나 행정조치의 합리성과 고지의무를 두고 있다. 그리고 각국의 법률이나 행정은 예측할 수 있어야 하고 기초자료를 공개해야 한다.

상호주의와 개도국 우대원칙: 어떤 회원국이 관세를 인하하면 상대방 회원국도 그에 상응하는 관세인하를 해야 한다. 마지막으로 1960년대부터 남북경제 문제가 심화하고 불화가 커짐에 따라 1965년부터 개도국 조항을 추가하고, 제7차 도쿄 라운드에서 개도국 우대원칙을 채택했다.

(2) 운영 성과

성과 면에서 전후 세계 경제를 안정시키고, 국제무역질서를 확립하는 성과를 거두었다. GATT 체제에서 〈표 11-1〉과 같이 총 8차례 협상(round)이 진행되었는데, 1차 제네바 라운드에서 5차 딜론 라운드까지는 관세인하 협상에 주력하였다. 그리고 6차 케네디 라운드부터는 반덤핑 조치 규제 등 비관세 장벽 제거 협상에 돌입하였고, 8차 우루과이 라운드에서는 세계무역기구(WTO)를 출범시키는 성과를 거두었다. 이러한 GATT의 운영 성과는 아래와 같이 간략해 볼 수 있다.

첫째, 무역자유화를 위한 관세장벽이 대폭 줄어들었다.

둘째, 비관세 장벽에 대한 규범 제정이다. 6차 케네디 라운드 이후 반덤핑, 보조금, 기술표준 그리고 수산물과 화훼제품 검역조치 기준을 마련하였다.

셋째, 개도국에 대한 우대조치를 합법화하여 국제경제 안정에 기여했다.

넷째, 최혜국대우(MFN)와 내국민대우(NT) 원칙을 정착시켰다.

〈표 11-1〉 GATT 협상 라운드별 성과

구분	연도	협상국	품목 수	총액($)	비고
제1차 Geneva	1947	23	4,500	100억	관세인하 협상
제2차 Annecy	1949	32	5,000	-	〃
제3차 Torquay	1950	34	8,700	-	〃
제4차 Geneva	1956	22	3,000	25억	〃
제5차 Dillon	60-61	23	4,400	49억	〃
제6차 Kennedy	63-67	46	30,300	400억	관세, 반덤핑
제7차 Tokyo	73-79	99	38,000	1,200억	관세, 비관세
제8차 Uruguay	86-94	125	-	-	WTO 창설

자료원: 외교부, https://www.mofa.go.kr/www/wpge/m_3890/contents.do

(3) GATT의 한계

GATT는 다자간 협상을 통해 많은 자유무역 성과를 달성하였지만 태생적인 한계를 안고 있었다. 근본적으로 법적 강제력이 없는 협정체제로 1980년대부터 고개를 들기 시작한 회원국들의 보호무역을 제재하는 데 한계를 보였다. 보호무역주의 재부상 배경은 1970년대 두 차례 석유파동에 따른 각국의 재정위기를 들 수 있다. 그리고 전후 피해복구를 완성한 독일과 일본의 수출확대에 따라 미국의 막대한 무역수지 적자도 요인으로 작용하였다. 학계에서 지적되어 온 GATT의 한계는 아래와 같다.

첫째, 근본적인 문제로 법적 성격 미비이다. GATT는 설립이 무산된 세계무역기구(ITO)를 대체한 협약체제로 회원국들에 대한 법적 강제력이 없다. 예를 들어 미국의 슈퍼 301조가 발효되더라도 이를 제재할 수 있는 권한이 없다.

둘째, 통상규범 분야가 공산품에 국한되어 있다. 선진국 간의 공산품 교역 자유화에 기능을 발휘하였지만, 농산품, 섬유 그리고 서비스산업은 제외되어 있었다. 다만, 우루과이 라운드(UR)에서는 이들 분야를 의제에 상정하여 일부 성과를 달성하고 WTO로 이관한 성과는 평가받고 있다.

셋째, 통상규범 일관성 부족이다. 다자주의 원칙에 따라 너무 많은 국가의 의견이 반영되다 보니 규정에 통일성이 없고 예외조항이 너무 많았다. 더군다나 각국이 타결된 협상 규범을 달리 해석하고 적용하는 문제가 발생했다.

넷째, 회색지대(grey area)를 제어할 수 없었다. GATT 통상규범은 무역자유화를 위해 관세장벽 제거와 수량제한에 집중되었다. 그러나 회원국들은 이를 회피하기 위해 수출자율규제(VRA)[1], 반덤핑, 상계관세, 세이프 가드 등을 남발했다.

다섯째, 무역분쟁 해결기능이 약했다. 회원국 간의 무역분쟁이 발생하면 이를 심의하여 집행할 권한 없이 해결 권고안만 제시할 수 있었다.

3) WTO를 출범시킨 우루과이 라운드

GATT 회원국들은 다자간 협상을 통한 자유무역이 위협받게 되자 우루과이 라운드(Uruguay round)에서 이 문제를 논의하기 시작한다. 우루과이 라운드는 1986.9월 우루과이 푼타델에스테(Punta Del Este)에서 시작되어 7년 반 동안 협상 끝에 1994.4월 모로코 마라케시(Marrakesh)에서 타결되었다. 세계무역기구(WTO)는 우루과이 라운드 합의에 따라 1995년 출범하고, GATT 체제는 막을 내리게 된다. 우루과이 라운드는 '국제 통상질서에 새로운 지평을 열었다.'는 평가를 받고 있는데, 마라케시 회의에서 타결된 합의문 주요 내용은 아래와 같다.

- 세계무역기구(WTO) 출범, WTO의 분쟁해결 절차와 공정무역 강화
  - WTO 내에 분쟁해결기구(DSB: Dispute Settlement Body) 신설
  - 공정무역 달성을 위한 정부조달을 협상 의제에 포함
- 규제 범위에 GATT에서 제외된 서비스, 농산물, 섬유제품 추가
- 무역과 투자, 환경, 노동, 지식재산권 보호, 경쟁정책 등 신통상 이슈 상정
- GATT 체재하에서의 예외규정들을 철폐하거나 제한

1) 수출자유규제(VER: Voluntary Export Restraints)는 수입국 정부가 수출국 기업에게 압력을 가해 자율적으로 수출물량을 줄이도록 유도하는 정책이다.

▷ 우루과이 라운드(UR)가 한국경제에 미친 영향

수출강국 도약의 계기: 한국은 GATT 정회원국으로 가입과 동시에 수출품의 최혜국대우 지위를 획득했다. 수출주도형 경제성장의 기회를 확보하였는데 1967년 전 세계 수출순위 66위에서 1972년 44위로 껑충 뛰었다. 또한, 1980년대 3저 호황까지 맞게 되어 1985년에는 세계수출 13위 국가로 부상했다. 그리고 WTO 출범은 한국이 강한 IT와 서비스 수출확대 기회가 되었다.
농산물 시장개발 몸살: 1992.12월 우루과이 라운드에서 농업보조금 지급을 감축하는 농산물 협상이 타결된 후 각국의 농민 시위가 극에 달했다. 한국에서는 1993.2.1일 2만여 명의 농민, 학생, 시민이 우루과이 라운드 농산물 협상 결과에 반대하며 서울 시내에서 격렬한 시위를 벌였다(연합뉴스, 1993.2.1.).

2. 세계무역기구(WTO)의 다자간 협상 체제

1) WTO 운영원칙과 조직

(1) 운영원칙

세계무역기구(WTO)는 우루과이 GATT 체제하에서 라운드 협상 끝에 마라케시(Marrakesh) 선언(1994.4월)으로 출범하였다. 따라서 WTO 운영원칙과 목적은 GATT 정신을 계승하여 세계 자유무역의 질서 강화에 있다. GATT 통상규범과 차이는 선언적인 협약에 머무르지 않고, 협상 결과의 제도화라는데 있다. 그리고 합의 내용을 효과적으로 달성하기 위해 일정 수준 강제력이 부여된 국제기구이다. GATT 이념을 승계한 WTO의 운영원칙은 아래와 같다.

① **무차별 원칙**(GATT의 최혜국대우와 내국민대우 승계): 최혜국대우와 내국민대우는 WTO 규범 분야로 새로 편입된 서비스무역에 관한 일반협정(GATS: General Agreement on Trade in Service), 지식재산권 협정(TRIPs: Trade-Related aspects of Intellectual Property rights)에도 적용된다.

② **다자간 협상 원칙**: GATT는 8차례 협상(round)을 통해 자유무역을 증진한 바 있다. WTO 역시 다자간 협상으로 통상현안을 해결하고 있다. WTO 출범 이후 도하개발어젠다(DDA) 협상이 진행되다 중단된 상태이다.

③ **시장접근 권한 보호**: WTO 회원국은 외국인이 국내 재화나 서비스를 공급하는 데 있어 관세나 조세를 제외한 일체의 시장접근 제한을 둘 수 없다.

④ **투명성 원칙**: 무역 관련 국가의 법률이나 행정조치는 합리적이고 예측 가능하여야 하며, 이유가 고지되고 자료가 공개되어야 한다.

⑤ **개도국 경제개발을 위한 예외 규칙**: WTO 회원국의 3/4 이상이 개도국 또는 시장경제 전환기 국가들로 이들 개도국의 약자적 지위를 인정하였다.

(2) WTO 조직[2)]

WTO는 스위스 제네바에 상설 본부를 두고 사무국(Secretariat)에서 일반 행정을 관장하며 사무총장은 각료회의에서 임명한다.

각료회의(Ministerial Conference)는 최고 의사결정기구이다. 회원국 통상교섭 장관들이 2년마다 모여서 회의를 개최되며 WTO 협상에 관한 사항을 결정한다. 각료회의는 산하에 일반이사회, 무역정책검토기구, 분쟁해결기구를 두고 있다.

- **일반이사회(General Council)**: 각료회의 결정사항 집행업무를 관장한다. 이 사회에는 본부가 있는 제네바에 파견된 각국 대사와 국별 대표로 구성된다. 산하에 실무를 집행하는 상품무역이사회, 서비스무역이사회, 그리고 지적재산권이사회가 있다. 그리고 무역협상위원회는 협상(negotiation) 업무를 담당한다.
- **무역정책검토기구(TPRM: Trade Policy Review Mechanism)**: WTO 회원국들의 투명성 확보를 위해 회원국들의 무역정책 검토를 담당한다.
- **분쟁해결기구(DSB: Dispute Settlement Body)**: 회원국 간의 무역갈등 심사와 판정을 위한 패널과 상소기구를 운영한다.

2) GATT와 WTO 기능 비교

WTO는 GATT에 뿌리를 두고 있으므로 이념과 대부분 운영원칙이 유지되고 있다. 그러나 〈표 11-2〉와 같이 WTO는 GATT를 훨씬 뛰어넘은 광범위한 임무를 수행하고 있는데 양자의 차이점은 아래와 같다.

첫째, 기구의 법적 성격이 완성되었다. GATT는 법적 강제력을 갖춘 국제무역

2) WTO 조직도(https://www.wto.org/english/thewto_e/whatis_e/tif_e/org2_e.htm)

기구가 아닌 협정체제로 회원국 구속력에 한계가 있다. 이에 반해 WTO는 법인격을 부여받는 국제기구로 집행력을 확보하였다. 브레턴우즈 체제가 목표로 하는 IMF, IBRD, 국제무역기구 등 삼두마차가 완성되었다고 볼 수 있다.

둘째, 협상 분야가 다양해 졌다. GATT는 공산품을 협상 대상으로 하였다. 이에 반해 WTO 규범 분야는 공산품뿐만 아니라 농산품, 서비스까지 포함한다.

셋째, 분쟁해결기구 운영이다. GATT는 상설 분쟁해결기구를 두지 못했으며 무역분쟁 해결을 위한 권고안만 제시할 수 있다. 그러나 WTO는 상설 분쟁해결기구(DSB)를 두고 심판 결정사항 집행력을 높이도록 교차보복[3]을 허용하고 있다.

〈표 11-2〉 GATT와 WTO 체제의 주요 기능 비교

	GATT	WTO
법적성격	- 국제협정으로 임시, 잠정적 - 불완전한 브레턴우즈 체제	- 영구적 국제기구 - 브레턴우즈 체제 완성
관할범위	- 한정된 품목 (주로 공산품, 서비스 제외)	- 포괄적인 품목 (공산품, 농산물, 서비스 등)
통상규범	- 포괄적인 규범 제정 없음 - 보조금, 반덤핑 협정 제정 - 비관세장벽(NTB) 규범 없음	- 다자간 무역협정(GATT) - 서비스무역 협정(GATS) - 지식재산권 협정(TRIPs) - 세이프가드 규정 등
분쟁해결	- 분쟁해결기구 없음, 권고안 - 교차보복 불가	- 분쟁해결기구 운영(DSB) - 교차보복 허용

자료원: 대한무역투자진흥공사(2005), WTO 체제 10년의 성과와 전망

3) 교차보복(Cross Retaliation)은 WTO 분쟁해결기구 판정결과에 대해 패소국이 합리적인 기간 내에 이행하지 않으면 제소국이 양허나 그 밖의 의무에서 벗어나 패소국에 보복할 수 있는 조치이다.

3) 도하개발어젠다(DDA) 협상

(1) 도하개발어젠다 의제

도하개발어젠다(DDA)[4]는 2001년 카타르 도하에서 개최된 제4차 각료회의 합의로 2002.1월부터 협상이 시작되었다. 제2차 세계대전 종전 후 다자간 협상으로는 1947년 제네바 라운드 이후 9번째이다. GATT 체제에서 라운드(round)로 불리던 협상이 개발 의제(agenda)로 변경된 것은 통상보다 개발문제에 더 큰 비중을 두고 있기 때문이다. GATT가 선진국 위주의 공산품 통상규범 마련에 집중하였다면, WTO는 다수의 개도국 회원국들이 참가하여 이들의 요구사항이 반영되고 있다.

도하개발어젠다 협상은 2개의 기설정 이슈(built-in issue)와 7개의 새로운 이슈(new issue) 등 총 9개 의제를 다루고 있다. 기설정 의제는 우루과이 라운드에서 다루어 오던 농업과 서비스 분야이다. 새로운 의제는 공산품 등 비농산물, 무역 원활화, 무역과 개발, 지식재산권, 무역과 환경, 분쟁 해결방법, 그리고 규범 제정 분야이다. 도하개발어젠다 협상이 타결되지 못한 것은 의제마다 회원국들의 이해관계가 다르기 때문인데 대표적인 충돌 분야는 아래와 같다(김준동, 2012; 외교부, file:///C:/Users/User/Downloads/wto_kor%20(1).pdf)

- **농산물 협상 난항**: 농산물 의제는 관세철폐, 보조금 축소 및 폐지에 관한 사항을 다룬다. 문제는 농산물 주요 수입국 미국과 수출국 유럽의 첨예한 대립이다. 미국은 농업보조금 폐지를 주장하고 EU는 불가 입장을 고수하고 있다.
- **공산품과 광물 등 비농산물 분야**: 선진국은 GATT 시대 라운드에 이어 추가적인 시장 개방 입장이다. 반면에 산업경쟁력이 약한 개도국은 우루과이 라운드에서 충분히 개방했다고 맞서고 있다.
- **서비스, 반덤핑, 전자상거래**: 서비스 분야는 선진국이 금융, 통신, 유통업 분야의 우선 협상 타결을 주장하고, 개도국은 자국 경제발전에 도움이 되는

4) 도하개발어젠다(DDA: Doha Development Agena) 명칭은 2001년 도하에서 개최된 첫 협상에서 도하 라운드(Doha round), 2003년 2차 칸쿤 협상에서 도하개발 라운드(Doha Development), 그리고 2005년 6차 홍콩 협상부터 도하개발어젠다(DDA)로 변경되었다.

관광산업 우선 타결 입장이다. 반덤핑과 전자상거래 분야는 참여국의 경제 상황, 산업발전 단계에 따라 복잡한 양상을 보인다.

(2) 협상 경과 및 중단

WTO는 도하개발어젠다 협상을 3년 내 타결 계획으로 2002.1월부터 시작하였지만, 난항을 겪다가 2018년 사실상 중단된 상태이다. 중단 배경은 협상에 참여하는 회원국이 164개국으로 사공이 너무 많아 합의에 도달하기 어렵고, 9개에 달하는 광범위한 의제마다 회원국들의 이해관계가 충돌하였기 때문이다.

도하개발어젠다 협상 중단은 국제 통상규범에 여러 가지 문제를 가져다주고 있다. 예를 들어 해외직접투자 협상 불발로 개도국의 FDI 유치에 불리한 조건이 개선되지 못했다. 무엇보다도 가장 큰 문제는 도하개발어젠다 협상 중단에 실망한 회원국들이 지역무역협정(RTA: Regional Trade Agreement)으로 통상문제를 해결하고 있어 WTO 기능 약화를 부채질하고 있다는 점이다.

▷ (참고) 도하개발어젠다 협상 경과

- 2001.11.: 제4차 WTO 각료회의(Ministerial council)에서 협상 시작 합의
  2005.4.1.까지 모든 분야를 일괄타결(Single undertaking) 합의 방식 결정
  (Nothing is agreed, until everything is agreed)
- 2008.7.: 제네바 사무국, 30개 주요 회원국 각료회의, 합의 도출 실패
- 2013.12.: 9차 인도네시아 회의, 일괄타결 포기, 최빈국 우대 등 일부 합의
- 2015.12.: 10차, 케냐 회의, 공식적으로 사망 선고
- 2017.12.: 11차 아르헨티나 회의, 미국 반대로 공동선언문 채택 불발
- 2018년, WTO 사무총장 "WTO가 사실상 무력화 되고 있다."

4) WTO의 한계

WTO는 1945년 국제기구로 대규모 조직과 의제를 안고 의욕적으로 출범하였다. 그 성과로는 우루과이 라운드에서 합의된 각국의 상품과 서비스 양허를 구체화하였고, 도하개발어젠다 협상의 시작이다. 그러나 WTO의 이러한 통상규범 노력에도 그 기능에 대한 의문과 한계가 나타나고 있다. WTO의 기능상의 문제

점은 내부와 외부환경에서 찾아볼 수 있다(서민교, 2008; 김준동, 2012).

(1) WTO 내부적 요인

- **비효율적인 총의(Consensus) 방식**: 다자간 협상에 참여하는 국가는 1948년 GATT 출범 시 23개국에서 2024년 164개 회원국으로 늘어났다. 많은 회원국의 다양한 의견을 고려할 때 총의에 도달하기 어려운 구조이다.
- **협상의 일괄 타결(Single undertaking) 방식**: 우루과이 라운드 이후 새로운 라운드로 진행 중인 도하개발어젠다는 공산품뿐만 아니라 농업, 서비스 등 다양한 의제를 두고 있다. 이러한 다양한 의제의 일괄타결은 사실상 불가능하다.
- **분쟁해결기구(DSB) 기능 약화**: 분쟁해결기구는 회원국 간의 통상분쟁 심판 기능을 담당하고 있는데 그 기능을 저해하는 환경이 대두되었다.
  - 판결 결과의 집행력 확보에 장애물이 나타났다. 각국이 판결을 무시하는 사례가 발생하고 있는데 대표적으로 미국의 슈퍼 301조 발동이다.
  - 상소기구 기능 문제이다. 회원국 간 분쟁 해결은 패널(panel)과 상소기구(appellate)에서 심의한다. 상설 상소기구는 7명의 상임위원으로 구성되는데, 미국의 반대로 심의에 필요한 상임위원 수를 채우지 못하고 있다.

(2) WTO 외부적 요인

- **국제기구 역할 부상**: WTO의 도하개발어젠다 협상이 지지부진한 상황에서 OECD, G20 등에서 새로운 이슈를 선점하고 통상현안을 규범하면서 그 역할이 강화되고 있다. 사례로 OECD/G20는 포괄적 이행체계(IF: Inclusive Framework) 논의를 거쳐 2023년 7월 제16차 총회에서 디지털세(Digital tax) 도입을 승인하였다.
- **지역경제통합의 도전**: 2008년부터 글로벌 공급망이 붕괴하고 신보호무역주의가 급부상하였다. 이러한 상황에서 각국은 협상 절차가 복잡한 WTO보다 지역무역협정(RTA)을 통한 새로운 통상문제 해결 방식을 선호하고 있다.
- **신보호무역주의**: WTO 출범 후 발생한 일련의 글로벌 경제 이슈로 각국이 보호무역 장벽을 높이고 있다. 이러한 사건은 1970년대 석유파동, 2008년 금융위기, 2018년 미-중 무역분쟁, 2019년 발발한 판데믹 등을 들 수 있다.

▷ 미국의 WTO 상소기구 상임위원 임명 반대 사례

장승화 서울대 교수는 상소기구 위원(2012.5.~2016.5.)으로 임기가 만료되고 재임명되지 못했다. 미국이 장 위원이 참여한 상소심 4건 중에서 3건의 판정(세탁기 반덤핑 포함)이 미국에 불리한 결정이었다며 연임을 반대했기 때문이다. 미 상무부는 2013.2.8일 한국산 세탁기 수출기업(삼성전자, LG전자, 대우전자)에 대해 반덤핑 관세를 결정했다. 한국 정부는 2013.8.29일 미국이 제로잉(zeroing) 방식[5]을 적용하여 한국산 세탁기에 부과한 고율의 반덤핑 관세 조치는 부당하다고 WTO에 제소했다. WTO 분쟁해결기구(DSB)는 미국의 반덤핑 관세율 산정 방식을 협정 위반으로 판정하여 한국의 손을 들어줬다. 미국은 WTO 판정에도 불구하고 2013년부터 2017년까지 고율의 반덤핑 관세를 유지한다. 결과적으로 삼성전자는 미국 사우스캐롤라이나주, LG전자는 테네시주에 각각 3.8억 달러, 3.6억 달러를 투자하여 미국 현지 생산체제로 전환해야 했다.

제2절 지역경제 통합

1. 경제통합 개념과 결성 동기

1) 경제통합의 개념과 조건

경제통합(Economic integration)이란? 지리적으로 인접한 국가들, 또는 경제적으로 공동 이해관계가 있는 국가들이 연합하여 하나의 경제로 통합하는 것이다. 경제통합의 본질은 역내국 간의 무역, 투자, 금융 등의 장벽을 제거하고 역외국에는 차별화하여 회원국의 경제적 이익을 확대하는 데 있다. 역사적으로 경제통합이 등장한 것은 1952년 유럽철강공동체(ECSC), 그리고 1958년 유럽경제공동체(EEC)까지 거슬러 올라간다. 경제통합이 본격적으로 나타난 시기는 1995년 세계무역기구(WTO) 출범을 전후한 1990년대 중반부터이다.

5) 제로잉(zeroing)은 미국이 덤핑 마진을 계산하는 독특한 방식이다. 상대국 수출가격이 내수가격보다 낮으면 그 차이를 그대로 반영한다. 반면에 수출가격이 내수가격보다 높으면 마이너스(−)로 마진을 매기지 않고 제로(0)로 계산한다.

▷ 경제통합 조건

첫째, 통합에 참여하는 개별 국가들의 독자적인 정책 목표가 서로 양립할 수 있고, 의존적이어야 한다.

둘째, 경제구조의 유사성이 있어야 한다. 통합에 참여하는 국가들의 경제구조나 발전단계가 유사하면 시장규모 확대 효과로 나타난다.

셋째, 서로 부족한 부분을 보완할 수 있어야 한다. 산업구조가 다르더라도 서로 다른 부존자원이나 생산요소를 활용할 수 있으면 통합할 수 있다.

넷째, 기대이익이 있어야 한다. 규모의 경제효과, 기술도입, 산업 구조조정 등 기대이익이 없으면 경제통합이 결성될 수 없다.

다섯째, 지리적 접근성이나 정치, 사회문화적으로 동질성이 있어야 한다.

▷ 경제통합 이점

- 시장확대: 경제통합은 시장규모 확대를 통해 규모의 경제와 자유무역의 이익을 누릴 수 있다. 다만, 경제통합은 역외국에 대한 차별을 수반하기 때문에 자원배분의 비효율성 문제가 있다. 통합의 이익은 회원국에 한정되고, 차별에 따른 손실은 다수의 비가맹국에 돌아가기 때문이다.
- 개방과 보호의 절충: 세계화 시대에 각국은 대외적으로 개방과 자유화 요구와 대내적으로 국내산업 보호 압력을 동시에 받고 있다. 이러한 상황에서 정부는 개방과 보호를 달성하기 위해 경제통합에 가입한다. 즉, 경제적 이해가 같은 국가와는 서로 시장을 개방하고, 경쟁여건이 불리한 국가에 대해서는 차별함으로써 선택적인 개방정책을 펼칠 수 있다.
- 다자주의 한계 보완: GATT부터 WTO 체제에서 다자간 무역자유화와 투자 협상이 전개되고 있다. 그러나 다자간 협상은 참여국 간의 이해관계 충돌, 무임승차 등 비효율성과 비합리성이 나타났다. 이에 반해 경제통합은 소수 국가 참여로 회원국 상황이 반영된 협상 결과를 빠르게 도출할 수 있다.
- 대외 신인도 제고 및 협상력 강화: 신인도는 역외국과의 협상을 공동체 집단으로 하는 데서 오는 이점이다.
- 정치외교, 사회문화적 결속: 경제통합은 회원국들의 경제적 이익뿐만 아니라 유대관계를 강화하기 위해서도 결성된다. 사례로 제2차 세계대전 이후 동서 냉전체제 시대에 미국은 1947년 유럽부흥계획(ERP: European Recovery Program)을 조직하고, 구소련은 이에 맞서 공산권 경제협력기구 코메콘(COMECON)을 결성하였다. 그리고 석유수출국기구(OPEC)는 산유국 이해를 보호하기 위해 1960년 결성되어 지금까지 유지되고 있다.

이론적으로 일부 국가의 통합보다 세계 모든 국가의 통합이 최적의 자원 배분으로 인류 후생이 증진된다. 그러나 범세계적인 통합은 국가들의 상황이 달라서 현실적으로 불가능하다. 따라서 현실적으로 서로 필요한 것이 있고 교환이 가능한 국가들만의 통합이 나타나게 된다. 이러한 경제통합을 위해서는 필요조건이 충족되어야 하며, 참여국들에 어떤 이점이 돌아가야 한다.

2) 경제통합 유형

- **제도적 통합**(Institutional integration)과 **기능적 통합**(Functional integration): 제도적 통합은 국가 간 합의로 조약체결로 형성된다. 기능적 통합은 특정 지역에 국제적 경제활동이 집중되고, 해당 지역 내에서 관련 국가들의 경제적 상호 의존성이 높아지는 현상을 통합으로 보고 있다.
- **수직적 통합**(Vertical integration)과 **수평적 통합**(Horizontal integration): 수직적 통합은 선진국과 후진국 통합, 공산품 수출국과 농산품 수출국 통합 등의 유형이다. 그리고 식민지 제국과 종주국 간의 관계도 이에 해당된다. 수평적 통합은 EU 등 경제발전 단계가 비슷한 국가 간에 결성되는 방식이다.
- **전면적 통합**(General integration)과 **부문별 통합**(Sectional integration): 전면적 통합은 참여국들의 산업 전 분야가 하나의 경제권으로 결성된다. 부문별 통합은 참여국의 특정 산업 등 일정 분야에 국한하여 시장 개방이나 공동생산 등의 형태이다. 1960년대 미국과 캐나다의 자동차 부분 자유무역협정이 이에 속한다.
- **소극적 통합**(Negative integration)과 **적극적 통합**(Positive integration): 소극적 통합은 자유무역협정과 같이 참여국 간의 무역장벽 제거에 목적으로 결성된다. 적극적 통합은 역내 무역자유화뿐만 아니라 관세와 통상정책에서 공동의 정책을 추진하는 통합으로 공동시장, 경제동맹이 여기에 해당된다(통일연구원, 2006).

③ **공동시장**: 공동시장은 관세동맹보다 진전된 경제통합으로 경제적인 국경을 철폐하여 국가 간 무역 확대뿐만 아니라, 노동, 자본 등 생산요소 이동 제한까지 제거한다. 따라서 회원국 간에는 노동(건설, 컨설팅), 자본(은행, 금융서비스), 기술, 그리고 해외직접투자(FDI)를 위한 생산요소 이동이 보장된다. 다만, 공동시장 회원국은 관세동맹보다 더 많은 영역에서 역외국에 공동 대처해야 하기 때문에 개별 국가의 경제정책 자율권은 크게 줄어들게 된다.

이러한 유형에는 유럽경제공동체(EEC: European Economic Community), 중미공동시장(CACM: Central American Common Market), 안데스 공동체(ANCOM: Andean Commin Market) 등이 있다.

④ **경제동맹**: 전 단계 공동시장의 특징인 생산요소의 자유로운 이동뿐만 아니라 재정, 통신, 사회복지 등 많은 분야의 통합이 이루어진다. 회원국 간의 경제적인 격차 해소를 위한 공동의 무역정책이 수립되고 회원국들의 경제정책까지 조율된다.

EU의 전 단계인 유럽공동체(EC: European Community)가 여기에 해당된다.

⑤ **완전한 경제통합**: 경제통합이 최고로 고도화된 단계로 무역통상, 경제 제도는 물론 정치, 사법제도 등 사회 전반의 통합이 실현되는 단계로 두 가지의 독특한 특징이 있다.

첫째, 초국가적 기구인 집행위원회 설치이다. 집행위는 회원국의 사회, 경제정책을 통합, 조정, 관리하는 등 한 국가의 정부 기능을 수행한다. 회원국들이 경제 주권을 포기하고, 이를 집행위원회에 이양해야 결성이 가능한 통합 유형이다.

둘째, 단일통화와 경제정책 통일이다. 1993.1월 출범한 유럽연합(EU)이 유일한 사례이다. 학자에 따라 EU를 경제동맹으로 분류하지만, EU는 입법, 행정, 사법 기능까지 갖춘 완전한 경제통합으로 보는 게 타당하다.

3) 주요 지역경제 블록

(1) 유럽연합(EU: European Union)

유럽연합(EU)은 1992년 마스트리히트 조약에 따라 1993.11.1일 출범한 경제

통합체이다. 2024년 현재 27개 회원국에 인구 4.5억 명에 달하는 대규모 단일시장을 형성하고 있다. EU는 단일통화 유로화를 사용하고, 쉥겐조약(Schengen agreement)에 의해 회원국 간의 사람과 물자의 자유로운 이동을 보장한다. 여기에다 외교와 안보정책까지 공동으로 수립하고 집행하고 있어 완전한 형태의 경제통합체로 평가받고 있다.

- 1993.11.01. 유럽연합(EU) 출범: 1992.2.7. 마스트리히트 조약[6] 발효
- 1995.03.26. 쉥겐조약(Schengen agreement) 출범
- 1999.01.01. 유로존(Euro zone) 출범, 유예기간 경과 후 2002.1.1. 시행

유럽연합(EU)의 역사는 GATT와 마찬가지로 제2차 세계대전까지 거슬러 올라간다. 당시 연합국을 주축으로 하는 서유럽 사회는 반복되는 민족과 국가 간 대립의 악순환을 끊고 평화와 공영을 위해 통합 논의를 시작하였다.

유럽연합(EU)은 경제공동체 기능의 심화(deeping)와 회원국 확대(widening)의 역사적 산물이다. 시작은 1952년 유럽석탄철강공동체 출범부터이다. 1967년 유럽공동체(EC)는 석탄철강공동체(ECSC)와 유럽경제공동체(EEC), 그리고 유럽원자력공동체(EURATOM)이 합체되어 유럽공동체(EC)가 되었으며, 1993년 EU 출범까지 통합체 기능이 확대되었다. 공동체 참가국도 계속 늘어났는데, 5개국으로 결성한 유럽석탄철강공동체에서 EU 27개 회원국으로 늘어났다. EU의 출범까지는 매우 복잡한 역사로 이해를 쉽게 하도록 〈그림 11-2〉로 정리하였다.

EU가 다른 지역 경제통합과 가장 큰 차이점은 기구의 법적 성격을 갖췄다는 데 있다. EU는 아래 조직과 같이 주권행사에 필요한 입법, 행정, 그리고 사법체계를 갖추고, 이들 조직에서 내치와 외치를 담당하고 있다. 내치분야는 독자적인 법률제정과 세금징수권을 보유하고 있으며, 외치에서는 외국과 통상교섭과 협정 체결뿐만 아니라 외교사절 접수 권한도 보유하고 있다. 회원국은 EU 기구에 참여할 수 있는 권한과 의무를 부담한다(구민교, 2021).

- **회원국 권한**: 유럽연합 이사회와 각료이사회 참여, 상주대표부 구성
- **회원국 의무**: 공동정책 준수, 연합 결정사항 국내 입법 조치, 비용분담

6) 마스트리흐트 조약(Maastricht treaty)은 1992.2.7일 네덜란드 마스트리흐트에서 유럽공동체(EC) 가입국이 서명하고 1993.11.1일 발효(EU 출범)된 조약이다.

▷ 유럽연합(EU) 조직(소재지, 기능)

- EU 정상회의(European Council): 정상 차원의 토의 및 정치적 합의
- EU 각료이사회(Council of the EU): 실질적인 최고의사 결정기구
- 집행위원회(European Commission): 브뤼셀, 집행기구, EU 기금 관리
- 유럽의회(European Parliament): 스트라스부르그, 입법권, 예산권
- 유럽사법재판소(Court of Justice the EU): 룩셈부르크, 사법권
- 유럽회계감사원: 룩셈부르크, 감사 기능
- 금융조직
  유럽중앙은행(European Central Bank), 프랑크푸르트, 통화정책
  유럽투자은행(European Investment Bank) : EU 개발 프로그램 지원

▶ 심화(Deeping)

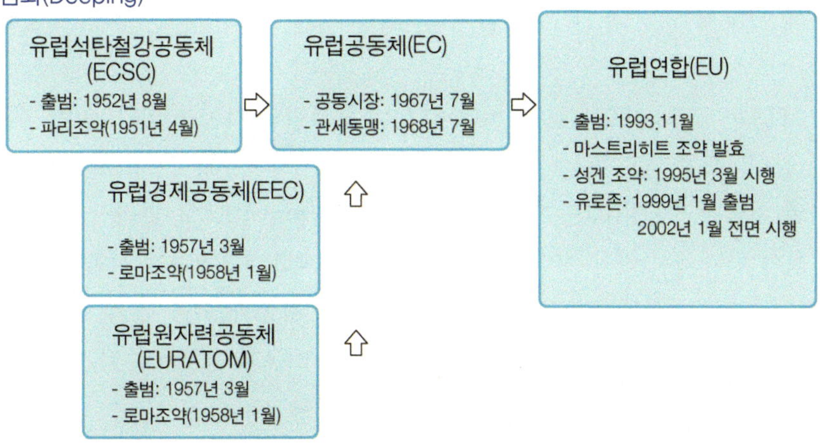

▶ 확대(Widening)

- 1952.8.: 유럽석탄철강공동체(ECSC) 6개국(베네룩스 3국, 프랑스, 이태리, 서독)
- 1967.7.: 유럽공동체(EC) 6개국 → 1973년에 영국, 덴마크, 아일랜드 합류
- 1993.11.: EU 출범 12개국 → 28개국(2013.7월) → 27개국(2020.1월 영국 Brexit)

자료원: Wikipedia, https://ko.wikipedia.org/wiki/유럽_경제_공동체

〈그림 11-2〉 유럽연합(EU)의 발전 역사

(2) 미국–멕시코–캐나다 협정(USMCA)

북미 3국은 NAFTA를 대체하는 USMCA(US-Mexico-Canada Agreement)를 2020.7.1일 출범시켰다. USMCA의 전신인 NAFTA는 EU 출범(1993.11일)에 자극받고 대응하기 위해 1994.1.1일 발효된 자유무역협정이다. 역사적으로 1989년 미국과 캐나다 FTA로 출발했는데, 1992년 멕시코가 합류하여 선진국과 개도국 사이에 체결된 최초의 자유무역협정(FTA)이다. NAFTA 참가 3개국은 역내 수입제품에 공동관세로 대응하기 때문에 역외국 기업들이 인건비가 저렴한 멕시코로 우회진출하였다.

NAFTA가 USMCA로 새로이 출발하게 된 배경은 미국 트럼프 대통령이 2017.1월 취임 후 NAFTA와 환태평양경제동반자협정(TPP)이 「미국인 일자리를 빼앗아 간다.」라고 반발하여 재협상을 통해 USMCA로 재편되었다. USMCA 협상은 우여곡절을 겪었지만, 규범 내용에는 큰 차이가 없다. 주요 변경내용은 NAFTA 협정에 자동차 규정 추가, 디지털 무역 조항 신설, 지식재산권 규정 현실화 등이다.

USMCA는 EU와 비교되곤 하는데 양자는 근본적인 차이가 있다. 앞서 기술한 바와 같이 EU는 최고 단계의 지역 경제통합체인 데 반해, USMCA는 북미지역 중심의 지역무역협정(RTA: Regional Trade Agreement)으로 발라사(Balassa)의 경제통합 단계에서 자유무역지대에 해당된다. 그리고 USMCA는 상품 이동에 초점을 두고 있는 데 반해, EU는 상품뿐만 아니라 자본과 노동 등 생산요소의 자유로운 이동이 보장된다. 다만, 학자에 따라 USMCA는 회원국들이 단일경제권으로 묶인 점을 고려하여 공동시장으로 분류한다.

(3) 역내포괄적동반자협정(RCEP)

RCEP[7)]은 아시아 15개국[8)]이 참여한 다자간 무역협정이다. 아시아 국가들이 2012년 협상을 시작해 2022.1.1일 효력이 발효되었다. 회원국 전체 경제 규모는 전 세계 GDP 약 30%에 달하고, 소비인구 23억 명의 세계최대의 경제협력체이다.

7) RCEP: Regional Comprehensive Economic Partnership

8) RCEP의 15개 회원국은 아세안(ASEAN) 10개국(말레이시아, 필리핀, 싱가포르, 인도네시아, 태국, 브루나이, 베트남, 라오스, 미얀마, 캄보디아), 호주, 뉴질랜드 그리고 한국, 중국, 일본 등이다.

한국의 RCEP 가입은 경제영토를 넓힌 결정으로 평가받고 있다. RCEP 규범 분야가 자동차, 철강 등 제조업뿐만 아니라 한국이 강세인 온라인게임, 애니메이션, 영화, 음반 등 서비스 분야까지 포함하고 있기 때문이다.

(4) 포괄적·점진적 환태평양경제동반자협정(CPTPP)

CPTPP[9]는 태평양에 접해 있는 국가 간 경제통합을 목표로 2017.1.23일 출범한 지역 자유무역협정이다. 회원국 전체 경제 규모는 세계 GDP 13%, 교역량 15%, 그리고 인구 6.9억 명으로 RCEP에 이어 두 번째 경제 규모이다. 협정의 규범 분야는 매우 광범위한데, 회원국 간 상품과 서비스 교역 자유화를 위한 관세철폐는 물론, 비관세분야 장벽 제거, 전자상거래(Digital trade) 촉진을 포함하고 있다.

CPTPP의 출범 역사는 극적인 내용을 담고 있다. 당초 경제통합 협상은 2006년 싱가프로, 뉴질랜드, 칠레, 브루나이 등 태평양 P4(Pacific 4) 국가들이 시작하였다. 이후 미국과 일본이 참여하여 2015.10.7일 타결되었다. 문제는 트럼프 대통령이 TPP를 보호무역의 온상이라고 주장하며 2017.1월 TPP 협정을 탈퇴하는 행정명령에 서명하여 미국을 제외한 11개 회원국[10]으로 출범했다.

CPTPP 발효 후 회원국들은 미국의 재가입을 기대하면서 2018.1월 CPTPP로 명칭변경에 합의하고 같은 해 12.30일부터 국가별로 효력이 발효되기 시작한다. CPTPP에 가입을 신청한 중국, 대만, 에콰도르 등이 회원국이 되면 지역 무역협정 위상은 크게 높아질 가능성이 있다. 한국의 CPTPP에 가입 여부는 찬반이 갈리고 있는데 여러 가지 이유 중에서 우리 어업의 피해 발생 여부가 가장 큰 논란거리다.

한편, 미국은 CPTPP 재가입 대신에 2022.5.23일 인도-태평양 경제 프레임워크(IPEF: Indo-Pacific Economic Framework)를 출범시켰다. IPEF는 미국과 한국, 일본, 호주, 인도 등 14개국이 참여하고 있는데, 무역 규범 마련과 안정적인 공급망 협력에 초점을 두고 있다. 일부에서는 인도-태평양지역 국가의 경제적 연대를 통해 중국의 역내 영향력 확장을 견제 목적으로 평가하고 있다.

---

9) CPTPP: Comprehensive and Progressive Agreement for Trans-Pacific Partnership
10) CPTPP 11개 회원국은 초기 협상을 시작한 P4(싱가포르, 뉴질랜드, 칠레, 브루나이), 일본, 호주, 캐나다, 페루, 베트남, 말레이시아, 멕시코 등이다.

위와 같이 세계 주요 경제블록은 〈그림 11-3〉으로 참가국과 지리적 연계성을 쉽게 확인할 수 있다. 그림에서 무역분쟁 중인 미국과 중국이 동시에 가입한 지역 경제통합체가 없어 무역분쟁 중재 고리가 단절되어 있음을 알 수 있다.

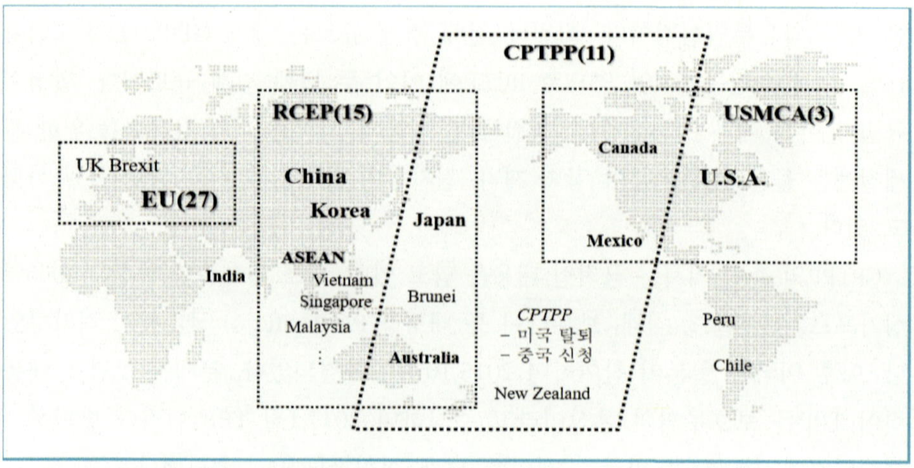

자료원: 안덕근(2021), 글로벌 신통상포럼 발표자료(KOTRA) 편집

〈그림 11-3〉 **세계 주요 경제통합체**

제3절 신보호무역주의 부상

1. 신보호무역주의(Neo-protectionism) 개념

신보호무역주의는 1970년대부터 나타나기 시작한 새로운 유형의 보호무역이다. 신보호무역주의 등장 배경은 두 번에 걸친 세계 경제의 구조적인 변화 때문이다. 첫 번째는 세계 경제성장 정체이다. 세계 경제는 GATT의 노력으로 1970년대 초반까지 고도성장과 안정 기조를 유지했다. 그러나 1970년대 두 차례 석유파동, 2008년 금융위기 등으로 세계 경제가 정체되면서 국제수지 불균형, 실업자 급증, 인플레 심화로 각국은 다양한 형태의 수입규제를 다시 시작했다. 두

번째는 탈공조화(de-coupling) 현상이다. 2019년 판데믹, 2022년 발발한 러시아-우크라아나 전쟁으로 글로벌 공급망이 붕괴되면서 각국이 자국우선주의로 전환하였다.

신보호무역주의는 〈표 11-3〉과 같이 고전적 보호무역주의와 구별되는 특성이 있다. 먼저 보호무역주의는 개도국이 자국의 유치산업 보호를 위한 수입규제 조치이다. 이에 반해 신보호무역주의는 선진국들이 시장 교란을 방지하고, 자국 산업의 공동화를 지연시키는 데 목적이 있다. 수입규제 방법에서 보호무역이 관세장벽 위주로 모든 국가에 무차별적으로 적용된다. 신보호무역주의는 관세뿐만 아니라 비관세 장벽으로 특정 국가의 특정 품목에 대해 보복적으로 수입규제를 취한다.

〈표 11-3〉 **신보호무역주의와 보호무역주의 차이**

구분	신보호무역주의	고전적 보호무역주의
시기	- 석유파동(1970년대) 부터	- GATT 출범 이전(1948년)
주체	- 선진국	- 개도국
수단	- 비관세 장벽(NTB)	- 관세
목적	- 특정국, 상호주의	- 무차별, 모든 국가 대상
방법	- 산업 구조조정 지연	- 유치산업 보호 및 육성

자료원: 한국교육학술교육원(KOCW)(2014), 신보호무역주의

신보호무역주의는 근본적으로 보호무역주의와 차이는 없다. 다만 보호무역주의가 관세장벽 위주라면, 신보호무역주의는 관세와 비관세 장벽을 모두 동원한다. 그리고 신보호무역주의에서는 관세보다 비관세 무역 규제조치를 선호하는 추세인데, 그 이유와 비관세 정책수단은 아래와 같다.

▷ 비관세 장벽 선호 이유

- 관세장벽의 비효용성이다. GATT의 지속적인 관세인하 노력으로 대부분의 품목 관세가 대폭 하락하여 무역 규제 수단으로 의미가 퇴색되었다. 예를 들어 케네디 라운드(1963-1967)에서 3만여 개 품목, 도쿄 라운드(1973-1979)에서 약 4만여개 품목의 관세율 인하가 이루어졌다.
- 손쉬운 규제조치이다. 대부분 국가의 관세율 변경은 입법사항이지만, 비관세 장벽은 행정조치로 가능하다.
- 국제적인 반대여론을 피할 수 있다. 수입 물품에 대한 비관세 조치는 모든 국가를 대상으로 하지 않고, 특정 국가, 특정 품목을 대상으로 하기 때문이다.
- 정책목표의 효과적인 달성이다. 비관세 장벽 조치는 관세보다 국내물가 파급효과가 작지만, 수입억제 효과는 큰 편이다.

▷ 비관세 정책수단

- 수량규제: 수입 할당제, 수출자유규제(VER: Voluntary Export Restraint)
- 가격통제: 최저수입가격제, 반덤핑, 상계관세
- 정부간섭: 보조금 지급, 국산품 우선 구매 등

WTO 체제하에서는 회원국 간의 일방적인 무역 제한조치는 허용하지 않으며 제한적으로만 가능하다. 그 내용은 각종 협정 내의 일반예외 그리고 개별조항으로 명시되어 있다. 문제는 그러한 조항들이 규범하는 내용이 모호하여 해석에 회색지대(Grey area)가 있고, 회원국들이 이를 남용한다는 점이다. 예를 들어 대부분 통상규범은 회원국의 규제조치 발동요건으로 '정당한 공공정책 목적(LPPO: Legitimate Public Policy Objective)' 으로 하고 있다. 그러한 정책 분야는 국가안보, 환경보호, 인간의 행복권 보호 등을 들 수 있는데, 그 필요성이 어느 정도인지 객관적인 기준이 있을 수 없다(이효영, 2021).

2. 일방적 규제조치의 실상

국제통상에서 대표적인 일방적인 무역규제 사례는 미국의 슈퍼 301조를 들 수 있다. 미국 의회는 1974년도 무역법(Trade Act of 1974)을 1988년 종합무역법(Omnibus Trade and Competitiveness Act of 1988)으로 개정하면서 301조를 한층 강화했다. 미국이 광범위한 보복조치를 할 수 있다는 점 때문에 슈퍼 301조(Super 301)로 불리고 있는데, 1974년 무역법의 301조에서 309조까지 포괄하는 내용이다. 이러한 슈퍼 301조 발동요건은 상대국이 미국의 권리에 부당하거나(unjustifiable), 불공정하거나(unreasonable), 차별적(discriminatory)인 경우이다.

슈퍼 301조에 의하면 미국무역대표부(USTR)는 불공정무역 국가를 선별하여 우선협상대상 국가(Priority Foreign Countries)로 지정하고, 일정 기간 협상을 한다. 슈퍼 301조는 1989년부터 1990년까지 2년 동안 한시적으로 운용되다 부시 행정부에서 폐기되었다. 그러나 클린턴 대통령은 1999~2001년 기간 한시적으로 부활시켰다. 이처럼 미국은 닫혀있는 슈퍼 301조 문을 행정명령으로 열었다 닫았다 하면서 교역대상국을 압박하고 있다.

슈퍼 301조의 발동요건은 매우 포괄적이고 미국 위주로 되어 있다. 또한, 비례성을 벗어나 광범위한 보복조치를 담고 있어 WTO의 통상규범을 무시한다는 비판이 있다. 문제는 보복은 보복을 낳은 악순환 고리이다. 미국의 슈퍼 301조에 대항하기 위해 EU 각료이사회는 무역장벽규정(TBR: Trade Barriers Regulation)을 채택하고 1995.1.1일부터 발효시켰다. 규정 제정 목적은 외국기업의 불공정 무역관행으로부터 역내 기업을 보호하고, 반대로 역내 기업의 수출이나 산업에 부정적인 영향을 미치는 제3국의 무역장벽 제거에 있다.

한편, 슈퍼 301조와 혼동되는 스페셜 301조(Special 301 report)는 1988년 신통상법에 따라 무역대표부에서 매년 발간하는 보고서에 관한 내용이다. 미국 행정부는 자국의 특허권, 상표권, 저작권 등 지식재산권을 침해한 나라를 조사, 평가하여 우선 감시대상국(Priority watch list), 그리고 감시대상국(Watch list)으로 지정하여 필요한 협상이나 무역보복 조치를 단행할 수 있다(한국저작권위원회, 2022).

▷ 미국의 슈퍼 301조 한국기업 제재

미국무역대표부는 1997년 한국의 수입 자동차 규제조치를 슈퍼 301조의 불공정 관행으로 적시했다. 미국은 한국을 우선협상대상국으로 지정하고 1년 동안 협상을 통해 자동차세 인하, 승용차에 대한 저당권 설정 허용, 그리고 자가인증제도의 조기도입 등 미국의 요구조건을 관철했다(한국무역협회, 2018).

3. 중국에 대한 국제사회 우려와 견제

1) 중국 성장과 국제사회 반응

중국이 G2 경제 대국으로 부상한 배경은 두 가지 요인을 들 수 있다. 첫 번째는 막대한 경제성장 잠재력이다. 중국은 넓은 영토, 대규모 소비시장, 그리고 저렴하고 풍부한 노동력을 보유하고 있다. 여기에다 1970년부터 덩샤오핑 이론[11]에 기초한 시장경제 도입으로 잠재력의 현실화가 시작되었다. 두 번째는 2001년 WTO 가입이다. 개도국 지위로 무역과 투자유치를 통해 경제성장을 이루게 된다.

세계는 중국의 WTO 가입 초에 글로벌 후생증가 차원에서 연착륙으로 평가했다. 중국 내부적으로 경제개방과 투명성이 높아지고, 외부적으로 무역과 투자 확대를 통해 침체한 세계 경제에 활력을 주었기 때문이다. 그러나 시간이 지나갈수록 국제사회는 중국의 정치 경제적 영향력을 경계하기 시작했다. 선진국과 개도국 가리지 않고 저가 중국산 제품 유입에 따른 산업 피해, 자본 유입에 따른 중국 종속 우려 때문이다. 국제사회의 대표적인 중국 견제는 불공정무역과 지식재산권 침해를 이유로 중국의 시장경제지위국 획득 반대이다(한국무역협회, 2016).

시장경제지위국(MES: Market Economy Status)이란? 한 국가에서 생산된 제품과 원부자재 가격, 임금, 환율 등이 정부의 간섭없이 시장기능에 의해 결정된다고 인정받는 지위이다. 기업이 정부 보조금을 활용하여 정상가격보다 저렴한 가격으로 수출하면 수입국 해당 산업이 피해를 받기 때문에 이를 방지하는 제도다. 비시장경제(Non-market economy)는 반대개념으로 국제무역에서 불리한 지위가 된다. 비시장경제지위국은 통상분쟁에서 매우 불리한 입장이 된다. 덤핑 판정에서 불리하게 되고, 패소할 경우 고율의 반덤핑과 상계관세를 부담하게 된다.

비시장경제지위국이 무역분쟁에서 어느 정도 불리한지는 중국(수출국)과 미국(수입국)으로 가정하여 〈그림 11-4〉에서 파악해 볼 수 있다. 좌측면(A)의 수출가격 그래프는 중국기업이 정부 보조금 없이 정상적으로 수출하는 가격이다.

불공정거래에 따른 덤핑 마진은 정상가격(B)의 두 그래프와 같이 산출된다.

---

11) 덩샤오핑 이론(Deng Xiaoping theory)은 덩샤오핑이 1978년부터 사상해방과 흑묘백묘(黑猫白猫)론을 앞세운 실사구시 틀 속에서 탄생했다. 중국 발전에 유리하다면 자본주의적 요소도 과감히 도입할 수 있다는 중국 특색의 사회주의 건설 정신의 실천 강령이 되었다.

중국이 시장경제지위국이면 정상가격(A)과 동일한 수준을 초과하는 좌측 그래프 윗부분이 덤핑 마진이 된다. 그러나 비시장경제지위이면, 중국내 유통가격이 아니라 제삼국 동종상품 가격을 적용하거나, 미국(수입국)이 자체적으로 결정한 구성수출가격이 적용되어 중국기업의 덤핑 마진은 우측 그래프와 같이 산출된다.

▷ 중국의 시장경제지위국가(MES) 지위 확보 추진일정과 쟁점

(경과) - 2001.11.: WTO 가입, 15년 후 시장경제지위경제 지위 획득 조건
- 2016.12.: 중국, WTO에 MES 지위 인정을 위한 제소
- 2019.06.: 중국 WTO 제소 철회

(쟁점) 중국의 WTO 가입협약에 대한 다른 해석
중국은 2001년 WTO에 가입하면서 의정서를 체결했다. 의정서 제15조는 중국이 향후 15년 동안 비시장경제지위 수용을 담고 있다. 즉, '중국의 비시장경제국 추정은 가입 이후 15년 후, 즉 2016.12.11일 만료된다.'라고 되어 있다.
중국의 시장지위국 지위 취득을 반대하는 EU는 회원국들이 중국을 비시장지위국으로 취급할 권리 상실이며, 시장경제지위 부여와는 별개라고 주장한다. 이에 반해 중국은 시간이 지나면 자동적인 권리 획득으로 해석하고 있다. 한국은 2005년 중국을 시장경제지위국으로 인정하였다.

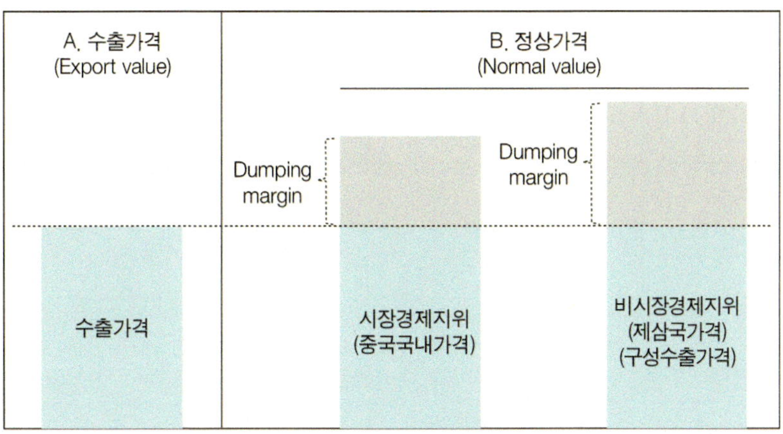

자료원: 한국무역협회(2016), 중국의 시장경제 획득 현안과 전망

〈그림 11-4〉 **시장지위국과 비시장지위국의 덤핑 마진 산정방법**

2) 미국과 중국의 무역분쟁

제2차 세계대전 종전부터 패권 국가로 세계 질서를 주도하던 미국은 그 지위를 이용하여 세계경제 안정 차원에서 중국의 WTO 가입을 승인했다. 그러나 중국이 WTO 가입을 계기로 급속한 경제성장과 영향력이 높아지면서 양국의 불편한 관계가 시작된다. 특히 중국이 2013년 시진핑 주석 취임 후 야심차게 추진한 일대일로(One Belt One Road) 경제권 구상, 2015년 중국 주도의 아시아인프라투자은행(AIIB) 설립은 미국이 중국 견제에 나서게 되는 계기가 되었다.

양측의 불편한 관계는 미국 트럼프 대통령 취임부터 수면으로 부상하게 된다. 미국은 2017년 중국을 불공정무역국으로 WTO 제소하는 한편, 2018년부터 중국산 818개 품목에 대한 25% 상계관세를 부과하고, 중국은 맞대응으로 미국산 농산물과 자동차 등에 25% 보복관세를 부과하였다. 이후 양측의 관세폭탄 대립과 비관세 장벽 경쟁은 일일이 적시할 수 없을 정도로 끝없이 이어지고 있다.

▷ 중국의 WTO 가입 과정

- 1947년: 중국 GATT 설립 관여, 공산화 소용돌이로 미 합류
- 1986.01.10.: GATT 가입 의사를 사무국에 제출
- 1989년: 미-중 합의 직전에 천안문 사태로 중국의 WTO 가입 불발
- 1993.11.19.: 클린턴 대통령과 장쩌민 주석이 APEC 정상회의에서 합의
- 1999.11.15.: 양국은 중국의 WTO 가입에 관한 양자 협상 마무리
- 2001.09.17.: WTO와 중국의 협상 마무리
- 2001.11.10.: 도하 각료회의에서 만장일치로 중국 143번째 회원국 획득

CHAPTER

12

사회문화적 환경과 해외직접투자

12 사회문화적 환경과 해외직접투자

제1절 사회문화적 환경 개념

사회문화적 환경(Socio-cultural environment)이란? 사회를 구성하는 개인의 행동에 영향을 미치는 문화, 관습 등과 같은 사회적 태도와 제도이다. 사회문화적 환경은 역사와 지역 특성, 문화 등 여러 가지 요인들로 형성된다. 사회학에서는 사회문화를 사회와 문화로 구분하고 있다. 본서에서는 사회의 독특한 행동 양식을 문화로 보고 사회문화적으로 기술하되 필요에 따라 사회와 문화를 구분하였다.

1. 사회문화적 환경에 대한 이해

1) 사회와 문화

사회(society)의 사전적 의미는 공동생활을 영위하는 온갖 인간집단이다. 즉, 사회는 정치, 문화, 제도적으로 독자성을 지닌 공통의 관심과 신념, 이해에 기반한 개인의 집합체이다. 사회 유형은 소규모 가족에서부터 직장, 학교, 지역사회 등이 있다. 또한, 한국 사회와 미국 사회와 같이 국가에 따른 구분, 쿠르드족과 만주족 등 민족 구분 등이 있는데, 목적과 관점에 따라 구분을 달리할 수 있다.

문화(culture)는 한 사회의 주요한 행동 양식이나 상징체계이다. 인간이 주어진 자연환경을 변화시키고 본능을 적절히 조절하여 만들어 낸 생활 양식과 그에 따른 산물들은 모두 문화적 요소가 된다. 문화의 어원은 라틴어의 cultura에서 파생된 culture의 경작 의미이다. 문화는 지적, 예술적 생산물이라는 좁은 의미와 한 사회의 전반적인 생활방식을 의미하는 넓은 의미가 있다. 문화의 다양한 면모에서 한마디로 정의하기 어렵지만, 학자들 의견에서 그 개념을 이해할 수 있다.

에드워드 타일러(Tylor, 1871)는 문화를 지식, 신념, 예술, 도덕, 관습 및 기타 제반 제도와 사회구성 일원으로서 개인이 습득한 생활 양식의 복합체라고 하였다. 텝스트라와 데이비드(Terpstra & David, 1985)는 사회구성원들의 특성을 나타내는 학습되고, 공유되어, 상호 관련성을 가지는 일련의 상징이라고 정의했다. 그리고 홉스테드와 본드(Hopstede & Bond, 1988)는 한 집단의 구성원을 다른 집단의 구성원과 구별시키는 집합적 심리체계로 보았다. 한편 유네스코(UNESCO)는 세계 문화의 다양성을 인정하고 보호하고 있는 데서 문화의 중요성을 파악해 볼 수 있다.

▷ UNESCO 문화적 표현의 다양성 보호와 증진 협약(2005)

(Convention on the Protection and Promotion of the Cultural Expression)
Article 4 - Definitions, 1. Cultural diversity
Cultural diversity refers to the manifold ways in which the cultures of groups and societies find expression. These expressions are on whithin and among groups and societies. / (문화 다양성), '문화 다양성'이란 집단과 사회의 문화가 표현되는 다양한 방식을 말한다. 이러한 표현들은 집단과 사회의 내부에서 그리고 집단과 사회 사이에서 전승된다.

2) 문화의 유형과 특성

(1) 문화의 유형

- **물질적 문화**: 인간에게 생활수단을 제공하는 것으로 인간이 만들어내고 사용한다. 예를 들어 기후변화에 대응하는 과정에서 발전되어온 독특한 의복,

음식, 주택 등 의식주 형태, 그리고 이들을 다루는 기술이다. 이에 대비되는 비물질적 문화는 가치, 신념, 태도, 그리고 종교 등 무형 자산의 집합체이다.

- **규범적 문화**: 사회 유지를 위해 구성원들에게 지킬 것을 기대하는 행동기준 문화이다. 구성원 행위 규범을 정함으로써 '어떤 것이 옳고 그른가, 무엇을 해야 하고 해서는 안 되는가?' 기준을 설정해 준다. 이러한 규범은 식사하는 법, 인사하는 법 등 관습적인 것부터 강제성을 갖춘 제도문화까지 포함한다.
- **관념적 문화**: 사람의 머릿속에 자리 잡은 관념 형태의 문화이며, 가치관(value). 신념(belief) 등이 이에 속한다.

(2) 문화의 특성

인간이 만든 모든 문화에는 특수성과 보편성을 지니고 있다. 특수성은 하나의 문화만이 지닌 특징이다. 국가마다 다른 상혼 관제의식을 사례로 들 수 있다. 그리고 보편성은 각각의 문화가 공통으로 가진 특성이다(학국교육학술정보원, 2017).

① **학습성**: 문화는 선천적으로 타고난 것이 아니라 학습 행위를 통해 일상생활에서 형성된다. 즉, 후천적인 사회화 과정을 통해 그 사회의 생활 양식을 배워서 습득하게 된다. 학습은 가정, 사회, 학교 교육에서 언어와 문자로 이루어진다. 예시로 중국 어린이가 한국에서 자라게 되면 한국어를 자연스럽게 익히게 된다.

② **공유성**: 집단을 이루고 살아가는 구성원들에게 공통으로 나타나는 행동과 사고방식이다. 공동 문화로 사고와 행동의 동질성이 형성되고 구성원들 간에 특정한 상황에서 상대방 행동을 예측할 수 있는 역할을 한다. 공유성은 공통의 경험, 신념, 생활습관 등 일정한 틀로 형성되어 표출된다. 한국인들 간에 뜨거운 국물을 '시원하다' 하거나 '함 사세요' 한다면 그 의미를 즉시 이해하는 것과 같다. 이러한 공유성은 이문화와 구별되는 고유한 특성이 된다.

③ **전체성**: 문화의 각 영역은 상호 밀접한 관련을 맺으면서 통합을 이룬다. 문화의 어느 한 부분에 변동이 생기면 다른 부분에도 영향을 주어 변동이 일어난다. 따라서 한 사회의 문화를 이해하려면 특정 부분보다 전체적인 관점에서 들여다봐야 한다. 한국인의 주거생활은 온돌문화로 이불, 밥상,

양반다리 등의 결합체이다.

④ **변동성**: 한 사회의 문화적 특성들은 고정불변한 것이 아니라 시간이 지나면서 변화한다. 즉, 한 사회의 문화를 형성하는 요소들이 새로이 추가되거나 소멸한다. 그러다 보니 변화속도가 느릴 수밖에 없다. 예를 들어 세종대왕 시대에 창조된 훈민정음은 현대의 한글로 발전되었다. 이러한 변동성은 세대에서 세대로 전달되면서 축적되는 특성도 보유한다.

⑤ **상징성**: 문화는 외형으로 드러나는 것 외에 속으로 품고 있는 의미가 따로 있다. 상징성의 사례로 국가나 지역을 상징하는 꽃, 나무, 새, 동물로부터 그 나라를 떠올릴 수 있으며, 어떤 문화인지를 가늠할 수 있다.

3) 문화의 기능과 역할

문화는 강제성을 갖춘 법규가 아니더라도 다음과 같이 구성원 삶의 기본 방향을 제시한다. 첫째, 한 사회에 형성된 문화는 사회구성원 공동의 목표를 제시한다. 둘째, 자연환경에 대응하고, 부족한 자원 배분 방식을 정해준다. 셋째, 의사소통 방식에 관한 지침을 제공한다. 넷째, 사회 공동체 유지를 위한 남녀 간의 이성관계 지침이 된다. 다섯째, 구성원의 욕구달성에 관한 가이드 라인을 제시한다.

한편, 문화적 환경은 기업의 경영활동에도 직간접적으로 영향을 미치게 된다. 먼저 문화 차이는 다른 소비패턴을 낳게 한다. 국가 간 의식주 관습 차이는 제품 기능과 쓰임새에 영향을 미친다. 예를 들어 같은 유럽국가이지만 독일 주부는 매우 실용적이어서 통조림과 같은 가공식품을 많이 구매한다. 이에 반해 프랑스 주부는 가정에서 조리를 즐기기 위해 가공식품보다 신선식품을 선호한다.

그리고 문화 차이는 기업의 인사 및 노사관리에도 영향을 미친다. 예컨대 부족 중심의 전통이 보존된 상당수 아프리카 국가에서는 가부장적 관리방식이 종업들이 안정감을 느껴서 생산성을 높일 수 있다고 알려져 있다.

2. 문화충격과 관리전략

1) 문화충격 적응과정

문화충격(Culture shock)이란? 사람이 완전히 다른 문화에 노출될 때 느끼는 감정의 불안정 상태이다. 인간은 새로운 문화를 소화하는 데 어려움을 겪는다. 새로운 문화를 접하게 되면, 무엇이 올바르고 무엇이 올바르지 않은지를 판단하는 데 혼돈을 겪기 때문이다. 투자기업의 현지 주재원은 정착 초기에 문화충격으로 심리적 혼란 상태에 빠지기 쉽다. 왜냐하면, 웬만한 어학 구사자가 아니라면 현지 언어를 완전히 구사할 수 없다. 또한, 낯선 몸짓과 손짓 등 비음성적 언어에 대한 이해 부족으로 현지인을 접촉할 때 불안해하고 당황하며 긴장을 늦추지 못한다.

이러한 문화충격은 인류학자 칼레르보 오베르그(Kalervo Oberg)의 1960년 저서 '문화충격(Culture shock)'에서 정리된 개념이다. 그에 따르면 이방인이 타문화를 접하게 되면 〈그림 12-1〉과 같이 4단계의 적응과정을 거치게 된다.

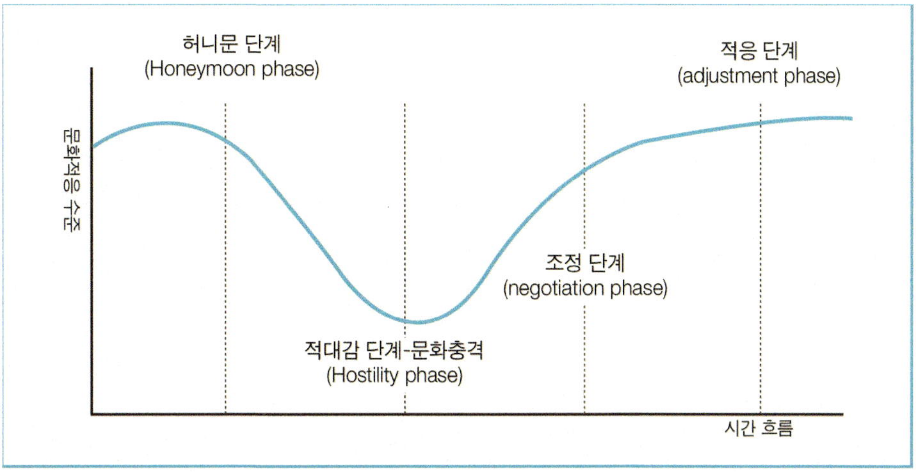

자료원: 임성훈(2015) 표준 국제경영 2.0 자료 편집

〈그림 12-1〉 이문화 충격 적응과정

① **허니문 단계**: 이주자는 새로운 문화를 접하면 초기에 그 문화에 대한 호기심과 흥미 감정을 느끼게 된다.

② **적대감 단계**: 체류기간이 길어질수록 문화 차이에 좌절과 불안을 느끼며 사소한 일에도 화를 내거나 말썽을 일으킨다.

③ **조정단계**: 이주자는 상대문화와 조화하고 적응하는 회복단계로 새로운 문

화에 대한 긍정적인 감정이 증가한다.

④ **적응단계**: 새로운 환경에 대한 감정과 행동이 안정화되는 단계이다. 외국의 습관이나 생활 양식에 익숙해지게 된다.

2) 자기준거기준(SRC: Self-reference criterion) 함정

자기준거기준(SRC)이란? 사람들이 의사결정을 하는 데 있어 자기 자신이 본래 가지고 있던 문화적 가치나 경험, 지식 등을 무의식적으로 적용하는 것이다. 주재원이 현지 활동 과정에서 어떤 상황에 대해 나의 기준으로 판단하는 실수를 범할 수 있다. 이러한 의사결정은 자회사 경영에 부담을 줄 수 있고, 심한 경우 현지에서 물의를 일으킬 수 있는 원인이 되기 때문에 극히 주의해야 한다.

자기준거기준의 함정에서 탈피하기 위해서는 먼저 학습을 통해 현지 문화 내면을 파악하고 있어야 한다. 다만 학습을 통해 본국과 현지 문화 차이를 이해할 수 있겠지만, 자기준거기준 자체를 없애는 것은 현실적으로 어려운 일이다. 왜냐하면, 자기준거기준은 본국에서 오랜 기간 체화된 문화이기 때문이다. 따라서 아무리 현지 문화에 대한 이해가 깊더라도 무의식적으로 자기준거기준으로 돌아가는 함정에 빠질 수 있다.

위와 같은 자기준거기준의 함정을 벗어나기 위해서는 그러한 판단기준이 있다는 사실을 인정하고, 객관적으로 사실을 인지하고 판단하는 노력이 뒤따라야 한다. 제임스 리(James Lee, 1966)는 이러한 관점에서 자기준거기준의 함정을 피할 수 있는 문화비교기법을 제시했다(최윤희, Business Edge 홈페이지).

제1단계, 문제를 본국의 문화적 관점에서 정의한다.

제2단계, 문제를 현지의 문화적 관점에서 정의한다.

제3단계, 당해 문제에서 자기준거기준을 분리하고, 이것이 문제를 어떻게 복잡하게 만드는지를 분석한다.

제4단계, 자기준거기준이 문제에 미치는 영향을 제거한 상태에서 문제를 재정의하고, 그 문제를 현지 시장에 맞게 해결한다.

▷ 자기준거기준에 의한 의사결정 예시

오수(午睡, nap)는 낮잠을 의미하며 낮잠 문화가 남아 있는 곳이 있다. 스페인의 낮잠(siesta) 시간은 정오부터 2시까지 식사와 낮잠을 자는 데 시간을 할애하기 때문에 이 시간에는 상점들도 문을 닫는다. 이탈리아에서는 리포소(riposo)로 불리는데 보통 오후 2시부터 4시까지이며 이 시간에 상가는 잠시 문을 닫고 휴식을 취하는데 개가 짖으면 벌금까지 내야 한다.
이러한 국가에 투자 진출한 한국의 전자회사 판매법인이 있다고 가정하자. 만약 한국의 9-6근무시간 문화에 익숙한 법인장이 현지 직원에게 낮잠 시간에 마케팅을 종용하면 어떤 일이 벌어질까?

3) 기업의 문화 차이 관리전략

기업이 문화적 환경 차이를 극복하고 해외시장 경영활동을 효과적으로 수행하기 위한 전략은 무시, 최소화, 그리고 역으로 이용하는 전략이 있다. 이러한 전략은 〈표 12-1〉과 같이 투자기업이 본국과 현지 문화 차이를 인정하고, 그 차이를 어떻게 경영에 반영할지에 관한 내용이다.

〈표 12-1〉 **투자기업의 문화적 환경 차이 관리전략**

전략	무시	최소화	이용
기본가정	- 문화 차이 무시	- 현지 문화 존중	- 이질성은 기회
경영형태	- 본국중심주의	- 지역중심주의	- 세계중심주의
이행기준	- 효율성	- 적응성	- 시너지 효과
의사전달	- 상의하달	- 하의상달	- 네트워크 채널
주요도전	- 합의 확보	- 응집력	- 차이 극복
기대효과	- 통합, 표준화	- 현지화	- 개혁과 학습
우려요인	- 융통성 부족	- 시너지 상실	- 협력 불화

자료원: 최윤희(1997), 글로벌 비즈니스 맨과 이문화 관리

(1) 문화 차이 무시 전략

'비즈니스는 비즈니스이다.'라는 시각에 기초한 경영전략이다. 자회사는 본사의 정책과 관행이 당연히 외국에서도 적용될 수 있을 것으로 보고 이행을 강행하는 방식이다. 경영 면에서 동질의 품질을 유지하고, 서비스 표준화를 위해 모든 종업원에게 똑같은 행동과 사고방식을 요구한다. 인력관리를 위해 훈련 센터 등에서 본사의 관행, 신념과 가치를 종업원들에게 심기 위해 노력한다. 기업의 경영형태에서 본국중심 경영이 여기에 해당된다.

사례로 월트 디즈니(Walt Disney)는 1992년 프랑스(Euro Disneyland)에 진출했다. 프랑스 종업원에게 미국 본사 규정인 최소한의 화장, 짧은 손톱, 검정색 스타킹 금지 등 화장과 복장 규정을 적용했다.

(2) 문화 차이 최소화 전략

기본적으로 문화 차이를 인정하고 이러한 차이가 문제를 일으키거나 기업의 효율적 운영을 저해하는 요인으로 보고 있다. 문화적 차이를 최소화한다는 것은 문화 차이에서 오는 갈등을 줄이기 위해 균일화 방안을 개발하고, 이질적인 문화를 분리하거나 완충장치를 마련하는 방안이 있다.

- **문화의 분리**: 서로 다른 문화적 요소를 분리하여 마찰을 미연에 방지하는 전략이다. 예를 들어 전사적인 전략개발은 본사에서 담당하고, 운영에 관한 사항은 현지 자회사에 이양하여 자율성을 보장한다. 자회사 현지화와 문화 다원주의를 정착시킬 수 있지만, 전사적 경영자원 통합에 장애가 될 수 있다.
- **완충장치 창출**: 지역중심적 접근방법으로 지역본부를 설치하여 본사와 현지 자회사 간의 문화 차이를 줄이는 완충 역할을 하게 한다.

(3) 문화 차이 이용전략

기업이 문화적 이질성을 경쟁 우위의 원천으로 활용하는 전략이다. 다국적기업의 경우 전 세계 이질적인 문화를 종합하여 새로운 제품과 서비스를 개발한다. 이러한 전략이 성공하기 위해서는 기업 구성원들이 서로 다른 문화를 이용하기 위한 학습이 수반되어야 한다.

기업 경영형태에서 세계 중심경영이 되며, 글로컬라이제이션(glocalozation) 전략이 이러한 유형에 해당된다.

▷디즈니 유럽 진출 실패 원인

휴가기간: 유럽인은 여가문화에 익숙하기 때문에 굳이 휴가 때 놀이공원에 가지 않는다. 놀이공원을 방문해도 4일 정도 주변에 머무르는 미국인과는 달리 하루 이틀 만에 구경을 마친다. 그런데도 디즈니는 유럽인이 여러 날 동안 주변에 머물 것으로 보고 호텔과 레스토랑을 공급초과 수준으로 많이 지었다.
음식문화: 디즈니는 놀이객이 공원에서 샌드위치나 핫도그 등으로 점심을 간단히 해결할 것으로 생각했다. 그래서 공원 바깥에 호텔과 레스토랑에서만 술 판매를 허용했다. 그러나 프랑스인들은 가까운 식당에서 와인을 마시는 데 익숙하여 공원 밖 식당 이용의 불편을 느끼고 놀이공원 방문을 주저했다.

3. 사회문화적 환경 구성요소

1) 사회제도와 사회관습

(1) 사회제도

사회제도는 구성원의 사회적 행동을 일정한 방향으로 이끌어 주는 조직화된 절차와 규범 체계로 인간이 그 사회에서 살아가는 데 필요한 기본적인 틀을 제공한다. 개인의 행동에 영향을 미치며 개인은 그것에 대해 자유로울 수 없는데, 일정한 특성이 있다. 첫째, 한번 만들어지면 안정적으로 운영되고 지속된다. 둘째, 사회구성원의 사고와 행동에 구속력을 가진다. 셋째, 어느 사회에서나 보편적으로 존재하지만, 사회마다 특수성을 보인다. 넷째, 개인에서부터 사회집단 구성원의 활동에 광범위한 영향력을 미친다.

사회집단은 둘 이상의 사람이 소속감과 공동체 의식을 가지고 지속해서 상호작용하는 사람들의 집합체입니다. 독일 사회학자 페르디난트 퇴니스(Ferdinand Tönnies)는 1881년 학위논문「공동사회와 이익사회(Gemeinschaft und Gesellschaft)」에서 사회구성원의 결합 의지에 따라 공동사회와 이익사회로 나누었다. 공동사회는 가족, 친족과 같이 자신의 의지와 상관없이 자연적으로 속한 집단으로 정서적인 상호 관계를 맺으며 신뢰와 협동심을 갖게 된다. 이익사회는 회사, 정당, 국가와 같이 어떤 목적을 위해 의도적으로 형성된 집단이다.

한 사회에는 사회집단과 유사한 사회계층이 존재한다. 사회계층은 한 사회 안에서 구별되는 집단으로 구성원들을 그들의 지위, 재산, 교육, 수입 등에 의하여 분류할 때, 비슷한 지위를 차지하고 있는 일군의 층을 의미한다. 인도 사회에서의 카스트 제도, 조선시대의 양반과 천민계층이 사례가 된다. 현대 사회에서도 모든 조직은 생산을 위한 분업, 효율적인 의사결정을 위한 관료제도 운용을 위해 계층조직의 형태를 취하는 것이 일반적이다.

투자기업이 진출한 현지 사회제도는 자회사 경영활동에 큰 영향을 미친다. 사회 집단의 기초단위가 되는 가족제도가 대가족 또는 핵가족 인지에 따라 소비 패턴, 구매 시기 등이 달라진다. 따라서 투자기업 현지 자회사의 인사, 생산과 마케팅 전략도 가족제도에 따라 수립되고 이행되어야 한다. 예를 들어 독특한 계층구조를 유지하고 있는 인도에서 불가촉천민으로 불리는 달리트(dalit) 계급을 대상으로 하는 고가의 스마트 폰 마케팅은 의미가 없다.

▷ 인도의 카스트 제도(Caste system)

기본적으로 '각 계급은 자신의 사회적 역할 모델에 따른다.' 개념의 사회제도이다. 카스트 제도는 네 가지 유형의 계층이 있으며, 이들 계급에도 속하지 못한 달리드(dalit)를 포함하여 바르나(varna) 제도로 불린다.

- 브라만(Brahman): 최상위층으로 사제나 제사장들이다.
- 크샤트리아(Kshatriya): 왕족이나 무사 등 통치계층이다.
- 바이샤(Vaisya): 서민 계층으로 농공상을 영위하며 납세 의무를 진다.
- 수드라(Shudra): 노예와 피정복민을 의미한다.

* 달리트(Dalit): 불가촉천민(untouchables)으로 '닿으면 안 되는 것'의 의미이다. 신분제외 계급으로 하리(harijan), 찬달라(chandala) 등으로도 불린다.

(2) 사회관습

사회관습은 아직 사회제도로 규율되고 있지는 않지만, 사회구성원에 의해 보편적으로 지켜지고 있는 행동양식이다. 그렇다 하더라도 투자기업이 현지 국가의 사회관습을 지키지 않으면 큰 낭패를 볼 수 있다.

말레이시아에서는 남의 머리를 쓰다듬는 것은 저주를 내리는 행위로 여긴다.

미국 가전회사가 뉴질랜드와 연합관계에 있는 쿡 제도(Cook islands)에 입식(서서 주방일 하는 방식) 스토브(stove)로 시장진입을 시도했지만 실패한 사례가 있다. 쿡 제도 주부는 구부려 일하는 데 익숙하여 입식 스토브 구입을 꺼렸기 때문이다.

▷ 동유럽 헝가리(Hungary)의 독특한 관습

운전 문화: 헝가리에서 자동차 상향 등(해드 라이트)은 상대 차량에 대한 위협이 아니고 양보를 뜻한다. 그리고 신호등이 없는 골목 사거리에서는 좌측차량 우선 관습이 있다. 저자도 2013년 부다페스트 무역관 근무 초기에 좌측차량 우선 관습을 모르고 다른 차량의 옆구리를 들이받아 수리비를 보상해 줬던 경험이 있다.
건배 금지: 헝가리는 오스트리아 합스부르크(Haus Habsburg) 통치에 반대하며 독립운동(1848~1849)을 벌였다. 1849년 전투에서 승리한 합스부르크 군대는 헝가리 독립운동가를 처형하고 맥주로 건배했다. 이후 헝가리에서는 매주잔 부딪치는 건배행위를 금기시하고 있다.
붉은색과 망치: 헝가리는 1989년 사회주의 체제를 포기하고 체제를 전환하였다. 그 이전 1956.10월 민주화 운동을 벌였는데, 김춘수 시인이 부다페스트 '소녀의 죽음'을 쓸 정도로 소련군에 의해 참혹하게 진압되었다. 이후 구소련을 상징하는 붉은색과 망치를 싫어하게 되었다.
빨린꺼(Palinka) 접대문화: 헝가리인들은 손님이 집에 방문하면 독주인 빨린꺼를 식전에 한 잔씩 권하는 문화이다. 빨린꺼는 식욕을 촉진하는 헝가리 전통주이며 복숭아, 살구 등을 이용해 집에서 만든 증류주로 40~50도에 달하는 독주이다.

출처: 위키피아, 구소련 국기

Bestofhungary, 빨린꺼 ▶

2) 가치관

(1) 가치관 개념

가치관은 여러 가치에 대한 신념이며, 사람이 세상의 대상을 평가하는 근본적 태도로 나타난다. Milton Rokeach(1973)는 가치관을 개인적, 사회적으로 바람직하다는 기본적인 신념이라고 정의하였다. 이러한 가치관은 사회문화의 내적 통합 원리로서 신념과 태도를 포함한 제반 가치의 총체가 된다. 사회마다 가치관에 차이가 있는데, 구성원의 행동 양식을 다르게 표출하게 한다. 예를 들어 서양과 이슬람 문화에서 여성의 삶 양식이 다르다. 유럽에서는 여성의 히잡(hijab) 착용을 마땅치 않게 여기고, 이슬람 국가에서는 여성의 바지 착용을 싫어한다(조영정, 2019). 가치관이 삼라만상에 대한 태도와 반응은 아래와 같다.

(2) 부(wealth)에 대한 태도

부의 의미는 금전뿐만 아니라 성취감을 포함하는 가치관을 의미한다. 부를 중시하는 사회에서는 성공과 성취의 상징으로 여기며 현세를 중요시한다. 따라서 사회구성원들이 부의 획득에 노력하여 생산성을 높이기 때문에 이런 사회에서 경영하는 기업의 발전속도는 빠르편이다. 반면에 종교적으로 내세를 중시하는 문화에서는 현세에서 달성할 수 있는 부보다도 수양이 우선시되며 부의 축적은 부차적인 것이 된다. 이러한 사회는 변화가 심하지 않기 때문에 기업의 발전과 시장성장 속도가 느린 편이다.

(3) 시간관념

시간은 모든 사회에 유용하며 그 자체가 느리지도 빠르지도 않고 중립적이다. 그러나 대부분 사회는 시간에 대해 다른 관점을 보유하고 있다. 비즈니스 사회를 대표하는 맨해튼(Manhattan) 시민과 영화 부쉬맨(bushman)의 무대가 되는 아프리카 사바나 주민의 시간 개념이 같을 수 없다.

일반적으로 산업화된 국가는 시각을 다투는 문화이며, 산업발전이 뒤진 사회는 느슨한 경향을 보인다. 시간을 중시하는 사회는 시간에 얽매여 살도록 조직되어 있고 생산성을 중시하기 때문에 구성원들은 정확한 시간관념을 가지고 있다. 반면에 그렇지 않은 사회는 시간을 자연적 현상으로 여기며 분초를 다투지 않는다.

▷ 이슬람의 IBM 문화(자료, 한국국제문화교류진흥원-KOFICE)

i 인샬라(inshallah): '신의 뜻이라면(god willing)'으로 해석할 수 있다. 아랍인들은 미래의 일에 대해 이야기 할 때 인샬라를 자주 사용한다. 만약 누군가 내일 만자자고 제안하고, 상대방이 인샬라라고 답변하면, 신의 뜻이라면 내일 만날 수 있을 거야 정도로 해석하면 된다.

b 부크라(bukra/boqra): '내일(tomorrow)'이란 뜻이지만 보통 가능하면 빨리하도록 노력하겠다는 뜻이다. 즉 상담할 때는 바로 내일 주문할 것처럼 보여도 며칠이 지나도 연락이 없어 다시 확인해보면 부크라로 반응하는 경우가 많다.

m 말리쉬(malish): '미안하다(sorry)' 의미와 함께 '이해해 달라'는 뜻으로 사용되고 있다. 이는 노력했지만 되지 않았으니 이해해달라는 뜻이다. 또는 할 수 없지 뭐, 내 잘못 아니야, 그걸 가지고 뭘 그래 정도로 해석할 수 있다.

(4) 변화에 대한 입장

미래지향적인 가치관을 가진 문화는 변화에 적극적이고, 과거지향적인 가치관 문화는 변화에 대한 거부감이 저변에 자리 잡고 있다. 대체로 미래지향적 문화(예, 서양)는 '내가 내 운명의 주인이다.' 인식이 저변을 깔려 있다. 따라서 사회구성원은 새로운 것을 선호하고 최신 사물에 관심이 많아서 변화에 능동적이고 적극적으로 대처한다. 과거지향적 문화(예, 동양)는 기본적으로 '운명에 순응해야 한다.'라는 가치관으로 인생, 직업 등은 예정된 것으로 여긴다. 그 사회구성원들은 전통을 중시하고 정성껏 조상을 숭배하는 문화일 수 있다.

3) 언어와 문자

언어는 인간의 사고와 의사를 전달할 수 있는 가장 효율적인 의사소통 수단이다. 문화권을 구분하는 기준이 되는데, 언어가 다를 경우 사고방식과 가치 전달체계가 달라지게 되기 때문이다. 지구촌에 말로 표현되는 언어는 약 3천여 종에 달하지만, 비즈니스에서는 영어, 독어, 프랑스어, 스페인어 등 소수의 공용어가 이용되고 있다. 기업은 국제 비즈니스에서 상대방과 공용어로 의사소통을 하더라고 단어마다 담고 있는 의미와 해석에 주의해야 한다. 예를 들어 영어의 'yes'는 대체로 '그렇다' '동의한다' 의미이지만, 아시아에서는 아래와 같이 4

가지 의미를 지니고 있다(Ruthstrom & Matejka, 1990).

- 무엇을 말하고 있다는 것은 알지만, 이해한다는 의미는 아니다.
- 의미를 이해하지만 동의하는 것은 아니다.
- 말의 의미를 이해하고 있고 협상 의사도 있다.
- 전적으로 당신의 의견과 주장에 동의한다.

언어를 표기하는 문자는 상표명과 광고 슬로건으로 많이 사용되는데 문자 선택에 매우 주의해야 한다. 기업이 상표나 광고 문자를 잘못 사용하여 마케팅에 낭패를 본 사례가 많기 때문이다.

제너럴 모터스(GM)의 자동차 노바(Nova)는 한국 교과서에도 실린 유명한 실패 사례다. GM은 세단 노바를 1973년 중남미에 출시했다. 노바는 영어로 '신성(新星)'이라는 의미지만 스페인어로는 '갈 수 없다(No Va)' 뜻이다. 결국 '움직이지 않는 차' 의미를 담은 노바 브랜드는 참담한 판매실적을 기록하고 차명을 카리브(Caribe)로 변경하는 해프닝을 연출했다. 포드 자동차(Ford Motors)는 1983년부터 제3세계용 트럭으로 피에라(Fiera)를 출시했다. 피에라는 스페인어로 '추하고 늙은 여자' 의미로 마케팅에 어려움을 겪었다.

기아자동차(KIA Motors)는 중국에서 판매되던 K4 차명을 2017년 K4 Cachet로 변경하고, 중국어로 카이현(凯绅)으로 하였다. K4를 중국식으로 읽으면 '죽을 수도 있다.' 의미가 담긴 커이쓰(可以死 keyi si)와 비슷하기 때문이다. 기아의 차명 문제는 미국에 출시한 카니발에서도 발생한다. 카니발(Carnival)은 영어 식인종(Cannibal)을 연상시켜서 세도나(Sedona)로 변경해야 했다. 설상가상으로 회사명 KIA는 미국인들에게 전사자 명단 약어 'Killed In Action'을 연상시켰다. 전사자가 타는 차라는 인상을 없애기 위해 앞글자 K는 대문자 나머지 글자는 소문자로 하여 Kia로 표기했다(Car Guy, https://www.carguy.kr/news/articleView.html?idxno=37161).

국내 자전거 수출업체인 대영은 1990년대 영어권 국가에 진출할 때 상표와 동일한 음이 나도록 'Dai-young'으로 표기했다. 하지만 대영은 영어권 국가에서 사업 실패라는 결과를 맛보아야 했다. 대영을 영어로 발음하면 '다이 영(Die young)', 즉 요절이기 때문이다. 대영이라는 상표가 영어권에서는 '왠지 이 자전거를 타면 일찍 죽을 것 같다'는 의미로 인식된 것이다(Newip)1)

▷ 자동차 브랜드명 사례

출처: Car Guy(carguy.kr/news
GM Chevrolet, 노바(NOVA)
- 스페인어로 '가지 않음'
(No Go, It doesn't go)

출처: GM Ford 사이트/Philkoste.com
Ford Motor Co., 피에라(Fiera)
- Ford 1968년대 3세계용 트럭 출시
- 스페인어 발음으로 '추하고 늙은 여자'

4) 주의해야 할 종교문화

종교는 민족정서의 근간으로 사회적 신념, 태도, 가치의 중요한 원천이 된다. 종교적 문제는 영국 소설가 살만 루슈디(Ahmed Salman Rushdie)의 '악마의 시' 사례와 같이 매우 민감한 문제로 신중하게 접근해야 하는 문화이다. 지구촌에는 가톨릭, 개신교, 불교, 이슬람교, 힌두교 등(가나다순) 수많은 종교가 있다. 투자기업 주재원이 접할 수 있는 주요 종교는 〈표 12-2〉와 같다.

주재원이 명심해야 할 사항은 상대방 종교에 대해 어떤 경우에도 헐뜯거나 비방해서는 안 된다는 점이다. 왜냐하면, 한 사회의 종교문화는 그 사회구성원이 가야 할 방향을 제시하는 나침판과 같아서 바꿀 수 없고 바꾸려 해서는 안 되기 때문이다. 또한, 대부분 종교는 방법의 차이는 있으나 선(善)을 바탕으로 이를 행하는 방법을 가르치고 있어 나쁘고 좋은 종교로 구분할 필요도 실익도 없다.

1) 대영자전거 사례(Newip), http://www.newip.biz/interest/?type=view&gkind=6&interestkind=61&index=1171&page=1

〈표 12-2〉 **지구촌 주요 종교**

종교	주요 내용
가톨릭 Catholic	- 예수 그리스도의 사랑을 교의로 하고 성서와 성전에 바탕을 두고 있음. 교회와 성서를 중시하며 구교로도 불림 - 성서(신약+구약)/ 성부, 성자, 성령 삼위일체
개신교 Protestant	- 16c 루터(M. Luther), 칼빈(J. Calvin)의 종교개혁 결과로 가톨릭에서 분리. 신앙에 의해 구원과 근검절약 교리 * 그리스도교 3대 종파: 개신교, 로마가톨릭, 동방정교회
불교 Buddhism	- 기원전 6c 경에 인도의 고타마 싯다르타(부처)에 의해 창시 - 부처가 설법한 가르침 + 진리를 깨달아 부처가 되는 교법 - 소승(자기 해탈), 대승(재가, 중생의 구제 목적), 육식 금지
유대교 Judaism	- 모세 율법에 기초한 유대인들의 민족종교 - 경전과 율법을 집대성한 유대인의 지혜 탈무드(Talmud)
이슬람교 Islam	- 7c 초 마호메트(Muhammad) 창시 종교, 경전 코란(Koran) - 전지전능한 알라(Allah) 가르침이 대천사 가브리엘(Gabriel)을 통해 마호메트에게 계시. 돼지고기 섭취 금지 * 3대 종교: 이슬람, 그리스도교, 불교(+힌두교=4대 종교)
힌두교 Hinduism	- 기본사상: 윤회와 업, 해탈, 도덕 행위, 경건한 신앙 - 바라문 교, 토착 신앙, 불교가 결합하여 다양한 신화와 관습

자료원: 경영학 교재 및 학술지 논문 종합

종교는 지향하는 사상에 따라 사회구성원의 제품 선택과 소비형태를 지배한다. 예를 들어 이슬람권은 술과 돼지고기 섭취를 금하고 있어 양고기 수요가 많다. 힌두교 문화에서는 소고기를 먹지 않기 때문에 인도에 진출한 맥도날드는 햄버거에 소고기를 사용하지 않고 닭고기를 이용한다.

한편 종교일과 행사 기간은 투자기업의 생산활동뿐만 아니라 마케팅에도 직접적인 영향을 미친다. 기독교 문화권은 부활절(Easter), 추수감사절(Thanksgiving Day) 그리고 성탄절(Christmas) 등 3대 명절이 최대수요 철이다. 이슬람 문화권에서 라마단(Ramadan) 금식 기간에는 생산성을 높이기 어려운 시기이지만, 최대 소비시즌이다. 수출기업의 경우 운송기간을 고려하여 3개월 전에 수주 물량의 선적을 마쳐야 하며, 현지 진출기업은 1달 전에 생산을 마치고 유통을 시작해야 한다.

이란(Iran)은 다른 중동국가의 이슬람력이 아닌 페르시아 력을 사용한다. 신년[2)]은 우리나라 설 명절과 같이 대부분 관공서와 기업들이 장기간 문을 닫고, 휴가를 즐긴다. 이 기간에는 불우이웃에게 음식을 나누고 선을 베푸는 기간으로 라마단과 함께 최대 소비시즌이다.

종교색이 짙은 지역에 진출한 기업은 광고나 매스컴, 개인 메신저 등 SNS 노출에 주의해야 한다. 만약 전파된 내용에 종교적 금기사항이 담겨있어 현지인들을 자극하게 되면 기업의 생존 자체가 어려울 수 있다. 반대로 현지 종교가 지향하는 사상에 적합한 제품개발이나 광고를 통해 매출을 신장시킬 수도 있다. 사례로 한국기업들은 할랄 음식(Halla food) 인증을 획득하여 이슬람 시장에 진출하고 있다.

▷ 민감한 종교문제

인도 출신 영국 작가 살만 루슈디(Ahmed Salman Rushdie)에게는 살해 위협이 늘 따라 다닌다. 1988년 출간된 그의 네 번째 소설 '악마의 시(The Satanic Verses)'가 이슬람인들을 자극했기 때문이다. 이슬람 세계는 이 책이 출간된 사실에 분노했는데, 소설에서 선지자 무함마드에 대한 묘사가 그들의 신념을 심각하게 모욕한 것으로 판단하고 보복을 다짐했다.

악마의 시가 유명해진 배경은 문학적 우수성보다 1989.2.24일 이란의 최고지도자 아야톨라 호메이니(Ayatollah Ruhollah Khomeini)가 루시디 목에 미화 300만 달러의 현상금을 걸었던 때부터이다. 영국에서는 무슬림 주민들이 이 책의 출간에 항의하는 대규모 시위를 벌였고, 파키스탄에서는 유혈 시위로까지 번졌다. 인도는 이 책 출간을 금지하는 등 많은 사건 사고가 발생했다.

자료원: BBC News 코리아(2022.8.13.) 보도내용

2) 이란의 신년은 노루즈(Nouruz)로 불리며 새로운 날이라는 뜻이다. 페르시아 력은 춘분(3.21일)에 신년이 시작되는데, 페르시아 시대부터 전해오는 유래 깊은 전통으로 이슬람화된 현대까지 이어지고 있다.

5) 미적 감각

미적 감각이란? 한 사회문화가 지닌 음악, 회화, 조각, 무용 등으로 표현되는 미에 대한 감각과 선호 경향이다. 세상에 보편적인 미적 기준이 있지만, 문화권마다 고유한 미적 감각이 있다. 즉, 모든 문화에는 각자 무엇이 아름답고, 그렇지 않은지에 대한 감정과 판단기준이 있다. 한 문화권에서 매력적이고 호소력 있는 미적 취향이 다른 문화권에서는 정반대로 인식될 수 있기 때문이다. 따라서 투자기업은 현지 경영에 성공하기 위해서는 디자인, 포장, 광고 등에서 현지인 취향에 맞는 미적 요소를 잘 활용해야 한다.

- **색상**: '성공보다 실패가 두렵다.'라고 할 정도로 색상 선택에 주의해야 한다. 색상은 눈에 띄기 쉬워서 표현하고자 하는 의미 전달이 빠르고 시장 반응도 즉시 나타나기 때문이다. 사례로 대부분 국가는 그 나라를 의미하는 색을 가지고 있는데, 각국의 국기에서 색상의 의미를 쉽게 파악할 수 있다.
  - **중국**: 빨간색을 가장 좋아한다. 불행을 쫓고 돈을 많이 번다는 의미로 통하고 있는데 축의금 봉투도 붉은색을 사용한다. 그리고 황제를 상징하는 노란색도 좋아하는 색으로 권력의 의미를 지닌다. 반면에 죽음을 상징하는 흰색사용은 주의해야 한다. 경극(Peking Opera)에서 흰색은 악역의 복장이며 조롱거리를 의미한다.
  - **미국**: 파란색과 빨간색을 좋아한다. 파란색은 진실과 번영을 의미하며 일상생활뿐만 아니라 금융시장에서도 선호하는 색이다. 주식시장에서 파란색은 대형 우량주를 뜻하는 블루 칩(blue chip), 신성장동력을 뜻하는 블루오션(blue ocean) 등 긍정적인 의미를 내포한다. 그리고 빨간색은 맥도날드, 코카콜라 등 미국기업들이 선호하는 색이며 애국심의 의미를 내포하고 있다.
  - **러시아**: 국기를 구성하고 있는 빨간색, 흰색 그리고 파란색을 선호한다. 빨간색은 혁명과 아름다움, 흰색은 러시아 황실, 그리고 파란색은 충성과 고귀한 태생을 상징한다.
- **음악**: 오락의 원천으로 모든 문화권의 미적 요소가 된다. 음악은 리듬과 움직임 등 공통 요소로 인해 누구나 좋아하는 범 문화성(trans culture) 성격이 있다. 그러나 국가나 지역의 특수한 자연환경과 역사와 결부되어 스타일에서 차이가 있다.

예를 들어 미국에는 록 음악(rock music), 랩(rap)과 힙합(hip hop music)이 있다. 남미에는 브라질의 삼바(Samba music), 자메이카 레게(reggae) 등이 있다.

음악은 청각적 효과로 의미 전달이 빨라서 광고에 많이 이용되고 있다. 기업이 광고에 배경음악을 활용할 경우 장르 선택을 신중히 해야 한다. 왜냐하면, 한 문화권에 호소력이 있는 음악이더라도 다른 문화권 구성원들 귀에 거슬릴 수 있기 때문이다. 또한, 그 나라 정부의 금지 음악을 절대 사용해서는 안 된다.

6) 기타 문화요소

- **숫자**: 문화권마다 선호하는 숫자가 다르다는 점에 주의해야 한다. 기업의 마케팅 활동의 성공과 실패를 결정하는 중요한 요소이기 때문이다. 따라서 기업은 진출 국가마다 현지인이 좋아하거나 싫어하는 숫자를 파악하여 제품생산, 마케팅 등 경영활동에 반영해야 한다.

  기업 경영에서 숫자의 중요성은 중국인의 '8' 사랑에서 쉽게 파악할 수 있다. 중국에서 8은 부를 상징하는데 국제행사에도 적극적으로 사용하고 있다. 중국 올림픽 위원회는 2008년 베이징 올림픽 개회식을 8월 8일 오후 8시 8분으로 맞췄고, 폐회식도 오후 8시에 거행했다. KOTRA 칭다오 무역관에 따르면, 8자가 많이 들어가는 전화번호나 자동차 번호는 엄청난 웃돈이 붙어 거래된다. 기업 마케팅 사례로 백화점에 진열된 상품에 부착된 가격이 8888위안이나 8만8888위안 등으로 적힌 경우가 많다. 이런 상품은 부자들이 가격이 얼마인지 따지지 않고 구매한다.
- **제스처**: 동일한 제스처도 국가마다 의미가 다른 경우가 많다. 예를 들어 많은 국가에서 고개를 좌우로 흔드는 제스처는 '아니다(no)' 의미로 이해한다. 그러나 그리스에서는 위아래로 끄덕여서 no 의사표시가 된다. 손가락을 둥글게 표시하면 미국에서는 일이 잘되어 가고 있다는 의미이지만, 한국에서는 돈(money), 프랑스에서는 주의(caution)를 암시한다.
- **시선접촉**: 상대방 의중을 꿰뚫어 보는 중요한 의사소통 방법이다. 한국인은 대화할 때 상대방과의 시선 접촉을 불편해한다. 시선접촉이 '건방지다' 의미로 전달될 수 있기 때문이다. 반면에 미국인은 눈을 마주 보며 대화하며, 그렇지 않으면 상대방이 자신이 없거나 관심이 없다고 판단한다.

▷ 성공사례: 오리온 초코파이 중국인의 입맛을 사로잡다

중국인은 빨간색을 행운, 권력, 부를 상징하는 색으로 선호한다. 그리고 8을 좋아하는데 중국어로 8의 발음은 돈을 많이 번다는 의미가 있는 파차이(发财)의 파 발음과 비슷하기 때문이다. 오리온 초코파이는 1997년 중국 진출 시 제품 포장을 빨간색으로 하고, 포장 안의 파이 개수를 중국인이 좋아하는 8개씩으로 하는 전략으로 시장에서 호평을 얻었다.

- 1995년, 허베이성에 생산공장 설립
- 2010년, 광저우에 중국 생산기지 중에서 최대 규모 공장 건설
- 성공배경: 철저한 시장조사 & 현지화 전략
  - 숫자: 중국인의 최고 선호 숫자 '8'
  - 색상: '빨간색' 부 상징, 행운, 귀신 쫓는다.
  - 사명: 중국어 하오리요우(好麗友)로 사용

출처: 오리온

자료원: KOTRA 광저우 무역관

▷ 실패사례: 미국 유나이티드 항공사(United Airlines) 취항 축하 행사

유나이티드 항공사는 1986년 한국 취항 축하 행사로 승무원들이 탑승객에게 하얀 카네이션을 달아주는 이벤트를 기획했다. 문제는 한국인 승무원들이 이를 거절했는데, 미국 관리자가 조사한 후 행사를 취소하게 된다. 한국에서는 사자를 추모하기 위해 흰 카네이션을 가슴에 부착한다는 사실을 파악했기 때문이다.

제2절 문화 평가모형

1. 클러크혼(Kluckhohn & Strodbeck)의 문화 비교

클러크혼과 스트로드벡(1961) 부부는 서로 다른 문화의 가치체계를 구분하기 위해 인간의 6가지 기본명제에 대한 질문을 던졌다. 사회구성원이 이러한 질문에 어떻게 답변하는가에 따라 사회문화를 〈표 12-3〉과 같이 구분하였다. 하나의 문화권 내에도 각기 다른 사고방식과 가치관을 지닌 구성원도 있지만, 다수

의 구성원이 공통으로 가지고 있는 가치관과 사고방식을 도출하는 모형이다. 그리고 도출된 문화별 가치관에 따라 기업 관리방식의 방향을 제시한다.

▷ 인간의 본성 파악을 위한 기본명제

- 인간의 본성은 기본적으로 선한가, 악한가?
- 인간과 자연의 관계는 어떠한가?
- 인간관계는 개인주의적인가, 그룹 중심적인가, 권위주의적인가?
- 사람의 활동 양식이 정적인가, 동적인가?
- 삶의 주 관심 시기가 과거인가, 현재인가, 미래인가?
- 공간 지향성이 공적인가, 사적인가? (후속 연구에 추가된 명제)

〈표 12-3〉 **클러크혼 모형의 가치체계**

기본명제	가치체계		
인간의 본성	기본적으로 선	선과 악의 혼재	기본적으로 악
인간과 자연 관계	자연을 지배	자연과의 조화	자연에 복종
인간관계	개인주의적	집단주의 (수평관계 중시)	집단주의적 (수직관계 중시)
생활양식	동적	통제적	정적
시간지향성	미래지향적	현재지향적	과거지향적
공간지향성	사적	공사 혼합	공적

자료원: Kluckhohn & Strodbeck(1961) Variations in value orientations, 유승균(2016), 학술지 논문 종합

① 인간의 본성(Nature of people)

사람은 선하다고 보는가, 아니면 악하다고 보는가에 따른 가치 구분이다. 사람의 본성은 근본적으로 선하거나 악하고, 아니면 복합적인 유형이 있다. 사람의 본성을 변화시키는 것이 가능하다고 믿는 문화권의 기업은 임직원에 대한 교육 훈련을 중히 여기고, 그렇지 않은 문화권에서는 사람의 변화를 기대하지 않기 때문에 처음부터 직무에 적합한 사람을 선발하는 것을 중요시한다.

② 인간과 자연의 관계(Relationship to nature)

인간은 자신을 둘러싸고 있는 자연환경에 대해 어떻게 생각하는가에 대한 가치관이다. 자연을 정복의 대상으로 보는 문화는 인간을 위해 자연을 개조하는 데 적극적이며, 반대이면 자연을 개조하는 데 소극적이고 순응하는 경향을 보인다.

③ 인간관계(Relationships among people)

개인이 다른 사람과 어떤 관계를 선호하는지에 따른 가치관 구분이다. 개인주의는 개성과 자율을 중시하고, 집단주의는 화합과 단결을 우선시한다. 기업 인사 정책상의 특징은 개인주의 문화에서는 지원자 성적과 경력을 중시하고, 집단주의 문화는 친척이나 지인의 추천 등 인적 네트워크를 통해 직원을 선발한다.

④ 인간의 행동양식(Activity orientation)

인간의 활동 성향이 동적인가, 아니면 정적인가에 의한 구분이다. 동적인 문화권의 인간은 인생에서 가능한 많은 것을 성취하려고 하지만, 정적문화에서는 안정을 중시하고 인생을 단지 경험하는 것으로 믿는다. 전자는 최종목표 달성을 위해 노력하지만, 후자는 주어진 업무에 주력하는 성향을 보인다.

⑤ 시간관념(Time orientation)

한 사회구성원의 시간 개념은 무엇이며, 시간을 어떻게 사용하는가? 에 관한 내용이다. 과거지향적 문화는 관습이나 전통에 의해 계획을 수립하는 반면, 미래지향적 문화에서는 향후 이익을 기준으로 계획을 수립하고 수행한다.

⑥ 공간관념(Space orientation)

구성원들이 물리적인 공간을 공유 또는 사적 활용을 선호하는가로 판단한다. 사무실을 공적 영역으로 여기는 문화에서는 개방적인 사무실, 사적 활동을 보호하는 문화에서는 칸막이로 구분된 폐쇄적인 사무공간을 선호한다.

한편, 클러크혼 모형은 이질적인 문화권 구성원의 가치관 차이 비교연구에 활용되고 있다. 사례로 낸시 아들러(Adler, 1986)는 클러크혼 모형으로 서양과 아시아 지역 기업의 가치관을 비교하였다. 연구결과는 〈표 12-4〉와 같이 미국식과 대비되는 동양 문화권의 가치관 차이로 제시되었다. 그의 연구결과는 고지마(Kojima, 1978)의 미국과 일본기업의 직접투자 비교와 유사한 특징을 보여주고 있다.

〈표 12-4〉 **문화지향성이 기업 경영에 미치는 내용**

항목	미국식 문화지향성(서양)	대비적 문화지향성(동양)
인간의 본성	- 인간의 본성은 변화 - 교육 훈련으로 변화 가능	- 인간의 본성은 불변 - 교육 훈련보다 적임자 선발
인간과 자연관계	- 인간이 자연을 지배 - 인간을 위해 댐, 도로 건설	- 인간과 자연은 조화로운 관계 - 자연은 보전 대상
인간관계	- 개인주의, 전문가 경영 - 의사결정 주체는 개인	- 집단주의, 친족 위주 경영 - 의사결정 주체는 집단
생활양식	- 동적 - 종업원은 목표달성 추구	- 정적 - 종업원, 주어진 업무 수행
시간 지향성	- 미래 중심, 단기적 기업정책 - 성과주의 인사	- 과거 중심적, 장기적 기업정책 - 종신고용, 연공서열

자료원: Adler(1986), International dimensions of organizational behavior

클러크혼 모형은 아주 간단하면서도 외국문화에 대한 이해를 높이는 데 유용하다. 이러한 배경에서 클러크혼 모형은 제안된 지 오래되었지만, 현대에도 의료, 관광 등 여러 분야의 마케팅 전략 수립에 활용되고 있다. 다만, 문화의 다양한 측면 가운데 일부만을 보여주기 때문에 이것만을 가지고 외국문화를 완전히 비교하였다고 판단해서는 안 된다.

2. 홀(Hall)의 고맥락과 저맥락 문화

인류학자 에드워드 홀(Hall, 1976)은 문화를 고맥락 문화과 저맥락 문화로 구분하였다. 맥락(context)은 의사소통을 위해 사용하는 언어, 몸짓, 표정, 문서 등의 상징적인 표현을 의미한다. 이러한 맥락은 의사소통에서 정보의 양에 의해 유형이 결정된다. 고맥락은 아주 작은 메시지가 전달되었을 때 그 안에 대부분 정보가 포함되어 있으며, 반대이면 저맥락이 된다. 홀이 제시한 고맥락과 저맥락 문화의 의미와 기업 경영상에 나타나는 특징은 아래와 같다.

① 고맥락 문화(High-context culture)

개인 간의 의사소통에 말과 표정 등에 삶의 정황이 담겨있는 문화이다. 즉, 개인의 가치관, 경력, 개인과 개인 관계 등과 같은 배경이 그러한 표현방법에 내부화되어 있는 문화이다. 의사소통 방법은 암시적이고 간접적인 표현으로 전달하는 특성이 있다. 체면과 신뢰가 강조되기 때문에 문장이나 부호를 사용한 계약서보다 당사자 의사표시가 보증서 역할을 하게 된다. 고맥락 문화에서 인간관계는 매우 중요하며, 인맥은 비즈니스 성공요소로 작용한다.

고맥락 문화권은 주로 한국을 포함한 중국, 일본, 인도네시아 등 동양 문화권과 중동의 사우디아라비아, 이집트 등 이슬람 문화국 국가들이다.

② 저맥락 문화(Low-context culture)

의사소통 방식은 명시적 언어와 직접적인 표현으로 이루어진다. 그리고 집단주의보다 개인주의 성향을 보이는 문화권에 나타나며, 합리적이고 공식적인 표현을 중요시한다. 따라서 의사소통 당사자의 성장배경이나 철학 등 개인적 환경은 중요하지 않고 비언어적 표현은 무시된다. 저맥락 문화는 인간관계와 비즈니스를 철저히 분리하는 특성을 보인다.

저맥락 문화권은 주로 서양 문화권을 형성하는 국가들로 미국, 영국, 독일, 스칸디나비아 국가, 그리고 남미국가에서 나타난다.

Keegan(1989)은 Hall의 고맥락 저맥락 문화 비교를 이용하여 기업의 국제계약에 관한 연구를 통해 〈표 12-5〉같이 두 문화의 차이점을 제시했다. 그의 연구결과는 투자기업의 현지 경영을 위한 계약체결 시 주의해야 할 시사점을 제공한다.

〈표 12-5〉 고맥락 문화와 저맥락 문화 비교

구분	고맥락 문화	저맥락 문화
시간	- 인생의 일은 시간이 해결	- 시간은 돈
공간	- 같이 공유	- 개인공간 보호
계약	- 인간관계가 중요	- 계약 등 법적 장치가 중요
협상	- 시간 필요, 상호 이해과정	- 신속 해결, 다른 목적 없음
경쟁입찰	- 간혹, 수의계약 선호	- 일상적인 입찰, 투명
책임소재	- 최고 책임자	- 업무담당자
국가	- 일본, 중동	- 미국, 북유럽

자료원: Keegan(1989), Multinational Marketing Management

- **시간**: 고맥락 문화는 시간을 유연하고 순환적인 것으로 인식하고 엄격하게 지키지 않는다. 이에 반해 저맥락 사회에서는 시간을 선형적이고 질서정연한 것으로 간주하고 약속을 철저하게 준수한다.
- **공간**: 고맥락 문화는 공간을 공동사용 경향을 보이지만, 저맥락 사회에서는 개인 업무공간은 사적이고 전문영역으로 보호된다.
- **계약**: 고맥락 문화는 계약은 개인의 신뢰로 성사된다. 반면에 저맥락 사회는 인간관계보다 법적 효력이 있는 문서형태의 계약을 중요하게 여긴다.
- **협상과 경쟁입찰**: 고맥락 문화는 시간적인 여유를 두고 협상을 진행하며, 신뢰가 가는 응찰자로 낙찰한다. 저맥락 문화는 사전 일정으로 협상을 진행하고, 입찰요건을 갖춘 응찰자를 선정하여 책임소재를 분명하게 한다.

3. 홉스테드(Hofstede)의 문화차원 이론

홉스테드(Hofstede, 1980)의 문화차원 이론(Cultural dimensions theory)은 문화가 구성원의 가치관에 영향을 미쳐서 행동 양식이 달라진다는 내용이다. 홉스테드는 IBM 직원 대상의 연구[3]를 통해 탄생했다. 그의 모형은 세 번에 걸쳐 차원을 추가해 나가면서 문화 차원 내용이 풍부해졌다. 초기 모형은 1980년 발표한 문화의 결과(Culture's Consequences)에서 권력 거리, 개인주의-집단주의, 불확실성 회피, 남성성-여성성 등 4개 문화 차원이 도출되었다.

이후 후속 연구에서 기존에 논의되지 않았던 문화 차원을 추가해 나갔다. 1991년 Michael Bond 등의 연구결과를 토대로 중국계 고용인과 관리자 성향에서 다섯 번째 장기지향성-단기지향성(유교적 역동성-Confucian dynamism에서 변경) 차원이 추가되었다. 그리고 2010년에는 Michael Minkov의 세계 가치관 조사 데이터를 분석하여 여섯 번째 쾌락-절제주의가 추가되었다.

① 권력 거리(Power distance)

한 사회에서 권력 집중에 대한 구성원의 수용 정도로 그 사회가 권력 집중을 인정하는가에 관한 내용이다. 모든 사회는 권력 격차가 있게 마련인데 그 정도

3) 홉스테드의 문화차원 이론은 1967-1973년 동안 진행된 IBM의 전 세계 자회사 고용인 대상의 가치관 차이 규명에 관한 실증연구에서 탄생했다. 연구 표본은 IBM의 50개국 자회사 직원 11만7천 명에 달한다.

를 평가한다. 권력 격차가 심한(Large power distance) 사회는 소수 계층에 권력이 집중되어 있고, 구성원은 이를 수용하는 불평등 사회이다. 반면에 권력 격차가 가까운(Small power distance) 사회는 권력이 분산되어 있고, 사회구성원이 권력 집중을 인정하지 않는 평등 사회이다.

홉스테드 연구소에 따르면 권력 거리가 심한 국가는 주로 개도국들이고, 권력 격차가 짧은 사회는 선진국의 문화 유형이다.

② 개인주의-집단주의(Individualism vs. Collectivism)

사회구성원이 소속집단에 대한 책임과 의무의 수용 정도로 평가한다. 개인이 소속집단과 유대관계가 낮으면 개인주의, 높은 수준이면 집단주의 사회가 된다. 개인주의 성향이 높은 사회는 개인의 이익에 초점이 맞춰져 있고, 개인은 자신의 이익과 관련된 내용에만 관심을 보인다. 이에 반해 집단주의 사회는 개인보다 집단의 이익을 우선시하며, 심한 경우, 집단주의적 정권이 개인의 희생을 강요하고 국가에 절대적인 충성을 요구하여 개인의 자유가 상실된다.

개인주의 성향은 주로 미국, 카나다, 유럽 등 서방 문화국 국민의 성향이며, 집단주의는 대체로 아시아, 아프리카 등 개도국에서 나타난다.

③ 불확실성 회피(Uncertainty avoidance)

사회구성원이 미래의 불확실성 인지에 노력하고 대처하는 정도를 나타낸다. 불확실성 회피성향이 강한 사회는 미래에 대해 초조와 불안감이 뚜렷하며, 법적장치, 규범 등 안전장치를 마련하는 등 위험을 줄이려고 노력한다. 반면에 회피성향이 약한 사회는 미래 불확실성을 큰 위험으로 여기지 않고, 변화에 관용적이며 실용적인 성향을 보인다.

불확실성 회피 정도가 강한 나라는 한국, 일본 등을 들 수 있고 약한 국가는 북구라파의 덴마크, 스웨덴 등이다.

④ 남성성 – 여성성(Masculinity vs. Femininity)

한 사회를 지배하는 가치관이 남성, 또는 여자다움을 추구하는지로 판단한다. 남녀 성별을 구분하는 사회를 남성 중심사회, 그렇지 않은 사회를 여성 중심사회로 구분한다. 남성성이 강한 국가는 남성이 사회활동을 통해 가족의 생계를 부양하고 여성은 가족을 돌보는 일에 집중한다. 그리고 물질적 부, 출세 등이 숭상되고 격렬한 스포츠 등이 인기를 끄는 사회다. 반대로 여성성이 강한 국가는 여성의 사회진출에 제약이 없고, 예술, 삶의 질 등과 같은 여성적 가치를 존중한다.

대표적인 남성성 국가는 일본이며, 스웨덴, 노르웨이 등 북구라파 국가들은 여성성이 강하다.

⑤ 단기 – 장기 지향성(Short–term vs. Long–term orientation)

사회구성원이 어떤 사안에 대해 단기적인 시각인지, 그렇지 않은지로 판단한다. 단기지향 사회는 절약이나 끈기 등에 관심이 낮은 사회로 아프리카, 라틴 아메리카 등지의 국가들이다. 장기 지향적인 사회는 미래에 더 많은 중요성을 부여한다. 이런 사회에서는 지속성, 절약, 적응능력 등 보상을 지향하는 가치를 존중하는데 주로 중국, 홍콩, 일본 등 동아시아 국가에서 나타난다.

⑥ 쾌락 – 절제(Indulgence vs. Self–restraint)

인간이 자신의 욕구와 충동에 따라 행동하는지, 아니면 절제하는지를 나타내는 지표이다. 쾌락추구 사회구성원은 대체로 낙관적이고 삶을 즐기려는 성향으로 자신의 욕구와 충동에 따라 행동한다. 쾌락지수가 높은 국가는 라틴 아메리카와 앵글로 그리고 노르딕 국가들이 높은 편이다. 쾌락보다 절제 성향을 보이는 국가는 주로 이슬람 문화권 국가이다.

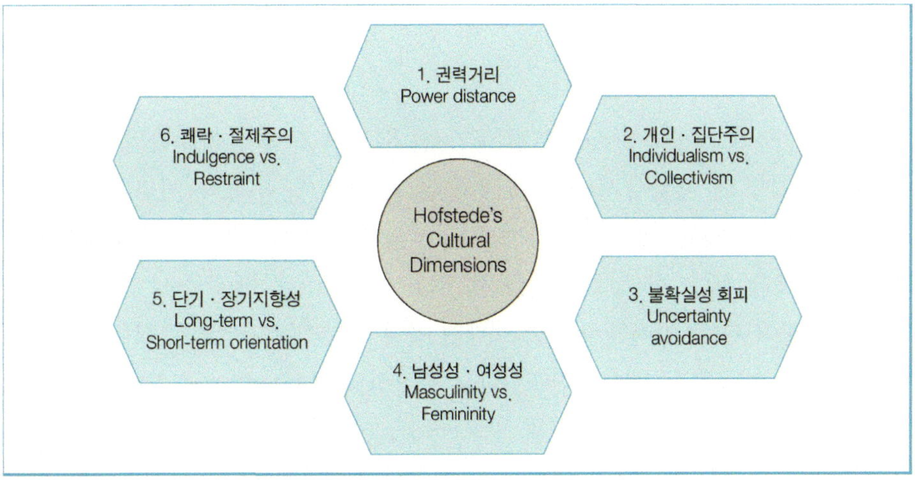

자료원: Hofstede 연구소, https://www.hofstede–insights.com/

〈그림 12-2〉 **홉스테드의 문화 차원 구성요소**

홉스테드(Hopstede)의 문화 차원 이론은 투자기업 자회사 경영에 시사하는 바가 크다. 예를 들어 상명하복의 기업문화에 익숙한 한국기업이 권력 집중도가 낮은 유럽에서 수직적 조직구조를 고집한다면 난감한 상황에 봉착할 수 있다. 또한, 남녀평등 사회인 유럽에서 객관적 평가 없이 남자 직원을 승진 우선순위에 둔다면 생산성을 저해하는 요인이 된다.

문화 차원 연구는 그 유용성으로 인해 많은 기업의 해외 주재원 교육자료의 교범으로 활용되고 있지만, 일정한 한계도 지적되고 있다.

- 유용성
  - 통계분석 방법의 문화차원 비교를 통해 객관성이 높다.
  - 국가 간의 문화 차이 비교가 손쉽게 되어 있다.
  - 한 사회의 뿌리 깊은 문화적 가치를 밝히고 있다.
  - 각 차원의 함축된 의미는 경영시스템 구축과 실행에 활용될 수 있다.
- 한계
  - 한 국가의 다양한 문화영역을 무시하고 국가 단위로만 평가하고 있다.
  - 실증연구를 위한 표본 응답자들이 단일산업(예, IBM)에 한정되어 있다.
  - 문화를 규명하는 차원(dimensions)의 정의가 분명하지 않다.
    같은 맥락에서 각 문화 차원의 의미가 중복되어 있다.

4. 국가 간 문화적 거리

문화적 거리(Cultural distance)는 국가 간의 문화 규범과 가치관의 차이로 기업의 국제경영 불확실성 요인으로 작용한다. 기업이 문화적 거리가 먼 시장(Long cultural distance)에서 경영하게 되면 높은 불확실성으로 인해 외국비용을 많이 지불해야 한다. 반대로 가까운 시장(Short cultural distance)은 상대적으로 유리한 입장이 된다. 이러한 이유로 스웨덴 웁살라 학파는 기업들이 상대적으로 문화적 거리가 가까운 국가부터 진출한다고 주장하였다(Johanson & Vahlne, 1977).

학계에서 홉스테드의 문화 차원 발표(1980) 이후 추상적인 문화적 거리를 수치화하려는 노력이 계속되고 있다. 대표적인 모형은 Kogut & Singh(1988)의 홉스테드 6개 문화 차원을 복합적인(composite) 지수로 산출하는 방식이다(a). 그리고 Grein(2000)은 홉스테드의 문화 차원을 유클리드의 물리적 거리(Euclidean distance)[4] 로 환산하여 문화간 거리를 측정하는 모형을 고안하였다(b). 홉스테드의 여섯 가지 문화 차원을 지수화하는 방법이며, 연구자에 따라 다른 문화 차원으로 교체하여 이용한다(윤한성, 2002).

(a) $CDi = \dfrac{[\sum_{i=1}^{6}(I_{ij} - I_{ik})^2]\,Vi}{6(\text{홉스테드 문화차원})}$

CDi : 문화적 거리

I_{ij} : I 국의 i 문화 차원의 지수

I_{ik} : K 국의 i 문화 차원의 지수

V_i : i 문화 차원의 분산

(b) EDUCLID(X, Y) = $\sqrt{\ }\Sigma(\mathrm{X}X_i - Y_i$

EDUCLID(X, Y) : X 국과 Y 국 간의 문화적 거리

X_i : X 국의 문화적 차원 i에 대한 지수

Y_i : Y 국의 문화적 차원 i에 대한 지수

학계에서 문화적 거리가 기업의 국제경영에 미치는 영향에 관해서는 대체로 긍정적인 견해이다. 문화적 거리가 가까울수록 수출과 투자기업의 현지 경영성과가 높고, 문화적 거리가 멀수록 성과가 낮다는 것이다.

무역투자 현장에서 문화적 거리에 따라 수출과 투자 진출기업의 경영활동에 미치는 영향력이 다르게 나타나고 있다. 긍정적인 사례로 동양문화에 속한 한국과 중동에 위치한 이란은 지리적으로 6,538km 떨어져 있다. 그런데도 홉스테드 연구소(www.hofstede-insights.com)의 한국과 이란 평가에서 양국은 대부분 문화 차원이 가까운 것으로 나타난다. 이러한 결과는 양국의 뿌리깊은 문화교류 영향으로 보이며, 그 역사는 삼국시대까지 거슬러 올라간다. 이란에는 '쿠쉬 나메(Kush-Nama,)'[5]라는 구전 서사시가 있다. 쿠쉬 나메 서사는 7세기 중

4) 그리스 수학자 유클리드(Euclid는)는 피타고라스(Pythagoras) 이론을 활용하여 두 지점 간의 물리적 거리(Euclidean distance)를 산출하였다.

5) 쿠쉬 나메(Kush-Name)는 '쿠쉬의 책'이라는 의미이다. 7세기부터 이란에서 구전되어 온 서사시로 11세기에 압달 하이르(Abdal Khayr)가 필서했고, 14세기에 모하메드 까다리(Mohammed Qadari)가 이를 복사하였는데 영국 국립박물관에 보관되어 있다.

반에 페르시아의 왕자 쿠쉬가 신라의 공주와 결혼한다는 내용이다.

양국의 또 다른 역사 깊은 문화교류 증거는 기원전(BC 3c) 이란의 파르티안 샷(Parthian shot), 그리고 기원후(AD 5c) 고구려 무용총 수렵도를 들 수 있다. 지금은 종주국 한국을 위협하는 이란의 태권도 열풍, 대장금과 주몽 등 한류 사랑 등 양국의 문화교류가 우리기업 경영활동에 긍정적인 영향을 미치고 있다. 기업경영 사례로 현지에서 삼성과 LG의 가전제품은 이란 신혼부부의 필수 혼수품이 되었다.

▷ 이란과 한국의 문화교류

[고구려 수렵도 vs. 이란 기마병]
- 좌측: 고구려 무용총 수렵도, 기원후(AD 5C) 기마 사냥
- 우측: 페르시아 파르티안 샷(Parthian shot), 기원전(BC 3C) 돌아 쏴 벽화
  - 이란 파르티안 왕조 기마무사가 후퇴하면서 구사하는 돌아 쏴 사격 자세
  - BC 53년 카레 전투에서 1만의 파르티안 기병대가 로마군 4만여 명 사살

출처: 문화재청, 국가유산사랑

저자, 골레스탄 궁전(Golestan palace)

[태권도]
1984년 강신철 사범이 이란에 전파 후 3백만 명의 수련인, 다수의 올림픽 금메달리스트를 탄생시키면서 태권도 강국으로 부상

[자매결연 도시] 1977년 서울과 테헤란에 상대방 도시 이름과 도로명 부여
- 서울 : 테헤란로(Tehran street)
- 테헤란 : 서울로(Seoul street), 2003년에 서울공원(Seoul park) 조성

[한류 열풍]
- 대장금(Dae Jang Geum), 2007년 이란 국영방송(IRIB) 시청률 70~86%
- 주몽(Jumong), 2009년 이란국영방송 시청률 60%, LG전자 현지법인에서 주연 송일국을 제품 광고모델로 이란에 초청

CHAPTER

13

법률적 환경과 해외직접투자

13 법률적 환경과 해외직접투자

제1절 법률체계 및 직접투자 관련 국제법

1. 법률체계와 국제법

1) 법률체계

법률은 기업 경영활동의 범위와 내용을 구체화시켜주는 환경요인으로 투자국과 투자유치국 법률 그리고 국제법규가 포함된다. 기업이 국내외 법률을 준수하면 자유로운 경영을 수행할 권리를 보장받지만, 제약 요소로도 작용한다. 그러한 법률체계는 목적과 규범 분야에 따라 네 가지 유형으로 분류한다.

- **공법과 사법**: 공법은 정부 기관을 규율하는 법으로 헌법, 행정법 등이 이에 해당하며, 사법은 시민법으로 개인 간에 적용되며 민법과 상법 등이 있다.
- **보통법과 특별법**: 보통법은 일반 모두에게 적용되는 법으로 민법과 형법 등이다. 특별법은 규율 범위를 특정사안에 한정된 법률이다.
- **국내법과 국제법**: 국내법은 일국 내 개인, 그리고 법인격 주체 간의 법적 관계를 규정하고, 국제법은 주권국가 간의 법적 관계를 규율한다.
- **성문법과 불문법**: 성문법은 일정한 절차를 거쳐서 조문의 형식으로 제정된 법이고, 불문법은 일정한 제정 절차가 없이 문장의 형식이 아닌 법을 불문

법이라고 한다. 성문법과 불문법은 기업의 국제경영에서 반드시 이해가 선행되어야 하는 법체계이다.

법률형태에서 성문법과 불문법은 법체계의 근간을 이루고 있다. 법의 원천을 어디에 두느냐에 따른 구분으로 그 뿌리가 달라서 동일 사안에 대해 법적 해석을 달리할 수 있다. 예를 들어 소유권 우선순위 판결에서 성문법에서는 등록기준임에 반해, 불문법은 사용 시기를 기준으로 판단한다(법제처 지식창고 법제).

성문법은 입법 기관에 의해 제정, 공포되어 문서로 만들어진 대륙계통 법률체계이다. 성문법 적용순위는 상위법 우선, 특별법 우선, 그리고 신법 우선의 원칙이 적용된다. 독일과 프랑스 등에서 발전되었으며 대부분 국가에서 채택하고 있다. 불문법은 문자로 쓰여지거나 문서의 형식을 갖추지 않는 법이다. 관습법과 판례법이 있으며 영미법의 기초가 된다.

〈표 13-1〉 성문법과 불문법 비교

성문법(Written law)	불문법(Common law)
• 대륙법: 입법 기관에 의해 제정, 공포되고 문서로 된 법 - 독일, 프랑스, 한국, 일본, 중국 • 적용 원칙 - 상위법 우선: 헌법〉 법률〉 명령 - 특별법 우선 - 신법 우선	• 영미법: 문서 형식을 갖추지 않은 관습법과 판례법 - 영연방과 영어권 국가 • 관습법(Customary law): 구성원의 반복된 관습이 법규범 효력 • 판례법(Case law): 판례에 나타난 법리 또는 원칙

자료원: 최석신 등(2016) 글로벌 마케팅, 이철(2019) 글로벌경영 등 종합

투자기업은 이슬람의 기본법 샤리아(Sharia)도 이해하고 있어야 한다. 샤리아는 쿠란(Quran)과 하디스(Hadith)[1]에 나오는 규칙과 원리들로 율법으로 편찬되었다. 이슬람 공동체의 헌법이며 신적인 뜻을 삶의 모든 정황에 적용한다. 신이 정해준 계시법으로서 종교적 의무, 개인과 사회생활, 상업, 형벌에 이르기까지 모든 것을 규정하고 있다(Wikipedia, https://ko.wikipedia.org/wiki/샤리아).

1) 쿠란(Quran)은 무함마드(Muhammad)가 610년 이슬람 창시 후 23년간 알라로부터 받은 메시지를 구전으로 전하다가, 그의 가르침을 받은 제자들이 기록물로 집대성한 교전이다. 그리고 하디스(Hadith)는 무함마드가 말하고, 행동한 내용을 기록한 책이다(위키백과).

2) 국제법 유형

국제법(International Law)은 국가 간 권리와 의무를 규정한 조약이다. 조약은 체결 국가에서 규정을 준수하겠다고 받아들이는 범위 내에서 적용되며, 국회 비준을 얻게 되면 국내법적 효력을 갖게 된다. 국제법 효시는 17세기 유럽의 베스트팔렌 조약(Peace of Westphalia)으로 각국의 영토에 대한 배타적인 주권인정을 담고 있다. 초기에는 전쟁과 평화 그리고 정부의 외교권 등 정치적 사안을 주로 규율하였다. 그러나 20세기 들어 경제교류 증가로 국제법 역할이 상업 분야로 무게 중심이 옮겨 갔는데 유형별 규율 분야는 아래와 같다.

- **국제경제법**(International economic law): 통상법, 국제투자법, 국제금융 및 조세법 등 국제경제를 규범한다.
- **국제거래법**(International commercial contract): 국제거래의 형식과 방법을 결정해 주는 법이다. 국제물품매매계약에 관한 UN협약(CISG)[2], 국제보증법과 국제결제법 등이 여기에 해당된다.
- **국제사법**(Conflict of laws)은 개별기업의 상거래에서 발생하는 다툼에 적용할 준거법과 재판관할권을 다루는 법이다.

국제법을 법원이 되는 조약(treaty)은 「조약에 관한 비엔나 협약(1969)」에서 '단일의 문서 혹은 그 이상의 관련 문서에 구현되고 있는가에 관계없이, 또는 특정의 명칭과 관계없이, 서면 형식으로 국가 간에 체결되는 국제적 합의이다.'로 정의하고 있다. 따라서 조약(treaty), 협약(convention), 협정(agreement), 헌장(charter), 규약(covenant), 의정서(protocol) 등이 조약적인 내용을 갖추고 서명되었다면 효력은 동일하다(외교부, www.mofa.go.kr/www/wpge/m_24251/contents.do).

2. 국제 투자규범

국제투자규범(International investment regulations)은 외국인직접투자와 관련된 경제주체들의 권리와 의무관계를 규정한 국제법이다. 기업이 해외에 투자하게 되면 자유로운 경영활동과 공정한 대우 그리고 투자자산 보호 및 안전한

---

2) 국제물품매매계약에 관한 UN협약(CISG)은 1980년 비엔나에서 체결된 국제협약으로 계약서에 CISG 배제 문구가 없는 한 효력이 발생한다.

자금 회수를 희망한다. 그러나 직접투자는 국경 넘어 해외에서의 경영활동으로 인해 복잡한 법률, 조세 문제 등에 직면할 수밖에 없다. 국제투자규범은 이러한 문제를 사전에 조율하여 투자기업을 보호하는 안전판 역할을 한다.

1) 양자간 투자보장협정

투자보장협정(IPPA: Investment Promotion and Protection Agreement)은 국가 간 민간투자촉진과 보호에 관한 조약이다. 체결 목적은 비상업적 위험(political risk)으로부터 투자기업을 보호하여 민간투자를 활성화하는 데 있다. 기본원칙은 WTO 이념인 내국민대우(NT)와 최혜국대우(MFN)이다. 보장 내용은 첫째, 수용국에서 투자자산의 국유화 및 수용금지, 불가피한 경우 적법한 수용과 보상, 둘째, 폭동 등으로 인한 손실 보상, 셋째, 자유로운 투자원금과 과실 송금 보장, 그리고 투자 분쟁 발생 시 해결 절차를 담고 있다(대한무역투자진흥공사, 2015).

투자보장협정은 양자와 다자간 투자보장협정이 있는데, 일반적으로 양자 간 투자협정(BIT: Bilateral Investment Treaty)을 지칭한다. 선진국과 개도국 간에 체결된 협정이라면, 선진국은 자국의 해외투자를 보호할 목적으로, 투자유치국 처지에 있는 개도국은 투자유치 목적이 강하다. 투자보장 협정은 과세문제를 다루지 않고 있어 별도의 이중과세방지협정으로 해결하고 있다(이성봉, 2003).

2) 이중과세방지협정

이중과세방지협정(Double Taxation Treaty)은 조세조약으로 국가 간 경제, 과학, 기술 및 문화 협력 촉진 목적으로 체결된다. 이중과세방지협정은 대부분 경제교류 확대를 위해 직접투자기업의 과세문제를 다루고 있다. 주요 내용은 체결국의 법인이나 개인 소득에 대해 이중으로 과세하지 않는다.

이중과세 문제가 발생하는 근본 원인은 투자국과 투자유치국의 과세권 경합이다. 과세권 경합은 투자국의 거주지국 과세원칙(the residence of taxpayer)과 투자유치국의 원천지국 과세원칙(the source of income)의 충돌에서 발생한다. 투자국은 자국 기업의 해외소득에 대한 과세권이 있고, 유치국은 자국 영토에서 발생한 소득에 대한 과세권이 있기 때문이다. 이중과세방지협정은 이러한 과세권 충돌을 양국 간 합의로 해결하는 수단이다. 통상적으로 이중과세방지협정은 아래 내용을 담고 있다(대한무역투자진흥공사, 2015).

- **투자유치국의 원천 과세권**: 투자유치국은 투자국과의 경제적 유대 정도에 따라 과세권 유지, 포기, 경감을 결정한다. 대체로 고정사업장[3] 과세원칙에 따라 부동산과 사업소득에 대해 과세권을 보유한다.
- **투자국의 이중과세 방지**: 투자국은 투자유치국의 거주지국 과세원칙을 인정하고 이중과세 방지수단을 취한다. 이중과세 방지수단은 자국 기업의 현지 원천과세에 대해 외국세액 공제, 외국소득 면세와 공제 방식이 있다.

위와 같은 이중과세방지 방법은 경제협력개발기구(OECD)와 UN에서 제시한 '모델조세조약(Model tax convention)'에 기초하고 있다. OECD 모델은 원천과세를 행정비용만 발생시키는 소모적인 것으로 보고 가능한 축소 방향으로 설계되어 주로 선진국 간 조세조약에 반영된다. UN 모델은 선진국과 개도국 간 조세조약에 활용되는데, 약자인 개도국(투자유치국)의 원천과세를 인정하고 있기 때문이다.

3) 다자간 투자협정(MAI)

다자간 투자협정(MAI: Multilateral Agreement on Investment)이란? OECD에서 해외직접투자를 촉진하자는 취지로 1995년 협상이 시작되어 1998년 중단된 미완성 협정이다. 다자간 투자협정 논의 배경은 다국적기업들의 일관된 세계 투자환경 조성 요구이다. 이러한 배경에서 다국적기업이 많은 OECD 3극(미국, 일본, EU) 주도로 포괄적 규범 제정이 추진되었는데 세 가지 주요 내용을 담고 있다.

첫째, 외국인투자업종의 제한 완화이다. 특히 제조업 직접투자뿐만 아니라 금융 분야 간접투자시장 개방을 포함한다.

둘째, 투자자 보호조치이다. 근간은 내국민대우와 최혜국대우, 핵심인력의 자유로운 이동, 국영기업 민영화에 외국 투자자 참여 보장이다.

3) 고정사업장은 외국기업이 사업의 전부 또는 일부를 수행하는 고정된 장소이다. 고정사업장이 되려면 사업장 존재, 기간적인 계속성을 갖는 고정성, 그리고 사업 활동을 수행해야 인정된다.

셋째, 투자분쟁 발생 시 이를 조정할 합리적인 기준과 절차 마련이다.

협정이 발효되면 제조업뿐만 아니라 금융시장도 전면 개방되기 때문에 제2의 우루과이 라운드 협상으로 불리고 있다. 그러나 협상은 국제사회의 「다국적기업의 권리 헌장」논란에 휩싸였다. 협정 내용이 개도국 주권보다 다국적 금융독점자본 이익에만 치중됐다는 것이다. 예를 들어 일단 협정 체결국이 되면 5년간 탈퇴할 수 없고, 탈퇴해도 그 후 15년간 협정 의무를 이행해야 한다. 이에 따라 양자 협상에 적극적이던 개도국들이 다자간 투자협정 협상에 반대하고 나섰다.

더군다나 협상을 주도한 선진국들의 비밀교섭 내용이 미국과 캐나다 NGO에 의해 폭로되어 전 세계 노동조합, NGO 등이 반대 투쟁에 나섰다. 결국, OECD 회원국인 프랑스가 자국 문화 보호 이유로 교섭 테이블에서 철수하면서 협상이 중단되어 향배를 알 수 없는 상황이다(김관호, 2016).

3. 해외직접투자 관련 법적 쟁점

1) 법의 역외적용 문제

역외적용(Extraterritoriality)이란? 외국에서 행해진 국내외 기업의 경제행위가 자국에 영향을 미칠 때 이들에게 국내법을 적용하는 것을 의미한다. 법률은 본래 자국의 주권이 미치는 영토 내에 거주하는 자 또는 발생하는 행위에 적용하는 게 원칙이다. 따라서 일국의 법을 다른 나라에 그대로 적용하게 되면 주권침해 문제가 발생한다. 세계화 시대에 기업활동이 국제화되어 해외경영으로 인해 자국 경제에 영향을 미치게 되었다. 이에 일부 국가에서 경쟁법 등 국내법의 역외적용하는 현상이 나타나게 되었다. 문제는 법의 역외적용이 주권침해 문제뿐만 아니라 자유로운 국제통상의 위협요소로 부상하였다는 데 있다.

역외적용 문제는 법 발효국과 그 상대국 간의 분쟁을 유발할 수 있으므로 당연히 이론적인 근거로 판단기준이 있어야 한다. 그 기준은 첫째, 법에 명시된 행위가 자국의 대외통상문제에 상당한 영향을 미쳤는가? 둘째, 그 행위의 영향으로 피해가 발생했는가? 셋째, 예양분석(comity analysis)[4)]*에 의해 자국과 상

4) 예방분석(禮讓分析, comity analysis)은 관련 국가 간에 평소 통상적으로 주고받았던 편의, 호의 정도와 이를 기초로 지켜야 할 국가 간의 예의 수준을 판단하는 과정이다.

대국 이익이 비교되었는가? 이다. 법의 역외적용 발생요건은 미국과 유럽연합(EU)의 통상분쟁 판례에서 세 가지 발생요건이 각각 인용되고 있다(구상엽, 2019).

① **효과주의**: 국외에서 이루어진 기업들의 경제행위로 인해 국내경제에 미치는 부정적인 효과가 발생해야 한다.

② **경제적 단일체**: 법의 역외적용은 자국 내에 있는 외국기업 자회사의 행위가 본국 모회사 지시에 따라 행해져야 한다.

③ **실행지주의**: 외국기업의 위법행위가 자국에서 행하여졌을 때 역외적용 관할권을 가진다.

2) 반독점법

반독점법(Anti-trust act)은 특정 기업의 불공정 거래행위를 규제하는 법률이다. 입법목적은 자유로운 경쟁을 촉진하여 창의적인 기업활동을 조성하고, 소비자 보호와 국민경제의 균형있는 발전을 도모하는 데 있다. 대부분 국가에서 반독점법을 운용하고 있는데, 미국의 반독점법(Anti-trust Law)이 대표적이다. 문제는 특정 국가들이 반독점법을 앞세워 외국기업까지 제재하는 데 있다. 반독점법의 역외적용은 다른 국가의 경제주권 침해와 국제법 위반 논란을 불러 왔다.

미국은 대표적인 반독점법 역외적용 국가이다. 미국의 반독점법은 단일법률이 아니고 셔먼법, 클레이턴 법, 그리고 연방거래위원회법 등을 지칭한다. 미국의 셔먼법(Sherman act, 1890)은 「반독점 대헌장」으로 불릴 만큼 반독점법의 기초를 제공하였다. 규제내용은 우월적 시장지위 남용, 담합, 제휴 등으로 경쟁을 제한하거나 회피하는 행위이다(배정환, 1997; 정환, 2002).

이후 1914년 셔먼법을 개정한 클레이턴 법(Clayton act) 그리고 연방거래위원회법(Federal trade commission act)이 잇따라 발효되었다. 클레이턴 법은 셔먼법에 합리성의 원칙을 추가하여 구체적으로 독점행위를 규제한다. 연방거래위위헌회법으로 출범한 연방거래위원회는 준사법적 독립행정기구로 법이 상정하지 못한 새로운 불공정거래 관행에 대처한다.

위와 같은 미국의 반독점법은 매우 강력한 법률로 자국 기업뿐만 아니라 외국기업까지 규제하며 막대한 영향력을 발휘한다. 역외적용 발동요건은 미국 경제에 손해를 끼치는 국내외 기업의 미국과 해외 경제활동이다. 이러한 요건에 따라 아래와 같이 자국 기업, 외국기업과 외국인까지 제재하게 된다.

- **미국기업**: 미국 내 경제행위, 외국에서의 해외사업 활동 행위
- **외국기업**: 미국기업과 해외사업 공동수행 기업, 미국 내 사업영위 기업
- **외국인**: 미국 내 자산보유자와 사업자, 미국에 직원을 상주시키는 기업

EU는 경쟁법, 한국은 독점규제 및 공정거래에 관한 법(공정거래법)을 운용하고 있다. 다만 국력 차이에서 미국의 반독점법 역외적용 효력에 견줄 수 없다.

3) 수출관리법(Export administration act)

수출관리법은 자국의 국가안보, 외교정책 등의 이유로 특정 국가나 경제권 수출을 통제하는 법률이다. 미국은 대표적인 수출관리법의 역외적용 국가로 자국 산업 보호뿐만 아니라 정치·외교정책 목적달성에도 활용하고 있다. 역사적으로 미국의 수출통제는 제2차 세계대전 기간에 행정명령으로 독일, 이태리, 일본 등 추축국에 무기류 및 기술수출 규제에서 시작되었다.

전후 미국은 수출통제를 외교 및 국가안보의 중요 수단으로 인식하고 냉전시대 공산권을 견제하기 위해 수출통제법(Export control act, 1949)을 제정하였다. 또한, 우방국들과 대공산권 수출통제조정위원회(COCOM)를 결성하여 금수조치를 단행했다. 데탕트 시대에는 수출통제법을 완화하여 1969년 수출관리법(Export administration act)으로 개정하였다. 미-중 무역과 기술경쟁이 본격화됨에 따라 2018년 수출통제개혁법(ECRA: Export Control Reform Act)으로 재편하여 수출통제를 다시 강화하고 있다. 미 상무부는 제한 품목에 대한 수출허가와 통제 권한을 보유하고, 방산 산업의 외국인투자 지분을 통제한다.

문제는 국가안보와 외교정책 등의 이유로 자국 기업의 전략물자 수출통제뿐만 아니라 역외기업에도 적용한다는 데 있다. 외국기업 제재대상 범위는 미국기업의 해외 자회사, 미국기업 라이센싱을 이용한 외국 생산기업, 미국산 제품과 기술을 이용하여 제품을 생산하는 외국기업 등이다.

미국의 수출관리법 역외적용 사례는 중국과 러시아에 대한 수출통제이다. 첫 번째 사례는 2020.8월 화웨이(Huawei) 제재이다. 수출관리법에 따라 해외직접생산품 규칙(FDPR)[5]을 제삼국 기업에 적용하였다. 두 번째는 2022년 러시아-

우크라이나 전쟁이 발생하자 제삼국 기업의 러시아 수출을 통제하였다.

4) 경제제재(Economic sanctions)

경제제재란? 특정한 국가에 경제적 거래를 끊거나 제한하여 그 나라를 경제적으로 고립시키거나 어렵게 만드는 압박수단이다. 경제제재는 경제적 목적달성은 물론, 정치적, 영토적 분쟁 해결 등 광범위한 목적으로 취해진다. 그 방법은 의도적으로 무역, 금융, 투자 관계 등을 중단하거나 중단할 것을 위협함으로써 정책변화를 유도한다(Askari et al., 2003; 윤희철 · 김현식, 2023). 수출통제법(Export control act)과 구분의 모호함이 있지만, 경제제재는 역사도 깊고 제재대상이 기업 차원을 넘어 국가 단위로 광범위하게 취해진다는 차이가 있다. 사례로 UN과 미국의 대북제재, 쿠바와 이란제재를 들 수 있다.

국제사회에서 경제제재는 주로 미국, UN 그리고 유럽연합(EU) 세 축이 주도하고 있다. 미국은 어느 국가보다도 가장 많은 경제제재를 발동하고 있지만, 역설적으로 외부세계로부터 경제제재를 가장 많이 받는 국가이다. 미국의 대외 경제제재는 재무부 산하 해외자산통제국(OFAC: Office of Foreign Assets Control)에서 담당한다. UN은 안보리 산하 제재위원회에서 제제를 발동하며, 유럽연합은 EU 이사회에서 관리하되 주로 대상 국가에 대한 금융제재에 집중하고 있다.

미국의 경제제재 내용은 통상적으로 세 가지 방법으로 취해지는데, 첫째, 자국 기업이나 외국기업의 피제재국과의 무역과 투자금지, 둘째, 선박과 항공기의 피제재국 공항과 항만 취항 금지, 셋째, 교역 대금을 주고받는 결제수단 봉쇄이다. 미국의 대외 경제제재는 강력한 역외적용 효과를 불러온다.

만약 미국기업이 해외자산통제국(OFAC)에서 피제재국가의 금지사항을 위반하면 당연히 사법적인 책임을 져야 한다. 문제는 국내법의 역외적용으로 외국기업이 금지사항을 위반하면 미국 행정부의 제재를 받게 된다. 이를 제삼자 제재(Secondary sanctions)라고 하는데, 미국이 외국기업에 벌금부과는 물론, 해당 기업의 미국 비즈니스에 제한을 가하게 된다.

---

5) 해외직접생산품 규칙(FDPR: Foreign Direct Product Rule)은 미국 영토 밖의 제3국에서 생산되어 제재대상 기업이나 자회사에 수출되는 물품도 미국의 기술과 제품이 최소기준 이상으로 포함될 경우 통제 대상이 된다.

투자기업은 투자대상국에서 사업을 결정하기 전에 미국, UN, EU의 제재대상국인지 반드시 확인하여야 한다. 만약 피제제국에서 이미 경영활동을 하고 있다면 수시로 제재대상자를 확인하여 불의의 피해를 방지해야 한다.[6)]

5) 해외부패방지법(FCPA: Foreign corrupt practices act)

국제사회는 기업의 부패행위를 효과적으로 방지하기 위해 처벌조항을 담은 뇌물수수 방지법을 시행하고 있다. UN은 다국적화되는 부패문제에 대처하기 위해 2003년 부패방지협약(United Nations Convention Against Corruption)을 발효했는데, 회원국 간 사법공조와 자산환수 협력에 관한 내용이다. OECD는 1996년에 회원국들이 외국 공무원에 뇌물공여를 금지하는 OECD 뇌물방지협약(OECD Anti-bribery Convention)을 채택하여 운영하고 있다. 국별로는 미국의 해외부패방지법(FCPA, 1977년), 영국 뇌물수수법(UK Bribery Act, 2010), 프랑스 사팽 II법(Sapin II Law, 2016) 등이 있다.

국제사회 관심의 대상은 미국의 해외부패방지법이다. 미국의 해외부패방지법(FCPA)은 리처드 닉슨 대통령 시절에 있었던 워터게이트 스캔들(Watergate scandal)의 유산이다. 몇 차례 개정과정에서 처벌조항이 강화되었는데 미국인과 미국기업뿐만 아니라 외국기업, 외국인까지 처벌 대상으로 하고 있다.

미국의 해외부패방지법은 미국기업이 사업을 시작하거나 유지하기 위해 외국정부, 정당 등에 뇌물을 주는 것을 범죄로 규정하고 있다. 처벌 대상은 뇌물 제공, 그리고 이를 위한 고의적인 회계부정이다. 여기서 뇌물(bribe)은 사업을 획득하거나 유지하기 위해 현금 지급은 물론, 현금지급 약속, 선물 제공, 그리고 접대 등이다. 그리고 리베이트(rebate), 과도한 수수료(commission) 제공 행위와 이를 약속한 행위도 포함된다. 위반자에 대해서는 징역형 등 형사처분과 이익환수 등 민사처벌도 받게 되는데 그 대상은 아래와 같이 미국기업은 물론 외국기업도 포함되어 있다.

- **뇌물 수수자**: 외국 공무원(국제기구와 정부 투자기관 임직원 포함)

---

6) 경제제재 대상자는 UN안보리(https://www.un.org/sc/suborg/en/sanctions/un-sc-consolidated-list), EU(http://eeas.europa.eu), 그리고 미국 재무부(http://sdnsearch.ofac.treas.gov)에서 확인이 가능하다.

- 뇌물 제공자
  - 미국 국적자, 시민권자, 미국 거주 외국인
  - 미국에서 설립됐거나(미국기업), 주 사업장이 미국에 있는 외국기업
  - 미국 증권거래소 상장기업

기업의 건전한 국제경영을 위해 부패는 반드시 척결되어야 한다. 그러나 미국의 해외부패방지법의 강력한 역외적용 부작용 문제도 지적되고 있다.

첫째, 미국의 해외부패방지법은 도덕적 제국주의 실행수단이다. 왜냐하면, 치외법권적 주권으로 경영환경이 다른 외국기업에까지 미국식 사고와 가치관을 적용하기 때문이다. 그러나 정부 관료에게 뇌물을 허용하는 법을 가진 나라는 없으므로 많은 나라에서 부패 판단기준으로 공유하고 있다.

둘째, 미국 편향의 법 적용이라는 비판이다. 외국기업의 해외부패방지법 위반 사례는 미국기업보다 회수는 적지만, 고액의 벌금을 부과한 대상은 주로 외국기업이기 때문이다. 이러한 배경에서 미국 법은 사실상 미국의 새로운 경쟁국 기업 견제 수단이라는 견해까지 조심스럽게 제시되었다(UN Global Compact, http://unglobalcompact.kr/주요국-부패-관련-법-fcpa).

6) 미국 국내법의 역외적용 효과

- **반도체법**(Chips Act of 2022): 미국에 반도체 공장을 짓는 외국기업은 25%의 세액공제를 받는다. 그러나 인센티브를 받은 기업은 중국, 러시아, 이란 등 미국 국가안보에 해를 입히는 '우려 대상 국가'에 특정 기간 동안 반도체 시설을 짓거나 추가 투자를 할 수 없다.

  삼성전자는 미국시장 확보를 위해 텍사스주에 투자를 결정하였다. 삼성전자가 미국의 비싼 인건비에도 투자를 결정한 배경은 미국시장 상실 우려와 인센티브를 확보한 경쟁사들과의 가격 격차 우려 때문이다. 미국은 인센티브라는 당근으로 자국 일자리를 창출하고, 외국기업이 반도체 전쟁(Chips war)을 벌이고 있는 중국에 투자를 못하게 하는 효과까지 거두고 있다.
- **에너지감축법**(IRA: Inflation Reduction Act of 2022): 기후변화 대응을 위한 법률이지만 법의 역외적용 효과로 외국인직접투자 유치에 활용되고 있다. 업계 관심은 에너지감축법에 포함된 전기차에 장착될 배터리 원료와 부품

의 원산지 규정이다. 미국 소비자는 법에 따라 전기차 구입 시 최대 7,500 달러 세액공제를 받을 수 있다.

- 배터리 원재료(세 공제 3,500달러): 배터리 핵심 원재료(리튬, 리켈, 코발트 등)를 미국 또는 미국과 자유무역협정(FTA)을 맺은 국가에서 공급받아야 한다.
- 배터리 부품(세 공제 3,500달러): 북미에서 제조되는 부품(양극재, 음극재, 전해액, 분리막) 비율이 50% 이상이어야 한다.

현대자동차는 공장설립 당초 일정보다 앞당겨 2022년 10월 미국 조지아 주 전기차 공장 기공식을 치렀다. 에너지감축법에서 요구하는 원산지 요건을 충족하여 가격경쟁력을 확보하기 위해서이다.

▷ 삼성전자와 현대자동차의 미국 투자

- 삼성전자: 미국 2개 시(市에)에 20년간 1,921억 달러 투자 결정(2022년)
  - 텍사스주 Tayler 시(9개 공장, U$1,676억) + Austin 시(2개 공장, U$245억) "삼성전자, 2021년에 테일러 시에 파운드리 생산공장 설립을 위해 400억 달러 투자를 결정하여 64억 달러 보조금과 25% 세제 혜택을 받게 되었다."(연합인포맥스, 2024.4.16.)
- 현대차: 미국 브라이언 카운티(Bryan county)에 전기차공장 투자(2022년)
  - 투자금액 110억 달러로 2025년부터 연산 30만대 + 배터리 생산 "현대차그룹은 대부분 전기차를 국내에서 생산하기 때문에 미국의 보조금지급대상에서 제외되었다. 그러나 인플레이션 감축법(IRA)에 따라 보조금 혜택을 위해 미국 생산을 서둘렀다."(Business Post, 2024.2.13.)

출처: 경향신문 보도(2022.7.22.)
▶ 삼성전자 텍사스주 반도체 공장

출처: 뉴스트리 보도(2022.10.26.)
▶ 조지아 전기차 공장 조감도

제2절 국제계약서 해석 및 분쟁 해결절차

1. 국제계약서 해석 문제

1) 국제계약서

국제계약(International contract)은 국가 간 협정, 그리고 국적을 달리하는 당사자 간의 사업에 관한 계약이다. 투자기업은 현지에 진출하면 각종 계약을 체결하게 된다. 현지 국책사업이면 정부와 계약을 체결하고, 합작투자이면 현지 기업이나 제삼국 기업과 체결한다. 단독투자이더라도 자회사 경영활동을 위해 토지와 건물 매매계약, 원부자재 구매계약, 현지 직원과의 고용계약 등 여러 가지 계약서를 작성할 수밖에 없다. 이러한 국제계약은 서로 다른 법제와 문화권에 있는 당사자들 간에 체결되는 것이어서 형식과 내용에 상당한 주의를 기울여야 한다.

계약이 성립되기 위해서는 양측의 제안(offer)과 승낙(acceptance)에 의한 합의(agreement)가 필요하며, 거래 대가인 약인(consideration)[7]이 있어야 한다. 그리고 당사자가 계약을 체결할 수 있는 행위능력이 있어야 하며 합법성을 갖추어야 한다. 합법성은 목적이 적법하고 사기나 강박 등 의사표시 하자가 없어야 하는 것을 의미한다. 계약은 불요식 행위로 특정한 형식이 필요하지 않기 때문에 구두, 서면, 일부 구두와 일부서면, 심지어 계약서 없이도 성립된다.

그러나 국제계약은 서로 다른 법제와 문화권에 있는 당사자들 간에 체결되는 것이므로 반드시 서면계약 형태로 작성되어야 한다. 사업수행 시 체결하는 계약서는 세 가지 기능을 발휘한다(남상현, 2000).

첫째, 계약서는 합의 내용 이행의 설계도이다. 계약 당사자들이 합의 내용을 기억에 의존하지 않고 문서로 남겨서 실행 매뉴얼로 활용한다.

둘째, 계약 내용의 지속성을 유지한다. 법률의 강제규정을 위배하지 않는 한 당사자 합의 내용을 서면으로 남겨서 추후 내용변경을 못하게 한다.

7) 약인(consideration)은 영미법의 산물로 거래 대가의 상호 교환을 의미하는데, 일방의 약속에 대해 상대방의 반대급부가 된다. 예를 들어 계약 당사자인 A의 노트북 제공과 B의 현금 지급은 상호 약인이 된다.

셋째, 권리와 의무를 판단하는 근거가 된다. 계약체결 후 분쟁 발생 시 상사중재 또는 소송에서 거래내용 해석의 기준이 된다.

2) 계약서 형식과 구조

계약형식은 계약 자유의 원칙에 따라 정해진 양식은 없다. 다만, 계약 당사자들은 서로 유리한 조항이 기재되어 있는 양식을 쓰고 싶어 한다. 그러다 보니 소위 '양식 전쟁(battle of forms)'을 벌이면서 자국에서 익숙한 양식을 관철하려고 밀고 당긴다. 기업들은 이러한 지루한 협상을 피하고자 비교적 통일화되고 정형화된 영미법 계약서 형식을 이용한다.

영미법에 기초한 계약서는 계약 구조와 표현이 정형화된 전통형(classic form)이 있으며, 전통형에서 육하원칙은 유지하되 격식을 제거한 현대형(modern form)이 있다. 대형 무역거래 그리고 직접투자와 같이 대규모 자본이 투입되는 거래에서는 대부분 전통형 형식을 이용하여 권리와 의무관계를 분명히 하고 있다. 이러한 전통형 계약서의 핵심구조는 〈표 13-2〉와 같다.

〈표 13-2〉 **전통형 계약서의 핵심구조**

구분	구성요소
표제	• 계약서 표제(Title of Contract or Agreement): 계약 명칭
서문	• 두서(heading): 계약 당사자에 관한 사항 - 계약장소, 계약일시, 당사자 & 주소, 효력 일자 • 전문(body) - 설명조항(whereas / recitals clause): 계약 배경, 당사자 의도 - 약인조항(consideration clause): 상대방이 제공하는 거래 대가
본문	• 정의조항: 계약서에 언급된 각종 용어에 대한 정의 • 실질조항(계약 본질에 관한 조항): 수량, 품질, 선적 등 • 일반조항(계약 운용에 관한 조항) - 계약기간, 계약의 종료와 해제, 계약의 양도, 통지, 불가항력 - 클레임, 상사중재, 준거법, 언어 등
결문	• 결미문언: '이를 입증하면서 작성/서명되었다.' 증빙 부분 • 서명, 날인: 계약 당사자, 필요하면 참관인 첨부(annex, appendix, attachment, exhibit)

자료원: 대한상사중재원(www.kcab.or.kr/html/kcab_kor/data/data_list02_4.jsp)

2. 국제계약서 해석에 관한 쟁점

1) 투자의향서 및 양해각서의 법적 효력

해외직접투자는 성격상 지리적으로 원격지에 위치하고 언어, 법률문화의 차이로 인해 계약조건 협상에서 합의에 이르기까지 많은 시간이 소요된다. 따라서 양측은 계약 내용 협상 과정에서 회의를 통해 의사를 교환한 후 본 계약을 체결한다. 문제는 쌍방이 회의 내용을 기록한 의사록(Minutes), 의향서(LOI: Letter of Intent), 양해각서(MOU: Memorandum of Understanding)(이하 회의록) 제목으로 양측이 서명하여 교환한 이들 서류의 법적 효력 여부이다.

법학계에서는 본 계약 전에 서명된 회의록도 제목(title)이 아닌 내용(contents)으로 효력 발생 여부가 결정된다는 게 다수설이다(김의환, 2023). 따라서 투자기업은 법적 구속력이 없다고 알려진 회의록을 남발하지 말아야 하며, 부득이하게 작성하더라도 제목과 관계없이 포함된 내용에 주의해야 한다. 본 계약체결 전의 임의적인 계약의 법적 효력 발생사례는 아래와 같다.

▷ 투자의향서(LOI) 및 양해각서(MOU)의 법적 효력 발생 판단 문구

- (효력 발생) This LOI shall be binding on the parties hereto.
- (효력 미발생)
  - This LOI term sheet shall not bind the signatory(ies) ~.
  - This LOI is non-binding and constitutes an indication of intent only~.
  - This MOU shall not have any binding effect to both parties until ~.
  - (모호) If the project provided is satisfactory, we would be willing to provide financial support for the project.
- (양자 구분) 한 개의 의사록에 효력 부분과 효력 없는 부분 병기
  - The purpose of this LOI is to set forth the non-binding understandings & binding agreements by and between you and us respectively.

2) 계약서상의 법적 관할권 문제

기업이 자국에서만 경영활동을 하면 하나의 법이 적용되므로 법적 관할권 문

제가 발생하지 않는다. 그러나 기업이 자국의 국경 넘어 다른 나라에서 경영활동을 하게 되면 두 나라의 법률이 규율하게 된다. 만약 계약 당사자 간에 법적 분쟁이 발생하게 되면 어느 나라 법에 따라 해결해야 할지가 모호해진다. 이러한 법적 관할권 문제는 준거법과 재판관할권으로 압축된다.

① 준거법(Governing law/Applicable Law)

계약의 성립, 효력 그리고 법 조항의 해석 등에 관한 조항이다. 한마디로 계약서를 어느 나라 법률로 해석할 것인가에 관한 내용이다. 이러한 준거법은 계약서 전체 해석에 영향을 미치고 분쟁 해결 시 법원의 판단 근거가 된다. 계약서에 준거법 명시는 법 적용과 해석에 있어 상대방 이의를 차단할 수 있는 수단이 된다. 투자기업 입장에서 본국의 법률을 준거법으로 하는 게 가장 안전한 방법이다.

▷ 준거법 계약조항 예시

- This Agreement shall be interpreted and governed(해석/적용) by the laws of the Republic of Korea.
- This Contract shall be governed and construed in validity, interpretation and enforcement subject to the laws of Korea.

② 재판관할권(Jurisdiction)

국적이 다른 계약 당사자 간 분쟁 발생 시 법원 판결에 의할 경우, 어느 나라 법원에서 소송을 진행할지에 관한 조항이다. 일반적으로 재판관할권은 아래와 같이 세 가지 기준에 의해 결정되는 것이 관례이다.

첫째, 계약서에 명시된 국가이다. 재판관할권을 결정하는 가장 확실한 방법이다. 당사자 합의로 본국, 투자유치국 또는 제삼국 등으로 정할 수 있다.

둘째, 계약체결 국가이다. 계약서에 재판관할 조항이 없거나, 여러 이유로 해당 조항이 효력을 잃으면 계약이 체결된 국가로 하는 게 관례이다. 법학자들은 반드시 계약서에 체결지역 명기를 권장하고 있다.

셋째, 계약이 실제로 이행된 국가이다. 계약서에 관할 조항이 있더라도 복잡한 현실에서 관할권이 변경될 수 있다. 예를 들어 계약 자체가 지정 국가의 실정법을 벗어 난 경우 다른 재판관할 국가를 선택해야 한다.

투자기업이 유의해야 할 사항은 법원의 심의 과정과 판결 결과의 집행 가능성이다. 국가 간의 법체계, 이해관계 등으로 법원 심의 과정에 외국인이 참석할 수 있을지와 승소결과의 집행 가능성에 문제가 있을 수 있다. 따라서 아래 내용을 점검하여 계약서에 명기해야 한다(대한상사중재원, 국제계약서 작성 가이드).

- 재판관할권 합의가 당사국에서 법적으로 유효한가?
- 그리고 그 나라 법원에서 외국인 법원 출소를 인정하는가?
- 법원 판결에서 승소해도 외국인이 강제집행을 할 수 있는가?

▷ 재판관할권 조항 예시

- The parties hereto agree that all the lawsuits hereunder shall be exclusively brought in the Seoul District Court of Korea.
- The parties hereto agree that, should either party has been in a position to resort to a lawsuit, injunction, attachment, or any other acts of litigation, the Seoul District Court shall have the Jurisdiction.

3. 분쟁 해결방법

투자기업이 현지 경영활동 중에 이해관계자들의 클레임에 직면할 수 있다. 클레임(claim)이란? 한 당사자가 상대방의 계약위반으로 입은 피해에 대한 손해배상이나 기타 의무이행을 청구하는 것이다. 클레임은 객관적인 근거로 구체적으로 조치사항을 요구하기 때문에 단순한 불평이나 경고 등과는 구분된다. 계약위반은 일방이 자신의 의무 지연, 미이행 혹은 불완전하게 이행하는 것을 의미한다. 일방의 계약위반이 해결되지 않으면 계약해지 또는 소송 등 분쟁으로 발전된다. 클레임은 당사자 간 해결로 종결하던지, 그렇지 못하면 제삼자를 통해 해결하게 된다.

분쟁해결 방법에서 소송은 큰 비용과 많은 시간이 소요되기 때문에 대체분쟁해결 방식을 많이 이용한다. 대체분쟁해결(ADR: Alternative Dispute Resolution)은 법원이 개입하는 소송 이외의 모든 분쟁해결 방식이다.

1) 당사자 간 해결

먼저 제3자 개입 없이 양자 간 해결방법으로 청구권 포기(Waiver of claims)가 있다. 클레임을 제기한 측에서 손해배상 청구를 포기하는 것이다. 청구권 포기 이유는 소액, 상대방의 월등한 협상력, 거래 지속 목적 그리고 상대방의 빈약한 재무상태로 요구를 관철해도 실익이 없는 경우이다. 추가로 당사자들이 합리적인 선에서 문제를 해결하는 화해(Amicable settlement)와 타협(Compromise)이 있다. 화해와 타협 방식은 클레임 당사자가 눈앞의 이익보다 거래 관계를 유지하여 지속적인 수익 확보에 있다.

2) 제삼자 개입에 의한 분쟁 해결

① 알선(intersession): 상공회의소, 상사중재원 등 제3의 기관이 개입하여 양측이 타협하는 데 조력하는 방식이다. 알선은 일정한 형식이 없으며, 화해 결과는 법적 구속력이 없다. 당사자들이 비협조적이면 분쟁 해결이 어려운 단점이 있다.

② 조정(conciliation/mediation): 당사자들이 제3의 조정인(conciliator, mediator)을 선정하고, 조정인이 제시한 해결안을 수락하면 분쟁이 해결된다. 조정인은 해당 분야 지식과 경험이 풍부한 전문가로 1명 또는 여러 사람이 될 수 있다. 조정 방식은 쟁점을 판단하기보다 양측에 합의(안)을 제시하여 수용하도록 한다. 조정의 효과는 법적 구속력이 없으므로 당사자들이 조정안을 수용하지 않으면 쟁점이 해결되지 못한다.

③ 상사중재(commercial arbitration): 중재란? 분쟁을 법원의 판결에 의하지 않고, 당사자 합의로 중재인(arbitrator)에게 부탁(refer)하여 구속력이 있는 판정(award)으로 종결하는 제도다. 중재는 양측이 중재인 판정에 복종함으로써 분쟁을 해결하는 자주법정제도(Independent court system)로 중재판정은 최종적이며 법적 효력을 발휘한다. 따라서 양측이 중재를 통

한 분쟁 해결에 합의하고 중재 판결이 나오게 되면 이를 거부하고 법원으로 갈 수 없다. 중재 제도는 아래와 같이 많은 장점으로 분쟁 해결에 광범위하게 이용되고 있다.

- 신속한 절차: 중재계약 약정기간 내에 단심제로 결정된다.
- 비공개 심리: 개인신상이나 기업 영업비밀 누출을 방지할 수 있다.
- 저렴한 비용: 중재기관의 저렴한 중재 비용만 지급하면 된다.
- 판정효력: 중재판정은 최종적이고 그 효력은 법원의 판결과 동일하다.

위와 같은 중재 제도 장점을 활용하기 위해 대부분 국제계약서에 중재조항을 명기하고 있다. 그 내용은 중재는 분쟁의 최종 해결방법이라는 점, 그리고 중재를 진행할 국가 지정이다. 투자기업은 계약서에 중재지를 결정할 때 반드시 그 나라가 UN 뉴욕협약(New York Convention)[8] 가입국인지를 확인해야 한다. 왜냐하면, 중재판정의 효력은 관할법원의 강제집행이 뒤따를 수 있는데, UN의 중재 협약국이 아니면 판결 집행이 어려울 수 있기 때문이다.

▷ 계약서 중재조항(대한상사중재원 표준계약서)

"Any disputes arising out of or in connection with this contract shall be finally settled by arbitration in accordance with the International Arbitration Rules of the Korean Commercial Arbitration Board."

- The number of arbitrators shall be [one / three]
- The seat, or legal place, of arbitral proceedings shall be [Seoul / ROK]
- The language to be used in the arbitral proceedings shall be [language]

상사중재 제도를 이용하기 위해서는 일정한 요건이 필요하다. 먼저 분쟁 당사자들이 중재로 해결한다는 별도의 계약이 있어야 한다. 당사자가 분쟁 사안을 기록하여 서명 날인한 계약서를 중재 기관에 제출해야 중재인이 선임되어 중재가

8) 상사중재에 관한 뉴욕협약(New York Convention)은 1958.6월에 채택되고 1959.6월에 발효된 '외국 중재판정의 인정 및 집행에 관한 협약(Convention on the Recognition and Enforcement of Foreign Arbitration Awards)'으로 다른 체약국에서 이루어진 중재판정을 인정하고 집행을 보장하는 국제조약이다.

시작된다. 이때 본 계약서상의 중재조항에 명기된 관할지에서 심리가 진행된다.

한편, 기업은 국제경영 과정에서 발생하는 법적 분쟁을 국제적인 중재기구를 활용하여 해결할 수 있다.

- **국제투자중재센터**(ICSID: International Centre for the Settlement of Investment Disputes): 국제투자에서 발생하는 분쟁해결 목적으로 세계은행(IBRD) 산하에 설립(1966)된 기관으로 외국 투자자와 투자유치국 간 법률상의 분쟁을 처리한다. 다만 분쟁 중재 신청을 모두 다루지 않고 요건이 충족되는 사안만 심리하여 판정한다(대한상사중재원, http://www.kcab.or.kr/servlet/main/1000).
- **국제 중재법원**: 국제상업회의소와 각국의 중재기관
  - 국제중재재판소(ICC International Court of Arbitration): 국제상업회의소에서 운영하는 국제중재재판소는 1923년 프랑스 파리에 설립(1923)된 100년의 역사를 자랑하는 중재법원이다. 한국 정부와 론스타 간 분쟁, 포스코 건설과 미국의 게일 인터내셔널 간 분쟁을 처리하였다. ICC는 중재 규칙도 관리하는데 국제계약 당사자가 ICC 중재조항 적용을 명기하면, ICC 규칙으로 진행할 수 있다
  - 국가 중재법원: 한국의 대한상사중재원(KCAB)을 비롯하여 런던국제중재재판소(LCIA), 싱가포르 국제중재센터(SIAC) 등이 있다. 계약 당사자 합의만 이루어지면 투자자 본국, 투자유치국 그리고 제3의 중재기관을 이용할 수 있다.

④ **소송**(litigation): 소송은 법적 분쟁을 사법적 판단으로 해결하는 방법이다. 소송은 당사자 간의 분쟁 해결 최후수단이지만 가장 회피하는 방법이다. 왜냐하면, 판정결과의 확실한 집행력이 있음에도 단점이 많기 때문이다. 먼저 대부분 국가는 3심제도로 운영되고 있어 많은 시간이 소요된다. 그리고 변호사 선임 등 비용도 만만치 않다. 더군다나 외국에서 소송이 진행되면 그 나라 법원의 자국 기업 우선 판정과 상대방의 이행을 강제하기 위한 현지 법원의 협력 여부도 불명확하다.

이밖에도 소송의 단점은 심리 과정에서 개인정보나 경영 비밀의 노출, 그리고

현지 사회에서의 나쁜 평판으로 향후 자회사 경영활동에 미치는 부정적인 영향도 무시할 수 없다. 이러한 배경에서 국제 거래에서 발생하는 분쟁 해결은 소송보다 상사중재가 가장 많이 이용하고 있는데 두 방법의 장단점은 〈표 13-3〉과 같다.

〈표 13-3〉 **국제 상사중재와 소송 비교**

구분	중재(Arbitration)	소송(Litigation)
분야	- 기업 간 상사분쟁	- 민·상·형사, 행정 분쟁
요건	- 중재를 위한 당사자 서면계약	- 당사자 법률행위 능력
효력	- 법원의 확정판결과 동일	- 강제성, 판결 집행력
비용	- 저렴(중재 수수료)	- 많음(변호, 인지대 등)
공개성	- 비공개주의(영업 보호)	- 공개주의(경영정보 노출)
시간	- 신속(단심제)	- 느림(3심제)
집행	- 국내: 법원의 확정판결과 동일 - 해외: 뉴욕협약 체결 국가	- 국내: 당연히 법적 구속 - 해외: 상대국 협조 필요

자료원: 상사중재원(www.kcab.or.kr/html/kcab_kor/intervention/intervention_3.jsp)

3) 투자기업의 대응전략

법률은 기업의 투자의사 결정과 자회사 경영에 직접적인 영향을 미치는 환경요소이다. 만약 현지에서 클레임이 발생하여 법률분쟁으로 번지게 되면 자회사 경영에 매우 부정적인 영향을 미치게 된다. 따라서 클레임이 발생하지 않도록 주의해야 하며 법적 분쟁 발생 시 대응전략을 아래와 같이 사전에 대비해야 한다.

첫 번째, 외부 법률전문가 확보이다. 법률은 매우 복잡하고 전문적인 영역이다. 법률가는 현지 투자를 위한 법률점검으로 필요내용을 계약에 반영하고 자회사 경영에 자문역할을 수행한다. 외부 법률가 활용 전략은 직접 채용하거나, 네트워크를 구축하여 필요할 때 해당 분야의 자문을 구하는 방법이 있다.

두 번째, 내부직원의 법률적인 역량 강화이다. 투자기업이 법률전문가를 채용하거나 사안별로 외부인사 자문할 수 있지만, 이들이 기업활동의 세세한 부분까지 들여다볼 수 없다. 따라서 일상적인 법률문제에 대처하기 위해 내부직원은 기본적인 법률 지식을 갖추고 있어야 한다. 일반 직원의 법률적 역량은 갑자기 발휘될 수 없으므로 평상시 교육 훈련을 통해 습득하도록 해야 한다.

세 번째, 현지 정부 대상의 로비활동이다. 대상은 투자기업 활동과 관련된 의회, 행정부 그리고 노조와 환경단체도 포함한다. 목적은 로비를 통해 자회사 경영에 유리한 법률 개정, 현지 사회에서 자회사에 친화적인 분위기 조성에 있다. 다만, 국가에 따라 로비활동을 금하는 국가도 있으므로 로비 수행 여부는 신중하게 결정해야 한다.

CHAPTER

14

해외직접투자 위험관리 및 철수전략

14 해외직접투자 위험관리 및 철수전략

제1절 해외직접투자 위험 유형과 측정

1. 위험의 개념과 발생원인

1) 위험의 개념

위험(risk)의 사전적 의미는 손해의 발생 가능성이며 재무적인 차원에서 재산상 가치를 잃거나 그러할 잠재성이 있는 상황이다. 직접투자 위험은 학계에서 합의된 개념 없이 목적에 따라 정의하고 있다. 예를 들어 Moosa(2002)는 기업의 해외 활동에서 경영손실에 노출되는 상황을 위험으로 보았다. Miller(1992)는 기업성과를 불확실하게 하는 외부적인 예측 불가능성을 위험이라고 하였다. 학자들 의견에 따르면, 투자위험은 기업의 자산손실이나 미래 수익에 부정적인 영향을 미칠 수 있는 상황 또는 불확실성이 된다.

해외에서 발생하는 위험은 성격상 국내보다 통제나 회피가 어려울 수밖에 없다. 따라서 투자기업은 경영환경의 모든 불확실성(uncertainty)을 위험으로 폭넓게 간주하고 대비해야 한다.

2) 해외직접투자 위험의 발생원인

학계에서 공통으로 주장하는 위험의 발생원인은 불확실성(uncertainty)이다.

불확실성은 주로 외부환경 변화로 발생하지만, 기업 내부적인 사정도 원인이 된다. 전반적으로 위험의 발생원인은 거시적인 일반환경 불확실성, 산업환경 불확실성 그리고 기업 차원의 불확실성 등이 있다(Miller, 1992).

(1) 일반환경 불확실성(General environment uncertainties)

- **정치 불확실성(Political uncertainties)**: 정치적 위험은 매우 광범위한 영역으로 혁명, 전쟁, 쿠데타 등 정치변혁이다.
- **정책 불확실성(Government policy uncertainties)**: 산업 국유화 조치, 과실 송금 제한, 화폐개혁 등을 들 수 있다. 정치와 정책의 불확실성은 별도로 구분될 수 있지만, 양자는 불가분의 관계이기 때문에 정치적 위험으로도 분류한다.
- **경제 불확실성(Macroeconomic uncertainties)**: 거시경제를 구성하는 경제지표인 인플레이션, 환율변동, 이자율 등의 급격한 변동이다. 참고로 Meldrum(1999)은 환율변동을 투자기업이 일상적으로 주의해야 할 위험으로 지목했다.
- **사회 불확실성(Social uncertainties)**: 시위, 소요 등 사회 불안정성을 들 수 있다. 또한, 믿음, 종교와 사회적 가치의 근본적 변화도 불확실성의 원천이 된다.
- **자연 불확실성(Natural uncertainties)**: 지진, 폭우, 태풍 등으로 인한 자연재해도 자회사 경제활동에 큰 타격을 줄 수 있다. 예를 들어 기후변화는 농업생산량을 심하게 감소시킬 수 있고, 지진은 생산활동에 치명적인 위험이 된다.

(2) 산업 불확실성(Industry uncertainties)

- **원료시장 불확실성(Input market uncertainties)**: 후방산업의 불확실성을 의미하며 생산활동을 위한 원부자재 공급 문제이다. 예를 들어 특수기계 생산기업인 경우, 현지 공급사가 일시에 가격을 높이거나 수요처를 경쟁사로 전환하면 자회사 생산활동에 큰 차질을 빚게 된다.
- **제품시장 불확실성(Product market uncertainties)**: 전방산업의 불확실성과 연관이 깊은데 생산제품의 소비시장 변화를 의미한다. 또한, 주재국

정부가 해당 품목 수입시장을 개방하면 자회사는 즉각 매출피해를 보게 된다.

- **경쟁 불확실성(Competitive uncertainties)**: 경쟁 관계에 있는 기업 그리고 신규 진입기업으로부터 다가오는 위험이다.

(3) 기업 불확실성(Firm uncertainties)

- **운영 불확실성(Operating uncertainties)**: 운영문제는 산업 불확실성의 축소판으로 인력, 원부자재 그리고 생산과정에서 나타난다. 인력문제는 노사관계 불안정에서 나타나며, 원부자재 문제는 물량 부족, 조달 원부자재의 품질문제, 그리고 생산제품에서 불량품 발생을 들 수 있다.
- **책무 불확실성(Liability uncertainties)**: 기업의 사회적 책임과 관련되며 생산과 경영과정에서 발생할 수 있다. 예를 들어 제품 생산과정의 환경문제, 현지 미풍양속을 해치는 홍보 등으로 법률적 책임까지 질 수 있는 유형이다.
- **연구개발 불확실성(R&D uncertainties)**: 연구개발 투자를 통해 기대한 성과를 달성할 수 있을지 문제이다. 경쟁 우위를 확보하기 위해 연구개발에 투자하더라도 예정된 시간 내에 원하는 수준의 기술개발 여부는 예측하기 곤란하다.
- **신용 불확실성(Credit uncertainties)**: 고객의 외상거래와 관련된 위험요소이다. 기업은 경영과정에서 현금결제뿐만 아니라 상계거래 등 다양한 결제방식을 활용한다. 고객의 자금조달 문제로 결제가 지연되면 자회사의 재무적인 부담이 된다.
- **행위적 불확실성(Behavioral uncertainties)**: 조직 내부의 계층이나 직원간의 관계 문제이다. 조직 내의 불화나 분쟁이 원만하게 해결되지 않으면 생산성 저하, 대외 이미지 손상 위험이 발생할 수 있다.

한편, 밀러(Miller)는 위험관리 기법으로 재무 그리고 전략적 관리방안을 제시했다. 재무적 방법은 선물계약 그리고 보험 부보 등 손실 축소 전략이다. 전략적 관리는 회피, 통제, 협력, 모방 그리고 다각화 등 경영의 유연성 확보방안이 있다.

2. 직접투자 위험의 측정과 평가

1) 위험 측정 기법

직접투자 위험 측정은 불확실성 변화를 예측하고 그러한 변화가 투자 활동에 어떤 영향을 미칠 것인가를 파악하는 것이다. 투자기업의 위험 측정은 어려운 업무이지만 반드시 수행되어야 하는 경영전략이다. 왜냐하면, 직접투자는 대규모 자본과 인력 등 경영자원이 투입되는 경영방식으로 위험이 현실화되면 자산손실과 영업이익에 큰 피해를 볼 수 있기 때문이다. 이러한 위험 측정과 평가결과는 기업활동 방향을 제시해 주고 위험 발생 시 대처할 수 있는 전략적 근거를 제시한다. 다만 위험 측정은 그 성격상 몇 가지 어려움이 뒤따른다.

첫째, 위험 요인들의 상호 작용으로 주된 위험요소를 파악하기 어렵다.

둘째, 국가마다 위험의 유형과 수준이 다르게 나타난다.

셋째, 기업별로 위험에 대한 개념과 대처능력에 차이가 있다.

넷째, 위험평가자의 주관개입 여지가 많다.

한편, 위험 측정 시기는 투자계획 수립 시 환경분석에서 위험을 파악하지만, 투자 후 위험이 감지되거나 현실적으로 표출되었을 때에도 실시한다. 위험평가 방법은 아래와 같이 기업이 직접 수행하거나 외부 전문가 의뢰, 또는 기관 발표 자료를 활용할 수 있는데, 기업 사정과 상황에 따라 선택하여 이용하면 된다.

(1) 현지방문조사(Grand tours)

기업이 조사단을 파견하여 현지의 정치, 경제, 사회, 법률 등 현지국 경영환경을 직접 파악하는 기법이다. 통상적으로 현지 정보를 사전에 입수하여 확인할 사항과 추가로 파악할 내용을 결정한 후 출발하게 된다. 현지에서는 관련 분야 정부, 기관, 법률전문가, 그리고 전후방 협력기업 등과 면담을 통해 투자환경과 위험 정도를 파악한다. 또한, 본국의 현지 공관, 무역 투자기관, 진출기업과의 면담을 통해 관련 자료를 수집한다.

방문조사 기법은 현장 상황을 눈으로 직접 파악할 수 있고 면대면 인터뷰를 통해 현장감 있는 정보를 입수할 수 있다. 그러나 몇 가지 단점을 지니고 있는데, 단기간 조사에 따른 정보 미비, 조사단 구성원 주관개입, 그리고 본연의 임무보다 여행 성격으로 변질할 우려 등이다.

(2) 전문가 자문(Old hands)

현지 국가에 대한 전문적인 지식을 갖춘 외부 전문가 의견을 구하는 기법이다. 전문가는 주로 대학교수, 그 지역 근무 경험이 있는 외교관, 언론인, 주재원 등으로 현지 상황에 대해 정통한 인물로 선정된다. 대기업들은 이들 전문가를 고문 또는 상담역으로 초빙하여 평상시에도 조언을 받고 있다.

전문가 자문기법은 비용과 시간 투입과 비교하면 깊이 있는 현지 상황을 파악할 수 있는 장점이 있다. 다만, 자문기법은 거시적 위험(macro risk) 파악에 유효하지만, 미시적 위험(micro risk)에 관해 깊이 있는 조언을 얻는 데 한계가 있다.

(3) 체크 리스트(Check list)

위험 측정을 위해 필요한 지표들을 사전에 선정하여 항목별로 위험 정도를 점검하는 방법이다. 체크 리스트의 위험지표는 상위요인(factors)을 설정하고, 요인별로 세부항목(attributes)으로 구성한다. 예를 들어 경제적 요인에 국가채무 지급능력, 통화 안정성 항목 등으로 구성할 수 있다. 평가방법은 항목별 상대점수를 배정한 후 전체 위험 순위를 가중평균 점수로 순위를 도출한다.

체크 리스트 기법의 장점은 간단한 측정, 점수화를 통한 객관화, 국가별 상호비교 그리고 반복측정을 통한 높은 예측력이다. 다만, 측정항목 설정 문제, 평가자 주관개입, 그리고 국가별 특수사정 반영이 어렵다는 단점이 있다.

(4) 델파이 법(Delphi forecasts methods)

델파이 기법은 앙케이트 수렴법으로도 불리는데 전문가 자문(Old hands)과 체크 리스트 기법을 결합한 방식이다. '전문가의 의견을 듣는다'라는 점에서 자문 방법과 같고, 의견수렴 항목이 체크 리스트 법과 같이 정해져 있기 때문이다. 평가방법은 미리 정한 체크 리스트에 전문가들의 반복적인 의견수렴으로 위험 수위를 측정하여 전체 위험정도를 판단한다.

델파이 기법은 유용성으로 인해 기업들이 위험 측정에 많이 활용하고 있다. 유용성은 시간 변화에 따른 평가항목별 위험수위 정도와 항목 간 편차를 일관성 있게 측정할 수 있는 점이다. 단점으로는 체크 리스트 기법과 같이 평가지표가 되는 요인과 측정항목 설정이 어려운 점이다. 그리고 반복측정에도 불구하고 평가자의 주관개입도 있을 수 있다.

(5) 시나리오 분석(Scenario analysis)

시나리오 분석은 일련의 가상적 상황을 설정하고 전개 방향에 따라 대처방안을 제시하는 기법이다. 즉, 미래에 어떠한 일들이 일어날 것인가? 그리고 어떠한 대처 방법이 있는가? 에 대해 시나리오를 작성하고 대비책을 제시한다. 미국 랜드 사(Land corporation)에서 1950년 군사전략을 위해 개발하였는데 미래학자들에 의해 기법이 정교화되었다. Peter Schwartz(1991)는 어떤 분야의 미래를 결정하기 위해 변화될 여러 가지 상황들이 어떻게 펼쳐질 것인가를 알게 하는 도구라고 평가하였다.

시나리오 분석은 두 가지 방법이 이용된다. 첫 번째, 통계를 기반으로 하는 탐색적 시나리오 방법이다. 의사결정을 위한 결과를 정하지 않고 현재 상황과 추세를 분석하고, 향후 예상 흐름을 제시하는 방법이다. 두 번째, 규범적 시나리오이다. 미래의 목표나 경책 과제를 먼저 정하고 거기에 도달하는 과정을 제시하는 방법이다. 일반적으로 탐색적 시나리오를 기본으로 하되 규범적 시나리오를 추가하는 방식으로 위험 분석이 이루어진다(김경훈, 2005).

미래전략 그룹(Futures Strategy Group) 창업자 Charles Tomas(2012)는 시나리오 기법의 유형을 〈그림 14-1〉과 같이 구분하였다. 매트릭스 수평축은 기업의 운영환경을 표시하며, 좌에서 우로 이동할수록 불확실성 정도가 강해진다. 그리고 수직축은 경영 의지의 강도인데, 아래에서 위로 올라갈수록 높은 단계의 전략이며, 장기적인 안목이 필요하다. 이들 조합으로 시나리오 분석은 단순한 정량분석에서 고도화된 전략 수립까지 여섯까지 방법을 이용할 수 있다.

① **정량적 분석**: 전문가의 정성적인 판단 대신에 통계기반의 시장전망이나 재무분석에 이용된다. 예를 들어 엑셀, SPSS 등 통계 패키지를 이용하여 투입대비 산출비용을 최선, 보통, 나쁨 등으로 제시할 수 있다. 분석은 단순하지만, 결과는 확실한 수치로 제시하기 때문에 의사 결정권자들이 선호하는 기법이다.

② **확률기반 기법**: 투입 자료 간의 상호 교차 매트릭스를 이용하여 매우 다양한 대안을 만들 수 있다. 예를 들어 비교분석에 투입되는 자료나 상황이 50개씩이면 상관 분석을 통해 250개의 대안을 도출할 수 있다.

③ **상호작용 시나리오**: 확률기반 시나리오와 달리 정제된 변수를 활용한 미래 예측 기법으로 워 게임(War gaming)으로 불린다. 즉, 두 개 팀 간의 상호작용을 통해 어떠한 결과물이 도출될지를 제시한다. 워 게임은 자사의 경영전략 변경에 대해 경쟁사 반응이 어떨지를 파악하는데 유용한 모델이다.

④ **이벤트 분석 모델**: 현장에서 많이 이용되는 모델로 현재 또는 가까운 미래에 일어날 사건, 딜레마 등이 기업에 미치는 영향을 파악한다. 이 모델은 가까운 시일에 발생할 사건, 사고에 대한 대책 수립에 유용하다. 예를 들어 현지 경쟁사의 신제품 출시가 우리 기업에 미치는 영향을 파악해 볼 수 있다.

⑤ **규범적 시나리오**: 기업이 무엇을 지향해야 하는지를 밝혀내는 모델이다. 즉, 현재 환경을 고려하여 바람직한 전략이 무엇인지를 파악한다. 규범이 '바람직함'을 지향하는 특성상 다른 기법과 병합하여 분석에 이용된다.

⑥ **전략적 시나리오**: 가장 고난도의 분석 모형으로 거시적인 경영환경을 고려한 미래 경영전략 수립에 이용된다. 방법은 현재 상황에 대한 객관적인 자료를 토대로 미래에 발생할 위험과 대책을 분석가의 상상력으로 작성한다.

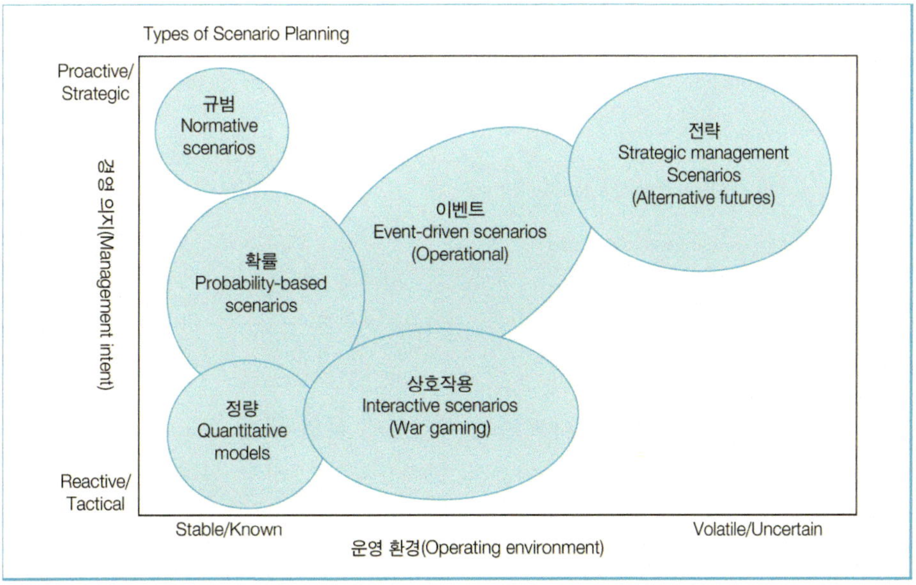

자료원: Futures Strategy Group(2012), Types of Scenario Planning

〈그림 14-1〉 **시나리오 분석 기법 유형**

2) 국제기관의 위험평가 모형

국제적인 신용평가 기관에서 국가별 위험을 측정하여 발표하고 있다. 이들 기관은 대부분 델파이 기법을 활용하는데, 평가항목별로 전문가 진단을 통해 점수화된 지수(index)로 산출한다. 기관마다 측정 목적에 따라 신용위험(credit rating), 정치위험(political risk), 투자기업 운영위험(operational risk), 윤리지수(ethics index) 등을 측정하거나 이들 지수를 합산한 국가위험(country risk)으로 산출한다.

〈표 14-1〉 **국가위험지수 발표 기관**

구분	발표 기관	홈 페이지
국가위험	BMI(Fitch Solutions company)	www.fitchsolutions.com/bmi
	BERI(BIZ Environment Risk Intelligence)	www.beri.com
	CRIS(Control Risks Info Services)	www.crg.com
	EIU(Economist Intelligence Unit)	www.eiu.com
	ICRG(International Country Risk Guide)	www.prsgroup.com
신용위험	Euromoney	www.euromoney.com
	Institutional Investor	www.institutionalinvestor.com
	Standard and Poor's Rating Group	www.spglobal.com/ratings/en
	Moody's Investor Services	www.moodys.com
	Fitch Ratings	www.fitchratings.com

자료원: 국제 신용평가기관 홈페이지

국제 신용평가 기관의 발표자료는 투자기업의 국별 위험 정도를 파악하는 데 유용한 자료가 된다. 다만, 일부 자료는 고액으로 판매하고 있어서 목적에 따라 취사 선택하여 활용해야 한다.

(1) BMI의 국가위험지수(BMI's Country Risk Index)

피치 솔루션스(Fitch Solutions Company)의 BMI 연구소는 정치, 경제, 운영

위험 분야를 측정하여 국가위험지수(CRI)를 산출하여 발표하고 있다.

국가위험도 평가는 〈표 14-2〉와 같이 정치와 경제 분야의 장단기 요인 2개씩, 그리고 운영위험과 함께 5개 요인 23개 항목으로 측정한다. 정치와 경제요인의 장기적 위험기간은 10년, 단기는 현재부터 1~2년까지이다. 중요도 배점은 지수별로 16.7%로 배정하되, 운영위험은 장단기 구분이 어려운 관계로 다른 요인의 두 배인 33.3%로 하고 있다. 국가 위험지수는 5개 지수 측정의 합을 100으로 하여 평가한다.

- **정치적 위험(Political risk)**: 정부의 급격한 정책변화, 그리고 전반적인 정치 안정성을 측정한다. 장기위험 지수 항목은 민주화 수준, 사회 특성, 정부의 주권확립 정도 등이다. 단기위험 지수는 정부의 정책수행, 사회 안정, 치안 확보, 정부 정책 일관성으로 구성된다.
- **경제적 위험(Economic risk)**: 피평가국의 안정적인 경제운영과 지속적인 성장 여부를 측정한다. 장기위험 지수 항목은 내수시장과 수출 성장성, 경제 활성화, 대외채무 상황, 그리고 금융권 안정성이다. 단기위험 지수는 경제 활력 정도(투자, 고용, 가계 지출), 이자율, 외채 수준 등이다.
- **운영위험(Operational risk)**: 외국인투자기업의 현지 자회사 운영상의 어려움 정도를 의미한다. 특성상 장단기 구분이 없으며, 측정항목은 노동시장의 양과 질, 정부의 경제개입 정도, 물류 인프라 여부 수준 등이다.

〈표 14-2〉 BMI 국가위험지수 구성요소

지표 구성 요인		항목	중요도
정치	장기 정치위험(Long-term political risk index)	4 items	16.7%
	단기 정치위험(Short-term political risk index)	4 items	16.7%
경제	장기 경제위험(Long-term economic risk index)	6 items	16.7%
	단기 경제위험(Short-term economic risk index)	5 items	16.7%
운영위험(Operational risk index)		4 items	33.3%

자료원: BMI(2024), Country risk index

(2) BERI의 사업환경지수(BERI index)

미국의 BERI(Business Environment Risk Intelligence)는 매년 국가별 사업위험 보고서(BRR: Business Risk Report) 발간하고 있다. 평가 분야는 운영위험(ORI: Operations Risk Index) 14개 항목, 정치위험(PRI Political Risk Index) 1개 항목 등 총 15개 항목이다. 위험지수는 두 개 패널을 구성하여 운영위험과 정치위험을 델파이 기법으로 산출한다.

BERI의 사업환경지수는 피평가국가의 신용등급으로 작용하여 외국인적접투자(FDI) 유치, 외환 정책 등에 영향을 미치는 민감한 내용이다. 따라서 BERI는 내부방침으로 사업환경지수를 평가하는 패널 구성원을 철저히 비공개로 하고 있다.

▷ BERI 국가위험지수 산출요령 및 내부정책

BERI has two permanent panels of experts that provide country ratings and qualitative observations. One panel judges political conditions in countries, and the other offers perspective on the operating environment. BERI does not reveal the names of its analysts clients, or panel members. This retains objectivity in the analyses and forecast.

Source: BERI, Business Risk Service

제2절 해외직접투자 위험관리

1. 위험관리 개념과 절차

위험관리(Risk management)는 기업의 자산과 영업활동에 부정적인 영향을 줄 수 있는 위험을 인식하여 사전 대비와 사후 대응 활동이다(전경태·김계화, 2019). 일반적으로 기업이 국내경영보다 해외에서 활동할 때 더 많은 위험에 노출된다. 국가마다 경영환경에 차이가 있는데, 외국기업은 그러한 환경에 익숙하지 않기 때문이다. 따라서 기업은 현지 경영에 타격을 줄 수 있는 위험 발생 가능성을 예측하고 대비하며, 위험 발생 시 대응하는 방법을 파악하고 있어야 한다.

Haendel(1979)은 위험관리 절차를 〈그림 14-2〉와 같이 예(yes), 아니요(no) 패러다임으로 제시했다. 투자기업은 위험 확인부터 시작하여 단계별로 그 영향력을 비용-편익 분석에 기초하여 투자계획 단계이면 투자계획을 철회하고, 현지에 자회사가 활동 중이면 철수를 결정한다.

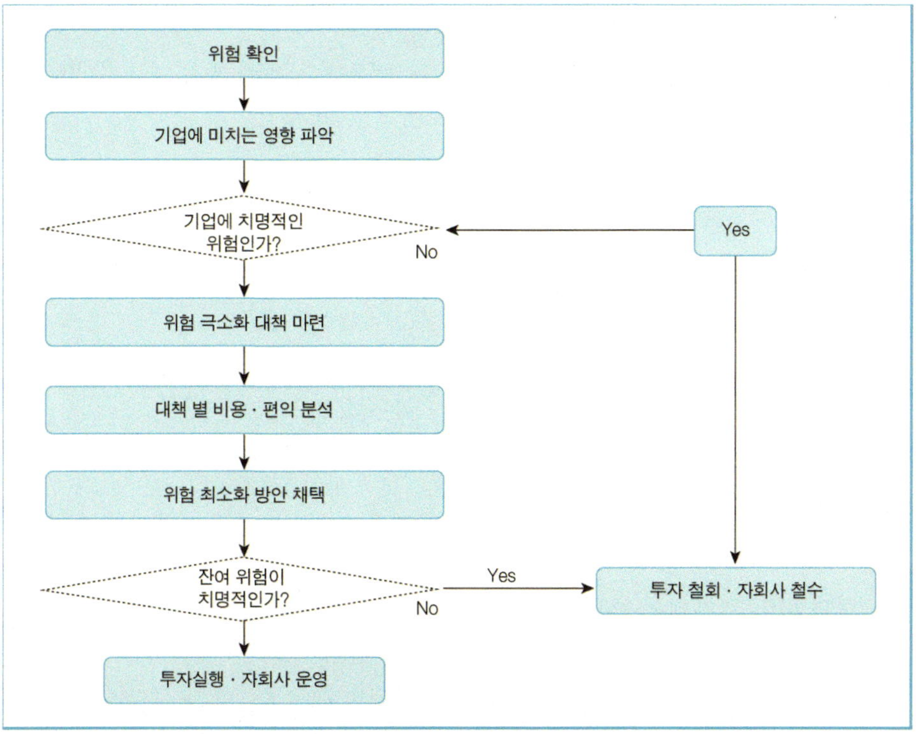

자료원: 김희철(2001)의 Haendel(1979) 저서 인용자료 활용

〈그림 14-2〉 **비용편익 분석에 의한 위험관리 절차**

2. 투자단계별 위험관리 전략

투자기업의 위험관리는 투자사업 주기별과 관리되어야 한다. 투자주기별 위험관리는 〈표 14-3〉과 같이 투자 전, 투자 후, 그리고 위험 발생 이후 대책이 있다.

〈표 14-3〉 투자단계별 위험관리 전략

구분	시기	대응전략
1단계	투자 전	[내부 전략] - 투자 회피(투자지역 변경 포함) - 위험분산: 현지금융 이용, 합작, 비자본투자 - 국제적 통합 [외부 전략] - 위험 외부 전가(보험) - 현지 정부 투자보증(개별투자, 국가 간 협정)
2단계	투자 후	- 경영자산 분산 - 선량한 기업 시민 이미지 구축 - 기타 현지화, 현지 인맥구축
3단계	위험 발행 후	- 1단계, 합리적 협상 - 2단계, 반강제적 협상 - 3단계, 법적 구제조치 - 4단계, 경영권 포기 및 철수

자료원: 어윤대(2002), 국제경영학, 전경태·김계화(2001), 위험관리 연구

1) 투자 전 위험관리

(1) 기업 내부적인 전략

- **투자회피**: 투자계획 수립을 위한 환경분석에서 위험 수준이 높게 평가되면, 투자를 포기하거나 다른 국가로 투자를 전환하는 방법이다. 회피전략은 위험관리 전략 중에서 가장 간단하면서 확실하게 불확실성을 예방하는 수단이다.

  다만, 회피전략은 새로운 사업기회를 잃게 될 가능성도 있으므로 신중해야 한다. 위험이 있다는 것은 그 위험을 감수함으로써 얻을 수 있는 편익이 클 수 있기 때문이다. 또한, 투자 회피 당시 높았던 불확실성이 장래에 사라질 경우, 그러한 위험이 발생할 상황을 감수하고 진출한 경쟁사에 시장을 빼앗길 수 있다. 결국, 위험회피가 또 다른 위험을 불러올 수 있으므로 전략적으로 선택해야 하는 방법이다.

- 투자위험 분산
  - **현지금융 이용**: 투자재원을 진출 국가 금융권에서 조달하는 방법이다. 현지금융을 이용하면 두 가지 효과를 볼 수 있다. 첫째, 본사의 일시적인 자금부담을 줄일 수 있다. 둘째, 위험 발생 시 현지 금융권이 방어망 역할을 한다. 위험 발생 시 대출은행이 적극적으로 대관, 대민관계에서 자회사를 보호해 줄 수 있기 때문이다.
  - **합작투자**: 현지 기업이나 제삼국 기업과 공동투자를 통해 자회사 지분을 줄이는 방법이다. 현지 기업과 합작할 경우 그 나라 기업이라는 이미지를 높일 수 있어 초기 진출 시 현지 사회 거부감을 제거할 수 있다. 다만, 투자기업 간 분쟁 발생 시 현지 정부나 법원의 자국 기업 우선 정책이나 편견을 감수해야 한다.
  - **비자본 투자**: 현지 기업과 합작에서 기술, 특허, 경영관리 기법 등 비자본 투자 방식이다. 이 방식은 투자기업이 그러한 경영자산에 상당한 비교우위를 보유하고 있어야 한다.
- 국제적 통합전략

전 세계적으로 투자를 분산하고 이들을 유기적으로 조직하고 관리하는 전략이다. 해외투자를 수평적, 수직적으로 계열화하여 일국에서 위험이 발생하더라고 그 피해를 최소화할 수 있다. 예를 들어 기업이 수평적 투자를 통해 동일제품을 여러 나라에서 생산하게 되면, 그중 한 국가 생산 차질이 있더라도 다른 국가 공장에서 부족분을 채울 수 있다. 통합전략은 글로벌 경영이 가능한 다국적기업에 적합한 전략이며, 국제화 초기 단계 기업에게는 쉽지 않은 전략이다.

(2) 기업 외부적인 전략

- 위험 외부전가(투자보험 가입)

국가위험으로 인해 투자기업이 입게 될 손실의 전부 또는 일부를 보험회사 등 제삼자에게 전가하는 방법이다. 해외투자보험은 대부분 국제기구, 정부 산하 보험기관, 그리고 소수의 대형 민간은행에서 운영하고 있다.

세계은행(World Bank)은 선진국의 개도국 직접투자를 촉진하기 위해 다국적 투자보증기구(MIGA: Multinational Investment Guarantee Agency)를 운영하고 있다. MIGA는 조약기반으로 운영되고 있는데, 몰수, 전쟁, 계약 미이행 그리고 환전 및 송금 제한 등 정치적 위험으로 인한 투자자 피해를 보상한다. MIGA 보험 부보요건은 회원국 투자자의 개도국 투자에 한정된다(MIGA).

미국은 해외민간투자공사(OPIC: Overseas Private Investment Corporation)에서도 투자보험을 운영한다. OPIC은 1971년부터 보험업무를 시작했는데, 저개발국 개발 지원에 목적이 있지만, 정부의 외교정책을 달성하는 수단으로 활용되고 있다.

한국기업은 한국무역보험공사(K-Sure)의 해외투자보험을 이용할 수 있다. 보험제도 운용 취지는 전쟁, 수용 등 국가위험으로부터 투자기업을 보호하여 해외 진출을 촉진하는 데 있다. 보상범위는 투자 후 수용, 전쟁, 송금, 약정 불이행 등으로 인해 원리금과 배당금 등을 회수하지 못해 입게 될 손실이다(한국무역보험공사)[1].

- 현지 정부 투자보증
  - **개별투자 보증**: 기업이 협상력을 이용하여 현지 정부로부터 자회사 활동 보장, 조세감면, 관세 혜택은 물론, 위험의 현실화로 손해를 입게 될 경우, 보상 약속을 받을 수 있다. 이러한 정부의 개별기업에 대한 투자보증은 그 사업이 현지에 꼭 필요하거나 경제적 파급효과가 큰 경우에 가능하다. 예를 들어 기업이 대형 국책사업에 BOT, BTO[2] 등의 방식으로 참여하는 경우에는 현지 정부로부터 일정 기간, 일정 수준의 수익을 보장받을 수 있다.
  - **정부 간 협정**: 투자보장협정 그리고 이중과세방지협정을 이용하는 방법이다. 관련 내용은 글로벌 통상환경 편에 기술하였다.

---

1) 세계은행 투자보증기구(MIGA) www.miga.org/sites/default/files/archive/Documents/IGGenglish.pdf, 한국무역보험공사 www.ksure.or.kr/rh-kr/cntnts/i-213/web.do

2) 정부의 민자 프로젝트로 BOT(Build-Operate-Transfer) 방식은 기업이 투자하여 시설을 완공하고 일정 기간 운영으로 비용을 회수한 후 소유권을 이전한다. BTO(Build-Transfer-Operate)는 투자기업이 시설을 완공하여 소유권을 이전하지만, 일정 기간 시설을 운영하면서 이용료를 징수하는 방식이다.

2) 투자 후 위험관리

• 경영자산 분산

현지 자회사의 생산, 마케팅, 재무, 그리고 인사 관리 등 경영 분야별로 위험에 노출될 수 있는 확률을 줄이는 전략이다. 경영자원 분산 전략은 중소기업에는 다소 어려울 수 있다. 경영자산을 분산하기 위해서는 현지 자회사의 정착 이외에도 추가적인 정보와 비용이 수반되기 때문이다. 그렇다 하더라도 투자기업은 현지 경영활동 과정에서 점진적인 위험분산 노력을 추진해야 한다.

- **물류센터 분산배치**: 물류센터를 진출 국가 한 지역에 집중하여 배치하기보다 향후 소요, 시위 등에 대비하여 지역적 분산, 또는 인근국에 배치하는 방안이다.
- **마케팅 활동**: 현지 정서에 반하는 기업 이미지와 제품 홍보를 피해야 한다. 그리고 현지 수요 급락에 대비하여 해외 수출시장을 확보해 두는 방안도 확보해 두어야 한다.
- **재무적인 위험분산**: 자회사 운영자금을 현지 금융권 대출을 활용하여 사태 발생 시 몰수나 수용위험을 낮출 수 있다. 그리고 자회사 수익은 현지 경영에 필요한 한도만 보유하고 나머지는 본사에 송금하는 것도 위험분산 수단이 된다.
- **유연한 인사정책**: 현지인 채용비율을 높이는 방법이 있다. 그리고 이들에게 경영과 기술개발 참여기회를 제공하면 이들의 적극적인 협력으로 생산성을 높일 뿐만 아니라 위험 발생 시 구사활동도 유도할 수 있다.

• 선량한 기업시민(Good corporate citizen)

투자기업이 사회적 책임(CSR: Corporate Social Responsibility) 활동을 통해 환경보호, 윤리 경영, 그리고 사회 공헌 등으로 지역사회에 책임을 다하는 전략이다. 만약 현지 자회사 경영과정에서 선량한 기업시민 이미지를 확보하지 못하고 이윤만 착취하는 매판자본이라는 이미지가 형성되면 매우 큰 위험요소가 된다.

경영학계에서는 선량한 기업시민 이미지 구축방법으로 사회적 책임(CSR)

을 뛰어넘는 공유가치 창출(CSV: Creating Shared Value)[3]을 권장하고 있다. 공유가치 창출(CSV)은 기업이 수익 창출 이후에 사회공헌 활동을 하는 것이 아니라 기업활동 과정에서 사회적 가치를 달성하는 것이다.

- 기타 위험대비 전략
  - 현지화, 현지 인맥구축: 현지 전후방 협력사 협력, 생산요소 현지 이용, 현지 인력 채용 등으로 외국기업 이미지를 탈피할 수 있다. 그리고 현지 정관계, 언론 등 분야 인사들과의 인맥구축을 통해 위험 발생 시 이들을 지원 군으로 활용할 수 있다.
  - 기술발전 공헌: 투자기업이 자회사에 이전한 기술이 현지 국가의 기술발전에 공헌하여 현지 사회에서 꼭 필요한 기업 이미지를 구축할 수 있다.

3) 위험 발생 후 관리전략

위험이 현실화되어 기업 자산과 수익 손실이 발생하는 상황에서 피해를 최소화하기 위해 급하게 전개하는 전략이다. 피해를 감수하더라도 미래 수익을 고려하여 계속 잔류할지, 아니면 철수할지 결정을 내려야 한다. 그러한 결정에 이르는 과정은 위험발생 원천과의 협상을 통해 해결을 추진하고, 원만한 해결이 되지 않으면 중재, 소송 등 제삼자 개입으로 타결한다. 여기서 협상 상대방은 그 나라 정부가 될 수 있고, 경쟁사나 전후방 협력사, 그리고 환경단체나 노조 등 이익단체가 될 수 있는데 결과는 양측 협상력(Bargaining power)에 의해 결정된다.

호스킨스(Hoskins, 1970)는 정치적 변혁에 따른 몰수(expropriation) 위험을 전제로 〈표 14-4〉와 같이 4단계 관리전략을 제시했다. 기업 내부적인 전략과 본국 정부에 개입 요청 등 외부적인 전략이 포함된 위험 발생 후 위험관리 모형이다.

1단계, 합리적인 협상(Rational negotiation): 위험이 발생하면 가장 먼저 취할 수 있는 전략은 위험 원천과의 협상이다. 상대방을 회유하거나 설득하면서 손실 보상이나 위험 요인 제거를 요구할 수 있다.

3) 공유가치 창출(CSV) 개념은 마이클 포터(M. Porter) 교수가 Harvard Business Review에 개념을 발표하였고, 영국 CSR International에서 CSV를 기업의 지속성과 달성을 위한 사회적 책임으로 정의하였다.

〈표 14-4〉 **위험 발생 후 단계별 관리전략**

구분	추진전략	주요 내용
1단계	합리적인 협상	- 경제적 기여도 강조 - 철수 시 현지 경제의 부정적 효과 강조 - 자회사 기술과 자본의 제공 - 현지 경제에 도움되는 장기계획 제시
2단계	반강제적 협상	- 본국 정부에 개입 요청 - 타국 기업과 연대 대응 - 관계개선을 위한 이익의 포기
3단계	법적 구제조치 강구	- 국내외 중재 기관에 중재 요청 - 국내외 법원에 소송 제기 - 국제사법재판소 제소
4단계	경영권 포기 잔존재산 회수	- 자회사 공개 매각 - 자산 회수 및 철수

자료원: Hoskins(1970), How to Encounter Expropriation?

협상 시 그동안 자사의 현지 경제 기여, 투자철수 시 실업 문제와 산업 피해를 강조해야 한다. 그리고 당근책으로 일부 기술이나 자본 제공, 향후 투자 확대를 통한 그 나라 경제기여 계획을 제시할 수 있다.

2단계, 반강제적 협상(Negotiation with power tactics): 합리적인 협상으로 요구사항이 관철되지 못하면 외부세력을 이용한 반강제적 협상을 시도하게 된다. 외부세력은 본국 정부, 타국 기업, 국제기구, 그리고 동종업계 타국 기업이 될 수 있다.

반강제적 협상 전략은 현지 정부나 시민사회에 강력한 반발을 불러올 수 있으므로 신중하게 선택해야 한다. 역사적으로 자국 기업의 해외자산 손실에 따른 외교 마찰이나 군사적 충돌 사례도 있다. 따라서 협상 과정에서 다소 불리한 결과가 나오더라도 관계개선을 위해 일부 이익을 포기해야 한다.

3단계, 법적 구제조치(Exploration of legal remedies): 협상으로 위험을 제거하지 못하면 법률적인 구제조치를 취해야 한다. 법적 구제조치는 현지국 법원, 본국 법원 그리고 국제사법재판소 재소 방안이 있다.

가장 좋은 방법은 현지 법원에 제소하여 승소하는 것이다. 왜냐하면, 현지 법원 판결은 바로 집행력이 보장되기 때문이다. 다만, 현지 법원의 자국 기업 우선 배려로 승소를 장담할 수 없다. 반대로 본국 법원 소송은 시간과 비용을 절감할 수 있지만, 승소하더라도 현지 집행력 담보 문제가 남아 있다. 그리고 국제사법재판소 심의 과정은 시간이 오래 걸리고, 승소해도 그 나라 정부의 협력 여부는 미지수로 남는다.

4단계, 경영권 포기 및 철수(Surrender by management and decision to seek only salvage): 법적인 구제조치에도 위험이 제거되지 않으면 현지 경영을 포기하고 가능한 잔존재산을 최대한 회수하여 피해를 줄이는 방법이다.

자산 회수방법은 시간적 여유가 있으면 공개매각으로 최대한 자산을 회수하고, 시간적 여유가 없으면 수의계약을 통해서라도 더 큰 피해 발생을 방지하여야 한다. 물론 전쟁이나 폭동 등 비상 상황에서는 일단 주재원 대피 후 추후 자산 처리방안을 마련해야 한다.

3. 투자기업 협상력

1) 협상의 개념 및 이론적 배경

협상(negotiation)의 사전적 의미는 이해관계가 상충하는 둘 이상의 당사자가 서로 원하는 것을 얻어내기 위해 요구하고 양보하는 과정이다. 직접투자에서의 협상은 위험 근원지 또는 위험을 주도하는 세력과 서로의 요구조건을 끌어내는 과정이다. 협상에 관한 연구는 1950년대부터 심리학계에서 게임이론으로 시작하여 21세기 비즈니스에서 중요 분야가 되었다.

▷ 협상의 정의

Negotiation is where multiple parties struggle to achieve their goals by compromising their conflicting interests and finding better solutions.
Negotiation coordinates both intra- and inter-organizational conflicts through the process of reaching a mutual agreement(Brett, 2007).

Source: 김태현 등(2023), 협상자의 타인 지향성 연구 리뷰

협상 방법은 양자 간의 목적과 태도에 따라 분배적 협상과 통합적 협상방법이 있다. 분배적 협상은 상대방을 불신하고 자신의 이익 극대화(win-lose frame)에 두고 현재 파이를 서로 많이 차지하기 위한 기법이다. 반면에 통합적 협상은 상대방을 신뢰하면서 공동이익 극대화(win-win frame)에 두고 파이를 키워서 분배하는 방법이다. 위험에 직면한 투자기업은 수위 정도와 상대방의 협상력을 고려하여 두 가지 기법 중에서 하나를 선택하여 협상에 임하게 된다.

국제 비즈니스에서 이용되는 대표적인 협상 전략 유형은 1977년 토마스와 킬만이 개발한 갈등관리 모델(TKI: Thomas-Kilmann Conflict Mode Instrument)이다. 〈그림 14-3〉에서 수평축은 상대방 의도로 좌측에서 우측으로 갈수록 협조적인 성향을 나타낸다. 수직축은 나의 의도로 아랫부분 수동적인 태도에서 위로 갈수록 독단적이고 강압적인 성향이 짙어진다.

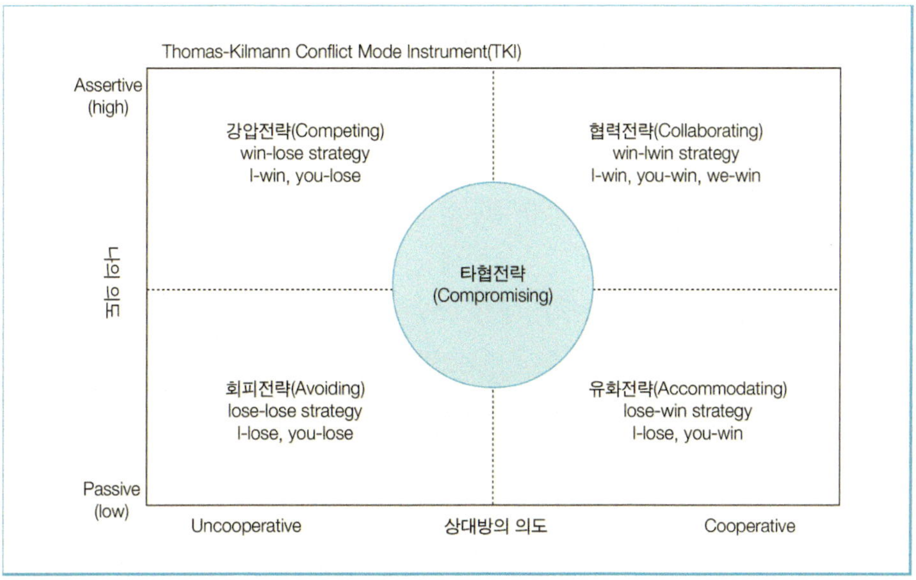

자료원: Atorough & Andrew(2012)의 Thomas-Kilmann(1977) 인용자료

〈그림 14-3〉 국제 비즈니스 협상 전략 유형

- **강압전략**: 상대방의 비용과 희생으로 나의 목적을 달성하는 강한 협상 유형이다. 주장을 관철하는 쪽이 상대방보다 협상력이 우월해야 가능하다.

- **회피전략**: 나는 물론 상대방도 의제에 관심이 낮을 때 가능하다. 양자는 의도적으로 협상에 불성실한 태도를 보이며 협상 중단, 연기 등으로 이어진다.
- **유화전략**: 나의 이익을 포기하고 상대방 제안을 수용하는 기법이다. 나의 관점에서 향후 상대방 협조가 필요하므로 우호적인 관계 유지를 위해 사용한다.
- **협력전략**: 양측 모두 결과도출에 적극적이고 협조적인 상황에서 가능한 기법이다. 양측은 지속해서 협업해야 하므로 서로 대안을 찾게 된다. 협상에서 가장 바람직한 모형이며 통합형 협상에 해당된다.
- **타협전략**: 나와 상대방이 서로 수용할 수 있는 중간지점에서 타협점을 찾는 방법이다. 양측은 부분적인 만족으로 협상을 종료시킨다.

2) 해외직접투자 기업의 협상력

협상력(Bargaining power)은 협상을 잘하여 목적을 달성할 수 있는 능력이다. 투자기업의 협상력은 위험의 원천과 협상을 통해 기업 피해를 최소화할 수 있는 능력을 의미한다. 이러한 협상력은 산업특성과 투자유형에 차이가 있다.

(1) 산업특성에 따른 협상력 차이

첨단산업, 그리고 기술적으로 비교우위 요인이 작용하는 산업에 투자한 기업의 협상력이 높다. 그 산업은 소수기업에 집중되어 있어 이들의 경영활동이 불안전하면 그 나라 경제 전체에 문제가 발생하기 때문이다. 이에 반해 자원채취산업, 그리고 방송 통신, 언론 등 공익산업에 투자한 기업의 협상력은 낮은 편이다. 산업성격상 민족주의가 부상하면 위험에 먼저 노출되기 때문이다.

(2) 투자유형에 따른 협상력 수준

기업차원의 협상력을 파악하는 척도이며, 어떠한 투자유형인지, 기업의 비교우위가 절대적인지 등에 의해 협상력 차이가 나타나게 된다.

첫째, 현지 기업과의 합작투자는 단독투자보다 위험발생 원천과의 협상에서 유리하다. 위험이 현실화하면 현지 파트너를 통해 다양한 회피전략을 펼칠 수 있기 때문이다.

둘째, 현지 자회사의 수출 비중이 높을수록 협상력이 좋아진다. 그 나라 입장에서 자회사의 수출이 경제에 미치는 효과를 무시할 수 없기 때문이다.

셋째, 기술집약적 산업일수록 투자기업의 협상력이 높다. 현지 정부나 산업계 입장에서 선진기술의 이탈은 달갑지 않기 때문이다.

넷째, 제품 차별화 수준이 높을수록 투자기업에 유리하다. 현지 소비자들이 우수한 품질을 생산하는 외국기업의 자국 이탈에 반대하기 때문이다.

다섯째, 해외사업 경영 경험이 많은 기업일수록 협상력이 우수하다. 평소 학습효과로 인해 위험 발생 시 어떻게 협상할지를 잘 알고 있다.

▷ 모스타르(Mostar), 이곳에 무슨 일이 있었는가?

모스타르(Mostar)는 보스니아 헤르체고비나(Bosnia-Herzegovina)의 네레트바 주도이다. 모스타르는 네레트바강(Neretva River)에 자리 잡고 있으며, '다리의 파수꾼들(Mostari)'이라는 뜻이다. 다리는 15세기부터 400년간 '스타리 모스트(Stari Most)' 건설되었으며 관광명소였다.
그러나 1991년부터 1999년까지 이어진 유고슬라비아 내전을 비켜나가지 못했다. 1993년 모스타르 다리 동쪽의 이슬람 보스니아인들과 서쪽의 기독교 크로아티아인들이 종교와 민족 문제로 처참히 싸워야 했기 때문이다. 양측의 9개월간 전투에서 대부분 주택, 교회, 성당 등에 총탄 자국이 벌집처럼 박혔다. 다리도 내전을 피하지 못하고 1993년 파괴되었는데 2004년에 현재 모습으로 재건되었다. 다리에 이러한 불행을 되풀이하지 말자는 'Don't forget 93' 문구가 새겨진 돌이 유산으로 남아 있다.

사진: 저자, 모스타르(Mostar 시내)

강을 경계로 두 문명이 겹치는 곳

제3절 투자철수 결정요인과 유형

1. 해외직접투자 철수 개념과 결정요인

1) 투자철수의 개념

투자철수(Foreign direct divevestment)란? 기업이 해외사업을 중단하고 자산처분과 현지법인을 청산하는 것이다. 해외사업을 중단하고 철수한다는 것은 자산손실과 함께 업계의 부정적인 평가를 받을 수 있다. 예를 들어 자회사 청산 과정에서 보유자산의 헐값 매각 소식, 또는 경쟁업계의 악의적인 뜬소문 전파로 인한 대외신용도 하락이 발생할 수 있다. 그렇지만 투자철수 상황이 어쩔 수 없이 발생할 수 있기 때문에 사업계획 수립 때부터 반영되어 있어야 하고, 철수가 결정되면 질서정연하게 수행되어야 한다.

투자철수 개념 정의는 학자에 따라 접근방법을 달리하고 있다. 예를 들어 보데윈과 토네텐(Boddewyn & Tomeden, 1973)은 사업 수익성 차원으로 접근했는데, 투자철수를 사업성 저하, 그리고 수용이나 국유화 조치 등으로 경영을 중단하고 법인을 청산하는 것이라고 하였다. 이에 반해 솔로몬(Solomon, 1978)은 지분의 전부 또는 일부를 매각하고 사업을 중단하는 것이라며 기업 소유권 처분 차원으로 접근했다.

▷ 해외직접투자 철수 개념

Foreign divestment is broad and refers to a reduction of ownership percentage in an active direct foreign investment, on either a voluntary or involuntary basis. It attempts to include operations which employ foreign citizens for the production of goods and services.

Source: Boddewyn & Tomeden(1973), U.S. Foreign Divestment: A Preliminary Survey

참고로 투자기업은 사업 철수에 있어 회수된 잔존자산의 활용문제를 검토하게 된다. 자회사 완전 철수를 전제로 할 때, 회수자산의 세 가지 재활용 전략 수행이 가능하다. 첫째, 현지 잔존자산 회수금액을 본사에 송금하고 사업을 중단할 수 있다. 둘째, 경영자산을 제삼국으로 이전하여 계속 해외경영을 영위한다. 셋째, 현지 경영자산을 본국으로 이전하여 국내에서 생산활동을 이어가는 방법이 있다.

2) 투자철수 결정요인

기업의 투자철수 결정에는 내부와 외부 환경변화가 작용한다. 내부와 외부 환경변화는 모두 경제와 비경제적 요인이 작용한다(서민교, 2002). 기업의 내부환경 변화는 경영악화, 업종 변경 등 경제적 요인과 본사와 자회사 간 의사소통 문제, 경영층의 비합리적 의사결정 등 비경제적 요인이 작용한다. 외부환경 변화는 소비자 기호변화, 생산요소 가격 폭등, 환율 급등락 등 경제적 요인과 사회불안, 국유화 조치 등 비경제적 요인이 작용한다.

한편, 보데윈(Boddewyn, 1979)은 다국적기업의 대표적인 직접투자 철수 결정요인을 아래와 같이 다양하게 제시하였다.

- **불충분한 사전 성과분석**(Poor pre-investment analysis): 투자기업이 사업계획 수립 시 주도면밀한 분석 없이 이루어진 투자로 손실이 발생하면 철수요인으로 작용한다.
- **재무적 고려**(Financial consideration): 내부환경 요인으로 해외 자회사의 장기간 성과부실이 지속하고 앞으로도 성과를 기대할 수 없는 경우이다.
- **불리한 환경조성**(Adverse environment conditions): 투자기업은 성과를 예측하고 투자를 결정하지만, 미래의 환경변화를 모두 예측할 수는 없다.
- **적합성 그리고 자원 부족**(Lack of fit and resources): 투자 후 사업 타당성이 떨어지거나, 자원 배정 과정에서 특정 사업을 포기할 수 있다.
- **조직적 요인**(Organizational factors): 해외투자에 비우호적인 인사가 경영진에 취임하면 그 자체가 철수요인이 될 수 있다.
- **외부적 압력**(External initiating pressures): 외부환경 요인으로 현지 정부, 환경단체, 국제사회 등의 압박도 철수요인으로 작용한다.
- **외국기업과 현지 기업의 차이**(Foreignness and national difference): 외국기업은 고용 창출 등 현지사회 공헌보다 이윤 창출에 목적이 있다. 따라서 상황 변화 시 현지 기업보다 쉽게 사업을 중단하거나 철수를 결정한다.

3) 투자철수 유형

(1) 철수 규모에 의한 분류

완전 철수는 현지 자회사 전체 자산을 매각하고 법인을 청산하여 사업장을 완전히 정리하는 것이다. 시장성 악화, 몰수 등의 이유로 자회사 존속 의미가 사라지면 선택하는 유형이다.

축소 철수는 사업성을 상실한 부문을 매각하는 방식이다. 예를 들어 현지 특정 국가의 가전 시장에 TV, 냉장고, 에어컨 생산시설을 갖췄지만, TV를 제외한 나머지 분야의 경영손실로 그들 부문만 정리할 수 있다.

(2) 자발적 철수와 비자발적 철수

자발적 철수는 외부의 압력이나 강제없이 경영실패, 사업성 악화, 재원 악화, 그리고 해외사업 전략 변경 때문에 기업 스스로 현지 사업장을 정리하는 것이다.

비자발적 철수는 경영전략과 무관하게 현지상황 변화 때문에 철수하는 것이다. 대부분 정치적 변혁 때문에 몰수, 수용, 강제매각 등 위험이 현실화하는 경우에 선택한다. 비자발적 철수에서 일시적 철수는 현지 정치변혁이나 정부 압박이 심해서 시간 지체없이 사업장을 정리하는 것이다. 점진적 철수는 현지 정부의 페이드 아웃(Fade out) 정책에 따라 시차를 두고 사업을 거두어들이는 방법이다.

〈표 14-5〉 투자철수 유형과 결정요인

유형	환경변화	결정요인
자발적 철수	- 외부 압력이나 강제성 없음 - 투자기업 스스로 철수 결정 - 자원이용 합리화 전략	- 기업 경영활동 실패 - 현지 투자환경 변화 - 사업 포트폴리오 재구성
비자발적 철수	- 주로 정치적 위험(political risk)의 현실화 - 민족주의 부상, 이념전환 등	- 외부환경 변화에 의한 결정 - 수용, 몰수, 강제매각, 계약 재협상 등

자료원: Brooke & Remmers(1978), International Management and Business Policy

2. 투자철수에 관한 이론적 배경

직접투자 철수에 관한 연구는 1970년대부터 국제경제 주역으로 부상한 다국적기업의 해외경영 특징을 설명하는 분야로 이루어지고 있다. 투자철수는 기업 이미지에 부정적인 면이 있기 때문에 학계의 이 분야 연구는 다소 부진한 편이다. 이러한 배경에서 투자철수에 관한 연구는 〈표 14-6〉과 같이 대부분 투자이론을 역으로 이용하고 있고, 일부 연구는 투자철수 판단기준을 창의적으로 제시하였는데 자회사 현금흐름, 그리고 철수요인과 장벽요인 관계에 관한 연구 등이 있다(송리리 · 위오기, 2012; 최순승 · 나원찬, 2017).

〈표 14-6〉 **해외직접투자 철수에 관한 연구**

구분			주요내용
투자철수 이론	기업행태론	Aharoni (1966)	- 경영자의 비합리적 형태로 철수 결정 - 외부 자극에 의한 철수 결정
	절충이론	Dunning (1981)	- 절충이론(Eclectic theory) 활용 - Boddewyn(1983) 이론으로 발전
	제품수명 주기론	Vernon (1966)	- 제품수명주기(PLC) 이론 활용 - Wallender(1973) 동태이론으로 발전
	거시경제론	Kojima (1975)	- 현지 파트너가 기술을 이전받으면 다른 지역으로 이전
철수 판단기준	현금흐름 기준	Willson (1980)	- 재무론적 관점의 철수이론 - 철수가치와 존속가치 비교
	철수촉진 장벽요인	Benito (1997)	- 철수촉진 요인과 장벽요인의 상호 작용으로 철수 또는 잔류

자료원: 송리리 · 위오기(2012), 한국기업의 대중국 해외직접투자 철수요인에 관한 연구

1) 해외직접투자 이론을 이용한 투자철수 연구

(1) 보데윈의 OLI 패러다임 모형

보데윈(Boddewyn, 1983)은 더닝의 절충이론의 OLI 패러다임을 적용하여 기업의 투자철수 현상을 설명하였다. 절충이론에 따르면, 기업 특유 우위, 내부화

우위, 그리고 입지 우위 등 세 가지 요소가 모두 충족되어야 투자가 이루어진다.

보데윈은 이를 역으로 이용하였는데, OLI 패러다임 세 가지 우위 요소 중에서 하나라도 충족되지 못하면 철수하게 된다는 것이다. 즉, 절충이론은 세 가지 우위 요소가 모두(and) 충족되어야 하지만, 철수는 아래 내용과 같이 한 개라도(or) 충족되지 못하면 투자기업이 현지 사업을 접고 다른 곳으로 이전하게 된다.

- **기업 특유 우위**: 현지 기업 또는 경쟁 관계에 있는 외국기업에 비해 비교우위 요소의 독점적 지위를 상실하면 사업장을 정리한다.
- **내부화 요인**: 내부화 이익이 없어지거나 남아 있더라도 수출이나 라이센싱 등 외부거래를 하면 수익 창출이나 비용 절감에 유리할 때이다.
- **입지요인**: 현지보다 생산비용이 저렴한 생산입지가 부상하였거나, 현지 소비시장 매력이 사라졌을 때 기업은 철수를 결정한다.

▷ 보데윈의 OLI 패러다임을 이용한 철수이론

FDI(Foreign Direct Investment) theory demands that three conditions be satisfied simultaneously while FDD(Foreign Dircet Divestment) requires only a minimum of one of them.

Source: Boddewyn(1983), Foreign Direct Divestment Theory: Is It the Reverse of FDI Theory?

(2) 월렌더의 동태이론(FAST track 모형)

월렌더(Wallender, 1973)는 제품수명주기 이론을 투자철수에 확장하여 계획된 철수(A planned divestment)를 담고 있는 FAST track 모형을 고안했다. 이론적 기반은 철수를 경영실패가 아닌 환경변화에 대한 능동적인 적응과정이다. 즉, 투자기업은 전략적으로 사전에 자회사 철수를 준비하고, 예정대로 사업장을 다른 국가로 이전시킨다. FAST track 모형에서 투자철수 과정은 예측, 분석, 분리, 그리고 종료 과정으로 진행되며, 모형 이름은 4개 과정 영문 머리글자 조합이다.

월렌더는 〈그림 14-4〉와 같이 기존의 제품수명주기를 이용한 투자철수 모형과의 차이를 설명하였다. 기존의 철수이론은 그림 상단 실선(−)과 같이 성장,

정체, 반전, 그리고 철수 단계로 진행된다. 이에 반해 Fast track 모형은 하단 점선(--)과 같이 사전에 계획된 절차에 의해 빠르고 질서정연하게 철수가 진행된다.

▷ 제품수명주기를 이용한 기존의 철수모형

- 성장기: 자회사 영업비용은 예산 내에서 집행되고 성과는 투자목표를 충족시키는 단계이다.
- 정체기: 영업목표와 성과에 차이가 발생하고 이를 개선하려 노력하지만, 효과가 나타나지 않는다.
- 반전기: 회생의 마지막 기회로 본사는 자회사에 경영개선 자금을 긴급지원하고, 자회사도 자구책 마련에 애쓰는 시기이다.
- 철수기: 본사가 자회사를 회생 불가능하다고 판단하고 철수를 결정한다.

▷ 윌렌더의 Fast track 모형

- 예측: 투자 초기 정상적인 경영여건 때부터 자회사 매각가치와 투자대비수익률(ROI)을 파악해 나간다.
- 조사분석: 자회사 경영에 문제가 있거나 다른 수익기회가 있다고 판단되면 전담부서에서 이를 철저하게 조사 분석하여 철수 여부를 판단한다.
- 분리: 만약, 자회사 철수가 결정되면 분리(separation) 작업에 들어간다. 분리는 본사 조직과 별개의 철수 전담팀 구성을 의미한다. 그 팀은 전문성 확보를 위해 최대한 외부 전문가로 구성되며 철수업무를 독자적으로 수행한다.
- 종료: 자회사 자산을 정리하고 법인을 소멸시킨다. 성공 핵심요소는 자산 누수 방지를 위한 속도전에 있다.

제품수명주기를 이용한 기존 철수이론과 Fast track 모형의 차이는 두 가지로 정리할 수 있다. 첫째, 계획성 유무이다. 기존이론은 환경변화에 따라 철수를 결정하는 데 반해 Fast track 모형에서는 투자 때부터 철수를 고려하고 자회사 경영을 관찰한다. 둘째, 철수시기이다. 기존이론은 제품수명주기 마지막 단계 쇠퇴기에 철수를 결정한다. 이에 반해 FAST track 모형에서는 제품수명주기 2번째 성장기에 철수를 결정하고, 3번째 성숙기에 철수까지 종료하며, 필요하다면 단계를 더 앞당길 수 있다.

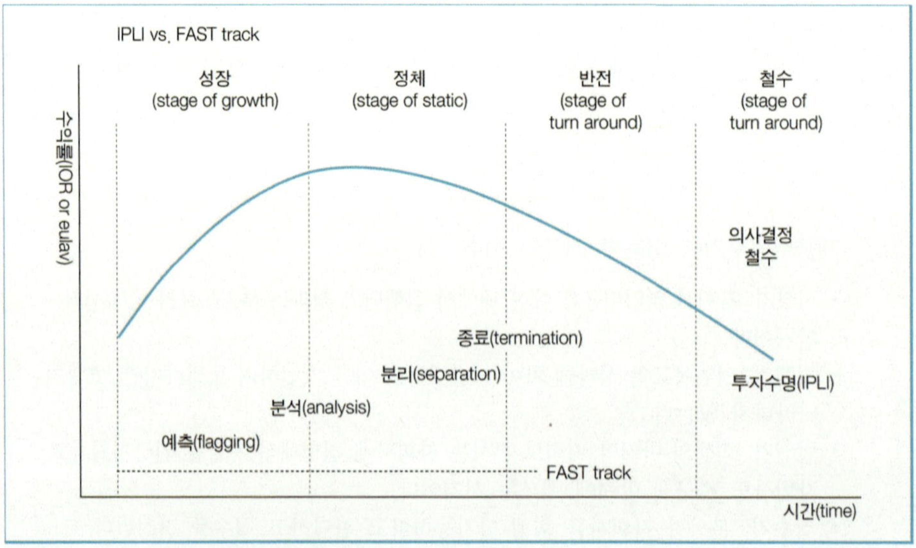

자료원: Wallender(1973), A planned approach to divestment

〈그림 14-4〉 제품수명주기를 이용한 기존이론과 FAST track 모형

(3) 기타 해외 생산지 이전에 관한 연구

일본 학자 고지마(Kojima, 1973)는 거시경제론적 입장에서 철수 현상을 설명하였다. 투자기업 철수요인은 현지 기업의 기술습득에 의한 자회사 비교우위 상실, 또는 현지 생산요소 가격 인상 등 경영환경 악화이며, 여건이 더 나은 곳으로 공장을 이전한다.

알프레드 베버(Weber, 1909)는 최소비용이론(The least cost theory)으로 투자입지 변경과정을 설명하였다. 기업은 생산비용을 최소화할 수 있는 장소로 이전한다는 내용이다. 생산비용은 원료비를 포함한 수송비와 노동비로 구성되는데, 기업은 본능적으로 이들 비용이 낮은 지역으로 생산입지를 옮겨 간다.

아우구스트 로쉬(Losch, 1940)는 기업의 공장입지 변경요인을 비용(cost)보다 수요(demand)에서 찾았다. 그가 제시한 최대수요 이론(Maximum demand theory)에 따르면, 기업은 수요확대 가능성이 가장 큰 곳으로 공장을 배치한다.

그리고 로버트 그린헛(Greehut)은 비용과 수요를 동시에 고려한 통합이론을 제시했다.

2) 철수 판단기준에 관한 연구

(1) 윌슨의 자회사 현금흐름 기준

기업은 투자계획 수립 시 미래 현금흐름의 현재가치로 그 투자안의 경제성을 판단한다. 같은 관점에서 어떻게 투자철수를 결정할지는 자회사의 미래 경영성과와 현재 자산가치 비교로 판단할 수 있다. Willson(1980)은 이러한 재무론적 관점에서 철수 판단기준을 제시했다. 윌슨에 따르면 철수가치가 자회사 경영을 통해 창출되는 미래 수익의 현재가치를 상회하는 시점부터 철수의 경제적 타당성을 갖는다. 여기서 자회사 철수가치(자산매각)는 자회사가 보유하고 있는 유무형 자산의 매각대금이며, 미래 현금흐름의 현재가치(예상수익)는 자회사 경영활동을 통해 벌어들이는 현금 합계액을 자본비용(본사 기대수익)으로 할인한 금액을 의미한다. 이러한 철수가치와 현재가치 관계식은 아래 부등식과 같다(김신, 1997).

$$\sum_{t=1}^{n} = \frac{CF_t}{(1+r)^t} \quad \langle \quad \text{철수가치}$$

(미래 수익의 현재가치)　　　　　(자회사 매각대금)

CF : 미래에 예상되는 자회사 경영활동과 관련된 현금흐름

r : 적용 할인율(본사 기대수익률)

t : 자회사 사업의 경제활동 기간

위와 같은 부등식으로 철수 요건이 충족되어도 이행을 못 하는 경우가 있는데, Wilson은 이를 철수장벽(Barrier of withdraw)으로 설명하였다. 철수장벽 요인에는 경제적 요인과 기업조직 특성요인이 작용한다. 경제적 요인은 자회사가 소유하고 있는 기술의 경제적 유용성, 그리고 고정자산이나 운영자금의 특수성이다. 운영자금의 경우, 자회사 설립을 위한 현지 금융권에 차입한 부채를 예로 들 수 있다.

기업조직 특성상의 요인은 구조적인 면과 경영층의 특이한 의사결정 형태가 있다. 구조적 측면은 기업 전체 시스템에서 자회사가 차지하는 중요도이다. 예를 들어 자회사가 청산되면 기업 전체적으로 기술개발, 상품 포트폴리오 구성에 문제가 발생하는 경우이다. 형태적 장벽은 경영진의 수동적이고 방어적인 태도

이다. 경영자는 경영 실패책임 회피목적으로 철수 결정을 지연하거나 거부할 수 있다.

결과적으로 투자기업의 자회사 투자철수 결정 확률은 자회사 투자철수 촉진 요인(현금흐름의 감소, 본사 기대수익률의 증가)과 철수를 저해하는 장벽요인(특수한 자산 소유, 자회사에 대한 의존도, 경영자의 방어적 태도)의 함수관계로 아래 모형과 같이 정리할 수 있다.

P(D) = f(CF, r, I, SA, CMG)

P(D) : 자회사 철수 가능성, Probability(Divestment)

CF : 자회사 경영과 관련된 예상 현금흐름

r : 적용 할인율(기대수익률)

I : 자회사와 기업 전체 조직과의 상호 보완성

SA : 자회사의 경제성 있는 특수자산 보유수준

CMG : 조직 내 경영목표 충돌(Conflict Management Goals)

(2) 베니토의 투자 철수촉진과 장벽요인에 관한 연구

가브리엘 베니토(Benito, 1997)는 산업조직론적 관점에서 투자철수를 서로 다른 2개 힘의 상호작용 결과로 보았다. 투자철수를 결정하는 두 개의 어긋나는 힘은 투자철수 촉진요인(I exit: Incentives to exit)과 장벽요인(B exit: Barriers to exit)이다. 서로 대치하는 투자철수 촉진요인과 장벽요인이 자회사 철수와 존속 결정에 어떻게 영향을 미치는가는 〈그림 14-5〉 매트릭스에서 파악해 볼 수 있다.

철수장벽 요인 값과 관계없이 철수촉진 요인 값이 0에 수렴하면(Iexit = 0) 투자 존속 옵션을 선택하고, 철수촉진 값이 0보다 크면서(I exit) 〉 0) 장벽요인 값이 0에 수렴하면(B exit = 0) 투자철수 옵션을 선택한다. 즉 양쪽 힘의 강도에 따라 투자철수 또는 존속 여부가 결정된다. 매트릭스 오른쪽 윗면은 철수 장벽 요인과 촉진요인이 모두 높은 경우로 양쪽 힘의 강도에 따라 철수 또는 존속하는 것을 보여준다.

투자철수 촉진요인과 장벽요인을 이용한 철수모형은 해외사업 지속 여부를 판단하는 데 있어 간단하면서도 핵심을 밝히는 분석 도구이다.

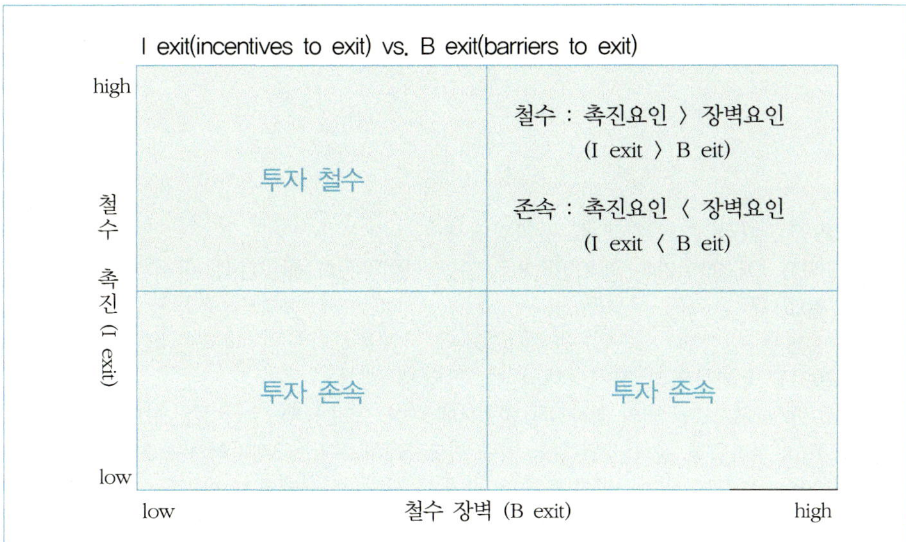

자료원: 장유철·정완길(2004)의 Benito(1997) 인용자료 재편집

〈그림 14-5〉 **투자철수 촉진요인과 장벽요인 모형**

참고문헌

강태구(1997), 다국적기업경영론, 무역경영사

강한균(2004), OECD국가의 제조업FDI로 인한 산업공동화 실증분석, 국제지역연구, 8(1), pp.61-77

강한균 · 김남두 · 김학민 · 오근엽 · 김홍기(2014), 국제통상학원론, 빅북총서

구민교(2021), 국제무역의 정치경제와 법, 박영사, 서울

구상엽(2019), 국제카르텔 역외 형사집행 방법론에 대한 소고(小考), 통상법률, 2019-18, pp.9-51

김관호(2016), 투자협정 정책의 딜레마: 최근 인도사례의 고찰, 국제지역연구, 25(3), pp.1-35

김경훈(2005), 트렌드 워칭: 미래를 읽는 9가지 기술, 한국트렌드연구소

김규창(2002), 해외직접투자진출에 따른 산업공동화 추이와 대응방안: 대구지역 기업을 중심으로, 국제상학, 13(1), pp.243-262

김문관 · 김숙(1999), 한국 반도체산업의 국제 전략적 제휴에 관한 연구, 제주대학교 Repository, pp.11-43

김민영(2018), 다국적 기업의 해외직접투자 동기: 불균형 이론 관점, 국제지역연구, 27(2), pp.1-11

김선식 · 신성희(2014), 해외직접투자이론의 연구동향에 대한 소고, 숙명여대 기업경제연구, 42(2), pp.118-140

김신(1997), 국제경영론, 2nd ed., 박영사

김왕용(2022), 해외진출 컨설팅의 이해, 글로벌 비즈니스 컨설턴트, KOTRA-KMA

김의환(2023), 국제계약 개론, 법무법인(유한) 정진, 글로벌 비즈니스 컨설턴트(GBC) 교육자료, KOTRA-한국능률협회(KMA)

김준동(1994), 주요국의 투자자유지역 운영현황과 우리제도의 개선방안, 대외경제정책연구원

김준동 · 서진교 · 송백훈 · 안덕근(2012), DDA 협상 지연의 요인 분석과 국제적 대응방안, KIEP 대외경제정책연구원, 연구보고서 12-02

김필헌 · 송원근(2009), 글로벌화의 경제적 영향과 대응방안: 해외직접투자를 중심으로, 한국경제연구원

김태기 · 주경원(2007), 한국과 동아시아 국가 간 수평적 · 수직적 산업내 무역과 FDI에 관한 연구, 대외경제연구, 11(1), pp.27-56

김태현 · 김형기 · 노윤호(2023), 협상자의 타인 지향성 연구 리뷰, 한국협상학회, 26(2), pp.1-41

김철(2001), 해외투자론, 도서출판 두남, 서울

김희철(2021), 세계화와 글로벌 경영, 두남, 서울

남상현(2000), 인터넷 시대 영문계약서 A에서 Z까지, 도서출판 인터윈

문휘창(1997), 해외 직접투자의 새로운 형태를 설명하는 새로운 접근법, 국제지역연구, 8(2), pp.1-20

문휘창(2002), 해외직접투자 동기, 글로벌 조정 및 진입유형을 설명하는 새로운 이론: 한국기업의 실증분석을 위한 불균형 접근법, 국제지역연구 11(4)

박길상(1999), 한국섬유기업의 해외직접투자에 관한 연구, 산학경제연구, 12, pp.209-237
박영호(1998), 아시아 금융위기 이후 세계 직접투자의 흐름과 향후 전망. 세계경제 Focus: 1999년 세계경제 전망, KIEP 세계경제 1998년 12월호
박창민(2019), 한·중·일 조선기자재 산업의 수출경쟁력 실증 분석 연구, 박사학위논문, 부경대학교
반병길·이인세·김성영(2000), 다국적기업 전략과 관리, 박영사, 서울
변재웅(2018), 해외직접투자 전략론, 탑북스
배정한(1997), 미국 반 트러스트 법의 역외적용확대와 그 대응방안, 무역상무연구, 12(4), pp.555-586
백외숙(2016), 해외진출기업의 국내복귀 결정요인 사례연구: 부산지역 신발제조업 중심으로, 박사학위 논문, 동아대학교
안덕근(2021), 글로벌 신통상포럼, KOTRA
이덕훈(2022), 국제경영학, 도서출판 두남, 서울
안세영(1993), 다국적기업 경제학, 박영사, 서울
어윤대(2002), 국제경영학, 학현사, 대한민국
오근엽(2013), 국제무역론, 학현사
오근엽·주혜영(2000), 한국의 수평적, 수직적 산업내무역과 국가특성: OECD 국가와의 무역을 중심으로, 국제통상연구, 5(1), pp.3-24
이동기·이윤철(1995), 일본기업의 대 아시아 직접투자, 연구보고서 95-05, 대외경제정책연구원
이성봉(2003), 국제투자규범의 현황 및 수렴 가능성, OECD Close-up 2003년 3월호, 대외경제정책연구원
이성봉·김관호·김인봉(2003), WTO 투자협정 논의의 평가 및 향후과제, 대외경제정책연구원, 정책자료 03-01
유승균(2016), 학자별 문화비교 모형분석, 동국대학교 글로벌경제통상학부. http://contents2.kocw.or.kr/KOCW/document/2016/dongguk/yooseunggyun1/2.pdf
이영선·신호상(2022), 1980년대 이후 전세계·미국·일본 해외직접투자의 특징적 변화, 대한경영학회지, 35(12), pp.2313-2333
이원형(2004), 자본이동의 원인 변화와 금융안정성, 산업연구, pp.75-88
이지평(2003), 산업공동화의 극복: 산업전환기의 일본과 아시아, LG경제 연구원
이철(2019), 글로벌 경영, 학현사, 서울
이효영(2021), 디지털 무역협정의 '정당한 공공정책 목적(LPPO)' 예외의 의미와 쟁점, 국제경제법연구, 19(3), pp.187-223
윤한성(2002), 문화적 거리가 국제제품전략에 미치는 영향에 관한 연구, 부경대학교, 석사 논문
윤해진(2020), 다국적기업의 자연환경 파괴에 대한 윤리적 성찰, 동서철학연구, 96, pp.347-370
윤희철·김현식(2023), 경제제재 효과에 영향을 미치는 요인에 관한 연구, 문화와융합, 45(11), pp.521-534
임성훈(2015), 표준 국제경영 2.0, 학현사, 서울
서민교(1992), 한국기업의 해외생산자회사 투자철수 결정요인에 관한 실증적 연구, 박사학위 논문, 고려대학교

서민교 · 정완길 · 서준석(2002), 한국기업의 해외투자철수 결정요인에 관한 연구, 무역학자 전국대회 발표논문집, pp.41-58

서문식(2015), 해외직접투자 정의와 관련한 제 문제, 금융법연구 3호, pp.147-180

서진교, Sherzod Shadikhodjaev. 이경희 · 박지현 · 윤창인(2008), WTO 체제의 개혁 방향과 한국의 대응, KIEP 대외경제정책연구원, 연구보고서 08-05

송리리 · 위오기(2012), 한국 기업의 대(對)중국 해외직접투자 철수요인에 관한 연구, 경영컨설팅리뷰, 3(1), PP.49-73

송미경(2013), 몰락한 도시 : 디트로이트의 교훈, 세계와 도시, 서울연구원 세계도시연구센터, pp.128-132

장유철 · 정완길(2004), 해외투자철수의 결정요인, 대한경영학회지, 44, pp.1215-1238

제현정(2012), 확대되는 해외직접투자, 우리 수출에 득(得)인가 실(失)인가?, 한국무역협회 국제무역연구원, Trade Focus Vol 11, No.46

전경태 · 김계화(2001), 해외직접투자에 따른 위험관리에 관한 연구, 계명대학교 국제학논총 6집, pp.177-203

정환(2002), 미국 독점금지법의 역외적용, 한국공정경쟁연합회, 81, pp.22-32

조영정(2019), 무역학개론, 4th ed, 박영사

조영정(2008), 산업내 무역과 해외직접투자의 관계: 한 · 중간 기계 및 우수장비 산업을 중심으로, 통상정보연구, 10(2), pp.411-432

표정호(1984), 해외직접투자이론에 관한 문헌적 고찰, 지역산업연구, 7(1), pp.201-228

표정호(2005), 해외직접투자가 국내 산업공동화에 미치는 영향, 사회과학연구, 10(3), pp.727-744

최백렬(2009), 해외투자론, 도서출판 대경, 서울, 대한민국

최석신 · 박의범 · 김보영 · 김영숙(2016), 글로벌 마케팅, 8ed., 시그마프레스, 서울

최순권(2015), 전통적 국제화 과정 이론(Internationalization Process Theory)의 현재적 적용 가능성에 대한 재고찰, 경영컨설팅연구, 15(4), pp.23-34

최순승 · 나원찬(2017), 국내 외국인직접투자기업의 철수요인 분석, 국제지역연구, 21(3), pp.121-144

최윤희(1997), 글로벌 비즈니스맨과 이문화관리, ㈜영풍문고

하병기 · 이상학(2011), 한국 기업의 기업내무역 구조와 결정요인 : 제조업 현지법인을 중심으로, 한국경제의 분석, 27, pp.134-187

홍장표(2009), 해외직접투자가 무역수지와 제조업에 미치는 영향 : 전자산업과 자동차산업 기업패널자료 분석, 27, pp.69-95

경제지식전파소(2004), 산업 간 무역이론과 산업 내 무역이론 비교, 현대적 무역이론. https://kelenis.tistory.com/244

대외경제정책연구원(1994), 전략적 제휴와 기술혁신의 국제화

대외경제정책연구원(1994), 외국인직접투자의 기술이전효과에 관한 연구, 정책연구 94-7. file:///C:/Users/User/Downloads/PAIK199407%20(1).pdf

대외경제정책연구원(1999), 주요 산업별 해외 M&A사례와 국내기업의 대응방안

대외경제정책연구원(2012), 금융시장을 통한 효율적 환 헤지 방안과 정책적시사점

대외경제정책연구원(2005), 중국의 시장경제 지위 인정 검토, 용역보고서

대외경제정책연구원(2006), 직접투자의 탈산업화에 대한 영향 분석, 연구보고서 06-07. file:///C:/Users/User/Downloads/PAIK200607.pdf
대한무역투자진흥공사(2005), WTO 체제 10년의 성과와 전망
대한무역투자진흥공사(2013), 글로벌경쟁력 강화를 위한 전략적 제휴 안내서
대한무역투자진흥공사(2014), 환율변동에 따른 외국인직접투자 변화연구
대한무역투자진흥공사(2015), 2016 해외투자진출 종합가이드, KOTRA자료 15-061
대한무역투자진흥공사, Invest Korea. www.investkorea.org/ik-kr/cntnts/i-138/web.do
대한상사중재원, 중재 합의. http://www.kcab.or.kr/html/kcab_kor/intervention/intervention2_2.jsp
대한상사중재원, 국제계약서 작성가이드(표준계약서). http://www.kcab.or.kr/html/kcab_kor/data/data_list02_4.jsp
산업연구원(2016), 기업의 국제화가 생산성에 미치는 효과 및 시사점, 산업경제분석, 201606
외교통상부(2024), 조약·국제법, 조약이란 무엇인가. https://www.mofa.go.kr/www/wpge/m_24251/contents.do)
통일연구원(2006), 한반도 경제통합 모형의 이론적 모색, 연구총서 06-02. https://repo.kinu.or.kr/bitstream/2015.oak/968/1/0000786741.pdf
한국교육학술정보원, 2013), 국제마케팅의 정치적 환경. http://elearning.kocw.net/contents4/document/lec/2013/Hufs/Kimmijung3/5.pdf
한국교육학술정보원(KOCW)(2014), 신보호무역주의. http://contents.kocw.net/KOCW/document/2014/Chosun/shimjaehee/06.pdf
한국교육학술정보원(KOCW)(2015), 기업의 국제화. http://contents.kocw.or.kr/KOCW/document/2015/hufs/seoocksoon/01.pdf
한국교육학술정보원(KOCW)(2017), 문화와 다문화사회. http://contents2.kocw.or.kr/KOCW/document/2017/hankyong//jungchunsok1/1.pdf
한국무역보험공사, 해외투자보험. https://www.ksure.or.kr/rh-kr/cntnts/i-210/web.do
한국무역협회(2016), 중국의 시장경제 획득 현안과 전망, Trade brief, 2016.12.8., No.36, 국제무역연구원
한국무역협회(2018), 미국 통상법의 주요내용과 시사점, KITA 통상리포트, Vol.18.
한국은행(2002), 해외직접투자의 경제적 효과 분석. www.bok.or.kr/portal/bbs/P0000551/view.do?nttId=23258&menuNo=200438
한국은행(2005), 환율제도의 종류와 국가별 차이점, 금요강좌, 국제국 국제기획팀
한국은행(2011), 새로운 국제수지통계 편제기준(BPM6)의 주요 개정내용, Quarterly National Accounts Review
한국은행(2018), 미국의 대중국 통상압력 강화 배경 및 전망, 국제경제리뷰 제2018-22호, 조사국 국제경제부 미국유럽경제팀
한국은행(2021), 국제수지통계의 이해. https://www.youtube.com/watch?v=Ruaf9uJKljY
한국은행(2024), 외환시장과 외환제도. https://www.bok.or.kr/portal/main/contents.do?menuNo=200025
한국수출입은행(2011), 해외투자의 수출입유발효과 분석 및 정책 시사점에 관한 연구 (대한무역투자진흥공사 발주 용역 조사)

한국저작권위원회(2022), 미국 무역대표부(USTR), 2022년도 스페셜 301조 보고서 발표, 통상산업통계팀 장민기 연구원, 저작권 속보(2022.4.28.)

한국조직학회(2009), 정부 정책결정 시스템의 실태와 효과 제고방안 : 경제분야와 정보통신 분야를 중심으로, 국회입법조사처 정책보고서

Acquino, A.(1978), Intra-Industry Trade and Inter-Industry Specialization as Concurrent Sources of International Trade in Manufactures, Weltwirtschaftliches Archiv., 114(2), pp.275-296

Adler, N. J.(1986),International dimensions of organizational behavior, Boston: Mass., Kent Publishing Company, pp.14-15

Aharoni, Y.(1966), The Foreign Direct Investment Decision Process, Boston: Harvard Business School Press

Aharoni, Y.(1971), On the Definition of a Multinational Corporation, Quartely Review of Economics and Business, Autumn, pp.27-37

Aliber, R.(1970) A Theory of Foreign Direct Investment. In: Kindleberger, C.P., ed., The International Corporation: A Symposium, 5th Edition., MIT Press, Cambridge, MA, pp.17-34

Anderson, O.(1993), On the Internationalization Process of Firms: A Critical Analysis, Journal of International Business Studies, pp.209-230

Askari, H., Forrer, J. & Teegan, H., & Yang, J.(2003), Economic Sanctions: Examining Their Philosophy and Efficacy, Praeger

Atorough, P. & Martin, A.(2012), Assessing stakeholder interaction choice orientations toward a DMO formation, using the Thomas-Kilmann Conflict Mode Instrument, Journal of Management and Development, 5(1), pp.35-55

Balassa, B.(1966), The Theory of Economic Integration, London: George Allen

Barnir, A. & Smith, K. A.(2002), Interfirm Alliances in the Small Business: The Role of Social Networks, Journal of Small Business Management, 40, 219-232, https://doi.org/10.1111/1540-627X.00052

Belderbos, R., Capannelli, G. & Fukao, K.(2001), Backward Vertical Linkages of Foreign Manufacturing Affiliates: Evidence from Japanese Multinationals, World Development, 29(1), pp.189-208

Bell, D.(1973), The Coming of Post-industrial Society: A Venture in Social Forecasting, New York: Basic Books

Behman, J. N.(1969), Some Patterns in the Rise of the Multinational Enterprise, The University of North Carolina School of Business Research Paper, 18, pp.58-60

Benito, Gabriel. R. G.(1997), Why are Foreign Subsidiries Divested? A Conceptual Framework, In Ingmar Bjorkman and Mats Forsgren

Bergstrand, J. H.(1979), Measurement and determinants of intra-industry internal trade, Intra-industry trade: empirical and methodological aspect, Amsterdam: Elsevier, pp.201-253

Boddewyn, J. J.(1979), Foreign Divestment: Magnitude and Factors, Journal of International Business Studies, Spring/Summer

Boddewyn, J. J.(1983), Foreign Direct Divestment Theory: Is it the Reverse of FDI Theory? Weltwirtschaft Kiel, pp.345-355

Boddewyn, J. J. & Tomeden, R. L.(1973), U.S. Foreign Divestment: A Preliminary Survey, Columbia Journal of World Business, pp.25-29

Brander, J.(1981), Intra-indutry Trade and in Identical Commodities, Journal of Internal Economics, 11(1), pp.1-14

Brooke, M. Z. & Buckley, P. J.(1988), Handbook of International Trade

Brooke, M. Z & Remmers, L. H.(1970), The Strategy of Multinational Enterprise, London; Longman

Brooke, M. Z. & Remmers, L. H.(1978), International Management and Business Policy, Boston: Houghton Miffin Co

Bruck, J. K. & Lee, F. A.(1966), Foreign Content of U.S. Corporation Actives, Financial Analysis of Journal, Sep.-Oct

Bucklin, L. P. & Sengupta, S.(1993). Organizing successful co-marketing alliances. Journal of Marketing, 57, pp.32-46. http://dx.doi.org/10.2307/1252025

Buckley, P. J. & Casson, M. C.(1976), The Future of Multinational Enterprise, London: MacMillan

Caves, R. E.(1971), International Corporation: The Industrial Economics of Foreign Investment, Economia

Caves, R. E. & Pugel, T. A.(1980), Industry Difference in Conduct and Performance, Monogragh Series in Finance and Economics

Caves, R. E.(1982), Multinational Enterprise and Economic Analysis, Cambridge Univ. Press

Caves, R. E.(1996), Multinational Enterprise and Economic Analysis. 2nd ed., Cambridge University Press, Cambridge, New York and Melbourne

Cavusgil, S. T.(1993), On the Internationalization Process of the Firms, European Research, 8(6), pp.273-281

Chandler, A. D.(1980), The Growth of Transnational Industrial Firms in the U.K. and U.S.: a Comparative Analysis Economic History Review 33(3), pp.396-410

Chen, T. Y.(2000), Foreign Direct Investment and Intra-Industry Trade - the Case of the United States, Pacific Economic Papers, 303, pp.1-17

Clee, G. & Disipio, A.(1959), Creating a World Enterprise, Harvard Business Review, Nov-Dec

Coase, R. H.(1937), The Nature of the Firm, Economica, 4(16), pp.386-405

Coram, T. C.(1967), The Role of British Capital in the Development of the United States, MSC Thesis University of Southampton

Cyert, R. M. & March, J. G.(1963), A behavioral theory of the firm, Englewood Cliffs, NJ, 2(4), pp.169-187

Davidson, W. H.(1980), The Location of Foreign Direct Investment Activity: Country Characteristics and Experience Effects, Journal of International Business Studies, Fall. pp.9-16

Dixit, A. K. & Pindyck, R. S.(1994), Investment under uncertainty, Princeton Univ. Press

Drachal, K.(2014), What Do We Know From EPRG Model?, Ecoforum, 3(2), pp.85-92

Dunning, J. H.(1977), Trade, location of economic activity and the MNE: A search for an eclectic approach, In B. Ohlin, P. O. Hesselborn, & P. M. Wijkman, The international allocation of economic activity, London

Dunning, J. H.(1979), Explaining changing patterns of international production: in defense of the eclectic theory, Oxford bulletin of economics and statistics, 41(4), pp.269-295

Dunning, J. H.(1981), International Production and the Multinational Enterprise, George Allen & Unwin (Publishers) Ltd., London, UK

Dunning, J. H.(1993), Multinational Enterprise and the Global Economy, Addison-Wesley Publishing Company, pp.183-208

Dunning, J. H.(2000), The Eclectic Paradigm as an Envelope for Economic and Business Theories of MNE Activity, International Business Review, 9, pp.163-190

Dymza, W. A.(1972), Multinational Business Strategy, McGraw-Hill

Eiteman, D. K. & Stonehill, A. I.(1986), Multinational Business Finance, 9th ed., Addison-Wesley Longman

Falvey, R. E.(1981), Commercial Policy and Intra-Industry Trade, Journal of Economics, 11, pp.495-511

Feils, D. & Sabac, F.(2000), The impact of Political Risk on the Foreign Direct Investment Decision: A Capital Budging Analysis, EngineeringEconomics, 45(2), pp.129-143

Ferdows, K.(1997), Making the Most of Foreign Factories, Harvard Business Review, March-April

Flam, H. & Helpman, E.(1987), Vertical Product Differentiation and North-South Trade, The American Economic Review, 77(5), pp.810-822

Friedman, T. L.(1999), The Lexus and the Olive Tree: Understanding Globalization, Farrar, Straus and Giroux, United States

Greenway, D., Hine, R. & Milner, C.(1995), Vertical and Horizontal Intra-Industry Trade: A Cross Industry Analysis for the United Kingdom, The Economic Journal, 105, pp.1505-1518

Grein, A. F.(2000), The Impact of Market Similarity on International Marketing Strategies: The Automobile Industry in Western Europe, Thunderbrid International Business Review, 42(2), pp.167-186

Greiner, L. E.(1998), Evolution and Revolution as Organizations Grow, Harvard Business Review, July-August

Grubel, H. G. & Lloyd, P.(1975), Intra-Industry Trade: The Theory and Measurement of International Trade in Differentiated Products, Macmillan Press, London

Haendel, D.(1979), Foreign Investment and the Management of Political Risk, Westview Press

Hall, E. T.(1976), How Cultures Collide, Psychlogy Today, July, pp.66-97

Helpman, E. & Krugman, P.(1985), Market Structure and Foreign Trade, Brighton: Harvest Wheatsheaf

Hill, C. L.(1997), International Business : Competing in the Global Marketplace, Chicago: Irwin

Hirsh, S.(1976), An International Trade and Investment Theory of the Firm, Oxford Economics Papers, 28

Hofstede, G.(1980), Culture's Consequence: International Differences in Work-related Values, Beverly Hills, Calif: Sage

Hofstede, G. & Bond, M. H.(1988), The Confucius Connection: From Cultural Roots to Economic Growth, Organizational Dynamics, 16(4), pp.5-21

Hoskins, W. R.(1970), How to Encounter Expropriation?, Harvard Business Review, Sep./Oct

Hufbauer, G.(1966), Synthetic Materials and Theory of International Trade, Cambridge, Cambridge Univ. Press, pp.32-33

Hymer, S. H.(1960), The International Operation of National Firm, A Study of Direct Foreign Investment, Ph. D. Dissertation, MIT Press

Hymer, S. H.(1972), United States Investment Abroad, Peter Drysdale ed., USA

Inkpen, A.(1998), Learning and Knowledge Acquisition through International Strategic Alliances, The Academy of Management Executive

Johanson, J. & Wiedersheim-Paul, F.(1975), The Internationalization of the Firm - Four Swedish Cases, Journal of Management Studies, 12(3), pp.305-322

Johanson, J. & Vahlne, J. E.(1977), The Internationalization Process of the Firm : a Model of Knowledge Development and Increasing Foreign Market Commitment, Journal of International Studies, 8(1), p..23-32

Johanson, J. & Vahlne, E.(2009), The Uppsala internationalization process model revisited: From liability of Foreignness to Liability of Outsidership, Journal of International Business Studies, 40(9), pp.1411-1431

Jonathan H. X. Lee(2018), Japanese Americans : the history and culture of a people. htps://publisher.abc-clio.com/9781440841903/

Karsten, L.(2013), Globalization and Time, Book Now Ltd., London

Keegan, W. J.(1989), Multinational Marketing Management, 4th ed., Englewood Cliffs NJ: Practice-Hall, Inc

Kemp, M. C.(1964), The Pure Theory of International Trade, Engelwood Cliffs, New Jersey: Prentice-Hall

Kilmann, R. H. and Thomas, K. W.(1977), Developing a Forced-choice Measure of Conflict-handing Behavior: the 'mode' Instrument, Educational and Psychological Measurement, 37, pp.309-325

Kindleberger, C. P.(1969), American Business Abroad: Six Lectures on Direct Investment, New Haven: Yale Univ. Press

Kircher, D. P.(1964), Now the Transnational Enterprise, Harvard Business Review, Mar-Apr

Kluckhohn, F. R. & Strodbeck, F. L.(1961), Variations in Value Orientations, Westport, C.T.: Greenwood Press

Knickerbocker, F. T.(1973), Oligopolistic Research and the Multinational Enterprise, Harvard Univ. Press

Kojima, K.(1975), International Trade and Foreign Direct Investment: Substitutes or Complements, Hitotsubashi Journal of Economics, 16, pp.1-12

Kojima, K.(1978), Direct Foreign Investment: A Japanese Model of Multinational Business Operations, Taylor and Francis. DOI: 10.4324/9780203845660

Kolde, E. J.(1968), International Business Enterprise, Prentice-Hall, 1968

Krugman, P. R.(1979), Increasing Returns, Monopolistic Competition, and International Trade, Journal of International Economics, 9(4), pp.469-479

Lall, S.(1978), The Pattern of Intra-Firm Exports by U.S. Multinationals. Oxford Bulletin of Economics and Statistics, 4(3), pp.93-109

Lall, S.(1983), The New Multinationals: The Spread of Third World Enterprise, New York, pp.1-20

Lancaster, K.(1980), Intra-Industry Trade under Perfect Monopolistic COmpetition, Journal of International Economics, 10(5), pp.151-175

Leontiades, J. C.(1985), Multinational Corporate Strategy: Planning for World Markets, Lexinton Books

Lilienthal, D. E.(1960), The Multinational Corporation: A Review of Some Problems and Opportunities for Business Management in a Period of World-wide Economic Change, Development and Resources Corporation

Makino, S. M., Lau, M. & Yeh, R. S.(2002), Asset-Exploitation versus Asset-Seeking: Implications for the Location Choice of Foreign Direct Investment from Newly Industrialized Economies, Journal of Business Studies, 33(3), pp.403-422

MacDougall, G.(1960), The Benefits and Costs of Private Investment from Abroad: A Theoretical Approach, The Economic Record

Makino S., Lau, M. & Yeh S.(2002), Asset-Exploitation Versus Asset-Seeking: Implications for Location Choice of Foreign Direct Investment from Newly Industrialized Economics, Journal of International Business Studies, 33, pp.403-421

Markowitz, H.(1952), Portfolio Selection, The Journal of Finance 7(1), pp.77-91

Meldrum, D. H.(1999), Country Risk and A Quick Look at Latin America, Business Economics, July, pp.30-37

Michalet, M. C.(1976), Le Capitalism Mondial, Presses Universitariesde, France

Miller, K. D.(1992), A Framework for Integrated Risk Management in International Business, Journal of International Business Studies, 23(2), pp.311-331

Moon, H. C. & Roehl, T. W.(1993), An Imbalance Theory of Foreign Direct Investment, Mutinational Business Review, 1(1), pp.56-65

Moon, H. C. & Roehl, T. W.(2001), Unconventional Foreign Direct Investment and the Imbalance Theory, Internal Business Review, 10(2), pp.197-215

Moosa, I. A.(2002), Country Risk and Political Risk, Palgrave Macmillan, London

Nurkse, R.(1952), Causes and Effects of Capital Movement, International Investment, pp.97-116

Oberg, K(1960), Culture shock: adjustment to new cultural environments, Practical Anthropology 7(1), pp.177-182

O'Sullivan, Mike(2020), The end of globalization-and the beginning of something new. www.ted.com/talks/mike_o_sullivan

Ozawa, T.(1979), International Investment and Industrial Structure: New Theoretical Implications from the Japanese Experience, Oxford Economic Papers, Univ. 31(1), pp.72-92

Pantulu, J. & Poon, J.(2003), Foreign Direct Investment and International Trade: Evidence from US and Japan, Journal of Economic Geography, 3(3), pp.241-259

Peng, M. W.(1995), Foreign Direct Investment in the Innovation-driven Stage: Toward a learning option perspective, in Green, M.(eds), The Location of Foreign Direct Investment, pp.29-42., London, Avebury

Peng, M. W. & Wang, D.(2000), Innovation Capability and Foreign Direct Investment: Toward a Learning Option Perspective, Management International Review, 40(1), pp.79-93

Perlmutter, H. V.(1969), The Tortuous Evolution of the Multinational Corporation, Columbia Journal of World Business, Jan./Feb., 4(1), pp.9-18

Porter, M. E.(1980), Competitive Strategy: Techniques for Analyzing Industries and Competitors, New York: Free Press

Porter, M. E.(1985), Competitive Advantage: Creating and Sustaining Superior Performance, Harvard Business School

Prebisch, R.(1950), The Economic Development of Latin America and its Principal ploblems, New York, United Nations

Qur'an, M. A.(2022), Decision-Making Process in Foreign Investment Choices, European Journal of Marketing and Economics, 5(1), pp.140-149

Ragazzi, G.(1973), Theories of Determinants of Direct Investment, IMF Staff Papers: July

Rana Foroohar(2013), Broken City : Lessons from Detroit's Fight Survive, Wall Street Journal, Time. Vol.182, No.6

Robinson, R. D.(1973), Beyond the Multinational Corporation, Cambridge, Mass : Ballinger Pub. Co

Robock, S. H.(1971), Political Risk : Identification and assessment, Columbia Journal of World Business, July-August

Robock, S. H. & Simmonds, K.(1989), International Business and Multinational Enterprise, 4th ed., Homewood III

Rokeach, M.(1973), The Nature of Human Values, Free Press

Rolfe, S. E.(1966), The International Corporation, ICC, p.10

Root, F. R. Root(1984), International Trade and Investment, 5th ed., Cincinnati: South Western Publishing Co

Root, F. R.(1994), Entry Strategies for the International Markets, Lexington Books

Rugman, A. M.(1980), Internationalization as a general theory of foreign direct investment: A re-appraisal of the literature, Weltwirtschaftliches Archiv, Review of World Economics, 116(2), pp.365-379

Rugman, A. M.(1987), International Business : Firm and Environment, McGraw-Hill Book Company

Ruthstrom, C. R. & Matejka, K.(1990), The Meaning of 'Yes' in theFar East, Industrial Marketing Management, 19(3), p.191

Rybczynski(1955), Factor Endowment and Relative Commodity Prices, Economica

Schwartz, P.(1991), The Art of the Long View: Planning for the Future in an Uncertain World

Shapiro, A. C.(1981), Managing Political Risk: A Policy Approach, Columbia Journal of World Business, 16(Fall), pp.63-69

Siddharthan, N. S. & Kumar, N.(1990), The Determinants of Intra-Industry Variations in the Proportion of Intra-firm Trade: The Behavior of U.S. Multinationals, Welfwirtsschaftliches Archiv

Simon, J. D.(1982), Political Risk Assessment: Past Trends And Future Prospects, Columbia Journal of World Business, Fall82, 17(3), pp.62-70

Singer, H. W.(1950), The Distribution of Gains between Investing and Borroewing Countries, American Economic Review, Papers and Proceedings 11, pp.473-485

Solomon, L. D.(1978), Multinational Corporation and the Emerging World Order, London: Kennikit Press Co., pp.112-113

Sullivan, J. J.(2002), The Future of Corporate Globalization: From the Extended Order to the Global Village, Westport: Quorum Books

Terpstra, V. & David, K.(1985), The Cultural Environment of International Business, Cincinnati, Ohio: South-Western Publishing Co

Thomas, C.(2012), Types of Scenario Planning, Futures Strategy Group(FSG). www.futuresstrategygroup.com/types-of-scenario-planning

Tinbergen, J.(1954), International Economic Integration, Amsterdam: Elservier

Tylor, E. B.(1871), Primitive Culture: Research into the Development of Mythology, Philosophy, Religion, Art, and Custom, John Murray

Vahlne, J. E. & Johanson, J.(2017), From Internationalization to Evolution: The Uppsala Model at 40 years, Journal of International Business Studies, 48(9), pp.1087-1102

Vahlne, J. E. & Johanson, J.(2020), The Uppsala Model: Networks and Micro-foundations, Journal of International Busuness Studies, 51, pp.4-10

Vernon, R(1966), International Investment and International Trade in the Product Cycle, Quarterly Journal of Economics, pp.190-207

Vernon, R.(1971), Sovereignty at Bay: The Multinational Spread of U.S. Enterprises, New York

Vernon, R.(1974), Competition Policy toward Multinational Corporation, American Economics Review

Wallender, H. W.(1973), A Planned Approach to Divestment, Cloumbia Journal of World Business, Sept

Weather, J. F.(1969), International Business Management, NY Hill Book Co

Weihrich, H.(1982), The TOWS matrix A Tool for Situationan ANalysis,Long Range Planning, 15(2), pp.54-66

Wells, L. T.(1977), The Internaqtionalization of Firms Developing Countries, Agman T. & Kindleberger C. P.(1977)

Wilkins, M.(1989), Foreign Investment in theUnited States, Cambridge MA: Harvard University Press

Williamson, O. E.(1973), Markets and hierarchies: some elementary considerations, Organizational Forms and International Efficiency, The American Economic Review, 63(2), pp.316-325

Willson, B. D.(1980), Divestment of Foreign Subsidiaries, VMI Research Press

Wind, Y. & Douglas, S. & Perlmutter, H.(1973), Guidelines for Developing International Marketing Strategies, Journlal of Marketing, 37, pp.14-23

Winkins, M.(1970), The Emergence Enterprise: American Business Abroad from 1914 to 1970, Cambridge, MA: Harvard University Press

Wilkins, M.(1989), Foreign Investment in the United States, Cambridge MA: Harvard University Press

Wortzel, L. H. & Wortzel, H. V.(1981), Export Marketing Strategies for NIC and LDC based Firms, Columbia Journal of World Business, pp.51-60

Yamin, M.(2000), A critical re-evaluation of Hymer's contributition to the theory of transnational corporation, 2nd ed., London, Routledge

BERI, Business Risk Service. https://www.fitchsolutions.com/sites/default/files/2023-04/BMI_Country_Risk_Index_Overview.pdf

BMI, Country Risk Index. https://www.fitchsolutions.com/sites/default/files/2023-04/BMI_Country_Risk_Index_Overview.pdf

Boston Consult Group(BCG)(2005), The Role of Alliance in Corporate Strategy

Business Edge, Self-reference criterion. https://learninglab.rmit.edu.au/businessedge/self-reference-criterion.html

Business Environment Risk Intelligence(BERI)(2024), Business Risk Reports(BRS)

Futures Strategy Group(2012), Types of Scenario Planning. https://www.futuresstrategygroup.com/types-of-scenario-planning/

IMF(2008), Balance of Payments and International Investment Position Manual, sixth Edition(BPM6). www.imf.org/external/pubs/ft/bop/2007/pdf/bpm6.pdf

MIGA(2024), Investment Guarantee Guide. https://www.miga.org/sites/default/files/multilingual/2023-05/MIGA%20Investment%20Guarantee%20Guide%202021_Korean.pdf

OECD(2008), Benchmark definition of foreign direct investment. https://www.oecd.org/investment/fdibenchmarkdefinition.htm

UNCTAD(1991), WIR(World Investment Report): The Triad in Foreign Direct Investment

UNCTAD(2023), WIR(World Investment Report), Annex table 02: FDI outflows, by region and economy, 1990-2022. accessed https://unctad.org/topic/investment/world-investment-report

UN Global Compact Network Korea, http://unglobalcompact.kr/

World Bank(2024), New World Bank country classifications by income, level: 2022-2023

찾아보기

ㄱ

ㄴ

ㄷ

ㄹ

ㅁ

ㅂ

ㅅ

ㅇ

ㅈ

ㅊ

ㅋ

ㅌ

ㅍ

▶ 저자 약력 ◀

김 용 석 (경영학 박사)

단국대학교 상경대학교 무역학과 졸업(경영학사)
한국개발연구원(KDI) 국제정책대학원 졸업(투자경영학 석사)
단국대학교 대학원 무역학과 졸업(경영학 박사)
대한무역투자진흥공사(KOTRA)
나이로비 무역관장, 두바이 무역관 부관장, 부다페스트 무역관장
테헤란 무역관장, 전시컨벤션실장 역임
KOTRA아카데미 이란통상전략연구소장 역임
뮤레파코리아 미래산업경제연구소 초빙연구원 역임
현 단국대학교 무역학과 강사
　강남대학교 글로벌경영학부 강사

정 윤 세 (경영학 박사)

미 Southern Oregon State University(MBA, 경영학 석사)
단국대학교 대학원 경영학과(경영학사, 경영학 박사)
한국무역협회 하주사무국, 한국무역홍보센터, 전시컨벤션팀
KOTRA FDI 옴부즈만 사무소 전문위원
한국무역협회 한국국가전자무역추진센터 사무국장
용인시 국제화자문위원, 용인시 유통상생자문위원
단국대학교 글로벌청업센터장, 학생처장, 상경대학장
전국GTEP협의회 회장, 한국통상정보학회 회장
현 단국대학교 상경대학 무역학과 교수, GTEP사업단장
　단국대학교 경영대학원 글로벌 e-SCM학과 학과장
　단국대학교 글로벌비즈니스지식연구소 소장
　(사)용인미래포럼 이사장

해외투자론

초 판 1쇄 인쇄 —— 2024년 8월 25일
초 판 1쇄 발행 —— 2024년 8월 30일
지은이 —— 김 용 석 · 정 윤 세
펴낸이 —— 전 두 표
펴낸곳 —— 도서출판 두남
서울시 강동구 성내로 6길 34-16 두남빌딩
신 고 : 제25100-1988-9호
TEL : 02) 478-2066, 2077
FAX : 02) 478-2068
E-mail : dnbooks@dunam.co.kr
http://www.dunam.co.kr

정가 30,000원

ISBN 978-89-6414-160-1 93320